세종특별자치시교육청
교육공무직원 필기시험

인성검사 3회 + 모의고사 6회 + 면접 + 무료공무직특강

시대에듀

2025 최신판 시대에듀 세종특별자치시교육청 교육공무직원 필기시험
인성평가 3회 + 모의고사 6회 + 면접 + 무료공무직특강

Always **with you**

사람의 인연은 길에서 우연하게 만나거나 함께 살아가는 것만을 의미하지는 않습니다.
책을 펴내는 출판사와 그 책을 읽는 독자의 만남도 소중한 인연입니다.
시대에듀는 항상 독자의 마음을 헤아리기 위해 노력하고 있습니다. 늘 독자와 함께하겠습니다.

합격의 공식 ▶
시대에듀

자격증 · 공무원 · 금융/보험 · 면허증 · 언어/외국어 · 검정고시/독학사 · 기업체/취업
이 시대의 모든 합격! 시대에듀에서 합격하세요!
www.youtube.com → 시대에듀 → 구독

머리말

세종특별자치시교육청은 교육공무직원을 채용하기 위해 필기시험을 실시하여 지원자가 업무에 필요한 역량을 갖추고 있는지 평가한다. 채용절차는 「원서접수 ➡ 서류심사 ➡ 필기시험 ➡ 면접심사 ➡ 합격자 발표」 순서로 진행한다. 직종별로 서류심사 및 필기시험을 구분하여 실시하며, 서류심사와 필기시험 합격자에 한하여 면접에 응시할 수 있는 자격이 주어진다.

이에 시대에듀에서는 세종특별자치시교육청 교육공무직원 필기시험을 준비하는 수험생들을 위해 다음과 같은 특징의 본서를 출간하게 되었다.

도서의 특징

❶ **세종특별자치시교육청 기관 소개**
- 세종특별자치시교육청 기관 소개를 수록하여 교육목표 및 교육공무직원 업무에 대한 전반적인 이해가 가능하도록 하였다.

❷ **2개년 기출복원문제**
- 2024~2023년 시행된 세종특별자치시교육청 필기시험 기출문제를 복원 수록하여 최근 출제경향을 파악할 수 있도록 하였다.

❸ **인성평가 소개 및 모의테스트**
- 인성평가 소개 및 모의테스트 2회분을 통해 인성평가 문항을 사전에 익히고 체계적으로 연습할 수 있도록 하였다.

❹ **직무능력검사 핵심이론 및 기출예상문제**
- 세종특별자치시교육청 교육공무직원 직무능력검사 영역별 핵심이론 및 기출예상문제를 수록하여 필기시험에 완벽히 대비하도록 하였다.

❺ **최종점검 모의고사**
- 실제 시험과 같은 문항 수와 출제영역으로 구성된 모의고사 4회분을 수록하여 시험 전 자신의 실력을 스스로 점검할 수 있도록 하였다.

❻ **면접 소개 및 실제 면접 기출**
- 면접 소개 및 실제 면접 기출을 통해 한 권으로 세종특별자치시교육청 교육공무직원 채용을 준비할 수 있도록 하였다.

끝으로 본서를 통해 세종특별자치시교육청 교육공무직원 채용을 준비하는 모든 수험생에게 합격의 행운이 따르기를 진심으로 기원한다.

SDC(Sidae Data Center) 씀

세종특별자치시교육청 이야기

◇ **교육 비전**

> 모두가 특별해지는 세종교육

◇ **교육 지표**

> 생각하는 사람 참여하는 시민

◇ **5대 정책 목표**

> 학습권을 보장하는 교육복지

> 삶의 질을 높이는 교육 생태계

> 시민과 함께하는 교육자치 교육행정

> 미래를 열어가는 교육 환경

> 다같이 성장하는 맞춤형 교육

◇ **교육청 CI**

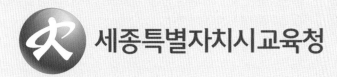

- 사람 인(人) 그리고 세종(ㅅ,ㅈ)을 모티프로 세계로 뻗어나가는 세종교육을 나타낸다.
- 큰 뜻을 품고 세계로 힘차게 걸어가는 사람의 모습을 표현하여, 세종교육에 대한 자부심과 미래교육을 이끄는 세종특별자치시교육청을 상징한다.

◇ **교육청 캐릭터**

- 세종대왕의 이미지를 직관적으로 차용하여 어린이의 모습을 한 '세종이'는 아이들의 눈높이에서 쉽고 친근하게 교육정책을 소개한다.
- 세종특별자치시의 특산물인 복숭아를 상징하는 '자람이'는 새싹처럼 자라나는 아이들의 성장, 꿈과 희망을 상징한다.

교육공무직원 소개

◇ **교육공무직원의 8가지 의무**

1
교육공무직원은 맡은 바 직무를 성실히 수행하여야 하며, 직무를 수행함에 있어 사용부서의 장의 직무상의 명령을 이행하여야 한다.

2
교육공무직원이 근무지를 이탈할 경우에는 사용부서의 장에게 허가를 받아야 한다. 다만, 불가피한 사유로 사전허가를 받을 수 없는 경우에는 구두 또는 유선으로 허가를 받아야 한다.

3
교육공무직원은 근무기간 중은 물론, 근로관계가 종료된 후에도 직무상 알게 된 사항을 타인에게 누설하거나 부당한 목적을 위하여 사용하여서는 아니 된다. 다만, 공공기관의 정보공개에 관한 법률 및 그 밖의 법령에 따라 공개하는 경우는 그러하지 아니하다.

4
교육공무직원은 직무의 내·외를 불문하고 그 품위를 손상하는 행위를 하여서는 아니 된다.

5
교육공무직원은 공과 사를 명백히 분별하고 국민의 권리를 존중하며, 친절·공정하고 신속·정확하게 모든 업무를 처리하여야 한다.

6
교육공무직원은 직무와 관련하여 직접 또는 간접을 불문하고 사례를 주거나 받을 수 없다.

7
교육공무직원은 다른 직무를 겸직할 수 없다. 다만, 부득이한 경우에는 사용부서의 장에게 신청하고 사전 허가를 받아야 한다.

8
사용부서의 장은 업무에 지장을 주거나 교육기관 특성상 부적절한 영향을 초래할 우려가 있는 경우 겸직을 허가하지 아니하거나 겸직 허가를 취소할 수 있다.

◇ **교육공무직원의 업무**

구분	내용
교육복지사	• 교육복지선도학교에 관한 업무 • 대상학생의 학교 생활 적응 지원 • 대상학생을 위한 문제의 원인과 해결에 관한 지원 • 대상학생 지원을 위한 지역사회 자원의 연계 · 활용 • 선도학교 운영과 관련된 학부모 및 교사에 대한 지원
교무행정사	• 교무행정 업무 • 교육활동 지원 업무
임상심리사	• 특수교육대상학생 진단평가 실시 및 보고서 작성 • 특수교육대상자 상담 등 • 학습지원센터 내 심층 검사 및 학생 지원
언어재활사	• 특수교육대상학생 언어재활 지원 • 특수교육대상학생 언어 관련 진단평가 지원 • 치료바우처 예산지원 기관 현장점검 등
취업지원실무사 (특수)	• 장애학생 진로직업 교육지원 • 장애학생 직무지도 및 취업 관계 기관 연계, 사업처 발굴 • 장애학생 현장실습 임장지도 및 취업 사후 관리
특수교육실무사	• 특수교육대상학생의 교수−학습, 신변처리, 급식, 교내 · 외 활동, 등하교 등의 학교생활을 위한 활동 보조 • 그밖에 중증장애학생의 학교생활 지원
영양사	• 학생 및 교직원 건강증진을 위한 영양 · 식생활 교육 및 상담 • 식단 작성, 식재료의 선정 및 검수 • 위생 · 안전 · 작업관리 및 검식 • 조리실 종사자의 지도 · 감독 • 그밖에 학교급식에 관한 사항
조리사	• 급식품의 위생적인 취급 및 조리 · 배식 실무 • 식단에 따른 식재료 전처리, 조리, 배식 등 조리업무 관리 • 급식시설 · 설비 및 기구의 세척, 소독, 안전 실무 • 구매식품의 검수 지원 • 기타 영양(교)사의 지시사항 이행 및 업무협조

교육행정서비스헌장

◇ **교육행정서비스헌장이란?**

교육행정기관이 제공하는 ❶ 행정서비스의 기준과 내용, ❷ 제공방법 및 절차, ❸ 잘못된 서비스에 대한 시정 및 보상조치 등을 구체적으로 정하여 공표하고, 이의 실현을 민원인인 국민에게 약속하는 제도

◇ **도입 배경**

❶ 행정환경의 변화에 따라 행정서비스도 행정기관 편의 위주에서 고객 편의 위주로 일대 쇄신의 필요성 제기

❷ 교육청 추진상황 행정기관 서비스의 고객 기대 충족 목적

❸ 정부 개혁의 성공적 추진을 뒷받침하기 위한 개혁 전략의 차원

◇ **도입 목적**

❶ 수요자의 필요와 요구에 적극적으로 대응하고 공공서비스를 효율적으로 제공

❷ 공무원의 책무성 제고와 임무를 명확히 함으로써, 공공기관이 제공하는 서비스의 수준을 한층 높여 '수요자 만족'을 실현

◇ **세종특별자치시교육청 교육행정서비스헌장**

우리 세종특별자치시교육청은 「모두가 특별해지는 세종교육」을 구현하고 교육가족과 시민이 만족하는 최고의 서비스를 제공할 수 있도록 다음과 같이 실천할 것이다.

하나, 우리는 "교육가족의 입장에서", "교육가족을 위하는 마음으로" 모든 고객에게 최고의 교육행정 서비스를 제공한다.

둘, 우리는 항상 웃는 얼굴과 상냥한 말씨로 고객을 맞이하며, 모든 서비스를 신속, 정확, 공정하게 처리한다.

셋, 우리는 잘못된 서비스에 대하여 정중한 사과와 함께 즉시 시정하고 보상을 한다.

넷, 우리의 교육행정서비스 실천 노력에 대하여 고객의 평가 및 의견을 제시받아 서비스 개선에 반영한다.

이와 같은 목표를 달성하기 위하여 구체적인 서비스이행기준을 설정하고 이를 성실히 이행할 것을 약속한다.

학습플랜

1주 완성 학습플랜

본서에 수록된 전 영역을 단기간에 끝낼 수 있도록 구성한 학습플랜이다. 한 번에 전 영역을 공부하지 않고, 한 영역을 집중적으로 공부할 수 있도록 하였다. 인성평가 및 필기시험에 대한 기초 학습은 되어 있으나, 학습 계획 세우기에 자신이 없는 분들이나 미리 시험에 대비하지 못해 단시간에 많은 분량을 봐야 하는 수험생에게 추천한다.

ONE WEEK STUDY PLAN		
1일 차 ☐	**2일 차** ☐	**3일 차** ☐
_____월_____일	_____월_____일	_____월_____일

Start!

4일 차 ☐	**5일 차** ☐	**6일 차** ☐	**7일 차** ☐
_____월_____일	_____월_____일	_____월_____일	_____월_____일

STRUCTURES
도서 200% 활용하기

기출복원문제

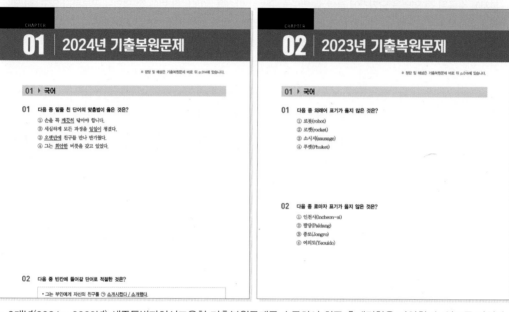

▶ 2개년(2024~2023년) 세종특별자치시교육청 기출복원문제를 수록하여 최근 출제경향을 파악할 수 있도록 하였다.

인성평가 & 면접

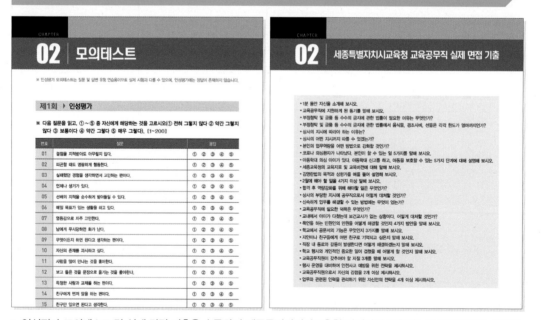

▶ 인성평가 모의테스트 및 실제 면접 기출을 수록하여 세종특별자치시교육청 인재상에 부합하는지 확인하도록 하였다.

직무능력검사

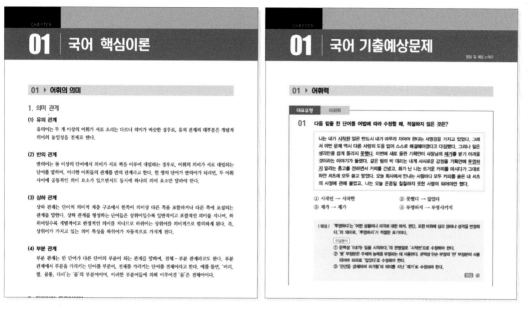

▶ 직무능력검사 출제영역에 대한 핵심이론 및 기출예상문제를 수록하여 출제유형을 익힐 수 있도록 하였다.

최종점검 모의고사

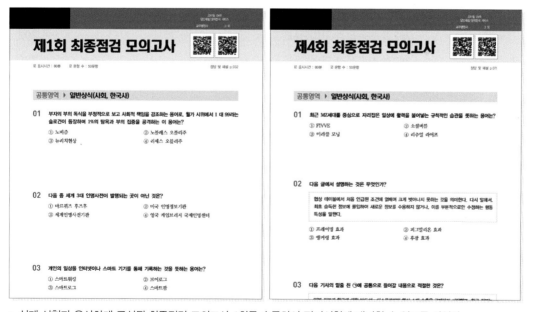

▶ 실제 시험과 유사하게 구성된 최종점검 모의고사 4회를 수록하여 필기시험에 대비할 수 있도록 하였다.

CONTENTS
이 책의 차례

Add+

2개년

기출복원문제

※ 세종특별자치시교육청 기출복원문제는 수험생들의 후기를 통해 시대에듀에서 복원한 문제로 실제 문제와 다소 차이가 있을
수 있으며, 본 저작물의 무단전재 및 복제를 금합니다.

01 | 2024년 기출복원문제

※ 정답 및 해설은 기출복원문제 바로 뒤 p.014에 있습니다.

01 ▶ 국어

01 다음 중 밑줄 친 단어의 맞춤법이 옳은 것은?

① 손을 꼭 <u>깨끗히</u> 닦아야 합니다.

② 세심하게 모든 과정을 <u>일일이</u> 챙겼다.

③ <u>오랫만에</u> 친구를 만나 반가웠다.

④ 그는 <u>희안한</u> 버릇을 갖고 있었다.

02 다음 중 빈칸에 들어갈 단어로 적절한 것은?

- 그는 부인에게 자신의 친구를 ㉠ <u>소개시켰다 / 소개했다</u>.
- 이 소설은 실제 있었던 일을 바탕으로 ㉡ <u>쓰인 / 쓰여진</u> 것이다.
- 자전거가 마주 오던 자동차와 ㉢ <u>부딪혔다 / 부딪쳤다</u>.

	㉠	㉡	㉢
①	소개시켰다	쓰인	부딪혔다
②	소개시켰다	쓰여진	부딪혔다
③	소개했다	쓰인	부딪쳤다
④	소개했다	쓰인	부딪혔다

03 다음 글에서 비음화가 일어난 횟수는?

> 나는 국문학을 전공하는 대학교 1학년 학생이다. 학술 답사로 경주에 방문하여 방언을 조사한 후 진평왕릉을 보았다. 답사 중에 조원들과 작은 문제가 생겼는데, 학과장의 도움으로 해결하였다. 이후 순조롭게 답사를 마무리하고 학교로 돌아왔다.

① 1회
② 2회
③ 3회
④ 4회

04 다음 글을 읽고 추론한 내용으로 적절하지 않은 것은?

> 외래어는 원래의 언어에서 갖고 있던 모습을 잃어버리고 새 언어에 동화되는 속성을 가지고 있다. 외래어의 동화양상을 음운, 형태, 의미적 측면에서 살펴보자.
>
> 첫째, 외래어는 국어에 들어오면서 국어의 음운적 특징을 띠게 되어 외국어 본래의 발음이 그대로 유지되지 못한다. 자음이든 모음이든 국어에 없는 소리는 국어의 가장 가까운 소리로 바뀌고 만다. 프랑스의 수도 'Paris'는 원래 프랑스어인데 국어에서는 [파리]가 된다. 프랑스어 [r] 발음은 국어에 없는 소리여서 비슷한 소리인 [ㄹ]로 바뀌는 것이다. 그 외에 장단이나 강세, 성조와 같은 운율적 자질도 원래 외국어의 모습을 잃어버리고 만다.
>
> 둘째, 외래어는 국어의 형태적인 특징을 갖게 된다. 외래어의 동사와 형용사는 '-하다'가 반드시 붙어서 쓰이게 된다. 영어 형용사 smart가 국어에 들어오면 '스마트하다'가 된다. '아이러니하다'라는 말도 있는데 이는 명사에 '-하다'가 붙어 형용사처럼 쓰인 경우이다.
>
> 셋째, 외래어는 원래 언어의 의미와 다른 의미로 쓰일 수 있다. 일례로 프랑스어 'madame'이 국어에 와서는 '마담'이 되는데, 프랑스어에서의 '부인'의 의미가 국어에서는 '술집이나 다방의 여주인'의 의미로 쓰이고 있다.

① 원래의 외국어와 이에 대응하는 외래어는 의미가 전혀 다를 수 있다.

② 서울의 로마자 표기 'Seoul'은 실제 우리말 발음과 다르게 읽어야 한다.

③ '-하다'는 외국어의 형용사와 명사에 붙어 형용사를 만드는 기능이 있다.

④ 외래어로 만들고자 하는 외국어의 발음이 국어에 없는 소리일 때는 국어에 있는 비슷한 성질의 음운으로 바뀐다.

05 다음 기사에 나타나는 기자의 의도로 가장 적절한 것은?

> 최근 몇 년간 '미니멀 라이프'가 사람들의 관심을 끌고 있다. 미니멀 라이프란 불필요한 물건과 복잡한 생활 방식을 줄이고 단순함과 간결함을 추구하는 삶의 방식을 의미한다. 이는 특히 MZ세대 사이에서 큰 인기를 끌고 있으며, 코로나19 팬데믹 이후 더욱 주목받고 있다.
>
> 미니멀 라이프의 본질은 단순히 물건을 줄이는 것에 그치지 않는다. 이는 삶의 본질을 되찾고 진정한 행복을 추구하는 과정이다. 많은 사람들이 미니멀 라이프를 통해 물질적인 소유에서 벗어나 정신적인 풍요로움을 찾고 있다.
>
> 서울에 거주하는 A씨는 "미니멀 라이프를 실천하면서 불필요한 물건을 정리하고 필요한 것만 남기게 되었다. 그 결과로 집안이 깔끔해지고 마음의 여유가 생겼다."라고 말했다. 그는 "물건을 줄이면서 소비를 줄이고, 그로 인해 절약된 돈을 더 의미 있는 곳에 사용할 수 있게 되었다."라고 덧붙였다.
>
> 그러나 미니멀 라이프의 실천이 항상 긍정적인 결과만을 가져오는 것은 아니다. 일부 사람들은 미니멀 라이프를 실천하면서 과도한 소비를 행하기도 한다. 예를 들어 유튜브나 SNS에서 미니멀리즘 인테리어를 보고 새로운 가구를 구매하는 경우가 있다. 이는 오히려 미니멀 라이프의 본질을 잃고 보여주기식 소비로 이어진 사례이다.
>
> 미니멀 라이프의 진정한 가치는 물건을 줄이는 것뿐만 아니라, 자신의 삶을 돌아보고 진정으로 중요한 것이 무엇인지 깨닫는 데에 있다. 이를 통해 우리는 물질적인 소유에서 벗어나 더 의미 있는 삶을 살아갈 수 있다.
>
> 미니멀 라이프를 실천하고자 하는 사람들에게는 자신의 필요와 가치를 중심으로 삶을 추구하는 자세가 중요하다. 물건을 줄이는 것만 아니라 자신의 삶을 단순하게 만들어 마음의 여유를 찾는 것이 미니멀 라이프의 진정한 목표이다.

① 미니멀 라이프를 실천하는 구체적인 방법을 전파
② 미니멀 라이프를 실천하지 않는 사람에 대한 비판
③ 물질적인 소유에서 벗어나 의미 있는 삶을 살도록 독려
④ 경제적 이익을 추구하기 위한 미니멀 라이프의 효과 강조

01 다음 중 러시아 – 우크라이나 전쟁의 배경으로 옳은 것은?

① 러시아가 서방 국가의 경제적 제재에 대한 불만을 표출하기 위함이다.

② 러시아가 다량의 핵무기를 보유한 우크라이나에 위협을 느꼈기 때문이다.

③ 러시아가 우크라이나의 NATO 가입 시도에 불안감을 느꼈기 때문이다.

④ 러시아가 과거 우크라이나에게 약탈당한 천연가스 등의 지하자원을 탈환하기 위함이다.

02 다음 중 도시화로 인해 갯벌이 매립될 때 발생할 수 있는 환경문제로 옳지 않은 것은?

① 갯벌 매립으로 인해 지하수의 자연 재충전이 방해받아 지하수 고갈이 발생할 수 있다.

② 갯벌 매립으로 인해 다양한 생물종의 서식지가 파괴되어 생물 다양성이 감소할 수 있다.

③ 갯벌 매립으로 인해 발생하는 먼지와 가스가 대기 중으로 방출되어 대기 오염을 초래할 수 있다.

④ 갯벌 매립 과정에서 발생하는 오염물질이 인근 해역으로 유입되어 수질 오염을 초래할 수 있다.

03 다음 중 근로기준법을 위반한 사람은?

① 임금, 소정근로시간, 휴일, 연차 및 유급휴가, 근로조건 등이 명시된 근로계약서를 전자문서로 교부한 A

② 임금, 소정근로시간, 휴일, 연차 및 유급휴가, 근로조건 외의 내용이 표준과 상이한 근로계약서를 작성하도록 한 B

③ 고등학교 재학 중인 아들을 대신하여 아들의 아르바이트 근로계약서를 대리로 작성한 C

④ 신입사원 입사 1년 이내에 근로조건의 변동이 발생하여 근로계약서 재작성 후 신입사원에게 교부한 D

04 (가) ~ (다)는 고려시대 대외관계에 대한 자료이다. 시기순으로 바르게 나열한 것은?

> (가) 윤관이 "신이 여진에게 패한 이유는 여진군은 기병인데 우리는 보병이라 대적할 수 없기 때문입니다."라고 아뢰었다.
>
> (나) 서희가 소손녕에게 "우리나라는 고구려의 옛 땅이오. 그러므로 국호를 고려라고 하고 평양에 도읍하였으니, 만일 영토의 경계로 따진다면, 그대 나라의 동경이 모두 우리 경내에 있거늘 어찌 침식이라 하리오."라고 주장하였다.
>
> (다) 유승단이 "성곽을 버리며 종사를 버리고, 바다 가운데 있는 섬에 숨어 엎드려 구차히 세월을 보내고, 변두리의 백성으로 하여금 장정은 칼날과 화살 끝에 다 없어지게 하고, 노약자들은 노예가 되게 하는 것은 국가를 위한 좋은 계책이 아닙니다."라고 반대하였다.

① (가) – (나) – (다)
② (나) – (가) – (다)
③ (나) – (다) – (가)
④ (다) – (나) – (가)

05 다음 기사에 보도된 사건 이후의 사실로 옳은 것은?

> **[논설] 헤이그 국제 회의에 우뚝 선 대한 청년**
>
> 헤이그에서 온 전보에 의하면 이위종은 국제 회의에서 기자들이 모인 가운데 을사늑약이 무효인 이유를 프랑스어로 세 시간 동안이나 연설하였다고 한다. 이위종은 진정한 애국지사이며 출중한 인물이다. 오늘날 한국에 이러한 청년들이 수백 수천이 있어 각각 어깨 위에 대한 강토를 걸머지고 있으면 한국이 장차 국권을 회복할 것이라고 믿어 의심치 않는다.

① 고종이 국외 중립을 선언하였다.
② 김옥균 등 개화 세력이 정변을 일으켰다.
③ 군국기무처를 중심으로 개혁이 추진되었다.
④ 13도 창의군이 결성되어 서울 진공 작전을 전개하였다.

03 ▶ 학교업무 이해하기

01 다음 중 세종특별자치시교육청 본청기구의 교육정책국에 속하지 않는 기구는?

① 미래교육과 　　　　　　　　　② 정책기획과

③ 교원정책과 　　　　　　　　　④ 중등교육과

02 다음 중 교육복지사의 주요업무로 적절하지 않은 것은?

① 교육활동 지원 업무

② 대상학생의 학교 생활 적응 지원

③ 대상학생 지원을 위한 지역사회 자원의 연계·활용

④ 선도학교 운영과 관련된 학부모 및 교사에 대한 지원

03 다음 중 나이스(NEIS) 업무승인 용어에 대한 설명으로 적절하지 않은 것은?

① 상신 : 결재권자에게 작성 완료된 문서에 대하여 결재를 올림

② 기결 : 결재권자에 의해 결재가 완료됨

③ 미결 : 결재 완료된 문서에 대하여 기안자가 결재 취소함

④ 반려 : 결재권자가 문서의 수정 등을 위해 기안자에게 되돌려 보냄

02 | 2023년 기출복원문제

※ 정답 및 해설은 기출복원문제 바로 뒤 p.016에 있습니다.

01 ▶ 국어

01 다음 중 외래어 표기가 옳지 않은 것은?

① 로봇(robot)

② 로켓(rocket)

③ 소시지(sausage)

④ 푸켓(Phuket)

02 다음 중 로마자 표기가 옳지 않은 것은?

① 인천시(Incheon-si)

② 팔당(Paldang)

③ 종로(Jongro)

④ 여의도(Yeouido)

03 다음 밑줄 친 단어와 같은 의미로 사용된 단어는?

아무래도 <u>말</u>을 꺼내기가 조심스럽다.

① 아이가 <u>말</u>을 배우기 시작했다.

② 빈칸에 들어갈 적절한 <u>말</u>을 찾으시오.

③ 민지와 슬기는 서로 <u>말</u>을 놓기로 하였다.

④ 경서는 무료해 보이는 연주에게 <u>말</u>을 건넸다.

04 다음 글에 나타난 언어의 특징으로 가장 적절한 것은?

'철 그른 동남풍'이라는 말이 있다. 버스가 떠난 뒤에 손 든다는 식으로 때를 놓쳤을 때 흔히 하는 말이다. 우리말 '철'은 계절을 지칭하기도 하고, '철들다, 철나다'에서와 같이 사리를 분별하는 힘을 가리키기도 한다. 제철을 모르고서는 제대로 농사를 지을 수 없다는 뜻에서 의미가 확장된 것으로 보인다. 이처럼 우리말은 농경문화의 특성이 반영되어 절후에 대한 인식이나 그것을 부르는 명칭도 농사일과 관련되어 있다.

'어정 칠월, 동동 팔월'이란 속담이 있다. 우리네 농가에서 7월 한 달은 하릴없이 어정거리지만 8월이 오면 갑자기 바빠져서 동동거린다고 하여 이르는 말이다. '동동 팔월'을 '건들 팔월'이라고도 하는데, 이는 바쁘긴 해도 건들바람처럼 훌쩍 지나가 버린다는 뜻이다.

'오월 농부, 팔월 신선'이란 말도 있다. 보릿고개의 절정인 음력 5월은 농사짓는 사람으로서 더할 나위 없이 어려운 시기이다. 그러나 한가위가 있는 음력 8월은 그 풍족함이 어느 신선도 부럽지 않다는 뜻에서 이런 말이 유래했다.

보릿고개는 지난해의 묵은 곡식이 이미 바닥나고, 보리는 아직 여물지 않은 음력 4~5월경을 뜻한다. 흔히 춘궁기라 불리는 이때야말로 가장 춥고 배고픈 시기였다. 넘기 힘들다는 이 보릿고개를 넘으면서 우리 조상들은 '깐깐 오월'이란 별칭을 붙여 주었다. 춥고 배고픈 시기를 지내면서도 그 어려움을 직설적으로 표현하지 않고 돌려서 표현하는 품위와 여유를 잃지 않았다.

한편, 우리말은 감각어가 많이 발달되어 있다. 우리 민족은 본래 풍류를 즐기는 낙천적인 민족으로 정서적이고 감각적인 편이었다. 이러한 특징이 언어에 반영되어 우리말에 감각적인 어휘가 풍부해졌다.

계절 감각을 드러내는 몇 가지 예를 들어보면, 이른 봄의 쌀랑한 추위를 이르는 '꽃샘'이라는 말이 있다. 한겨울 추위보다 더 고약스런 봄추위에 우리는 이처럼 멋진 이름을 붙여주었다. 일종의 감정 이입으로 꽃에 대한 동장군의 시샘을 표현한 것이다. 눈부신 설경을 일러 '눈꽃'이라고 하고, 차창에 증기가 서려 생긴 무늬를 '서리꽃'이라고 하는 것도 이와 유사한 표현이다.

우리말의 감각성은 추위를 나타내는 표현에서도 잘 드러난다. 우선 '춥다'와 '차다'의 의미부터 구분이 된다. 찬 기운을 온몸으로 느낄 경우 전자의 '춥다'로 표현하고, 신체 일부에서 감지될 때 후자의 '차다'를 사용한다. 약간의 추위를 느낄 때는 '썰렁하다'라고 하는데, 이 말은 한 가지 상황에서만 쓰이는 표현이 아니다. "참 썰렁하네……."라고 하면 의도적으로 남을 웃기려고 했으나 반응이 좋지 않은 경우를 뜻한다. '산산하다, 선선하다, 오싹하다, 살랑거리다, 설렁대다, 선뜻하다, 쌀랑하다, 으스스하다' 등의 어휘들도 그 쓰임이 유사하다.

① 구체적 대상을 추상적으로 표현한다.
② 음성과 의미가 결합한 기호체계이다.
③ 형식과 내용 사이에는 필연적 관계가 없다.
④ 민족의 사고방식과 삶의 모습을 반영한다.

05 김부장은 직원들의 위생 관리를 위해 관련 기사를 매주 월요일마다 제공하고 있다. 다음 기사를 읽은 직원들의 반응으로 적절하지 않은 것은?

올해 첫 비브리오패혈증 환자 발생⋯ 예방수칙 지키세요!
어패류 충분히 가열해 먹어야⋯ 피부 상처 있으면 바닷물 접촉 금지

올해 첫 비브리오패혈증 환자가 발생했다. 질병관리본부는 만성 간 질환자와 당뇨병 환자, 알코올 중독자 등 비브리오패혈증 고위험군은 감염 예방을 위해 각별한 주의를 당부했다.

질병관리본부에 따르면 올해 첫 비브리오패혈증 환자는 이달 발생해 항생제 치료를 받고 현재는 회복한 상태다.

이 환자는 B형간염을 동반한 간경화를 기저질환으로 앓고 있는 상태다. 질병관리본부는 역학조사를 통해 위험요인 등을 확인하고 있다.

비브리오패혈증은 어패류를 날로 먹거나 덜 익혀 먹었을 때, 상처 난 피부가 오염된 바닷물에 접촉했을 때 감염될 수 있으며 급성 발열과 오한, 복통, 구토, 설사 등의 증세가 나타난다. 이후 24시간 이내에 발진, 부종 등 피부 병변이 생기기 시작해 수포가 형성되고 점차 범위가 커지며 괴사성 병변으로 진행된다. 특히 간 질환이나 당뇨병 등 만성질환자, 알코올 중독자, 백혈병 환자, 면역결핍 환자 등 고위험군은 치사율이 50%까지 높아지므로 더욱 주의해야 한다.

비브리오패혈증은 6월부터 10월 사이에 주로 발생하고 환자는 9월에 가장 많이 나온다. 비브리오패혈증균은 지난 3월 전라남도 여수시 해수에서 올해 처음으로 검출된 이후 전남과 경남, 인천, 울산의 바다에서 계속 확인되고 있다.

예방을 위해서는 어패류를 충분히 가열해 먹고 피부에 상처가 있는 사람은 오염된 바닷물과 접촉을 금지해야 한다. 또한 어패류는 가급적 5℃ 이하로 저온 저장하고 어패류를 요리한 도마, 칼 등은 소독 후에 사용해야 한다.

---

① 강대리 : 건강검진에서 간 수치가 높게 나왔는데 어패류를 날로 먹지 않는 것이 좋겠어요.
② 박사원 : 어패류 조리 시에 해수로 깨끗이 씻어야겠어요.
③ 최사원 : 어패류를 먹고 발열이나 복통 증세가 나타나면 비브리오패혈증을 의심해 볼 수 있겠어요.
④ 윤과장 : 어패류를 요리한 도마, 칼 등은 항상 소독 후 사용하는 습관을 들여야겠어요.

02 ▶ 일반상식(사회, 한국사)

01 채권이나 주식 같은 전통적인 투자 상품 대신 부동산, 인프라스트럭처, 사모펀드 등에 투자하는 방식은?

① 대체투자   ② 순투자

③ 재고투자   ④ 민간투자

02 위도 48° 이상의 고위도 지방에서 해가 지지 않는 현상을 일컫는 용어는?

① 백야현상   ② 일면통과현상

③ 식현상   ④ 극야현상

03 다음에서 설명하고 있는 온실가스(Green-house Gas)는?

온실가스는 지구 대기를 오염시켜 온실 효과를 일으키는 가스를 통틀어 이르는 말이다. 적당량의 온실가스는 지구의 온도를 일정하게 유지해 주지만, 기술 발달 등으로 인한 온실가스의 증가는 지구 온난화현상을 일으켜 심각한 생태계 변화를 초래하고 있다. 온실가스 중 온도와 깊은 관계가 있는 이 가스의 경우 온난화 잠재력이 이산화탄소의 약 20배 이상이다. 이 가스는 무색무취의 가연성 기체로, 자연적으로는 늪이나 습지의 흙 속에서 유기물의 부패와 발효에 의하여 발생한다.

① 수소불화탄소(HFCs)   ② 과불화탄소(PFCs)

③ 메테인(CH_4)   ④ 육불화황(SF_6)

04 다음 중 신라의 왕에 대한 설명으로 옳지 않은 것은?

① 내물왕 : 처음으로 마립간의 칭호를 사용하였다.

② 눌지왕 : 백제와 나제동맹을 체결하였다.

③ 지증왕 : 병부를 설치하고 17관등 및 공복을 제정하였다.

④ 법흥왕 : 율령을 반포하고, 불교를 공인하였다.

05 다음 활동을 전개한 단체는?

> 평양 대성학교와 정주 오산학교를 설립하였고 민족 자본을 일으키기 위해 평양에 자기회사를 세웠다. 또한 민중 계몽을 위해 태극서관을 운영하여 출판물을 간행하였다. 그리고 장기적인 독립운동의 기반을 마련하여 독립전쟁을 수행할 목적으로 국외에 독립 운동기지 건설을 추진하였다.

① 보안회

② 신민회

③ 대한자강회

④ 대한광복회

01 다음 〈보기〉는 징계의 종류 중 감봉에 대한 내용이다. 3개월 감봉의 징계처분 시 감액되는 최대 금액은?

> **보기**
>
> (감봉) 1개월 이상 3개월 이하의 기간 동안 급여를 감액하되 1회의 금액은 평균임금의 1일분의 2분의 1을, 총액이 1임금지급기(월급)의 임금 총액의 10분의 1을 초과하지 못함
> • 감봉의 제재 기준은 1일 평균임금
> • 일 평균임금 : 50,000원, 월 평균임금 : 1,500,000원

① 45,000원   ② 55,000원
③ 65,000원   ④ 75,000원

02 다음 중 사용자가 기안한 문서 내역을 조회하기 위한 나이스 시스템 상의 탭으로 옳은 것은?

① 미결 / 협조함   ② 상신함
③ 공람함   ④ 기결함

03 다음 중 세종특별자치시교육청의 직속기관에서 담당하고 있는 업무가 아닌 것은?

① 교원, 지방공무원 연수
② 평생학습과 문화 활동 지원
③ 독서안내·상담과 열람지도
④ 학교 설립·폐지 및 학생수용계획

01 | 2024년 기출복원문제

01 ▶ 국어

01	02	03	04	05
②	③	④	②	③

01
정답 ②

①은 '깨끗이', ③은 '오랜만에', ④는 '희한한'으로 적는 것이 옳다. 한글맞춤법 제51항에 '일일이'는 끝소리가 분명히 '이'로 나는 경우이므로 '일일이'로 적는다고 명시되어 있다.

02
정답 ③

㉠ '소개하다'는 '서로 모르는 사람들 사이에서 양편이 알고 지내도록 관계를 맺어 주다.'의 의미로 단어 자체가 사동의 의미를 지니고 있다. 따라서 '소개시켰다'가 아닌 '소개했다'가 옳은 표현이다.

㉡ '쓰여지다'는 피동 접사 '-이-'와 '-어지다'가 결합한 이중 피동 표현이다. 따라서 '쓰여진'이 아닌 '쓰인'이 옳은 표현이다.

㉢ '부딪치다'는 '무엇과 무엇이 힘 있게 마주 닿거나 마주 대다.'의 의미인 '부딪다'를 강조하여 이르는 말이고, '부딪히다'는 '부딪다'의 피동사이다. 따라서 ㉢에는 '부딪쳤다'가 들어가는 것이 옳다.

03
정답 ④

제시문에서 발생한 비음화는 '국문학[궁문학]', '학년[항년]', '왕릉[왕능]', '생겼는데[생견는데]'이다. 따라서 총 4회의 비음화가 일어났다.

04
정답 ②

제시문에서는 외래어가 국어에 들어오면 국어의 음운적 특징에 따라 발음이나 운율적 자질에 의해 외국어의 원래 모습을 잃어버린다고 하였으나, 우리말의 로마자 표기를 실제 우리말 발음과 다르게 읽어야 함을 설명하는 내용은 없다.

05
정답 ③

제시문은 미니멀 라이프의 정의와 목적에 대해 설명하고 있다. 기자는 인터뷰를 통해 미니멀 라이프의 효과를 제시하며 보여주기식 소비로 인해 본질적인 목표를 벗어난 사례를 들고 있다. 따라서 기자의 의도로 가장 적절한 것은 미니멀 라이프가 추구하는 본질적인 목표를 상기하여 물질적인 소유에서 벗어나 의미 있는 삶을 살도록 독려하는 것이다.

오답분석

① 인터뷰의 사례를 통해 불필요한 물건을 정리하는 등의 방법을 서술하였지만, 구체적인 방법은 제시하지 않았으며 이를 기자의 의도라고 보기도 어렵다.

② 미니멀 라이프의 본질을 잃고 보여주기식 소비로 이어지는 사례를 소개하였지만, 기사의 주제 및 기자의 의도로 보기는 어렵다.

④ 경제적 이익 추구에 대한 내용은 기사에 서술되지 않았으며 미니멀 라이프의 목적은 경제적 이익 추구가 아닌 정신적인 풍요로움이다.

02 ▶ 일반상식(사회, 한국사)

01	02	03	04	05
③	①	③	②	④

01
정답 ③

구소련 국가의 구성국이었던 나라들이 NATO에 가입하여 유럽 연합과 러시아 사이의 완충지대가 사라지며 안보적 위협을 느낀 러시아가 우크라이나까지 NATO 가입을 시도하자 이를 저지하려는 목적으로 우크라이나를 침공하였다.

오답분석

① 러시아에 대한 경제적 제재는 러시아의 우크라이나 침공 이후 일어난 조치이다.

② 우크라이나는 1994년 12월 5일, 부다페스트 안전 보장 각서를 통해 보유한 모든 핵무기를 러시아로 이전하는 대신 우크라이나의 영토와 정치적 독립을 보장하는 각서를 작성하였다.

④ 러시아는 우크라이나에게 침략당한 과거가 없다.

02

정답 ①

갯벌은 주로 해안가에 위치하여 해수와 관련된 환경문제를 야기한다. 반면 지하수 고갈은 주로 내륙 지역에서 발생하는 문제로, 도시화로 인한 불투수성 표면 증가나 농업, 생활용수 등이 과도하게 지하수에 노출되는 경우, 토양 오염 등 지하수의 자연 재충전이 부족할 경우에 발생한다.

03

정답 ③

친권자나 후견인은 미성년자의 근로계약을 대리할 수 없다(근로기준법 제67조 제1항).

오답분석

① 사용자는 임금 및 임금과 관련된 구성항목·계산방법·지급방법, 소정근로시간, 휴일, 연차 및 유급휴가, 그 밖에 대통령령으로 정하는 근로조건이 명시된 서면(전자문서를 포함한다)을 근로자에게 교부하여야 한다(근로기준법 제17조 제2항).
② 근로계약서는 표준 양식이 아니더라도 임금, 휴일, 연차 및 유급휴가, 근로조건이 명시된 근로계약서라면 효력이 발생한다.
④ 임금, 근로시간, 휴일, 연차 및 유급휴가, 근로조건 등이 변경되는 경우 근로자의 요구가 있으면 그 근로자에게 변경된 근로계약서를 교부하여야 한다(근로기준법 제17조 제2항).

04

정답 ②

(나) 고려 초기 성종(993) 때, 거란의 1차 침입 당시 서희가 외교담판으로 거란 장수 소손녕에게 강동 6주를 확보한 자료이다.
(가) 고려 숙종(1104) 때, 윤관이 여진족의 기병부대에 대항하기 위해 별무반의 설치를 주장하는 내용이다.
(다) 고려 후기 고종(1232) 때, 몽고의 1차 침입 이후 무신 집권자 최우가 강화도 천도를 주장하자 유승단이 이를 반대하는 내용이다. 이 자료에서 '바다 가운데 섬'이 뜻하는 것은 강화도이다.

05

정답 ④

1907년 네덜란드 헤이그에서 만국 평화 회의가 개최되자 고종은 특사(이준, 이상설, 이위종)를 파견하여 을사늑약의 무효를 알리고자 하였다. 그러나 을사늑약으로 인해 외교권이 없던 대한제국은 회의 참석을 거부당하였다. 이 사건으로 고종이 폐위되고 순종이 즉위하였으며, 한일 신협약의 체결로 해산된 군인들이 의병 활동을 전개하였다. 의병들은 13도 창의군을 결성하여 서울 진공 작전을 전개하였다.

03 ▶ 학교업무 이해하기

01	02	03		
②	①	③		

01

정답 ②

정책기획과는 기획조정국에 속한 기구이다. 교육정책국에 속한 기구로는 미래교육과, 유초등교육과, 중등교육과, 교원정책과, 민주시민교육과가 있다.

02

정답 ①

교육활동 지원 업무는 교무행정사의 주요업무이다. 교육복지사의 주요업무로는 교육복지선도학교에 관한 업무, 대상학생의 학교 생활 적응 지원, 대상학생을 위한 문제의 원인과 해결에 관한 지원, 대상학생 지원을 위한 지역사회 자원의 연계활용, 선도학교 운영과 관련된 학부모 및 교사에 대한 지원 등이 있다.

03

정답 ③

미결은 해당 결재권자의 결재가 이루어지지 않는 것을 말한다.

업무승인 용어 설명
• 상신 : 결재권자에게 작성 완료된 문서에 대하여 결재를 올림
• 기결 : 결재권자에 의해 결재가 완료됨
• 미결 : 해당 결재권자의 결재가 이루어지지 않음
• 기결문서취소 : 결재 완료된 문서에 대하여 기안자가 결재 취소함
• 반려 : 결재권자가 문서의 수정 등을 위해 기안자에게 되돌려 보냄

01 ▶ 국어

01	02	03	04	05
④	③	④	④	②

01
정답 ④

'푸켓'이 아니라 '푸껫'으로 표기하는 것이 옳다.

02
정답 ③

자음 사이에서 동화 작용이 일어나는 경우로, 종로(Jongno)로 표기하는 것이 옳다.

03
정답 ④

제시된 '말'은 '일정한 주제나 줄거리를 가진 이야기'를 의미한다. 따라서 이와 같은 의미로 사용된 것은 ④이다.

오답분석
① 사람의 생각이나 느낌 따위를 표현하고 전달하는 데 쓰는 음성 기호
② 단어, 구, 문장 따위를 통틀어 이르는 말
③ 음성 기호로 생각이나 느낌을 표현하고 전달하는 행위. 또는 그런 결과물

04
정답 ④

제시문은 우리말에 농경문화의 특성과 정서적이고 감각적인 민족성이 반영되어 있음을 설명하고 있다. 따라서 글에 나타난 언어의 특징으로 가장 적절한 것은 ④이다.

05
정답 ②

해수에는 비브리오패혈증균이 있을 수 있으니 해수로 씻으면 안 된다.

오답분석
① 간 질환자의 경우 고위험군에 해당하므로 충분한 가열 후에 먹는 것이 좋다.
③ 급성 발열과 오한, 복통, 구토, 설사 등은 비브리오패혈증의 증상이다.
④ 어패류를 요리한 도마, 칼 등은 소독 후에 사용해야 한다.

02 ▶ 일반상식(사회, 한국사)

01	02	03	04	05
①	①	③	③	②

01
정답 ①

오답분석
② 순투자 : 기업이 고정자산을 구매하거나, 유효수명이 당회계연도를 초과하는 기존의 고정자산 투자에 돈을 사용할 경우 발생한다.
③ 재고투자 : 기업의 투자활동 중 재고품을 증가시키는 투자활동 또는 증가분을 말한다.
④ 민간투자 : 사기업에 의해 이루어지는 투자로 사적투자라고도 한다.

02
정답 ①

백야현상은 보통 고위도 지방에서 한 여름에 발생하며, 길게 나타날 경우 최장 6개월 동안 해가 지지 않는다.

오답분석
② 일면통과현상 : 지구에서 보았을 때 내행성이 태양면을 통과하는 현상으로 수성과 금성의 일면 통과를 관찰할 수 있다.
③ 식현상 : 천문학에서 한 천체가 다른 천체를 가리거나 그 그림자에 들어가는 현상으로, 개기 또는 개기식이라고 한다. 일반적으로 월식, 일식 등으로 사용된다.
④ 극야현상 : 고위도 지역이나 극점 지역에서 겨울철에 오랫동안 해가 뜨지 않고 밤만 계속되는 현상이다.

03

정답 ③

메테인(CH_4)은 미생물에 의한 유기물질의 분해과정을 통해 주로 생산되며, 화석연료 사용, 폐기물 배출, 가축 사육, 바이오매스의 연소 등 다양한 인간 활동과 함께 생산되는 온실가스이다. 대기 중에 존재하는 메테인가스는 이산화탄소의 1/200에 불과하지만, 그 효과는 이산화탄소보다 약 20배 이상 강력하여 지구온난화에 치명적이다.

오답분석

① 수소불화탄소(HFCs) : 인위적으로만 발생하는 온실가스로, 이산화탄소보다 1,000배 이상의 온실효과가 있다. 에어컨, 냉장고의 냉매로 사용되며 사용량이 급증하고 있다.
② 과불화탄소(PFCs) : 인위적으로만 발생하는 온실가스로, 이산화탄소보다 6,000 ~ 10,000배 이상의 온실효과가 있다. 주로 반도체 제작 공정과 알루미늄 제련 과정에서 발생한다.
④ 육불화황(SF_6) : 인간에 의해 생산·배출되는 온실가스로, 이산화탄소보다 20,000배 이상의 온실효과가 있다. 자연적으로 거의 분해되지 않아 누적 시 지구온난화에 큰 영향을 줄 것으로 예측된다. 주로 반도체나 전자제품 생산 공정에서 발생한다.

04

정답 ③

병부를 설치하고 공복을 제정한 것은 법흥왕 때이다. 지증왕은 국호를 '신라', 왕호를 '왕'으로 하였고, 우산도(울릉도)를 정복하였으며, 우경을 실시하였다.

05

정답 ②

신민회는 1907년에 창립되어 국권 피탈기에 애국계몽운동과 무장 투쟁을 함께 하던 단체이다. 신민회의 애국계몽운동은 평양 대성학교와 정주 오산학교 설립, 태극서관 및 평양 자기회사 운영 등 교육과 산업의 발전을 강조하였다. 또한 장기적인 무장 투쟁을 위해 국외 독립운동기지를 건설하고자 하여 경학사, 신흥강습소를 설치하고 서간도 삼원보에 신한민촌을 만들었다.

---

03 ▶ 학교업무 이해하기

01	02	03		
④	②	④		

01

정답 ④

3개월 감봉의 징계처분 시
– 감봉 1회액 : 50,000원의 1/2인 25,000원 이하
– 감봉 총액 : 1임금지급기(월급) 1,500,000원의 1/10인 150,000원 이하
따라서 3개월 동안 최대 25,000×3＝75,000원의 임금을 감액할 수 있다.

02

정답 ②

나이스 시스템 상 사용자가 기안한 문서 내역을 조회하기 위한 곳은 '상신함' 탭이다.

오답분석

① 미결 / 협조함 : 결재처리 중인 각종 문서 조회
③ 공람함 : 공람된 문서 내용 확인
④ 기결함 : 사용자가 결재 완료한 문서보관

03

정답 ④

'학교 설립·폐지 및 학생수용계획'은 본청기구인 교육행정국에서 담당한다.

> **직속기관의 담당 업무**
> 지방교육자치에 관한 법률 제32조 및 기타 법률에 따라 세종특별자치시교육청 직속기관을 두고, 다음 사항을 관장한다.
> 1. 교원, 지방공무원 연수
> 2. 평생학습과 문화 활동 지원
> 3. 다양한 평생교육 프로그램 개발·운영
> 4. 자료대출·열람에 관한 사항
> 5. 독서안내·상담과 열람지도
> 6. 디지털 지식정보 제공에 관한 사항
> 7. 세종국민체육센터 운영에 관한 사항
> 8. 학교수영장 운영에 관한 사항

지식에 대한 투자가 가장 이윤이 많이 남는 법이다.

- 벤자민 프랭클린 -

01 | 인성평가 소개

개인이 업무를 수행하면서 능률적인 성과물을 만들기 위해서는 개인의 능력과 경험 그리고 회사에서의 교육 및 훈련 등이 필요하지만, 개인의 성격이나 성향 역시 중요하다. 여러 직무분석 연구에서 나온 결과들에 따르면, 직무에서의 성공과 관련된 특성들 중 최고 70% 이상이 능력보다는 성격과 관련이 있다고 한다. 따라서 최근 공공기관뿐만 아니라 대부분의 기업들은 인성평가의 비중을 높이고 있는 추세이다.

01 ▶ 인성평가의 개요

1. 인성평가의 의의

인성평가는 1943년 미국 미네소타 대학교의 임상심리학자 Hathaway 박사와 정신과 의사 Mckinley 박사가 제작한 MMPI(Minnesota Multiphasic Personality Inventory)를 원형으로 한 다면적 인성평가를 말한다.

다면적이라 불리는 것은 여러 가지 정신적인 증상들을 동시에 측정할 수 있도록 고안되어 있기 때문이다. 풀이하자면, 개인이 가지고 있는 다면적인 성격을 많은 문항수의 질문을 통해 수치로 나타내는 것이다. 그렇다면 성격이란 무엇인가?

성격은 일반적으로 개인 내부에 있는 특징적인 행동과 생각을 결정해 주는 정신적·신체적 체제의 역동적 조직이라고 말할 수 있으며, 환경에 적응하게 하는 개인적인 여러 가지 특징과 행동양식의 잣대라고 정의할 수 있다.

다시 말하면, 성격이란 한 개인이 환경적 변화에 적응하는 특징적인 행동 및 사고유형이라고 할 수 있으며, 인성평가란 그 개인의 행동 및 사고유형을 서면을 통해 수치적·언어적으로 기술하거나 예언해 주는 도구라 할 수 있다.

신규 채용 또는 평가에 활용하는 인성평가로 MMPI 원형을 그대로 사용하는 기업도 있지만, 대부분의 기업에서는 MMPI 원형을 기준으로 연구, 조사, 정보수집, 개정 등의 과정을 통해서 자체 개발한 유형을 사용하고 있다.

인성평가의 구성은 여러 가지 하위 척도로 구성되어 있는데, MMPI 다면적 인성평가의 척도를 살펴보면 기본 척도가 8개 문항으로 구성되어 있고, 2개의 임상 척도와 4개의 타당성 척도를 포함, 총 14개 척도로 구성되어 있다.

캘리포니아 심리검사(CPI; California Psychological Inventory)의 경우는 48개 문항, 18개의 척도로 구성되어 있다.

2. 인성평가의 해석단계

해석단계는 첫 번째, 각 타당성 및 임상 척도에 대한 피검사자의 점수를 검토하는 방법으로 각 척도마다 피검사자의 점수가 정해진 범위에 속하는지 여부를 검토하게 된다.

두 번째, 척도별 연관성에 대한 분석으로 각 척도에서의 점수 범위가 의미하는 것과 그것들이 나타낼 가설들을 종합하고, 어느 특정 척도의 점수를 근거로 하여 다른 척도들에 대한 예측을 시도하게 된다.

세 번째, 척도 간의 응집 또는 분산을 찾아보고 그에 따른 해석적 가설을 형성하는 과정으로 두 개 척도 간의 관계만을 가지고 해석하게 된다.

네 번째, 매우 낮은 임상 척도에 대한 검토로서, 일부 척도에서 낮은 점수가 특별히 의미 있는 경우가 있기 때문에 신중히 다뤄지게 된다.

다섯 번째, 타당성 및 임상 척도에 대한 형태적 분석으로서, 타당성 척도들과 임상 척도들 전체의 형태적 분석이다. 주로 척도들의 상승도와 기울기 및 굴곡을 해석해서 피검사자에 대한 종합적이고 총체적인 추론적 해석을 하게 된다.

02 ▶ 척도구성

1. MMPI 척도구성

(1) 타당성 척도

타당성 척도는 피검사자가 검사에 올바른 태도를 보였는지, 또 피검사자가 응답한 검사 문항들의 결론이 신뢰할 수 있는 결론인가를 알아보는 라이스케일(허위척도)이라 할 수 있다. 타당성 4개 척도는 잘못된 검사 태도를 탐지하게 할 뿐만 아니라, 임상 척도와 더불어 검사 이외의 행동에 대하여 유추할 수 있는 자료를 제공해 줌으로써, 의미있는 인성요인을 밝혀주기도 한다.

〈타당성 4개 척도구성〉

무응답 척도 (?)	무응답 척도는 피검사자가 응답하지 않은 문항과 '그렇다'와 '아니다'에 모두 답한 문항들의 총합이다. 척도점수의 크기는 다른 척도점수에 영향을 미치게 되므로, 빠뜨린 문항의 수를 최소로 줄이는 것이 중요하다.
허구 척도 (L)	L 척도는 피검사자가 자신을 좋은 인상으로 나타내 보이기 위해 하는 고의적이고 부정직하며 세련되지 못한 시도를 측정하는 허구 척도이다. L 척도의 문항들은 정직하지 못하거나 결점들을 고의적으로 감춰 자신을 좋게 보이려는 사람들의 장점마저도 부인하게 된다.
신뢰성 척도 (F)	F 척도는 검사 문항에 빗나간 방식의 답변을 응답하는 경향을 평가하기 위한 척도로 정상적인 집단의 10% 이하가 응답한 내용을 기준으로 일반 대중의 생각이나 경험과 다른 정도를 측정한다.
교정 척도 (K)	K 척도는 분명한 정신적인 장애를 지니면서도 정상적인 프로파일을 보이는 사람들을 식별하기 위한 것이다. K 척도는 L 척도와 유사하게 거짓 답안을 확인하지만 L 척도보다 더 미세하고 효과적으로 측정한다.

(2) 임상 척도

임상 척도는 검사의 주된 내용으로써 비정상 행동의 종류를 측정하는 10가지 척도로 되어 있다. 임상 척도의 수치는 높은 것이 좋다고 해석하는 경우도 있지만, 개별 척도별로 해석을 참고하는 경우가 대부분이다.

건강염려증(Hs) Hypochondriasis	개인이 말하는 신체적 증상과 이러한 증상들이 다른 사람을 조정하는 데 사용되고 있지는 않은지 여부를 측정하는 척도로서, 측정 내용은 신체의 기능에 대한 과도한 집착 및 이와 관련된 질환이나 비정상적인 상태에 대한 불안감 등이다.
우울증(D) Depression	개인의 비관 및 슬픔의 정도를 나타내는 기분상태의 척도로서, 자신에 대한 태도와 타인과의 관계에 대한 태도, 절망감, 희망의 상실, 무력감 등을 원인으로 나타나는 활동에 대한 흥미의 결여, 불면증과 같은 신체적 증상 및 과도한 민감성 등을 표현한다.
히스테리(Hy) Hysteria	현실에 직면한 어려움이나 갈등을 회피하는 방법인 부인기제를 사용하는 경향 정도를 진단하려는 것으로서 특정한 신체적 증상을 나타내는 문항들과 아무런 심리적·정서적 장애도 가지고 있지 않다고 주장하는 것을 나타내는 문항들의 두 가지 다른 유형으로 구성되어 있다.
반사회성(Pd) Psychopathic Deviate	가정이나 일반사회에 대한 불만, 자신 및 사회와의 격리, 권태 등을 주로 측정하는 것으로서 반사회적 성격, 비도덕적인 성격 경향 정도를 알아보기 위한 척도이다.
남성-여성특성(Mf) Masculinity-Femininity	직업에 관한 관심, 취미, 종교적 취향, 능동·수동성, 대인 감수성 등의 내용을 담고 있으며, 흥미 형태의 남성 특성과 여성 특성을 측정하고 진단하는 검사이다.
편집증(Pa) Paranoia	편집증을 평가하기 위한 것으로서 정신병적인 행동과 과대의심, 관계망상, 피해망상, 과대망상, 과민함, 비사교적 행동, 타인에 대한 불만감 같은 내용의 문항들로 구성되어 있다.
강박증(Pt) Psychasthenia	병적인 공포, 불안감, 과대근심, 강박관념, 자기 비판적 행동, 집중력 곤란, 죄책감 등을 검사하는 내용으로 구성되어 있으며, 주로 오랫동안 지속된 만성적인 불안을 측정한다.
정신분열증(Sc) Schizophrenia	정신적 혼란을 측정하는 척도로서 가장 많은 문항에 내포하고 있다. 이 척도는 별난 사고방식이나 행동양식을 지닌 사람을 판별하는 것으로서 사회적 고립, 가족관계의 문제, 성적 관심, 충동억제불능, 두려움, 불만족 등의 내용으로 구성되어 있다.
경조증(Ma) Hypomania	정신적 에너지를 측정하는 것으로서, 사고의 다양성과 과장성, 행동 영역의 불안정성, 흥분성, 민감성 등을 나타낸다. 이 척도가 높으면 무엇인가를 하지 않고는 못 견디는 정력적인 사람이다.
내향성(Si) Social Introversion	피검사자의 내향성과 외향성을 측정하기 위한 척도로서, 개인의 사회적 접촉 회피, 대인관계의 기피, 비사회성 등의 인성요인을 측정한다. 이 척도의 내향성과 외향성은 어느 하나가 좋고 나쁨을 나타내는 것이 아니라, 피검사자가 어떤 성향의 사람인가를 알아내는 것이다.

2. CPI 척도구성

〈18 척도〉

지배성 척도 (Do)	강력하고 지배적이며, 리더십이 강하고 대인관계에서 주도권을 잡는 지배적인 사람을 변별하고자 하는 척도이다.
지위능력 척도 (Cs)	현재의 개인 자신의 지위를 측정하는 것이 아니라, 개인의 내부에 잠재되어 있어 어떤 지위에 도달하게끔 하는 자기 확신, 야심, 자신감 등을 평가하기 위한 척도이다.
사교성 척도 (Sy)	사교적이고 활달하며 참여 기질이 좋은 사람과, 사회적으로 자신을 나타내기 싫어하고 참여 기질이 좋지 않은 사람을 변별하고자 하는 척도이다.
사회적 태도 척도 (Sp)	사회생활에서의 안정감, 활력, 자발성, 자신감 등을 평가하기 위한 척도로서, 사교성과 밀접한 관계가 있다. 고득점자는 타인 앞에 나서기를 좋아하고, 타인의 방어기제를 공격하여 즐거움을 얻고자 하는 성격을 가지고 있다.
자기수용 척도 (Sa)	자신에 대한 믿음, 자신의 생각을 수용하는 자기확신을 가지고 있는 사람을 변별하기 위한 척도이다.
행복감 척도 (Wb)	근본 목적은 행복감을 느끼는 사람과 그렇지 않은 사람을 변별해 내는 척도 검사이지만, 긍정적인 성격으로 가장하기 위해서 반응한 사람을 변별해 내는 타당성 척도로서의 목적도 가지고 있다.
책임감 척도 (Re)	법과 질서에 대해서 철저하고 양심적이며 책임감이 강해 신뢰할 수 있는 사람과 인생은 이성에 의해서 지배되어야 한다고 믿는 사람을 변별하기 위한 척도이다.
사회성 척도 (So)	사회생활에서 이탈된 행동이나 범죄의 가능성이 있는 사람을 변별하기 위한 척도로서 범죄자 유형의 사람은 정상인보다 매우 낮은 점수를 나타낸다.
자기통제 척도 (Sc)	자기통제의 유무, 충동, 자기중심에서 벗어날 수 있는 통제의 적절성, 규율과 규칙에 동의하는 정도를 측정하는 척도로서, 점수가 높은 사람은 지나치게 자신을 통제하려 하며, 낮은 사람은 자기통제가 잘 안되므로 충동적이 된다.
관용성 척도 (To)	침묵을 지키고 어떤 사실에 대하여 성급하게 판단하기를 삼가고 다양한 관점을 수용하려는 사회적 신념과 태도를 재려는 척도이다.
좋은 인상 척도 (Gi)	타인이 자신에 대해 어떻게 반응하는가, 타인에게 좋은 인상을 주었는가에 흥미를 느끼는 사람을 변별하고, 자신을 긍정적으로 보이기 위해 솔직하지 못한 반응을 하는 사람을 찾아내기 위한 타당성 척도이다.
추종성 척도 (Cm)	사회에 대한 보수적인 태도와 생각을 측정하는 척도검사이다. 아무렇게나 적당히 반응한 피검사자를 찾아내는 타당성 척도로서의 목적도 있다.
순응을 위한 성취 척도 (Ac)	강한 성취욕구를 측정하기 위한 척도로서 학업성취에 관련된 동기요인과 성격요인을 측정하기 위해서 만들어졌다.
독립성을 통한 성취 척도 (Ai)	독립적인 사고, 창조력, 자기실현을 위한 성취능력의 정도를 측정하는 척도이다.
지적 능률 척도 (Ie)	지적 능률성을 측정하기 위한 척도이며, 지능과 의미 있는 상관관계를 가지고 있는 성격특성을 나타내는 항목을 제공한다.
심리적 예민성 척도 (Py)	동기, 내적 욕구, 타인의 경험에 공명하고 흥미를 느끼는 정도를 재는 척도이다.
유연성 척도 (Fx)	개인의 사고와 사회적 행동에 대한 유연성, 순응성 정도를 나타내는 척도이다.
여향성 척도 (Fe)	흥미의 남향성과 여향성을 측정하기 위한 척도이다.

03 ▶ 인성평가 수검요령

인성평가는 특별한 수검요령이 없다. 다시 말하면 모범답안이 없고, 정답이 없다는 이야기이다. 국어 문제처럼 말의 뜻을 풀이하는 것도 아니다. 군이 수검요령을 말하자면, 진실하고 솔직한 내 생각을 답하는 것이라고 할 수 있다.

인성평가에서 가장 중요한 것은 첫째, 솔직한 답변이다. 지금까지 경험을 통해서 축적된 내 생각과 행동을 거짓 없이 솔직하게 기재하는 것이다. 예를 들어, "나는 타인의 물건을 훔치고 싶은 충동을 느껴 본 적이 있다."라는 질문에 피검사자들은 많은 생각을 하게 된다. 생각해 보라. 유년기에 또는 성인이 되어서도 타인의 물건을 훔치는 일을 저지른 적은 없더라도, 훔치고 싶은 충동은 누구나 조금이라도 다 느껴보았을 것이다. 그런데 간혹 이 질문에 고민을 하는 사람이 있다. 과연 이 질문에 "예"라고 대답하면 담당 검사관들이 나를 사회적으로 문제가 있는 사람으로 여기지는 않을까 하는 생각에 "아니요"라는 답을 기재하게 된다. 이런 솔직하지 않은 답변이 답변의 신뢰와 솔직함을 나타내는 타당성 척도에 좋지 않은 점수를 주게 된다. 둘째, 일관성 있는 답변이다. 인성평가의 수많은 질문 중에는 비슷한 내 용의 물음이 여러 개 숨어 있는 경우가 많이 있다. 그 질문들은 피검사자의 '솔직한 답변'과 '심리적인 상태'를 알아보기 위해 반복적으로 나오는 것이다. 가령 "나는 유년 시절 타인의 물건을 훔친 적이 있다."라는 질문에 "예"라고 대답했는데, "나는 유년 시절 타인의 물건을 훔쳐보고 싶은 충동을 느껴본 적이 있다."라는 질문에는 "아니요"라는 답을 기재한다면 어떻겠는가. 일관성 없이 '대충 기재하자'라는 식의 심리적 무성의성 답변이 되거나, 정신적으로 문제가 있는 사람으로 보일 수 있다.

인성평가는 많은 문항을 풀어야 하기 때문에 피검사자들은 지루함과 따분함을 느낄 수 있고 반복된 내용의 질문 때문에 인내심이 바닥날 수도 있다. 그럴수록 인내를 가지고 솔직하게 내 생각을 대답하는 것이 무엇보다 중요한 요령이 될 것이다.

04 ▶ 인성평가 시 유의사항

(1) 충분한 휴식으로 불안을 없애고 정서적인 안정을 취한다. 심신이 안정되어야 자신의 마음을 표현할 수 있다.

(2) 생각나는 대로 솔직하게 응답한다. 자신을 너무 과대포장하지도, 너무 비하시키지도 마라. 답변을 꾸며서 하면 앞뒤가 맞지 않게끔 구성돼 있어 불리한 평가를 받게 되므로 솔직하게 답하도록 한다.

(3) 검사 문항에 대해 지나치게 생각해서는 안 된다. 지나치게 몰두하면 엉뚱한 답변이 나올 수 있으므로 불필요한 생각은 삼간다.

(4) 인성평가는 대개 문항 수가 많기에 자칫 건너뛰는 경우가 있는데, 가능한 한 모든 문항에 답해야 한다. 응답하지 않은 문항이 많을 경우 평가자가 정확한 평가를 내리지 못해 불리한 평가를 내릴 수 있기 때문이다.

05 ▶ 인성평가 유형

유형 1

※ 다음 질문내용을 읽고 본인에 해당하는 응답의 '예', '아니요'에 ○표 하시오. [1~30]

번호	질문	응답	
1	조심스러운 성격이라고 생각한다.	예	아니요
2	사물을 신중하게 생각하는 편이라고 생각한다.	예	아니요
3	동작이 기민한 편이다.	예	아니요
4	포기하지 않고 노력하는 것이 중요하다.	예	아니요
5	일주일의 예정을 만드는 것을 좋아한다.	예	아니요
6	노력의 여하보다 결과가 중요하다.	예	아니요
7	자기주장이 강하다.	예	아니요
8	장래의 일을 생각하면 불안해질 때가 있다.	예	아니요
9	소외감을 느낄 때가 있다.	예	아니요
10	훌쩍 여행을 떠나고 싶을 때가 자주 있다.	예	아니요
11	대인관계가 귀찮다고 느낄 때가 있다.	예	아니요
12	자신의 권리를 주장하는 편이다.	예	아니요
13	낙천가라고 생각한다.	예	아니요
14	싸움을 한 적이 없다.	예	아니요
15	자신의 의견을 상대에게 잘 주장하지 못한다.	예	아니요
16	좀처럼 결단하지 못하는 경우가 있다.	예	아니요
17	하나의 취미를 오래 지속하는 편이다.	예	아니요
18	한 번 시작한 일은 끝을 맺는다.	예	아니요
19	행동으로 옮기기까지 시간이 걸린다.	예	아니요
20	다른 사람들이 하지 못하는 일을 하고 싶다.	예	아니요
21	해야 할 일은 신속하게 처리한다.	예	아니요
22	병이 아닌지 걱정이 들 때가 있다.	예	아니요
23	다른 사람의 충고를 기분 좋게 듣는 편이다.	예	아니요
24	다른 사람에게 의존적이 될 때가 많다.	예	아니요
25	타인에게 간섭받는 것은 싫다.	예	아니요
26	의식 과잉이라는 생각이 들 때가 있다.	예	아니요
27	수다를 좋아한다.	예	아니요
28	잘못된 일을 한 적이 한 번도 없다.	예	아니요
29	모르는 사람과 이야기하는 것은 용기가 필요하다.	예	아니요
30	끙끙거리며 생각할 때가 있다.	예	아니요

※ 다음 질문내용을 읽고 A, B 중 해당되는 곳에 ○표 하시오. [1~15]

번호	질문	응답	
1	A 사람들 앞에서 잘 이야기하지 못한다.	A	B
	B 사람들 앞에서 이야기하는 것을 좋아한다.		
2	A 엉뚱한 생각을 잘한다.	A	B
	B 비현실적인 것을 싫어한다.		
3	A 친절한 사람이라는 말을 듣고 싶다.	A	B
	B 냉정한 사람이라는 말을 듣고 싶다.		
4	A 예정에 얽매이는 것을 싫어한다.	A	B
	B 예정이 없는 상태를 싫어한다.		
5	A 혼자 생각하는 것을 좋아한다.	A	B
	B 다른 사람과 이야기하는 것을 좋아한다.		
6	A 정해진 절차에 따르는 것을 싫어한다.	A	B
	B 정해진 절차가 바뀌는 것을 싫어한다.		
7	A 친절한 사람 밑에서 일하고 싶다.	A	B
	B 이성적인 사람 밑에서 일하고 싶다.		
8	A 그때그때의 기분으로 행동하는 경우가 많다.	A	B
	B 미리 행동을 정해두는 경우가 많다.		
9	A 다른 사람과 만났을 때 화제를 찾는 데 고생한다.	A	B
	B 다른 사람과 만났을 때 화제에 부족함이 없다.		
10	A 학구적이라는 인상을 주고 싶다.	A	B
	B 실무적이라는 인상을 주고 싶다.		
11	A 친구가 돈을 빌려달라고 하면 거절하지 못한다.	A	B
	B 본인에게 도움이 되지 않는 차금은 거절한다.		
12	A 조직 안에서는 독자적으로 움직이는 타입이라고 생각한다.	A	B
	B 조직 안에서는 우등생 타입이라고 생각한다.		
13	A 문장을 쓰는 것을 좋아한다.	A	B
	B 이야기하는 것을 좋아한다.		
14	A 직감으로 판단한다.	A	B
	B 경험으로 판단한다.		
15	A 다른 사람이 어떻게 생각하는지 신경 쓰인다.	A	B
	B 다른 사람이 어떻게 생각하든 신경 쓰지 않는다.		

※ 다음 질문을 읽고, '아니다', '대체로 아니다', '대체로 그렇다', '그렇다'에 체크하시오. [1~30]

번호	질문	아니다	대체로 아니다	대체로 그렇다	그렇다
1	충동구매는 절대 하지 않는다.				
2	컨디션에 따라 기분이 잘 변한다.				
3	옷 입는 취향이 오랫동안 바뀌지 않고 그대로이다.				
4	남의 물건이 좋아 보인다.				
5	반성하는 일이 거의 없다.				
6	남의 말을 호의적으로 받아들인다.				
7	혼자 있을 때가 편안하다.				
8	친구에게 불만이 있다.				
9	남의 말을 좋은 쪽으로 해석한다.				
10	남의 의견을 절대 참고하지 않는다.				
11	일을 시작할 때 계획을 세우는 편이다.				
12	부모님과 여행을 자주 간다.				
13	쉽게 짜증을 내는 편이다.				
14	사람을 상대하는 것을 좋아한다.				
15	컴퓨터로 일을 하는 것을 좋아한다.				
16	하루 종일 말하지 않고 지낼 수 있다.				
17	감정조절이 잘 안되는 편이다.				
18	평소 꼼꼼한 편이다.				
19	다시 태어나고 싶은 순간이 있다.				
20	운동을 하다가 다친 적이 있다.				
21	다른 사람의 말보다는 자신의 믿음을 믿는다.				
22	귀찮은 일이 있으면 먼저 해치운다.				
23	정리 정돈하는 것을 좋아한다.				
24	다른 사람의 대화에 끼고 싶다.				
25	카리스마가 있다는 말을 들어본 적이 있다.				
26	미래에 대한 고민이 많다.				
27	친구들의 성공 소식에 씁쓸한 적이 있다.				
28	내가 못하는 것이 있으면 참지 못한다.				
29	계획에 없는 일을 시키면 짜증이 난다.				
30	화가 나면 물건을 집어 던지는 버릇이 있다.				

※ 다음 질문을 읽고, ①~⑥ 중 자신에게 해당되는 것을 고르시오. [1~3]

01 최대리가 신약을 개발했는데 치명적이지는 않지만 유해한 부작용이 발견됐다. 그런데 최대리는 묵인하고 신약을 유통시켰다.

    1-(1) 당신은 이 상황에 대해 얼마나 동의하는가?
        ① 0%   ② 20%   ③ 40%   ④ 60%   ⑤ 80%   ⑥ 100%

    1-(2) 자신이라도 그렇게 할 것인가?
        ① 0%   ② 20%   ③ 40%   ④ 60%   ⑤ 80%   ⑥ 100%

02 같은 팀 최대리가 자신의 성과를 높이기 위해 중요한 업무를 상사에게 요구한다.

    2-(1) 다른 팀원도 그 상황에 동의할 것 같은가?
        ① 0%   ② 20%   ③ 40%   ④ 60%   ⑤ 80%   ⑥ 100%

    2-(2) 자신이라도 그렇게 할 것인가?
        ① 0%   ② 20%   ③ 40%   ④ 60%   ⑤ 80%   ⑥ 100%

03 최대리가 회계 보고서 작성 후 오류를 발견했지만 바로잡기엔 시간이 부족하여 그냥 제출했다.

    3-(1) 다른 직원들도 그 상황에 동의할 것 같은가?
        ① 0%   ② 20%   ③ 40%   ④ 60%   ⑤ 80%   ⑥ 100%

    3-(2) 자신이라도 그렇게 할 것인가?
        ① 0%   ② 20%   ③ 40%   ④ 60%   ⑤ 80%   ⑥ 100%

※ 각 문항을 읽고, ① ~ ⑥ 중 자신의 성향과 가까운 정도에 따라 ① 전혀 그렇지 않다, ② 그렇지 않다, ③ 조금 그렇지 않다, ④ 조금 그렇다, ⑤ 그렇다, ⑥ 매우 그렇다 중 하나를 선택하시오. 그리고 3개의 문장 중 자신의 성향에 비추어볼 때 가장 먼 것(멀다)과 가장 가까운 것(가깝다)을 하나씩 선택하시오. [1~4]

01

질문	답안 1						답안 2	
	①	②	③	④	⑤	⑥	멀다	가깝다
1. 사물을 신중하게 생각하는 편이라고 생각한다.	☐	☐	☐	☐	☐	☐	☐	☐
2. 포기하지 않고 노력하는 것이 중요하다.	☐	☐	☐	☐	☐	☐	☐	☐
3. 자신의 권리를 주장하는 편이다.	☐	☐	☐	☐	☐	☐	☐	☐

02

질문	답안 1						답안 2	
	①	②	③	④	⑤	⑥	멀다	가깝다
1. 노력의 여하보다 결과가 중요하다.	☐	☐	☐	☐	☐	☐	☐	☐
2. 자기주장이 강하다.	☐	☐	☐	☐	☐	☐	☐	☐
3. 어떠한 일이 있어도 출세하고 싶다.	☐	☐	☐	☐	☐	☐	☐	☐

03

질문	답안 1						답안 2	
	①	②	③	④	⑤	⑥	멀다	가깝다
1. 다른 사람의 일에 관심이 없다.	☐	☐	☐	☐	☐	☐	☐	☐
2. 때로는 후회할 때도 있다.	☐	☐	☐	☐	☐	☐	☐	☐
3. 진정으로 마음을 허락할 수 있는 사람은 없다.	☐	☐	☐	☐	☐	☐	☐	☐

04

질문	답안 1						답안 2	
	①	②	③	④	⑤	⑥	멀다	가깝다
1. 타인에게 간섭받는 것은 싫다.	☐	☐	☐	☐	☐	☐	☐	☐
2. 신경이 예민한 편이라고 생각한다.	☐	☐	☐	☐	☐	☐	☐	☐
3. 난관에 봉착해도 포기하지 않고 열심히 해본다.	☐	☐	☐	☐	☐	☐	☐	☐

※ 다음 질문을 읽고, ① ~ ⑤ 중 자신에게 해당하는 것을 고르시오(① 전혀 그렇지 않다, ② 그렇지 않다, ③ 보통이다, ④ 그렇다, ⑤ 매우 그렇다). 그리고 4개의 문장 중 자신과 가장 먼 것(멀다)과 가장 가까운 것(가깝다)을 하나씩 선택하시오. [1~4]

01
　　　　　　　　　　　　　　　　　　　　　　　　　　　　　　　　멀다　가깝다
A. 야망이 있다. ① ② ③ ④ ⑤ ☐ ☐
B. 평소 사회 문제에 관심이 많다. ① ② ③ ④ ⑤ ☐ ☐
C. 친구들의 생일을 잘 잊는 편이다. ① ② ③ ④ ⑤ ☐ ☐
D. 누군가를 챙겨주는 것에 행복을 느낀다. ① ② ③ ④ ⑤ ☐ ☐

02
　　　　　　　　　　　　　　　　　　　　　　　　　　　　　　　　멀다　가깝다
A. 지시하는 것보다 명령에 따르는 것이 편하다. ① ② ③ ④ ⑤ ☐ ☐
B. 옆에 사람이 있는 것이 싫다. ① ② ③ ④ ⑤ ☐ ☐
C. 친구들과 남의 이야기를 하는 것을 좋아한다. ① ② ③ ④ ⑤ ☐ ☐
D. 모두가 싫증을 내는 일에도 혼자서 열심히 한다. ① ② ③ ④ ⑤ ☐ ☐

03
　　　　　　　　　　　　　　　　　　　　　　　　　　　　　　　　멀다　가깝다
A. 완성된 것보다 미완성인 것에 흥미가 있다. ① ② ③ ④ ⑤ ☐ ☐
B. 능력을 살릴 수 있는 일을 하고 싶다. ① ② ③ ④ ⑤ ☐ ☐
C. 내 분야에서는 최고가 되고 싶다. ① ② ③ ④ ⑤ ☐ ☐
D. 다른 사람의 충고를 잘 받아들이지 못한다. ① ② ③ ④ ⑤ ☐ ☐

04
　　　　　　　　　　　　　　　　　　　　　　　　　　　　　　　　멀다　가깝다
A. 다소 산만한 편이라는 이야기를 자주 듣는다. ① ② ③ ④ ⑤ ☐ ☐
B. 주변에 호기심이 많고, 새로운 상황에 잘 적응한다. ① ② ③ ④ ⑤ ☐ ☐
C. 타인의 의견을 잘 듣는 편이다. ① ② ③ ④ ⑤ ☐ ☐
D. 단체 생활을 좋아하지는 않지만 적응하려고 노력한다. ① ② ③ ④ ⑤ ☐ ☐

02 | 모의테스트

※ 인성평가 모의테스트는 질문 및 답변 유형 연습용이므로 실제 시험과 다를 수 있으며, 인성평가에는 정답이 존재하지 않습니다.

제1회 ▶ 인성평가

※ 다음 질문을 읽고, ① ~ ⑤ 중 자신에게 해당하는 것을 고르시오(① 전혀 그렇지 않다 ② 약간 그렇지 않다 ③ 보통이다 ④ 약간 그렇다 ⑤ 매우 그렇다). [1~200]

번호	질문	응답				
01	결점을 지적받아도 아무렇지 않다.	①	②	③	④	⑤
02	피곤할 때도 명랑하게 행동한다.	①	②	③	④	⑤
03	실패했던 경험을 생각하면서 고민하는 편이다.	①	②	③	④	⑤
04	언제나 생기가 있다.	①	②	③	④	⑤
05	선배의 지적을 순수하게 받아들일 수 있다.	①	②	③	④	⑤
06	매일 목표가 있는 생활을 하고 있다.	①	②	③	④	⑤
07	열등감으로 자주 고민한다.	①	②	③	④	⑤
08	남에게 무시당하면 화가 난다.	①	②	③	④	⑤
09	무엇이든지 하면 된다고 생각하는 편이다.	①	②	③	④	⑤
10	자신의 존재를 과시하고 싶다.	①	②	③	④	⑤
11	사람을 많이 만나는 것을 좋아한다.	①	②	③	④	⑤
12	보고 들은 것을 문장으로 옮기는 것을 좋아한다.	①	②	③	④	⑤
13	특정한 사람과 교제를 하는 편이다.	①	②	③	④	⑤
14	친구에게 먼저 말을 하는 편이다.	①	②	③	④	⑤
15	친구만 있으면 된다고 생각한다.	①	②	③	④	⑤
16	많은 사람 앞에서 말하는 것이 서툴다.	①	②	③	④	⑤
17	반 편성과 교실 이동을 싫어한다.	①	②	③	④	⑤
18	다과회 등에서 자주 책임을 맡는다.	①	②	③	④	⑤
19	새로운 환경에 쉽게 적응하지 못하는 편이다.	①	②	③	④	⑤
20	누구하고나 친하게 교제한다.	①	②	③	④	⑤

번호	질문	응답
21	충동구매는 절대 하지 않는다.	① ② ③ ④ ⑤
22	컨디션에 따라 기분이 잘 변한다.	① ② ③ ④ ⑤
23	옷 입는 취향이 오랫동안 바뀌지 않고 그대로이다.	① ② ③ ④ ⑤
24	남의 물건이 좋아보인다.	① ② ③ ④ ⑤
25	광고를 보면 그 물건을 사고 싶다.	① ② ③ ④ ⑤
26	자신이 낙천주의자라고 생각한다.	① ② ③ ④ ⑤
27	에스컬레이터에서 걷지 않는다.	① ② ③ ④ ⑤
28	꾸물대는 것을 싫어한다.	① ② ③ ④ ⑤
29	고민이 생겨도 심각하게 생각하지 않는다.	① ② ③ ④ ⑤
30	반성하는 일이 거의 없다.	① ② ③ ④ ⑤
31	남의 말을 호의적으로 받아들인다.	① ② ③ ④ ⑤
32	혼자 있을 때가 편안하다.	① ② ③ ④ ⑤
33	친구에게 불만이 있다.	① ② ③ ④ ⑤
34	남의 말을 좋은 쪽으로 해석한다.	① ② ③ ④ ⑤
35	남의 의견을 절대 참고하지 않는다.	① ② ③ ④ ⑤
36	기분 나쁜 일은 금세 잊는 편이다.	① ② ③ ④ ⑤
37	선배와 쉽게 친해진다.	① ② ③ ④ ⑤
38	슬럼프에 빠지면 좀처럼 헤어나지 못한다.	① ② ③ ④ ⑤
39	자신의 소문에 관심을 기울인다.	① ② ③ ④ ⑤
40	주위 사람에게 인사하는 것이 귀찮다.	① ② ③ ④ ⑤
41	기호에 맞지 않으면 거절하는 편이다.	① ② ③ ④ ⑤
42	여간해서 흥분하지 않는 편이다.	① ② ③ ④ ⑤
43	옳다고 생각하면 밀고 나간다.	① ② ③ ④ ⑤
44	항상 무슨 일이든지 해야만 한다.	① ② ③ ④ ⑤
45	휴식시간에도 일하고 싶다.	① ② ③ ④ ⑤
46	걱정거리가 생기면 머릿속에서 떠나지 않는 편이다.	① ② ③ ④ ⑤
47	매일 힘든 일이 너무 많다.	① ② ③ ④ ⑤
48	시험 전에도 노는 계획을 세운다.	① ② ③ ④ ⑤
49	슬픈 일만 머릿속에 남는다.	① ② ③ ④ ⑤
50	사는 것이 힘들다고 느낀 적은 없다.	① ② ③ ④ ⑤

번호	질문	응답
51	처음 만난 사람과 이야기하는 것이 피곤하다.	① ② ③ ④ ⑤
52	비난을 받으면 신경이 쓰인다.	① ② ③ ④ ⑤
53	실패해도 또 다시 도전한다.	① ② ③ ④ ⑤
54	남에게 비판을 받으면 불쾌하다.	① ② ③ ④ ⑤
55	다른 사람의 지적을 순수하게 받아들일 수 있다.	① ② ③ ④ ⑤
56	자신의 프라이드가 높다고 생각한다.	① ② ③ ④ ⑤
57	자신의 입장을 잊어버릴 때가 있다.	① ② ③ ④ ⑤
58	남보다 쉽게 우위에 서는 편이다.	① ② ③ ④ ⑤
59	목적이 없으면 마음이 불안하다.	① ② ③ ④ ⑤
60	일을 할 때에 자신이 없다.	① ② ③ ④ ⑤
61	상대방이 말을 걸어오기를 기다리는 편이다.	① ② ③ ④ ⑤
62	친구 말을 듣는 편이다.	① ② ③ ④ ⑤
63	싸움으로 친구를 잃은 경우가 있다.	① ② ③ ④ ⑤
64	모르는 사람과 말하는 것은 귀찮다.	① ② ③ ④ ⑤
65	아는 사람이 많아지는 것이 즐겁다.	① ② ③ ④ ⑤
66	신호 대기 중에도 조바심이 난다.	① ② ③ ④ ⑤
67	매사에 심각하게 생각하는 것을 싫어한다.	① ② ③ ④ ⑤
68	자신이 경솔하다고 자주 느낀다.	① ② ③ ④ ⑤
69	상대방이 통화 중이어도 자꾸 전화를 건다.	① ② ③ ④ ⑤
70	충동적인 행동을 하지 않는 편이다.	① ② ③ ④ ⑤
71	칭찬도 나쁘게 받아들이는 편이다.	① ② ③ ④ ⑤
72	자신이 손해를 보고 있다고 생각한다.	① ② ③ ④ ⑤
73	어떤 상황에서나 만족할 수 있다.	① ② ③ ④ ⑤
74	무슨 일이든지 자신의 생각대로 하지 못한다.	① ② ③ ④ ⑤
75	부모님에게 불만을 느낀다.	① ② ③ ④ ⑤
76	깜짝 놀라면 당황하는 편이다.	① ② ③ ④ ⑤
77	주위의 평판이 좋다고 생각한다.	① ② ③ ④ ⑤
78	자신이 소문에 휘말려도 좋다.	① ② ③ ④ ⑤
79	긴급사태에도 당황하지 않고 행동할 수 있다.	① ② ③ ④ ⑤
80	윗사람과 이야기하는 것이 불편하다.	① ② ③ ④ ⑤

번호	질문	응답
81	정색하고 화내기 쉬운 화제를 올릴 때가 있다.	① ② ③ ④ ⑤
82	자신이 좋아하는 연예인을 남들이 욕해도 화가 나지 않는다.	① ② ③ ④ ⑤
83	남을 비판할 때가 있다.	① ② ③ ④ ⑤
84	주체할 수 없을 만큼 여유가 많은 것은 싫어한다.	① ② ③ ④ ⑤
85	의견이 어긋날 때는 한발 양보한다.	① ② ③ ④ ⑤
86	싫은 사람과도 협력할 수 있다.	① ② ③ ④ ⑤
87	사람은 너무 고통거리가 많다고 생각한다.	① ② ③ ④ ⑤
88	걱정거리가 있으면 잠을 잘 수가 없다.	① ② ③ ④ ⑤
89	즐거운 일보다는 괴로운 일이 더 많다.	① ② ③ ④ ⑤
90	싫은 사람이라도 인사를 한다.	① ② ③ ④ ⑤
91	사소한 일에도 신경을 많이 쓰는 편이다.	① ② ③ ④ ⑤
92	누가 나에게 말을 걸기 전에 내가 먼저 말을 걸지 않는다.	① ② ③ ④ ⑤
93	이따금 결심을 빨리 하지 못하기 때문에 손해 보는 경우가 많다.	① ② ③ ④ ⑤
94	사람들은 누구나 곤경에서 벗어나기 위해 거짓말을 할 수 있다.	① ② ③ ④ ⑤
95	어떤 일을 실패하면 두고두고 생각한다.	① ② ③ ④ ⑤
96	비교적 말이 없는 편이다.	① ② ③ ④ ⑤
97	기왕 일을 한다면 꼼꼼하게 하는 편이다.	① ② ③ ④ ⑤
98	지나치게 깔끔한 척을 하는 편에 속한다.	① ② ③ ④ ⑤
99	나를 기분 나쁘게 한 사람을 쉽게 잊지 못하는 편이다.	① ② ③ ④ ⑤
100	수줍음을 많이 타서 많은 사람 앞에 나서길 싫어한다.	① ② ③ ④ ⑤
101	혼자 지내는 시간이 즐겁다.	① ② ③ ④ ⑤
102	주위 사람이 잘 되는 것을 보면 상대적으로 내가 실패한 것 같다.	① ② ③ ④ ⑤
103	어떤 일을 시도하다가 잘 안되면 금방 포기한다.	① ② ③ ④ ⑤
104	이성 친구와 웃고 떠드는 것을 별로 좋아하지 않는다.	① ② ③ ④ ⑤
105	낯선 사람과 만나는 것을 꺼리는 편이다.	① ② ③ ④ ⑤
106	밤낮없이 같이 다닐만한 친구들이 거의 없다.	① ② ③ ④ ⑤
107	연예인이 되고 싶은 마음은 조금도 가지고 있지 않다.	① ② ③ ④ ⑤
108	여럿이 모여서 이야기하는 데 잘 끼어들지 못한다.	① ② ③ ④ ⑤
109	사람들은 이득이 된다면 옳지 않은 방법이라도 쓸 것이다.	① ② ③ ④ ⑤
110	사람들이 정직하게 행동하는 것은 다른 사람의 비난이 두렵기 때문이다.	① ② ③ ④ ⑤

번호	질문	응답				
111	처음 보는 사람들과 쉽게 이야기하거나 친해지는 편이다.	①	②	③	④	⑤
112	모르는 사람들이 많이 모여 있는 곳에서도 활발하게 행동하는 편이다.	①	②	③	④	⑤
113	여기저기에 친구나 아는 사람들이 많이 있다.	①	②	③	④	⑤
114	모임에서 말을 많이 하고 적극적으로 행동한다.	①	②	③	④	⑤
115	슬프거나 기쁜 일이 생기면 부모나 친구에게 이야기하는 편이다.	①	②	③	④	⑤
116	활발하고 적극적이라는 말을 자주 듣는다.	①	②	③	④	⑤
117	시간이 걸리는 일이나 놀이에 싫증을 내고, 새로운 놀이나 활동을 원한다.	①	②	③	④	⑤
118	혼자 조용히 있거나 책을 읽는 것보다는 사람들과 어울리는 것을 좋아한다.	①	②	③	④	⑤
119	새로운 유행이 시작되면 다른 사람보다 먼저 시도해 보는 편이다.	①	②	③	④	⑤
120	기분을 잘 드러내기 때문에 남들이 본인의 기분을 금방 알게 된다.	①	②	③	④	⑤
121	비유적이고 상징적인 표현보다는 구체적이고 정확한 표현을 더 잘 이해한다.	①	②	③	④	⑤
122	주변 사람들의 외모나 다른 특징들을 자세히 기억한다.	①	②	③	④	⑤
123	꾸준하고 참을성이 있다는 말을 자주 듣는다.	①	②	③	④	⑤
124	공부할 때 세부적인 내용을 암기할 수 있다.	①	②	③	④	⑤
125	손으로 직접 만지거나 조작하는 것을 좋아한다.	①	②	③	④	⑤
126	상상 속에서 이야기를 잘 만들어 내는 편이다.	①	②	③	④	⑤
127	종종 물건을 잃어버리거나 어디에 두었는지 기억을 못하는 때가 있다.	①	②	③	④	⑤
128	창의력과 상상력이 풍부하다는 이야기를 자주 듣는다.	①	②	③	④	⑤
129	다른 사람들이 생각하지도 않는 엉뚱한 행동이나 생각을 할 때가 종종 있다.	①	②	③	④	⑤
130	이것저것 새로운 것에 관심이 많고 새로운 것을 배우고 싶어 한다.	①	②	③	④	⑤
131	'왜'라는 질문을 자주 한다.	①	②	③	④	⑤
132	의지와 끈기가 강한 편이다.	①	②	③	④	⑤
133	궁금한 점이 있으면 꼬치꼬치 따져서 궁금증을 풀고 싶어 한다.	①	②	③	④	⑤
134	참을성이 있다는 말을 자주 듣는다.	①	②	③	④	⑤
135	남의 비난에도 잘 견딘다.	①	②	③	④	⑤
136	다른 사람의 감정에 민감하다.	①	②	③	④	⑤
137	자신의 잘못을 쉽게 인정하는 편이다.	①	②	③	④	⑤
138	싹싹하다는 소리를 잘 듣는다.	①	②	③	④	⑤
139	쉽게 양보를 하는 편이다.	①	②	③	④	⑤
140	음식을 선택할 때 쉽게 결정을 못 내릴 때가 많다.	①	②	③	④	⑤

PART 1

번호	질문	응답
141	계획표를 세밀하게 짜 놓고 그 계획표에 따라 생활하는 것을 좋아한다.	① ② ③ ④ ⑤
142	대체로 할 일을 먼저 해 놓고 나서 노는 편이다.	① ② ③ ④ ⑤
143	시험보기 전에 미리 여유 있게 공부 계획표를 짜 놓는다.	① ② ③ ④ ⑤
144	마지막 순간에 쫓기면서 일하는 것을 싫어한다.	① ② ③ ④ ⑤
145	계획에 따라 규칙적인 생활을 하는 편이다.	① ② ③ ④ ⑤
146	자기 것을 잘 나누어주는 편이다.	① ② ③ ④ ⑤
147	자심의 소지품을 덜 챙기는 편이다.	① ② ③ ④ ⑤
148	신발이나 옷이 떨어져도 무관심한 편이다.	① ② ③ ④ ⑤
149	자기 것을 덜 주장하고, 덜 고집하는 편이다.	① ② ③ ④ ⑤
150	활동이 많으면서도 무난하고 점잖다는 말을 듣는 편이다.	① ② ③ ④ ⑤
151	몇 번이고 생각하고 검토한다.	① ② ③ ④ ⑤
152	여러 번 생각한 끝에 결정을 내린다.	① ② ③ ④ ⑤
153	어떤 일이든 따지려 든다.	① ② ③ ④ ⑤
154	일단 결정하면 행동으로 옮긴다.	① ② ③ ④ ⑤
155	앞에 나서기를 꺼린다.	① ② ③ ④ ⑤
156	규칙을 잘 지킨다.	① ② ③ ④ ⑤
157	나의 주장대로 행동한다.	① ② ③ ④ ⑤
158	지시나 충고를 받는 것이 싫다.	① ② ③ ④ ⑤
159	급진적인 변화를 좋아한다.	① ② ③ ④ ⑤
160	규칙은 반드시 지킬 필요가 없다.	① ② ③ ④ ⑤
161	혼자서 일하기를 좋아한다.	① ② ③ ④ ⑤
162	미래에 대해 별로 염려를 하지 않는다.	① ② ③ ④ ⑤
163	새로운 변화를 싫어한다.	① ② ③ ④ ⑤
164	조용한 분위기를 좋아한다.	① ② ③ ④ ⑤
165	도전적인 직업보다는 안정적인 직업이 좋다.	① ② ③ ④ ⑤
166	친구를 잘 바꾸지 않는다.	① ② ③ ④ ⑤
167	남의 명령을 듣기 싫어한다.	① ② ③ ④ ⑤
168	모든 일에 앞장서는 편이다.	① ② ③ ④ ⑤
169	다른 사람이 하는 일을 보면 답답하다.	① ② ③ ④ ⑤
170	남을 지배하는 사람이 되고 싶다.	① ② ③ ④ ⑤

번호	질문	응답
171	규칙적인 것이 싫다.	① ② ③ ④ ⑤
172	매사에 감동을 자주 받는다.	① ② ③ ④ ⑤
173	새로운 물건과 일에 대한 생각을 자주 한다.	① ② ③ ④ ⑤
174	창조적인 일을 하고 싶다.	① ② ③ ④ ⑤
175	나쁜 일은 오래 생각하지 않는다.	① ② ③ ④ ⑤
176	사람들의 이름을 잘 기억하는 편이다.	① ② ③ ④ ⑤
177	외딴 곳보다는 사람들이 북적거리는 곳에 살고 싶다.	① ② ③ ④ ⑤
178	제조업보다는 서비스업이 마음에 든다.	① ② ③ ④ ⑤
179	농사를 지으면서 자연과 더불어 살고 싶다.	① ② ③ ④ ⑤
180	예절 같은 것은 별로 신경 쓰지 않는다.	① ② ③ ④ ⑤
181	거칠고 반항적인 사람보다 예의바른 사람들과 어울리고 싶다.	① ② ③ ④ ⑤
182	대인관계에서 상황을 빨리 파악하는 편이다.	① ② ③ ④ ⑤
183	계산에 밝은 사람은 꺼려진다.	① ② ③ ④ ⑤
184	친구들과 노는 것보다 혼자 노는 것이 편하다.	① ② ③ ④ ⑤
185	교제범위가 넓은 편이라 사람을 만나는 데 많은 시간을 소비한다.	① ② ③ ④ ⑤
186	손재주는 비교적 있는 편이다.	① ② ③ ④ ⑤
187	기획과 섭외 중 기획을 더 잘할 수 있을 것 같다.	① ② ③ ④ ⑤
188	도서실 등에서 책을 정리하고 관리하는 일을 싫어하지 않는다.	① ② ③ ④ ⑤
189	선입견으로 판단하지 않고 이론적으로 판단하는 편이다.	① ② ③ ④ ⑤
190	예술제나 미술전 등에 관심이 많다.	① ② ③ ④ ⑤
191	행사의 사회나 방송 등 마이크를 사용하는 분야에 관심이 많다.	① ② ③ ④ ⑤
192	하루 종일 방에 틀어 박혀 연구하거나 몰두해야 하는 일은 싫다.	① ② ③ ④ ⑤
193	공상이나 상상을 많이 하는 편이다.	① ② ③ ④ ⑤
194	모르는 사람과도 마음이 맞으면 쉽게 마음을 터놓고 바로 친해진다.	① ② ③ ④ ⑤
195	물건을 만들거나 도구를 사용하는 일이 싫지는 않다.	① ② ③ ④ ⑤
196	새로운 아이디어를 생각해내는 일이 좋다.	① ② ③ ④ ⑤
197	회의에서 사회나 서기를 맡는다면 서기 쪽이 맞을 것 같다.	① ② ③ ④ ⑤
198	사건 뒤에 숨은 본질을 생각해 보기를 좋아한다.	① ② ③ ④ ⑤
199	색채감각이나 미적 센스가 풍부한 편이다.	① ② ③ ④ ⑤
200	다른 사람들의 눈길을 끌고 주목을 받는 것이 아무렇지도 않다.	① ② ③ ④ ⑤

제2회 ▶ 인성평가

※ 다음 질문을 읽고, ① ~ ⑤ 중 자신에게 해당하는 것을 고르시오(① 전혀 그렇지 않다 ② 약간 그렇지 않다 ③ 보통이다 ④ 약간 그렇다 ⑤ 매우 그렇다). [1~200]

번호	질문	응답
01	문화재 위원과 체육대회 위원 중 체육대회 위원을 하고 싶다.	① ② ③ ④ ⑤
02	보고 들은 것을 문장으로 옮기기를 좋아한다.	① ② ③ ④ ⑤
03	남에게 뭔가 가르쳐 주는 일이 좋다.	① ② ③ ④ ⑤
04	많은 사람과 장시간 함께 있으면 피곤하다.	① ② ③ ④ ⑤
05	엉뚱한 일을 하기 좋아하고 발상도 개성적이다.	① ② ③ ④ ⑤
06	전표 계산 또는 장부 기입 같은 일을 싫증내지 않고 할 수 있다.	① ② ③ ④ ⑤
07	책이나 신문을 열심히 읽는 편이다.	① ② ③ ④ ⑤
08	신경이 예민한 편이며, 감수성도 풍부하다.	① ② ③ ④ ⑤
09	연회석에서 망설임 없이 노래를 부르거나 장기를 보이는 편이다.	① ② ③ ④ ⑤
10	즐거운 캠프를 위해 계획 세우기를 좋아한다.	① ② ③ ④ ⑤
11	데이터를 분류하거나 통계내는 일을 싫어하지는 않는다.	① ② ③ ④ ⑤
12	드라마나 소설 속 등장인물의 생활과 사고방식에 흥미가 있다.	① ② ③ ④ ⑤
13	자신의 미적 표현력을 살리면 상당히 좋은 작품이 나올 것 같다.	① ② ③ ④ ⑤
14	화려한 것을 좋아하며 주위의 평판에 신경을 쓰는 편이다.	① ② ③ ④ ⑤
15	여럿이서 여행할 기회가 있다면 즐겁게 참가한다.	① ② ③ ④ ⑤
16	여행 소감 쓰기를 좋아한다.	① ② ③ ④ ⑤
17	상품 전시회에서 상품 설명을 한다면 잘할 수 있을 것 같다.	① ② ③ ④ ⑤
18	변화가 적고 손이 많이 가는 일도 꾸준히 하는 편이다.	① ② ③ ④ ⑤
19	신제품 홍보에 흥미가 있다.	① ② ③ ④ ⑤
20	열차 시간표 한 페이지 정도라면 정확하게 옮겨 쓸 자신이 있다.	① ② ③ ④ ⑤
21	자신의 장래에 대해 자주 생각한다.	① ② ③ ④ ⑤
22	혼자 있는 것에 익숙하다.	① ② ③ ④ ⑤
23	별 근심이 없다.	① ② ③ ④ ⑤
24	나의 환경에 아주 만족한다.	① ② ③ ④ ⑤
25	상품을 고를 때 디자인과 색에 신경을 많이 쓴다.	① ② ③ ④ ⑤
26	극단이나 연기학원에서 공부해 보고 싶다는 생각을 한 적이 있다.	① ② ③ ④ ⑤
27	외출할 때 날씨가 좋지 않아도 그다지 신경 쓰지 않는다.	① ② ③ ④ ⑤
28	손님을 불러들이는 호객행위도 마음만 먹으면 할 수 있을 것 같다.	① ② ③ ④ ⑤
29	신중하고 주의 깊은 편이다.	① ② ③ ④ ⑤
30	하루 종일 책상 앞에 앉아 있어도 지루해하지 않는 편이다.	① ② ③ ④ ⑤

번호	질문	응답
31	알기 쉽게 요점을 정리한 다음 남에게 잘 설명하는 편이다.	① ② ③ ④ ⑤
32	생물 시간보다는 미술 시간에 흥미가 있다.	① ② ③ ④ ⑤
33	남이 자신에게 상담을 해오는 경우가 많다.	① ② ③ ④ ⑤
34	친목회나 송년회 등의 총무 역할을 좋아하는 편이다.	① ② ③ ④ ⑤
35	실패하든 성공하든 그 원인은 꼭 분석한다.	① ② ③ ④ ⑤
36	실내 장식품이나 액세서리 등에 관심이 많다.	① ② ③ ④ ⑤
37	남에게 보이기 좋아하고 지기 싫어하는 편이다.	① ② ③ ④ ⑤
38	대자연 속에서 마음대로 몸을 움직이는 일이 좋다.	① ② ③ ④ ⑤
39	파티나 모임에서 자연스럽게 돌아다니며 인사하는 성격이다.	① ② ③ ④ ⑤
40	무슨 일에 쉽게 빠져드는 편이며 주인의식도 강하다.	① ② ③ ④ ⑤
41	우리나라 분재를 파리에서 파는 방법 따위를 생각하기 좋아한다.	① ② ③ ④ ⑤
42	하루 종일 거리를 돌아다녀도 그다지 피로를 느끼지 않는다.	① ② ③ ④ ⑤
43	컴퓨터의 키보드 조작도 연습하면 잘할 수 있을 것 같다.	① ② ③ ④ ⑤
44	자동차나 모터보트 등의 운전에 흥미를 갖고 있다.	① ② ③ ④ ⑤
45	연예인의 인기 비결을 곧잘 생각해 본다.	① ② ③ ④ ⑤
46	과자나 빵을 판매하는 일보다 만드는 일이 나에게 맞을 것 같다.	① ② ③ ④ ⑤
47	대체로 걱정하거나 고민하지 않는다.	① ② ③ ④ ⑤
48	비판적인 말을 들어도 쉽게 상처받지 않는다.	① ② ③ ④ ⑤
49	초등학교 선생님보다는 등대지기가 더 재미있을 것 같다.	① ② ③ ④ ⑤
50	남의 생일이나 명절에 선물을 사러 다니는 일은 귀찮다.	① ② ③ ④ ⑤
51	조심스러운 성격이라고 생각한다.	① ② ③ ④ ⑤
52	훌쩍 여행을 떠나고 싶을 때가 자주 있다.	① ② ③ ④ ⑤
53	사물을 신중하게 생각하는 편이라고 생각한다.	① ② ③ ④ ⑤
54	다른 사람들이 하지 못하는 일을 하고 싶다.	① ② ③ ④ ⑤
55	소외감을 느낄 때가 있다.	① ② ③ ④ ⑤
56	노력의 여하보다 결과가 중요하다.	① ② ③ ④ ⑤
57	다른 사람에게 의존적이 될 때가 많다.	① ② ③ ④ ⑤
58	타인에게 간섭받는 것은 싫다.	① ② ③ ④ ⑤
59	동작이 기민한 편이다.	① ② ③ ④ ⑤
60	다른 사람에게 항상 움직이고 있다는 말을 듣는다.	① ② ③ ④ ⑤

번호	질문	응답
61	해야 할 일은 신속하게 처리한다.	① ② ③ ④ ⑤
62	일주일의 예정을 만드는 것을 좋아한다.	① ② ③ ④ ⑤
63	잘하지 못하는 게임은 하지 않으려고 한다.	① ② ③ ④ ⑤
64	자기주장이 강하다.	① ② ③ ④ ⑤
65	의식 과잉이라는 생각이 들 때가 있다.	① ② ③ ④ ⑤
66	포기하지 않고 노력하는 것이 중요하다.	① ② ③ ④ ⑤
67	어떠한 일이 있어도 출세하고 싶다.	① ② ③ ④ ⑤
68	대인관계가 귀찮다고 느낄 때가 있다.	① ② ③ ④ ⑤
69	수다를 좋아한다.	① ② ③ ④ ⑤
70	장래의 일을 생각하면 불안해질 때가 있다.	① ② ③ ④ ⑤
71	쉽게 침울해 한다.	① ② ③ ④ ⑤
72	한 번 시작한 일은 끝을 맺는다.	① ② ③ ④ ⑤
73	막무가내라는 말을 들을 때가 많다.	① ② ③ ④ ⑤
74	자신의 권리를 주장하는 편이다.	① ② ③ ④ ⑤
75	쉽게 싫증을 내는 편이다.	① ② ③ ④ ⑤
76	하나의 취미를 오래 지속하는 편이다.	① ② ③ ④ ⑤
77	옆에 사람이 있으면 싫다.	① ② ③ ④ ⑤
78	자신의 의견을 상대에게 잘 주장하지 못한다.	① ② ③ ④ ⑤
79	토론에서 이길 자신이 있다.	① ② ③ ④ ⑤
80	좀처럼 결단하지 못하는 경우가 있다.	① ② ③ ④ ⑤
81	남과 친해지려면 용기가 필요하다.	① ② ③ ④ ⑤
82	활력이 있다.	① ② ③ ④ ⑤
83	다른 사람의 일에 관심이 없다.	① ② ③ ④ ⑤
84	통찰력이 있다고 생각한다.	① ② ③ ④ ⑤
85	다른 사람에게 위해를 가할 것 같은 기분이 든 때가 있다.	① ② ③ ④ ⑤
86	지루하면 마구 떠들고 싶어진다.	① ② ③ ④ ⑤
87	매사에 느긋하고 차분하게 매달린다.	① ② ③ ④ ⑤
88	친구들이 진지한 사람으로 생각하고 있다.	① ② ③ ④ ⑤
89	때로는 후회할 때도 있다.	① ② ③ ④ ⑤
90	친구들과 남의 이야기를 하는 것을 좋아한다.	① ② ③ ④ ⑤

번호	질문	응답
91	사소한 일로 우는 일이 많다.	① ② ③ ④ ⑤
92	내성적이라고 생각한다.	① ② ③ ④ ⑤
93	당황하면 갑자기 땀이 나서 신경 쓰일 때가 있다.	① ② ③ ④ ⑤
94	어떤 일이 있어도 의욕을 가지고 열심히 하는 편이다.	① ② ③ ④ ⑤
95	진정으로 마음을 허락할 수 있는 사람은 없다.	① ② ③ ④ ⑤
96	집에서 가만히 있으면 기분이 우울해진다.	① ② ③ ④ ⑤
97	굳이 말하자면 시원시원하다.	① ② ③ ④ ⑤
98	난관에 봉착해도 포기하지 않고 열심히 해본다.	① ② ③ ④ ⑤
99	기다리는 것에 짜증내는 편이다.	① ② ③ ④ ⑤
100	감정적으로 될 때가 많다.	① ② ③ ④ ⑤
101	눈을 뜨면 바로 일어난다.	① ② ③ ④ ⑤
102	친구들로부터 줏대 없는 사람이라는 말을 듣는다.	① ② ③ ④ ⑤
103	리더로서 인정을 받고 싶다.	① ② ③ ④ ⑤
104	누구나 권력자를 동경하고 있다고 생각한다.	① ② ③ ④ ⑤
105	다른 사람들이 남을 배려하는 마음씨가 있다는 말을 한다.	① ② ③ ④ ⑤
106	인간관계가 폐쇄적이라는 말을 듣는다.	① ② ③ ④ ⑤
107	누구와도 편하게 이야기할 수 있다.	① ② ③ ④ ⑤
108	몸으로 부딪혀 도전하는 편이다.	① ② ③ ④ ⑤
109	가만히 있지 못할 정도로 침착하지 못할 때가 있다.	① ② ③ ④ ⑤
110	사물을 과장해서 말하지 않는 편이다.	① ② ③ ④ ⑤
111	그룹 내에서는 누군가의 주도하에 따라가는 경우가 많다.	① ② ③ ④ ⑤
112	굳이 말하자면 자의식 과잉이다.	① ② ③ ④ ⑤
113	무슨 일이든 자신을 가지고 행동한다.	① ② ③ ④ ⑤
114	여행을 가기 전에는 세세한 계획을 세운다.	① ② ③ ④ ⑤
115	다른 사람에게 자신이 소개되는 것을 좋아한다.	① ② ③ ④ ⑤
116	차분하다는 말을 듣는다.	① ② ③ ④ ⑤
117	몸을 움직이는 것을 좋아한다.	① ② ③ ④ ⑤
118	의견이 다른 사람과는 어울리지 않는다.	① ② ③ ④ ⑤
119	계획을 생각하기보다 빨리 실행하고 싶어한다.	① ② ③ ④ ⑤
120	스포츠 선수가 되고 싶다고 생각한 적이 있다.	① ② ③ ④ ⑤

번호	질문	응답
121	융통성이 없는 편이다.	① ② ③ ④ ⑤
122	자신을 쓸모없는 인간이라고 생각할 때가 있다.	① ② ③ ④ ⑤
123	완성된 것보다 미완성인 것에 흥미가 있다.	① ② ③ ④ ⑤
124	작은 소리도 신경 쓰인다.	① ② ③ ④ ⑤
125	굳이 말하자면 장거리 주자에 어울린다고 생각한다.	① ② ③ ④ ⑤
126	모두가 싫증을 내는 일에도 혼자서 열심히 한다.	① ② ③ ④ ⑤
127	커다란 일을 해보고 싶다.	① ② ③ ④ ⑤
128	주위의 영향을 받기 쉽다.	① ② ③ ④ ⑤
129	잘하지 못하는 것이라도 자진해서 한다.	① ② ③ ④ ⑤
130	나는 완고한 편이라고 생각한다.	① ② ③ ④ ⑤
131	타인의 일에는 별로 관여하고 싶지 않다고 생각한다.	① ② ③ ④ ⑤
132	휴일은 세부적인 예정을 세우고 보낸다.	① ② ③ ④ ⑤
133	번화한 곳에 외출하는 것을 좋아한다.	① ② ③ ④ ⑤
134	능력을 살릴 수 있는 일을 하고 싶다.	① ② ③ ④ ⑤
135	자주 깊은 생각에 잠긴다.	① ② ③ ④ ⑤
136	지인을 발견해도 만나고 싶지 않을 때가 많다.	① ② ③ ④ ⑤
137	나는 자질구레한 걱정이 많다.	① ② ③ ④ ⑤
138	가만히 있지 못할 정도로 불안해질 때가 많다.	① ② ③ ④ ⑤
139	이유도 없이 화가 치밀 때가 있다.	① ② ③ ④ ⑤
140	이유도 없이 다른 사람과 부딪힐 때가 있다.	① ② ③ ④ ⑤
141	나는 다른 사람보다 기가 세다.	① ② ③ ④ ⑤
142	친절한 사람 밑에서 일하고 싶다.	① ② ③ ④ ⑤
143	다른 사람이 나를 어떻게 생각하는지 궁금할 때가 많다.	① ② ③ ④ ⑤
144	직접 만나는 것보다 전화로 이야기하는 것이 편하다.	① ② ③ ④ ⑤
145	침울해지면서 아무 것도 손에 잡히지 않을 때가 있다.	① ② ③ ④ ⑤
146	이성적인 사람 밑에서 일하고 싶다.	① ② ③ ④ ⑤
147	다른 사람보다 쉽게 우쭐해진다.	① ② ③ ④ ⑤
148	시를 많이 읽는다.	① ② ③ ④ ⑤
149	성격이 밝다는 말을 듣는다.	① ② ③ ④ ⑤
150	실무적이라는 인상을 주고 싶다.	① ② ③ ④ ⑤

번호	질문	응답
151	어색해지면 입을 다무는 경우가 많다.	① ② ③ ④ ⑤
152	커피가 있어야 안심이 된다.	① ② ③ ④ ⑤
153	어린 시절로 돌아가고 싶을 때가 있다.	① ② ③ ④ ⑤
154	무모할 것 같은 일에 도전하고 싶다.	① ② ③ ④ ⑤
155	하루의 행동을 반성하는 경우가 많다.	① ② ③ ④ ⑤
156	학구적이라는 인상을 주고 싶다.	① ② ③ ④ ⑤
157	내가 아는 것을 남에게 알려주고 싶다.	① ② ③ ④ ⑤
158	굳이 말하자면 기가 센 편이다.	① ② ③ ④ ⑤
159	일의 보람보단 결과를 중요시 한다.	① ② ③ ④ ⑤
160	격렬한 운동도 그다지 힘들어하지 않는다.	① ② ③ ④ ⑤
161	가능성보단 현실성에 눈을 돌린다.	① ② ③ ④ ⑤
162	부탁을 잘 거절하지 못한다.	① ② ③ ④ ⑤
163	앞으로의 일을 생각하지 않으면 진정이 되지 않는다.	① ② ③ ④ ⑤
164	상상이 되는 것을 선호한다.	① ② ③ ④ ⑤
165	빌려준 것을 받지 못하는 편이다.	① ② ③ ④ ⑤
166	인생에서 중요한 것은 높은 목표를 갖는 것이다.	① ② ③ ④ ⑤
167	잠을 쉽게 자는 편이다.	① ② ③ ④ ⑤
168	다른 사람이 부럽다고 생각하지 않는다.	① ② ③ ④ ⑤
169	학문보다는 기술이다.	① ② ③ ④ ⑤
170	무슨 일이든 선수를 쳐야 이긴다고 생각한다.	① ② ③ ④ ⑤
171	SNS를 좋아하는 편이다.	① ② ③ ④ ⑤
172	뉴스를 자주 보는 편이다.	① ② ③ ④ ⑤
173	불우이웃을 돕는 편이다.	① ② ③ ④ ⑤
174	취미활동에 돈을 아끼지 않는다.	① ② ③ ④ ⑤
175	혼자서 밥을 먹어도 이상하지 않다.	① ② ③ ④ ⑤
176	기획하는 것보다 영업하는 것이 편하다.	① ② ③ ④ ⑤
177	나만의 특기를 가지고 있다.	① ② ③ ④ ⑤
178	토론자와 사회 중에서 토론자가 더 어울린다.	① ② ③ ④ ⑤
179	아기자기한 것을 좋아한다.	① ② ③ ④ ⑤
180	통계가 맞지 않으면 신경이 쓰인다.	① ② ③ ④ ⑤

번호	질문	응답
181	100년 전의 풍습에 흥미가 있다.	① ② ③ ④ ⑤
182	신제품 개발보다 기존 상품을 개선하는 것을 선호한다.	① ② ③ ④ ⑤
183	손으로 쓴 글씨에 자신이 있다.	① ② ③ ④ ⑤
184	현재의 삶에 만족한다.	① ② ③ ④ ⑤
185	내 미래를 밝다고 생각한다.	① ② ③ ④ ⑤
186	과학보다는 철학에 관심이 있다.	① ② ③ ④ ⑤
187	원인을 알 수 없으면 반드시 찾아야 한다.	① ② ③ ④ ⑤
188	무언가에 흥미를 느끼는 데 오래 걸린다.	① ② ③ ④ ⑤
189	처음 보는 사람에게 물건을 잘 팔 수 있다.	① ② ③ ④ ⑤
190	언어가 안 통하는 나라에서 잘 생활할 수 있다.	① ② ③ ④ ⑤
191	시각보다는 청각에 민감한 편이다.	① ② ③ ④ ⑤
192	큰 건물이 작은 건물보다 좋다.	① ② ③ ④ ⑤
193	음식을 만드는 것이 물건을 전시하는 것보다 쉽다.	① ② ③ ④ ⑤
194	안 쓰는 물건을 잘 버리는 편이다.	① ② ③ ④ ⑤
195	사람의 인상착의나 이름을 잘 외운다.	① ② ③ ④ ⑤
196	지시를 받는 것보다 지시를 하는 것이 어울린다.	① ② ③ ④ ⑤
197	규칙적으로 먹고 잔다.	① ② ③ ④ ⑤
198	처음 격는 상황에도 빠르게 대처할 수 있다.	① ② ③ ④ ⑤
199	내가 할 수 있는 것은 내가 한다.	① ② ③ ④ ⑤
200	이성하고 이야기하는 것이 어렵지 않다.	① ② ③ ④ ⑤

2

직무능력검사

국어

합격 Cheat Key

| 출제유형 |

1 어휘력

어휘의 의미를 정확하게 알고 있는지 평가하는 유형으로, 밑줄 친 어휘와 같은 의미로 쓰인 어휘를 찾는 문제, 주어진 문장 속에서 사용이 적절하지 않은 어휘를 찾는 문제, 주어진 여러 단어의 뜻을 포괄하는 어휘를 찾는 문제 등이 출제되고 있다.

2 빈칸추론

앞뒤 문맥과 글의 전체 흐름을 파악하여 제시된 글의 빈칸에 들어갈 적절한 문장을 고르는 문제가 출제된다.

3 독해

주어진 글의 내용으로 적절하거나 적절하지 않은 것 고르기, 주제 / 제목 찾기, 글을 통해 추론할 수 있는 것이나 없는 것 고르기 등 다양한 유형의 독해 문제가 출제된다.

| 학습전략 |

1 어휘력

- 어휘가 가진 다양한 의미를 묻는 문제가 주로 출제되므로 어휘의 의미를 정확하게 알고 있어야 한다.
- 다의어의 경우 문장 속에서 어떤 의미로 활용되는지 파악하는 것이 중요하므로 예문과 함께 학습하도록 한다.

2 빈칸추론

- 지문을 처음부터 끝까지 다 읽기보다는 빈칸의 앞뒤 문장만으로 그 사이에 들어갈 내용을 유추하는 연습을 해야 한다.
- 선택지를 읽으며 빈칸에 들어갈 답을 고른 후 해설과 비교한다. 확실하게 정답을 선택한 경우를 제외하고, 왜 틀렸는지 파악하고 놓친 부분을 반드시 체크하는 습관을 들인다.

3 독해

- 다양한 분야의 지문이 제시되므로 평소에 여러 분야의 도서나 신문의 기사 등을 읽어 둔다.
- 독해의 경우 단기간의 공부로 성적을 올릴 수 있는 부분이 아니므로 평소에 독서를 통해 꾸준히 연습해야 한다.
- 무작정 제시문을 읽고 문제를 풀기보다는, 문제와 선택지를 먼저 읽고 지문에서 찾아야 할 내용이 무엇인지를 먼저 파악한 후 글을 읽는다면 시간을 절약할 수 있다.
- 먼저 선택지의 키워드를 체크한 후, 지문의 내용과 비교하며 내용의 일치유무를 신속히 판단한다.
- 제시문 유형별 특징을 파악하고 이를 바탕으로 내용을 확인한다.

01 | 국어 핵심이론

01 ▶ 어휘의 의미

1. 의미 관계

(1) 유의 관계

유의어는 두 개 이상의 어휘가 서로 소리는 다르나 의미가 비슷한 경우로, 유의 관계의 대부분은 개념적 의미의 동일성을 전제로 한다.

(2) 반의 관계

반의어는 둘 이상의 단어에서 의미가 서로 짝을 이루어 대립하는 경우로, 어휘의 의미가 서로 대립되는 단어를 말하며, 이러한 어휘들의 관계를 반의 관계라고 한다. 한 쌍의 단어가 반의어가 되려면, 두 어휘 사이에 공통적인 의미 요소가 있으면서도 동시에 하나의 의미 요소만 달라야 한다.

(3) 상하 관계

상하 관계는 단어의 의미적 계층 구조에서 한쪽이 의미상 다른 쪽을 포함하거나 다른 쪽에 포섭되는 관계를 말한다. 상하 관계를 형성하는 단어들은 상위어일수록 일반적이고 포괄적인 의미를 지니며, 하위어일수록 개별적이고 한정적인 의미를 지니므로 하위어는 상위어를 의미적으로 함의하게 된다. 즉, 상위어가 가지고 있는 의미 특성을 하위어가 자동적으로 가지게 된다.

(4) 부분 관계

부분 관계는 한 단어가 다른 단어의 부분이 되는 관계를 말하며, 전체 – 부분 관계라고도 한다. 부분 관계에서 부분을 가리키는 단어를 부분어, 전체를 가리키는 단어를 전체어라고 한다. 예를 들면, '머리, 팔, 몸통, 다리'는 '몸'의 부분어이며, 이러한 부분어들에 의해 이루어진 '몸'은 전체어이다.

2. 다의어와 동음이의어

다의어(多義語)는 뜻이 여러 개인 낱말을 뜻하고, 동음이의어(同音異義語)는 소리는 같으나 뜻이 다른 낱말을 뜻한다. 중심의미(본래의 의미)와 주변의미(변형된 의미)로 나누어지면 다의어이고, 중심의미와 주변의미로 나누어지지 않고 전혀 다른 의미를 지니면 동음이의어라 한다.

02 ▶ 알맞은 어휘

1. 나이와 관련된 어휘

충년(沖年) 지학(志學)	10세 안팎의 어린 나이 15세가 되어 학문에 뜻을 둠
약관(弱冠)	남자 나이 20세 스무 살 전후의 여자 나이는 묘령(妙齡), 묘년(妙年), 방년(芳年), 방령(芳齡) 등이라 칭함
이립(而立)	30세, 『논어』에서 공자가 서른 살에 자립했다고 한 데서 나온 말로 인생관이 섰다는 뜻
불혹(不惑)	40세, 세상의 유혹에 빠지지 않음을 뜻함
지천명(知天命)	50세, 하늘의 뜻을 깨달음
이순(耳順) 화갑(華甲) 진갑(進甲)	60세, 경륜이 쌓이고 사려와 판단이 성숙하여 남의 어떤 말도 거슬리지 않음 61세, 회갑(回甲), 환갑(還甲) 62세, 환갑의 이듬해
고희(古稀) 희수(喜壽)	70세, 두보의 시에서 유래. 마음대로 한다는 뜻의 종심(從心)이라고도 함 77세, '喜'자의 초서체가 '七十七'을 세로로 써놓은 것과 비슷한 데서 유래
산수(傘壽) 망구(望九) 미수(米壽)	80세, '傘'자를 풀면 '八十'이 되는 데서 유래 81세, 90세를 바라봄 88세, '米'자를 풀면 '八十八'이 되는 데서 유래
졸수(卒壽) 망백(望百) 백수(白壽)	90세, '卒'의 초서체가 '九十'이 되는 데서 유래 91세, 100세를 바라봄 99세, '百'에서 '一'을 빼면 '白'
상수(上壽) 다수(茶壽) 천수(天壽)	100세, 사람의 수명 중 최상의 수명 108세, '茶'를 풀면, '十'이 두 개라서 '二十'이고, 아래 '八十八'이니 합하면 108 120세, 병 없이 늙어서 죽음을 맞이하면 하늘이 내려 준 나이를 다 살았다는 뜻

2. 단위와 관련된 어휘

길이	자	한 치의 열 배로 약 30.3cm
	마장	5리나 10리가 못 되는 거리
	발	두 팔을 양옆으로 펴서 벌렸을 때 한쪽 손끝에서 다른 쪽 손끝까지의 길이
	길	여덟 자 또는 열 자로 약 2.4m 또는 3m. 사람 키 정도의 길이
	치	한 자의 10분의 1 또는 약 3.03cm
	칸	여섯 자로, 1.81818m
	뼘	엄지손가락과 다른 손가락을 완전히 펴서 벌렸을 때에 두 끝 사이의 거리
넓이	길이	논밭 넓이의 단위. 소 한 마리가 하루에 갈 만한 넓이로, 약 2,000평 정도
	단보	땅 넓이의 단위. 1단보는 남한에서는 300평으로 991.74m², 북한에서는 30평으로 99.174m²
	마지기	논밭 넓이의 단위. 볍씨 한 말의 모 또는 씨앗을 심을 만한 넓이로, 논은 약 150~300평, 밭은 약 100평 정도
	되지기	논밭 넓이의 단위. 볍씨 한 되의 모 또는 씨앗을 심을 만한 넓이로 한 마지기의 10분의 1
	섬지기	논밭 넓이의 단위. 볍씨 한 섬의 모 또는 씨앗을 심을 만한 넓이로 한 마지기의 열 배이며 논은 약 2,000평, 밭은 약 1,000평
	간	건물의 칸살의 넓이를 잴 때 사용. 한 간은 보통 여섯 자 제곱의 넓이

부피	홉	곡식, 가루, 액체 따위의 부피를 잴 때 쓰는 단위. 한 되의 10분의 1로 약 180mL
	되	곡식, 가루, 액체 따위의 부피를 잴 때 쓰는 단위. 한 말의 10분의 1, 한 홉의 열 배로 약 1.8L
	말	곡식, 액체, 가루 따위의 부피를 잴 때 쓰는 단위. 한 되의 10배로 약 18L
	섬	곡식, 액체, 가루 따위의 부피를 잴 때 쓰는 단위. 한 말의 10배로 약 180L
	되들이	한 되를 담을 수 있는 분량
	줌	한 손에 쥘 만한 분량
	춤	가늘고 기름한 물건을 한 손으로 쥘 만한 분량
무게	냥	귀금속이나 한약재 따위의 무게를 잴 때 쓰는 단위. 귀금속의 무게를 잴 때는 한 돈의 열 배이고, 한약재의 무게를 잴 때는 한 근의 16분의 1로 37.5g
	돈	귀금속이나 한약재 따위의 무게를 잴 때 쓰는 단위. 한 냥의 10분의 1, 한 푼의 열 배로 3.75g
	푼	귀금속이나 한약재 따위의 무게를 잴 때 쓰는 단위. 한 돈의 10분의 1로, 약 0.375g
	냥쭝	한 냥쯤 되는 무게
	돈쭝	한 돈쯤 되는 무게
묶음	갓	굴비·비웃 따위 10마리. 또는 고비·고사리 따위 10모숨을 한 줄로 엮은 것
	강다리	쪼갠 장작을 묶어 세는 단위. 쪼갠 장작 100개비
	거리	오이나 가지 50개
	고리	소주를 사발에 담은 것을 묶어 세는 단위로, 한 고리는 소주 10사발
	꾸러미	꾸리어 싼 물건을 세는 단위. 달걀 10개를 묶어 세는 단위
	담불	곡식이나 나무를 높이 쌓아 놓은 무더기. 벼 100섬씩 묶어 세는 단위
	동	물건을 묶어 세는 단위. 먹 10정, 붓 10자루, 생강 10접, 피륙 50필, 백지 100권, 곶감 100접, 볏짚 100단, 조기 1,000마리, 비웃 2,000마리
	마투리	곡식의 양을 섬이나 가마로 잴 때 한 섬이나 한 가마가 되지 못하고 남은 양
	모숨	길고 가느다란 물건의 한 줌 안에 들어올 만한 분량
	뭇	짚, 장작, 채소 따위의 작은 묶음을 세는 단위. 볏단을 세는 단위. 생선 10마리, 미역 10장
	새	피륙의 날을 세는 단위. 한 새는 날실 여든 올
	쌈	바늘을 묶어 세는 단위. 한 쌈은 바늘 24개
	손	한 손에 잡을 만한 분량을 세는 단위. 고등어 따위의 생선 2마리
	우리	기와를 세는 단위. 한 우리는 기와 2,000장
	접	채소나 과일 따위를 묶어 세는 단위. 한 접은 100개
	제	한약의 분량을 나타내는 단위. 한 제는 탕약 20첩
	죽	옷, 그릇 따위의 열 벌을 묶어 이르는 말
	축	오징어를 묶어 세는 단위. 한 축은 오징어 20마리
	쾌	북어를 묶어 세는 단위. 한 쾌는 북어 20마리
	톳	김을 묶어 세는 단위. 한 톳은 김 100장
	필	명주 40자

3. 지칭과 관련된 어휘

구분		생존	사망
본인	아버지	가친(家親), 엄친(嚴親), 가군(家君)	선친(先親), 선군(先君), 망부(亡父)
	어머니	자친(慈親)	선비(先妣), 선자(先慈), 망모(亡母)
타인	아버지	춘부장(椿府丈)	선대인(先大人)
	어머니	자당(慈堂)	선대부인(先大夫人)

4. 절기와 관련된 어휘

봄	입춘	봄의 문턱에 들어섰다는 뜻으로, 봄의 시작을 알리는 절기 [2월 4일경]
	우수	봄비가 내리는 시기라는 뜻 [2월 18일경]
	경칩	개구리가 잠에서 깨어난다는 의미로, 본격적인 봄의 계절이라는 뜻 [3월 5일경]
	춘분	봄의 한가운데로, 낮이 길어지는 시기 [3월 21일경]
	청명	하늘이 맑고 높다는 뜻으로, 전형적인 봄 날씨가 시작되므로 농사 준비를 하는 시기 [4월 5일경]
	곡우	농사에 필요한 비가 내리는 시기라는 뜻 [4월 20일경]
여름	입하	여름의 문턱에 들어섰다는 뜻으로, 여름의 시작을 알리는 절기 [5월 5일경]
	소만	조금씩 차기 시작한다는 뜻으로, 곡식이나 과일의 열매가 생장하여 가득 차기 시작하는 절기 [5월 21일경]
	망종	수염이 있는 곡식, 즉 보리·수수 같은 곡식은 추수를 하고 논에 모를 심는 절기 [6월 6일경]
	하지	여름의 중간으로 낮이 제일 긴 날 [6월 21일경]
	소서	작은 더위가 시작되는 절기로 한여름에 들어선 절기 [7월 7~8일경]
	대서	큰 더위가 시작되는 절기로 가장 더운 여름철이란 뜻 [7월 24일경]
가을	입추	가을의 문턱에 들어섰다는 뜻으로, 가을의 시작을 알리는 절기 [8월 8~9일경]
	처서	더위가 식고 일교차가 커지면서 식물들이 성장을 멈추고 겨울 준비를 하는 절기 [8월 23일경]
	백로	흰 이슬이 내리는 시기로 기온은 내려가고 본격적인 가을이 시작되는 시기 [9월 8일경]
	추분	밤이 길어지는 시기이며 가을의 한가운데라는 뜻 [9월 23일경]
	한로	찬 이슬이 내린다는 뜻 [10월 8일경]
	상강	서리가 내린다는 뜻 [10월 23일경]
겨울	입동	겨울의 문턱에 들어섰다는 뜻으로, 겨울의 시작을 알리는 절기 [11월 8일경]
	소설	작은 눈이 내린다는 뜻으로, 눈이 내리고 얼음이 얼기 시작하는 절기 [11월 22~23일경]
	대설	큰 눈이 내리는 절기 [12월 8일경]
	동지	밤이 가장 긴 날로, 겨울의 한가운데라는 뜻 [12월 22~23일경]
	소한	작은 추위라는 뜻으로, 본격적인 추위가 시작되는 절기 [1월 6~7일경]
	대한	큰 추위가 시작된다는 뜻으로, 한겨울 [1월 20일경]

5. 접속어

순접	앞의 내용을 순조롭게 받아 연결시켜 주는 역할 예 그리고, 그리하여, 그래서, 이와 같이, 그러므로 등
역접	앞의 내용과 상반된 내용을 이어 주는 역할 예 그러나, 그렇지만, 하지만, 그래도, 반면에 등
인과	앞뒤의 문장을 원인과 결과로 또는 결과와 원인으로 연결시켜 주는 역할 예 그래서, 따라서, 그러므로, 왜냐하면 등
환언·요약	앞 문장을 바꾸어 말하거나 간추려 짧게 말하며 이어 주는 역할 예 즉, 요컨대, 바꾸어 말하면, 다시 말하면 등
대등·병렬	앞 내용과 뒤의 내용을 대등하게 이어 주는 역할 예 또는, 혹은, 및, 한편 등
전환	뒤의 내용이 앞의 내용과는 다른 새로운 생각이나 사실을 서술하여 화제를 바꾸어 이어 주는 역할 예 그런데, 한편, 아무튼, 그러면 등
예시	앞 문장에 대한 구체적인 예를 들어 설명하며 이어 주는 역할 예 예컨대, 이를테면, 가령, 예를 들어 등

01 | 국어 기출예상문제

정답 및 해설 p.002

01 ▶ 어휘력

대표유형   어휘력

01 다음 밑줄 친 단어를 어법에 따라 수정할 때, 적절하지 않은 것은?

> 나는 내가 <u>시작된</u> 일은 반드시 내가 마무리 지어야 한다는 사명감을 가지고 있었다. 그래서 이번 문제 역시 다른 사람의 도움 없이 스스로 해결해야겠다고 다짐했다. 그러나 일은 생각만큼 쉽게 풀리지 <u>못했다</u>. 이번에 새로 올린 기획안이 사장님의 <u>제가</u>를 받기 어려울 것이라는 이야기가 들렸다. 같은 팀의 박 대리는 내게 사사로운 감정을 기획안에 <u>투영하지</u> 말라는 충고를 전하면서 커피를 건넸고, 화가 난 나는 뜨거운 커피를 마시다가 그대로 하얀 셔츠에 모두 쏟고 말았다. 오늘 회사에서 만나는 사람마다 모두 커피를 쏟은 내 셔츠의 사정에 관해 물었고, 나는 오늘 온종일 칠칠하지 못한 사람이 되어야만 했다.

① 시작된 → 시작한
② 못했다 → 않았다
③ 제가 → 재가
④ 투영하지 → 투영시키지

| 해설 | '투영하다'는 '어떤 상황이나 자극에 대한 해석, 판단, 표현 따위에 심리 상태나 성격을 반영하다.'의 의미로, '투영하지'가 적절한 표기이다.

[오답분석]
① 문맥상 '(내가) 일을 시작하다.'의 관형절로 '시작한'으로 수정해야 한다.
② '못' 부정문은 주체의 능력을 부정하는 데 사용된다. 문맥상 단순 부정의 '안' 부정문이 사용되어야 하므로 '않았다'로 수정해야 한다.
③ '안건을 결재하여 허가함'의 의미를 지닌 '재가'로 수정해야 한다.

정답 ④

02 다음 제시된 단어와 반대되는 의미를 가진 단어는?

존경

① 존중   ② 관심
③ 숭배   ④ 멸시

| 해설 | • 존경 : 남의 인격, 사상, 행위 따위를 받들어 공경함
• 멸시 : 업신여기거나 하찮게 여겨 깔봄

오답분석
① 존중 : 높이어 귀중하게 대함
② 관심 : 어떤 것에 마음이 끌려 주의를 기울임. 또는 그런 마음이나 주의
③ 숭배 : 우러러 공경함

정답 ④

01 다음 제시된 단어와 반대되는 의미를 가진 단어는?

반제

① 원료   ② 봉건
③ 가공   ④ 차용

02 다음 짝지어진 단어 사이의 관계가 나머지와 다른 하나는?
① 먹다 – 먹이다   ② 죽다 – 죽이다
③ 잡다 – 잡히다   ④ 입다 – 입히다

03 다음 중 밑줄 친 부분과 같은 의미로 쓰인 단어는?

> 취업을 위한 자격증을 <u>가지기</u> 위해 학원을 방문하는 사람들이 증가하고 있다.

① 새로운 국적을 <u>가지다</u>.
② 환송회를 <u>가지다</u>.
③ 우리 집 고양이가 새끼를 <u>가졌다</u>.
④ 너의 행동에 자부심을 <u>가져라</u>.

04 다음 밑줄 친 부분과 다른 의미로 쓰인 단어는?

> 잡지에서 처음 <u>보는</u> 단어를 발견했다.

① 교차로를 건널 때에는 신호등을 잘 <u>보고</u> 건너야 한다.
② 수상한 사람을 <u>보면</u> 신고하시오.
③ 앨범 속의 사진을 <u>보면</u> 그때로 돌아간 느낌이 들어.
④ 장맛을 <u>보면</u> 그 집의 음식 솜씨를 알 수 있다.

05 다음 중 의미가 다른 단어는?

① 적임   ② 소임
③ 업무   ④ 직책

06 다음 제시된 단어의 유의어는?

> 영절스럽다

① 어색하다   ② 뻔뻔하다
③ 그럴듯하다   ④ 유별나다

07 다음 중 밑줄 친 부분의 띄어쓰기가 잘못된 것은?

① 날이 흐리니 비가 <u>올 듯하다</u>.

② 발표일이 다가오니 심장이 <u>터질듯하다</u>.

③ 떠난 그가 돌아올 <u>듯하다</u>.

④ 일이 그럭저럭 <u>되어 가는듯하다</u>.

08 다음 중 밑줄 친 단어의 맞춤법이 옳은 것은?

① 나는 보약을 먹어서 기운이 <u>뻗쳤다</u>.

② 가을이 되어 찬바람이 부니 몸이 <u>으시시</u> 추워진다.

③ 밤을 새우다시피 하며 시험을 <u>치루고</u> 나니 몸살이 났다.

④ 그는 항상 퇴근하기 전에 자물쇠로 서랍을 단단히 <u>잠궜다</u>.

※ 다음 제시된 단어 중 나머지 뜻을 모두 포괄하는 단어를 고르시오. [9~10]

09

묻다 남다 기대다 감추다

① 묻다   ② 남다

③ 기대다   ④ 감추다

10

문지르다 바꾸다 파다 갈다

① 문지르다   ② 바꾸다

③ 파다   ④ 갈다

11 다음 중 감사 표현으로 가장 적절한 것은?

① 많이 편찮으셨죠? 속히 나으시길 기원합니다.
② 얼마나 상심이 크십니까. 삼가 조의를 표합니다.
③ 제가 늦었습니다. 회의에 참석하지 못해 죄송합니다.
④ 도와주셔서 고맙습니다. 저 혼자였다면 힘들었을 겁니다.

12 다음 중 관용 표현이 사용되지 않은 문장은?

① 관광객들이 태풍 때문에 발이 묶였다.
② 동생은 시험을 잘 봐서 입이 귀에 걸렸다.
③ 나는 농구공을 한 손으로 잡을 만큼 손이 크다.
④ 나와 동생은 손발이 맞아 방 청소를 금방 끝냈다.

13 다음 중 맞춤법이 옳은 문장은?

① 깍뚜기가 맛있어 보인다.
② 구름이 걷히자 파란 하늘이 드러났다.
③ 나는 참치를 넣은 김치찌게를 좋아한다.
④ 몇일 동안 친구를 만나지 못해서 소식이 궁금하다.

14 다음 규정의 ㉠에 해당하는 예로 적절한 것은?

〈한글 맞춤법〉

[제30항] 사이시옷은 다음과 같은 경우에 받치어 적는다.
1. 순우리말로 된 합성어로서 앞말이 모음으로 끝난 경우
                                    ⋮
2. 순우리말과 한자어로 된 합성어로서 앞말이 모음으로 끝난 경우
   (1) 뒷말의 첫소리가 된소리로 나는 것
   (2) 뒷말의 첫소리 'ㄴ, ㅁ' 앞에서 'ㄴ' 소리가 덧나는 것 ·········· ㉠
   (3) 뒷말의 첫소리 모음 앞에서 'ㄴㄴ' 소리가 덧나는 것

---

① 냇물   ② 잇몸
③ 아랫니   ④ 제삿날

15 다음 중 밑줄 친 단어의 맞춤법이 옳은 것은?

① 재산을 <u>늘이다</u>.　　　　② 바지를 <u>다리다</u>.
③ 규모를 <u>주리다</u>.　　　　④ 흥정을 <u>부치다</u>.

16 다음 규정을 참고할 때 적절한 발음 표기가 아닌 것은?

〈표준 발음법〉

[제10항] 겹받침 'ㄳ', 'ㄵ', 'ㄼ, ㄽ, ㄾ', 'ㅄ'은 어말 또는 자음 앞에서 각각 [ㄱ, ㄴ, ㄹ, ㅂ]으로 발음한다.
다만, '밟-'은 자음 앞에서 [밥]으로 발음하고, '넓-'은 다음과 같은 경우에 [넙]으로 발음한다.
넓-죽하다[넙쭈카다], 넓-둥글다[넙뚱글다]

① 앉다[안따]　　　　② 밟다[밥ː따]
③ 훑다[훌따]　　　　④ 없다[업ː따]

17 다음 중 어법에 맞고 자연스러운 문장은?

① 나는 도무지 그 일을 할 수 있다.
② 어제는 비와 바람이 심하게 불었다.
③ 그는 차마 할머니 곁을 떠날 수 없었다.
④ 동생은 어제 작은아버지 댁에 갈 것이다.

18 다음 글의 밑줄 친 부분을 고쳐 쓴 것으로 적절하지 않은 것은?

옛말에서 "하루라도 책을 읽지 않으면 입 안에 가시가 돋는다."라고 했다. 그만큼 우리 사회는 독서를 중요하게 여겨 왔다. ⊙ <u>그래서</u> 가장 활발하게 책을 읽어야 할 청소년들이 책을 가까이 하지 않는다. ⓒ <u>나는 꿈을 이루기 위해 노력하고 있다.</u> 예전에는 시내버스 안에서 책을 읽는 사람을 쉽게 ⓒ <u>발견될 수</u> 있었지만 요즘은 그런 사람을 찾기가 쉽지 않다. 특히 청소년들이 책을 ⓔ <u>읽을</u> 모습을 찾기는 더욱 어렵다.

① ⊙ : 이어질 내용을 고려하여 '왜냐하면'으로 수정한다.
② ⓒ : 앞뒤 문장의 흐름을 고려하여 삭제한다.
③ ⓒ : 피동 표현이 잘못 사용되었으므로 '발견할'로 고친다.
④ ⓔ : 시간 표현이 어색하므로 '읽는'으로 바꾼다.

19 다음 규정의 ㉠에 해당하는 예로 적절한 것은?

〈한글 맞춤법〉

[제30항] 사이시옷은 다음과 같은 경우에 받치어 적는다.
1. 순우리말로 된 합성어로서 앞말이 모음으로 끝난 경우
   (1) 뒷말의 첫소리가 된소리로 나는 것 ········ ㉠
   (2) 뒷말의 첫소리 'ㄴ, ㅁ' 앞에서 'ㄴ' 소리가 덧나는 것
   (3) 뒷말의 첫소리 모음 앞에서 'ㄴㄴ' 소리가 덧나는 것

① 깻잎 ② 뱃길
③ 빗물 ④ 훗날

20 다음을 읽고 ㉠에 들어갈 말로 가장 적절한 것은?

〈겸양의 격률〉

자신에 대한 칭찬과 비방 중, 칭찬은 최소화하고 비방은 최대화한다.

〈사례〉

선배 : 너 노력을 많이 하더니 요즘 글쓰기 실력이 제법 늘었네.
후배 : _____㉠_____ 그래도 좋게 봐 주셔서 감사합니다.

① 네, 실력이 훨씬 향상되었어요.
② 아니에요, 선배님. 아직 멀었어요.
③ 그래요. 칭찬을 잘 안 하시더니 이번엔 하시네요.
④ 당연하죠. 노력을 많이 했으니까 실력이 늘었을 거예요.

21 다음 규정을 잘못 적용한 것은?

〈한글 맞춤법〉

[제11항] 한자음 '랴, 려, 례, 료, 류, 리'가 단어의 첫머리에 올 적에는, 두음 법칙에 따라 '야, 여, 예, 요, 유, 이'로 적는다.
다만, 모음이나 'ㄴ' 받침 뒤에 이어지는 '렬, 률'은 '열, 율'로 적는다.

① 규율 ② 선율
③ 백분율 ④ 시청율

22 다음 대화에서 B의 말하기 태도에 나타난 문제점은?

> A : 지난번 너의 말에 상처를 받았어.
> B : (기분 나쁜 표정으로) 미안해. 내가 잘못했다고 치자.
> A : (화난 목소리로) 너 그렇게밖에 말 못하니?

① 진정성 없는 사과를 했다.
② 혼자서만 말을 길게 했다.
③ 지나친 비속어를 사용했다.
④ 과도한 줄임말을 사용했다.

23 다음은 훈민정음의 자음자 제자 원리이다. 밑줄 친 '설음'의 예로 적절한 것은?

> 해례본의 제자해에 따르면, 자음자의 첫 번째 원리는 상형의 원리이다. 자음자는 자음 발음 기관의 모양을 본떠서 기본 글자 다섯 자를 만들었다. 아음(牙音, 어금닛소리)은 혀뿌리가 구멍을 닫는 모양을 본뜨고, 설음(舌音, 혓소리)은 혀(끝)가 윗잇몸에 붙는 모양을 본뜨고, 순음(脣音, 입술소리)은 입 모양을 본뜨고, 치음(齒音, 잇소리)은 이 모양을 본뜨고, 후음(喉音, 목구멍소리)은 목구멍의 모양을 본뜬 것이다.

① ㄴ   ② ㅁ
③ ㅅ   ④ ㅇ

24 다음 중 높임 표현이 잘못 사용된 문장은?

① (기자가 시민에게) 잠시 인터뷰 하실 시간 있으세요?
② (점원이 손님에게) 여기 주문하신 음료 나오셨습니다.
③ (엄마가 아들에게) 할머니를 모시고 병원에 다녀오렴.
④ (형이 동생에게) 아버지께서 요즘 고민이 있으신 것 같아.

25 다음 대화에서 영호의 말하기에 대한 설명으로 가장 적절한 것은?

> 선생님 : 영호야, 이번에 낸 소감문 정말 잘 썼더라.
> 영호 : 아닙니다. 아직 여러모로 부족합니다.

① 자신을 낮추어 겸손한 태도로 말하고 있다.
② 상대방의 의견에 동의하며 말하고 있다.
③ 대화 맥락에서 벗어난 내용을 말하고 있다.
④ 상대방의 기분을 고려하여 칭찬을 하고 있다.

26 (가)에서 설명하는 시제가 드러난 표현을 (나)에서 모두 고르면?

> (가) 사건이 일어나는 시점이 말하는 시점인 현재보다 앞서 일어난 사건의 시제
> (나) 어제 학교에서 책을 ㉠ 읽었다. 오늘은 가까운 도서관에 와서 책을 ㉡ 읽는다. 예전에 ㉢ 읽은
>   책이 눈에 띄어 다시 보고 있다. 앞으로도 책을 많이 ㉣ 읽어야겠다.

① ㉠, ㉡
② ㉠, ㉢
③ ㉡, ㉢
④ ㉢, ㉣

27 다음 말하기에 해당하는 사례로 가장 적절한 것은?

> 문제를 자신의 탓으로 돌리는 표현을 하여 상대방이 이 문제를 너그럽게 받아들이도록 하는 말하기

① 오늘은 영하의 날씨래. 창문 좀 닫아 줘.
② 맛이 굉장히 독특하네. 음식점을 내도 되겠는데?
③ 지난번에 운이 좋아서 시험을 잘 봤어. 이번에는 모르겠다.
④ 잠깐 딴생각을 하느라 못 들었어. 한 번만 더 말해 줄래?

28 다음 문장과 동일한 오류가 드러난 문장은?

> 나의 바람은 네가 잘되었으면 좋겠어.

① 그는 아름다운 소녀의 노래를 들었다.
② 그들은 환경 문제에 대한 회의를 가졌다.
③ 내가 말하고자 하는 것은 너는 마음씨가 곱다.
④ 우리는 먹고 남은 잔반을 다시 쓰지 않습니다.

29 다음 대화에서 '형'의 말하기에 나타난 문제점으로 가장 적절한 것은?

> 동생 : 형, 배구 경기가 언제 시작하지?
> 형 : 어제 모든 프로 축구 경기는 취소되었어.

① 대화 맥락에 어긋나는 정보를 제공하고 있다.
② 상대의 이익을 우선하며 대화에 참여하고 있다.
③ 통계 자료를 과도하게 해석하며 상대를 설득하고 있다.
④ 아직 일어나지 않은 일을 사실인 것처럼 전달하고 있다.

30 다음 ㄱ ~ ㄷ의 밑줄 친 부분에 대한 설명으로 적절하지 않은 것은?

> ㄱ. 너와 나는 왜 다를까?
> ㄴ. 그는 방에서 빵을 먹고 있다.
> ㄷ. 밤[夜]에 밤[栗]을 먹을 때는 벌레를 조심하렴.

① ㄱ의 '너'와 '나'의 모음은 혀의 높낮이가 서로 다르다.
② ㄱ의 '왜'는 발음하는 동안 입술 모양이 달라지지 않는다.
③ ㄴ의 '방'과 '빵'의 'ㅂ'과 'ㅃ'은 조음 위치가 같다.
④ ㄷ의 '밤[夜]'과 '밤[栗]'은 소리의 길이가 서로 다르다.

01 다음 글의 빈칸에 들어갈 내용으로 가장 적절한 것은?

> 과학은 한 형태의 자연에 대한 지식이라는 사실 그 자체만으로 한없이 귀중하고, 지금까지 과학적 기술이 인류에게 가져온 혜택은 부정하려 해도 부정할 수 없다. 앞으로도 보다 많고 정확한 과학 지식과 고도로 개발된 과학적 기술이 필요하다. 그러나 문제의 핵심은 생태학적이고 예술적인 자연관, 즉 존재 일반에 대한 넓고 새로운 시각, 포괄적인 맥락에서 과학적 지식과 기술의 의미에 눈을 뜨고 그것을 활용함에 있다. 그렇지 않고 오늘날과 같은 추세로 그것을 당장의 욕망을 위해 인간 중심적으로 개발하고 이용한다면, 그 효과가 당장에는 인간에게 만족스럽다고 해도 머지않아 자연의 파괴뿐만 아니라 인간적 삶의 파괴, 궁극적으로는 인간 자신의 멸망을 초래하고 말 것이다. 한마디로 지금 우리에게 필요한 것은 과학적 비전과 과학적 기술의 의미를 보다 포괄적인 의미에서 이해하는 작업이다. 이러한 작업을 _____라고 불러도 좋을 것 같다.

① 예술의 다양화   ② 예술의 기술화

③ 과학의 예술화   ④ 과학의 현실화

| 해설 | '이러한 작업'이 구체화된 바로 앞 문장을 보면 빈칸은 부분적 관점의 과학 지식과 기술을 포괄적인 관점의 예술적 세계관을 바탕으로 이해하는 작업에 대한 내용이므로 '과학의 예술화'가 빈칸에 들어갈 내용으로 가장 적절하다.

정답 ③

02 다음은 '사내 가족친화제도 활성화 방안'에 대한 글을 쓰기 위해 작성한 개요이다. 빈칸에 들어갈 내용으로 가장 적절한 것은?

- 주제문 : _____
  Ⅰ. 서론 : 가족 친화지수에 대한 사회적 관심
  Ⅱ. 본론
    1. 현황
      가. 가족친화제도의 도입 및 활용 증가 추세
      나. 가족친화제도의 도입 및 활용 상의 문제
    2. 문제 원인 분석
      가. 제도 도입 측면 : 비용 부담
      나. 제도 활용 측면 : 제도 사용 분위기
    3. 문제 해결 방안
      가. 제도 도입 측면 : 제도 도입 시 세제 혜택 정책
      나. 제도 활용 측면 : 사용 장려에 대한 정부 차원의 관리 필요
  Ⅲ. 결론 : 본론의 요약 및 강조

---

① 개인 선택의 폭이 넓어지도록 정부는 다양한 가족친화제도를 만들어야 한다.
② 가족친화제도에 대한 회사 경영진의 관심이 필요하다.
③ 가족친화제도 사용에 대한 노사 간의 합의가 필요하다.
④ 가족친화제도 활성화를 위한 정부 차원의 정책 마련이 필요하다.

| 해설 | 'Ⅱ-3. 문제 해결 방안'에서 사내 가족친화제도의 활성화 방안으로 세제 혜택 정책이나 정부 차원의 관리를 제시한 것으로 보아 주제는 정부 차원의 노력이 필요하다는 맥락임을 알 수 있다. 따라서 빈칸에 들어갈 내용으로는 ④가 가장 적절하다.

오답분석
① 이미 존재하는 사내 가족친화제도를 활성화하기 위한 방안을 다루고 있으므로 정부가 다양한 가족친화제도를 만들어야 한다는 내용은 적절하지 않다.

정답 ④

※ 다음 글의 빈칸에 들어갈 내용으로 가장 적절한 것을 고르시오. [1~16]

01

질병(疾病)이란 유기체의 신체적, 정신적 기능이 비정상으로 된 상태를 일컫는다. 인간에게 있어 질병은 넓은 의미에서 극도의 고통, 스트레스, 사회적인 문제, 신체기관의 기능 장애와 죽음까지를 포괄하며, 넓게는 사회적인 맥락에서 이해되기도 한다.

하지만 다분히 진화 생물학적 관점에서 질병은 인간의 몸 안에서 일어나는 정교하고도 합리적인 자기조절 과정이다. 질병은 정상적인 기능을 할 수 없는 상태임과 동시에 진화의 역사 속에서 획득한 자기 치료 과정이 _____이기도 하다. 가령 기침을 하고, 열이 나고, 통증을 느끼고, 염증이 생기는 것 따위는 자기 조절과 방어 시스템이 작동하는 과정인 것이다.

① 문제를 일으킨 상태
② 비일상적인 특이 상태
③ 정상적으로 가동하고 있는 상태
④ 인구의 개체 변이를 도모하는 상태

02

현대 자본주의 사회에서 대중은 예술미보다 상품미에 더 민감하다. 상품미란 이윤을 얻기 위해 대량으로 생산하는 상품이 가지는 아름다움을 의미한다. '_____'라고, 요즈음 생산자는 상품을 많이 팔기 위해 디자인과 색상에 신경을 쓰고, 소비자는 같은 제품이라도 겉모습이 화려하거나 아름다운 것을 사려고 한다. 결국, 우리가 주위에서 보는 거의 모든 상품은 상품미를 추구하고 있다. 그래서 모든 것을 상품으로 취급하는 자본주의 사회에서는 돈벌이를 위해서라면 모든 사물 심지어는 인간까지도 상품미를 추구하는 대상으로 삼는다.

① 같은 값이면 다홍치마
② 술 익자 체 장수 지나간다
③ 원님 덕에 나팔 분다
④ 구슬이 서 말이라도 꿰어야 보배

03

> _____ 20세기 대량생산체제의 생산성 경쟁은 21세기에는 걸맞지 않은 주제다. 국경의 의미가 사라지는 글로벌 시대에는 남의 제품을 모방하여 많이 만드는 것으로 살아남지 못한다. 누가 더 소비자의 다양한 입맛에 맞춰 차별화된 제품을 만들어 내느냐가 성장의 관건이다. 이를 위해서는 창의성이 무엇보다 중요하다.

① 최근 기업의 과제는 구성원의 창의성을 최대한으로 이끌어내는 것이다.
② 21세기 기업은 전보다 더욱 품질 향상에 주력해야 한다.
③ 기업이 글로벌 시대에 살아남기 위해서는 생산성을 극대화해야 한다.
④ 21세기의 기업 환경은 20세기에 비해 한결 나아지고 있다.

04

> 아파트에는 부엌, 안방, 화장실, 거실이 전부 같은 높이의 평면 위에 있다. 그것보다 밑에 또는 위에 있는 것은 다른 사람의 집이다. 좀 심한 표현을 쓴다면 아파트에서는 모든 것이 평면적이다. 깊이가 없는 것이다. 자연히 사물은 아파트에서 그 부피를 잃고 평면 위에 선으로 존재하는 것이 되어 버린다. 모든 것은 한 평면 위에 나열되어 있고, 그래서 한눈에 들어온다. 아파트에는 사람이나 물건이나 다 같이 자신을 숨길 데가 없다.
> 땅집에서는 사정이 전혀 딴판이다. 땅집에서는 모든 것이 자기 나름의 두께와 깊이를 가지고 있다. 같은 물건이라도 그것이 다락방에 있을 때와 안방에 있을 때와 부엌에 있을 때가 다르다. 집 자체가 인간과 마찬가지의 두께와 깊이를 가지고 있다. 이처럼 땅집이 아름다운 이유는 _____ 다락방은 의식이며 지하실은 무의식이라고 할 수 있을 것이다.

① 세상을 조망할 수 있기 때문이다.
② 인간을 닮았기 때문이다.
③ 안정을 뜻하기 때문이다.
④ 어딘가로 떠날 수 있기 때문이다.

05

과학을 이야기할 때 꼭 언급하고 지나가야 할 문제는 과학적인 방법으로 얻어진 결과를 어느 정도 신뢰할 수 있느냐의 문제이다. 과학은 인간의 이성으로 진리를 추구해 가는 가장 합리적인 방법이다. 따라서 과학적인 방법으로 도출해 낸 결론은 우리가 얻을 수 있는 가장 신뢰할 수 있는 결론이라고 할 수 있다. 그러나 인간의 이성으로 얻은 결론이므로 인간이라는 한계를 뛰어넘을 수는 없다. 인간의 지식이나 이성이 완벽하지 못하다는 것은 누구나 인정하고 있는 사실이다. 그러므로 _____

① 과학이 인간의 지식이나 이성의 한계를 넘어서야 한다.
② 과학적인 방법으로 얻어진 결론도 완벽하다고 할 수는 없다.
③ 과학에 대하여 보다 더 적극적인 관심을 가질 필요가 있다.
④ 과학 탐구에 있어서도 결국 그 주체는 인간임을 잊어서는 안 된다.

06

과거 주나라에서는 '주지육림'의 포악무도한 왕을 타도하기 위해 제후와 군사들이 모였다. 하지만 대의명분 아래 모인 이들이 상대하기에 상나라의 힘은 여전히 막강했고, 맹주인 무왕에게는 군사들이 고향땅에서 천리 길을 달리고도 다시 누런 흙탕물로 소용돌이치는 황하를 건너 진격하게 할 강력한 리더십과 대의명분이 절실했다.
이를 담아낸 혁명선언문이 바로 큰 맹세를 뜻하는 '태서(泰誓)'이다. 태서에서 무왕은 '비록 상나라에 억조에 달하는 백성이 있지만 서로 마음과 덕이 따로 놀기 때문에 우리가 이길 수 있다.'라며 군사들을 위무하였고, '목야전투'에서 10만 군대를 무찔러 그 뜻을 이루게 된다. 현대 농업계에도 이처럼 태서편에 묻혀 있던 무왕의 _____이 필요하다.

① 이심전심   ② 동심동덕
③ 동두철신   ④ 동고동락

탁월함은 어떻게 습득되는가, 그것을 가르칠 수 있는가? 이 물음에 대하여 아리스토텔레스는 지성의 탁월함은 가르칠 수 있지만, 성품의 탁월함은 비이성적인 것이어서 가르칠 수 없고, 훈련을 통해서 얻을 수 있다고 대답한다.

그는 좋은 성품을 얻는 것을 기술을 습득하는 것에 비유한다. 그에 따르면 리라(Lyra)를 켬으로써 리라를 켜는 법을 배우고, 말을 탐으로써 말을 타는 법을 배운다. 어떤 기술을 얻고자 할 때 처음에는 교사의 지시대로 행동한다. 그리고 반복 연습을 통하여 그 행동이 점점 더 하기 쉽게 되고 마침내 제2의 천성이 된다. 이와 마찬가지로 어린아이는 어떤 상황에서 어떻게 행동해야 진실되고 관대하며 예의를 차리게 되는지 일일이 배워야 한다. 훈련과 반복을 통하여 그런 행위들을 연마하다 보면 그것들을 점점 더 쉽게 하게 되고, 결국에는 스스로 판단할 수 있게 된다.

그는 올바른 훈련이란 강제가 아니고 그 자체가 즐거움이 되어야 한다고 지적한다. 또한 그렇게 훈련받은 사람은 일을 바르게 처리하는 것을 즐기게 되고, 일을 바르게 처리하고 싶어 하게 되며, 올바른 일을 하는 것을 어려워하지 않게 된다. 이처럼 성품의 탁월함이란 사람들이 '하는 것'만이 아니라 사람들이 '하고 싶어 하는 것'과도 관련된다. 그리고 한두 번 관대한 행동을 한 것으로 충분하지 않으며, 늘 관대한 행동을 하고 그런 행동에 감정적으로 끌리는 성향을 갖고 있어야 비로소 관대함에 관하여 성품의 탁월함을 갖고 있다고 할 수 있다.

다음과 같은 예를 통해 아리스토텔레스의 견해를 생각해 보자. 갑돌이는 성품이 곧고 자신감이 충만하다. 그가 한 모임에 참석하였는데, 거기서 다수의 사람들이 옳지 않은 행동을 한다고 생각했을 때, 그는 다수의 행동에 대하여 비판의 목소리를 낼 것이며 그렇게 하는 데에 별 어려움을 느끼지 않을 것이다. 한편, 수줍어하고 우유부단한 병식이도 한 모임에 참석하였는데, 그 역시 다수의 행동이 잘못되었다는 판단을 했다. 이런 경우에 병식이는 일어나서 다수의 행동이 잘못되었다고 말할 수 있겠지만, 그렇게 하려면 엄청난 의지를 발휘해야 할 것이고 자신과 힘든 싸움도 해야 할 것이다. 그런데도 병식이가 그렇게 행동했다면 우리는 병식이가 용기있게 행동하였다고 칭찬할 것이다. 그러나 아리스토텔레스가 보기에 성품의 탁월함을 가진 사람은 갑돌이다. 왜냐하면 _____ _____ 우리가 어떠한 사람을 존경할 것인가가 아니라, 우리 아이를 어떤 사람으로 키우고 싶은가라는 질문을 받는다면 우리는 아리스토텔레스의 견해에 가까워질 것이다. 그것은 우리가 아이들을 갑돌이와 같은 사람으로 키우고 싶어 하기 때문이다.

① 그는 내적인 갈등이 없이 옳은 일을 하기 때문이다.

② 그는 옳은 일을 하는 천성을 타고났기 때문이다.

③ 그는 주체적 판단에 따라 옳은 일을 하기 때문이다.

④ 그는 자신이 옳다는 확신을 가지고 옳은 일을 하기 때문이다.

08

전통문화는 근대화의 과정에서 해체되는 것인가, 아니면 급격한 사회 변동의 과정에서도 유지될 수 있는 것인가? 전통문화의 연속성과 재창조는 왜 필요하며, 어떻게 이루어지는가? 외래문화의 토착화(土着化), 한국화(韓國化)는 사회 변동과 문화 변화의 과정에서 무엇을 의미하는가? 위와 같은 의문들은 오늘날 한국 사회에서 논란의 대상이 되고 있으며, 입장에 따라 상당한 견해 차이도 드러난다.

전통의 유지와 변화에 대한 견해 차이는 오늘날 한국 사회에서 단순하게 보수주의와 진보주의의 차이로 이해될 성질의 것이 아니다. 한국 사회의 근대화는 이미 한 세기의 역사를 가지고 있으며, 앞으로도 계속되어야 할 광범하고 심대(深大)한 사회 구조적 변동이다. 그렇기 때문에 성향이 보수주의적인 사람들도 전통문화의 변질을 어느 정도 수긍하지 않을 수 없는가 하면, 사회 변동의 강력한 추진 세력 또한 문화적 전통의 확립을 주장하지 않을 수 없다.

또, 한국 사회에서 전통문화의 변화에 관한 논의는 단순히 외래문화냐 전통문화냐의 양자택일적인 문제가 될 수 없다는 것도 명백하다. 근대화는 전통문화의 연속성과 변화를 다 같이 필요로 하며, 외래문화의 수용과 그 토착화 등을 다 같이 요구하는 것이기 때문이다. 그러므로 전통을 계승하고 외래문화를 수용할 때에 무엇을 취하고 무엇을 버릴 것이냐 하는 문제도 단순히 문화의 보편성(普遍性)과 특수성(特殊性)이라고 하는 기준에서만 다룰 수 없다. 근대화라고 하는 사회 구조적 변동이 문화 변화를 결정지을 것이기 때문에, 전통문화의 변화 문제를 ＿＿＿＿＿＿＿＿＿＿에서 다루어 보는 분석이 매우 중요하리라고 생각한다.

① 보수주의 시각   ② 진보주의 시각

③ 사회 변동의 시각   ④ 외래와 전통의 시각

09

서울의 청계광장에는 〈스프링(Spring)〉이라는 다슬기 형상의 대형 조형물이 설치되어 있다. 이것을 기획한 올덴버그는 공공장소에 작품을 설치하여 대중과 미술로의 소통을 이끌고자 했다. 이와 같이 대중과 미술로의 소통을 위해 공공장소에 설치된 미술 작품 또는 공공영역에서 이루어지는 예술 행위 및 활동을 공공미술이라고 한다.

1960년대 후반부터 1980년까지의 공공미술은 대중과 미술로의 소통을 위해 작품이 설치되는 장소를 점차 확장하는 쪽으로 전개되었기 때문에 장소 중심의 공공미술이라고 할 수 있다. 초기의 공공미술은 미술관에서만 전시되던 작품을 사람들이 자주 드나드는 공공건물에 설치하기 시작했다. 하지만 공공건물에 설치된 작품들은 건물의 장식으로 인식되어 대중과의 소통에 한계가 있었기에, 작품이 설치되는 공간은 공원이나 광장 같은 공공장소로 확장되었다. 그러나 공공장소에 놓인 작품들이 주변 공간과 어울리지 않거나, 미술가의 미학적 입장이 대중에게 수용되지 않는 일들이 벌어졌다. 이는 소통에 대한 미술가의 반성으로 이어졌고, 시간이 지나며 공공미술은 점차 주변의 삶과 조화를 이루는 방향으로 발전하였다.

1990년대 이후의 공공미술은 참된 소통이 무엇인가에 대해 진지하게 성찰하며 대중을 작품 창작 과정에 참여시키는 쪽으로 전개되었기 때문에 참여 중심의 공공미술이라고 할 수 있다. 이때의 공공미술은 대중들이 작품 제작에 직접 참여하거나 작품을 보고 만지며 체험하는 활동 속에서 작품의 의미를 완성할 수 있도록 한다. 그리하여 미술가와 대중, 작품과 대중 사이의 소통을 강화할 수 있었다. 이전의 공공미술이 이미 완성된 작품을 어디에 놓느냐에 주목하던 '결과 중심'의 수동적 미술이었다면, '과정 중심'의 능동적 미술이 되었다고 볼 수 있다.

그런데 공공미술은 대중과의 소통을 위해 누구나 쉽게 다가가 감상할 수 있는 작품을 만들어야 하므로 미술가가 자신의 미학적 입장을 어느 정도 포기해야 한다고 우려할 수 있다. 그러나 이러한 우려는 대중의 미적 감상 능력을 무시하는 편협한 시각이다. 왜냐하면 추상적이고 난해한 작품이라도 대중과의 소통의 가능성은 늘 존재하기 때문이다. 따라서 ＿＿＿＿＿＿＿＿＿＿＿＿＿＿＿＿ ＿＿＿＿＿＿＿＿＿＿＿＿＿＿＿＿＿＿＿＿ 공공미술가는 예술의 자율성과 소통의 가능성을 높이기 위해 대중의 예술적 감성이 어떠한지, 대중이 어떠한 작품을 기대하는지 면밀히 분석하여 작품을 창작해야 한다.

① 공공미술은 대중과의 소통에 한계가 있으므로 대립되기 마련이다.

② 공공미술에서 예술의 자율성은 소통의 가능성과 대립하지 않는다.

③ 공공영역에서 이루어지는 예술은 대중과의 소통을 위한 작품이기 때문에 수동적 미술이어야 한다.

④ 공공미술은 예술의 자율성이 보장되어야 하므로, 대중의 뜻이 미술작품에 반드시 반영되어야 한다.

10

스마트팩토리는 인공지능(AI), 사물인터넷(IoT) 등 다양한 기술이 융합된 자율화 공장으로 제품 설계와 제조, 유통, 물류 등의 산업 현장에서 생산성 향상에 초점을 맞췄다. 이곳에서는 기계, 로봇, 부품 등의 상호 간 정보 교환을 통해 제조 활동을 하고, 모든 공정 이력이 기록되며, 빅데이터 분석으로 사고나 불량을 예측할 수 있다. 스마트팩토리에서는 컨베이어 생산 활동으로 대표되는 산업 현장의 모듈형 생산이 컨베이어를 대체하고 IoT가 신경망 역할을 한다. 센서와 기기 간 다양한 데이터를 수집하고 이를 서버에 전송하면 서버는 데이터를 분석해 결과를 도출한다. 서버는 AI 기계학습 기술이 적용돼 빅데이터를 분석하고 생산성 향상을 위한 최적의 방법을 제시한다.

스마트팩토리의 대표 사례로는 고도화된 시뮬레이션 '디지털 트윈'을 들 수 있다. 디지털 트윈은 데이터를 기반으로 가상공간에서 미리 시뮬레이션하는 기술이다. 시뮬레이션을 위해 빅데이터를 수집하고 분석과 예측을 위한 통신·분석 기술에 가상현실(VR), 증강현실(AR)과 같은 기술을 더한다. 이를 통해 산업 현장에서 작업 프로세스를 미리 시뮬레이션하고, VR·AR로 검증함으로써 실제 시행에 따른 손실을 줄이는 동시에 작업 효율성을 높일 수 있다.

한편 '에지 컴퓨팅'도 스마트팩토리의 주요 기술 중 하나이다. 에지 컴퓨팅은 산업 현장에서 발생하는 방대한 데이터를 클라우드로 한 번에 전송하지 않고, 에지에서 사전 처리한 후 데이터를 선별해서 전송한다. 서버와 에지가 연동해 데이터 분석 및 실시간 제어를 수행하여 산업 현장에서 생산되는 데이터가 기하급수적으로 늘어도 서버에 부하를 주지 않는다. 현재 클라우드 컴퓨팅이 중앙 데이터 센터와 직접 소통하는 방식이라면 에지 컴퓨팅은 기기 가까이에 위치한 일명 '에지 데이터 센터'와 소통하며, 중앙 클라우드에 저장을 맡기는 형식이다. 이를 통해 데이터 처리 지연 시간을 줄이고 즉각적인 현장 대처를 가능하게 한다.

이러한 스마트팩토리의 발전은 _____ 최근 선진국에서 나타나는 주요 현상 중의 하나는 바로 '리쇼어링'의 가속화이다. 리쇼어링이란 인건비 등 각종 비용 절감을 이유로 해외에 나간 자국 기업들이 다시 본국으로 돌아오는 현상을 의미하는 용어이다. 2000년대 초반까지는 국가적 차원에서 세제 혜택 등의 회유책을 통해 추진되어왔지만, 스마트팩토리의 등장으로 인해 자국 내 스마트팩토리에서의 제조 비용과 중국이나 멕시코와 같은 제3국에서 제조 후 수출 비용에 큰 차이가 없어 리쇼어링 현상은 더욱 가속화되고 있다.

① 공장의 제조 비용을 절감시키고 있다.

② 공장의 세제 혜택을 사라지게 하고 있다.

③ 공장의 위치를 변화시키고 있다.

④ 수출 비용을 줄이는 데 도움이 된다.

11

오존층 파괴의 주범인 프레온 가스로 대표되는 냉매는 그 피해를 감수하고도 사용할 수밖에 없는 필요악으로 인식되어 왔다. 지구 온난화 문제를 해결할 수 있는 대체 물질이 요구되는 이러한 상황에서 최근 이를 만족할 수 있는 4세대 신냉매가 새롭게 등장해 각광을 받고 있다. 그중 온실가스 배출량을 크게 줄인 대표적인 4세대 신냉매가 수소불화올레핀(HFO)계 냉매이다.

HFO는 기존 냉매에 비해 비싸고 불에 탈 수 있다는 단점이 있으나, 온실가스 배출이 거의 없고 에너지 효율성이 높은 장점이 있다. 이러한 장점으로 최근 4세대 신냉매에 대한 관심이 급격히 증가하고 있다. 지난 2003 ~ 2017년 중 냉매 관련 특허 출원 건수는 총 686건이었고, 온실가스 배출량을 크게 줄인 4세대 신냉매 관련 특허 출원들은 꾸준히 늘어나고 있다. 특히 2008년부터 HFO계 냉매를 포함한 출원 건수가 큰 폭으로 증가하면서 같은 기간의 HFO계 비중이 65%까지 증가했다. 이러한 출원 경향은 국제 규제로 2008년부터 온실가스를 많이 배출하는 기존 3세대 냉매의 생산과 사용을 줄이면서 4세대 신냉매가 필수적으로 요구됐기 때문으로 분석된다.

냉매는 자동차, 냉장고, 에어컨 등 우리 생활 곳곳에 사용되는 물질로 시장 규모가 대단히 크지만, 최근 환경 피해와 관련하여 엄격한 국제 표준이 요구되고 있다. 우수한 친환경 냉매가 조속히 개발될 수 있도록 관련 특허 동향을 제공해야 할 것이며, 4세대 신냉매 개발은 _____

① 인공지능 기술의 확장을 열게 될 것으로 전망된다.
② 엄격한 환경 국제 표준을 약화시킬 것으로 전망된다.
③ 또 다른 오존층 파괴의 원인으로 이어질 것으로 전망된다.
④ 지구 온난화 문제 해결의 열쇠가 될 것으로 전망된다.

12

민주주의의 목적은 다수가 소수의 폭군이나 자의적인 권력 행사를 통제하는 데 있다. 민주주의의 이상은 모든 자의적인 권력을 억제하는 것으로 이해되었는데 이것이 오늘날에는 자의적 권력을 정당화하기 위한 장치로 변화되었다. 이렇게 변화된 민주주의는 민주주의 그 자체를 목적으로 만들려는 이념이다. 이것은 법의 원천과 국가권력의 원천이 주권자 다수의 의지에 있기 때문에 국민의 참여와 표결 절차를 통하여 다수가 결정한 법과 정부의 활동이라면 그 자체로 정당성을 갖는다는 뜻이다. 즉, 유권자 다수가 원하는 것이면 무엇이든 실현할 수 있다는 말이다.

이러한 민주주의는 '무제한적 민주주의'이다. 어떤 제약도 없는 민주주의라는 의미이다. 이것은 자유주의와 부합할 수 없으며, 다수의 독재라는 점에서 전체주의와 유사하다. 폭군의 권력이든, 다수의 권력이든, 군주의 권력이든 위험한 것은 권력 행사의 무제한성이다. 이러한 권력을 제한하는 일이 중요할 수밖에 없다.

민주주의를 수단이 아니라 목적으로 여기고 다수의 의지를 중시한다면, 그것은 다수의 독재를 초래할 뿐만 아니라 전체주의만큼이나 위험하다. 민주주의의 존재가 언제나 개인의 자유에 대한 전망을 밝혀준다는 보장이 없다. 개인의 자유와 권리를 보장하지 못하는 민주주의는 본래의 민주주의가 아니다. 본래의 민주주의는 _____

① 다수의 의견을 수렴하여 이를 그대로 정책에 반영해야 한다.
② 서로 다른 목적의 충돌로 인한 사회적 불안을 해소할 수 있어야 한다.
③ 민주적 절차 준수에 그치지 않고 과도한 권력을 실질적으로 견제할 수 있어야 한다.
④ 무제한적 민주주의를 과도기적으로 거치며 개인의 자유와 권리 보장에 기여해야 한다.

13

미국 대통령 후보 선거제도 중 '코커스'는 정당 조직의 가장 하위 단위인 기초선거구의 당원들이 모여 상위의 전당대회에 참석할 대의원을 선출하는 당원회의이다. 대의원 후보들은 자신이 대통령 후보로 누구를 지지하는지 먼저 밝힌다. 상위 전당대회에 참석할 대의원들은 각 대통령 후보에 대한 당원들의 지지율에 비례하여 선출된다. 코커스에서 선출된 대의원들은 카운티 전당대회에서 투표권을 행사하여 다시 다음 수준인 의회선거구 전당대회에 보낼 대의원들을 선출한다. 여기서도 비슷한 과정을 거쳐 주(州) 전당대회 대의원들을 선출해내고, 거기서 다시 마지막 단계인 전국 전당대회 대의원들을 선출한다. 주에 따라 의회선거구 전당대회는 건너뛰기도 한다.

1971년까지는 선거법에 따라 민주당과 공화당 모두 5월 둘째 월요일까지 코커스를 개최해야 했다. 그런데 민주당 전국위원회가 1972년부터는 대선후보 선출을 위한 전국 전당대회를 7월 말에 개최하도록 결정하면서 1972년 아이오와주 민주당의 코커스는 그 해 1월에 열렸다. 아이오와주 민주당 규칙에 코커스, 카운티 전당대회, 의회선거구 전당대회, 주 전당대회, 전국 전당대회 순서로 진행되는 각급 선거 간에 최소 30일의 간격을 두어야 한다는 규정이 있었기 때문이다. 이후 아이오와주에서 공화당이 1976년부터 코커스 개최시기를 1월로 옮기면서, _____ 아이오와주의 선거 운영 방식은 민주당과 공화당 간에 차이가 있었다. 공화당의 경우 코커스를 포함한 하위 전당대회에서 특정 대선후보를 지지하여 당선된 대의원이 상위 전당대회에서 반드시 같은 후보를 지지해야 하는 것은 아니었다. 반면 민주당의 경우 그러한 구속력을 부여하였다. 그러나 2016년부터 공화당 역시 상위 전당대회에 참여하는 대의원에게 같은 구속력을 부여함으로써 기층 당원의 대통령 후보에 대한 지지도가 전국 전당대회에 참여할 주(州) 대의원 선출에 반영되도록 했다.

① 아이오와주는 미국의 대선후보 선출 과정에서 선거 운영 방식이 달라진 최초의 주가 되었다.
② 아이오와주는 미국의 대선후보 선출 과정에서 민주당과 공화당 사이에 깊은 골을 남기게 되었다.
③ 아이오와주는 미국의 대선후보 선출 과정에서 코커스의 개정을 요구하는 최초의 주가 되었다.
④ 아이오와주는 미국의 대선후보 선출 과정에서 민주당과 공화당 모두 가장 먼저 코커스를 실시하는 주가 되었다.

14

기분관리 이론은 사람들의 기분과 선택 행동의 관계에 대해 설명하기 위한 이론이다. 이 이론의 핵심은 사람들이 현재의 기분을 최적의 상태로 유지하려고 한다는 것이다. 따라서 기분관리 이론은 흥분 수준이 최적 상태보다 높을 때 사람들이 이를 낮출 수 있는 수단을 선택한다고 예측하며, 흥분 수준이 낮을 때는 이를 회복할 수 있는 수단을 선택한다고 예측한다. 예를 들어 음악 선택의 상황에서 전자의 경우에는 차분한 음악을 선택하고, 후자의 경우에는 흥겨운 음악을 선택한다는 것이다. 기분조정 이론은 기분관리 이론이 현재 시점에만 초점을 맞추고 있다는 점을 지적하여 이를 보완하고자 한다. 기분조정 이론을 음악 선택의 상황에 적용하면 _____고 예측할 수 있다.

연구자 A는 음악 선택 상황을 통해 기분조정 이론을 검증하기 위한 실험을 했다. 그는 실험 참가자들을 두 집단으로 나누었다. 집단1에게는 한 시간 후 재미있는 놀이를 하게 된다고 말했고, 집단2에게는 한 시간 후 심각한 과제를 하게 된다고 말했다. 집단1은 최적 상태 수준에서 즐거워했고, 집단2는 최적 상태 수준을 벗어날 정도로 기분이 가라앉았다. 이 때 연구자 A는 참가자들에게 기다리는 동안 음악을 선택하게 했다. 그랬더니 집단1은 다소 즐거운 음악을 선택한 반면, 집단2는 과도하게 흥겨운 음악을 선택했다. 그런데 30분이 지나고 각 집단이 기대하는 일을 하게 될 시간이 다가오자 두 집단 사이에는 뚜렷한 차이가 나타났다. 집단1의 선택에는 큰 변화가 없었으나, 집단2는 기분을 가라앉히는 차분한 음악을 선택하는 쪽으로 변하는 경향을 보인 것이다. 이러한 선택의 변화는 기분조정 이론을 뒷받침하는 것으로 간주되었다.

① 사람들은 현재의 기분을 지속하는 데 도움이 되는 음악을 선택한다
② 사람들은 다음에 올 상황을 고려해 흥분을 유발할 수 있는 음악을 선택한다
③ 사람들은 다음에 올 상황에 맞추어 현재의 기분을 조정하는 음악을 선택한다
④ 사람들은 현재의 기분과는 상관없이 자신이 평소 선호하는 음악을 선택한다

15

조선 시대의 금속활자는 제작 방법이나 비용의 문제로 민간에서 제작하기도 어려웠지만, 그 제작 및 소유를 금지하였다. 때문에 금속활자는 왕실의 위엄과 권위를 상징하는 것이 되었고 조선의 왕들은 금속활자 제작에 각별한 관심을 가졌다. 태종이 1403년 최초의 금속활자인 계미자(癸未字)를 주조한 것을 시작으로 조선은 왕의 주도하에 수십 차례에 걸쳐 활자를 제작하였고, 특히 정조는 금속활자 제작에 많은 공을 들였다. 세손 시절 영조에게 건의하여 임진자(壬辰字) 15만 자를 제작하였고, 즉위 후에도 정유자(丁酉字), 한구자(韓構字), 생생자(生生字) 등을 만들었으며 이들 활자를 합하면 100만 자가 넘는다. 정조가 많은 활자를 만들고 관리하는 데 신경을 쓴 것 역시 권위와 관련이 있다. 정조가 만든 수많은 활자 중에서도 정리자(整理字)는 이러한 측면을 가장 잘 보여주는 활자라고 할 수 있다. 정리(整理)라는 말은 조선 시대에 국왕이 바깥으로 행차할 때 호조에서 국왕이 머물 행궁을 정돈하고 수리해서 새롭게 만드는 일을 의미한다. 1795년 정조는 어머니인 혜경궁 홍씨의 회갑을 기념하기 위해 대대적인 화성 행차를 계획하였다. 행사를 마친 후 행사와 관련된 여러 사항을 기록한 의궤를 『원행을묘정리의궤(園幸乙卯整理儀軌)』라 이름하였고, 이를 인쇄하기 위해 제작한 활자가 바로 정리자이다. 왕실의 행사를 기록한 의궤를 금속활자로 간행했다는 것은 그만큼 이 책을 널리 보급하겠다는 뜻이며, 왕실의 위엄을 널리 알리겠다는 것으로 받아들여진다. 이후 정리자는 『화성성역의궤(華城城役儀軌)』, 『진작의궤(進爵儀軌)』, 『진찬의궤(進饌儀軌)』의 간행에 사용되어 왕실의 위엄과 권위를 알리는 효과를 발휘하였다. 정리자가 주조된 이후에도 고종 이전에는 과거 합격자를 기록한 『사마방목(司馬榜目)』을 대부분 임진자로 간행하였는데, 화성 행차가 있었던 을묘년 식년시의 방목만은 유독 정리자로 간행하였다. 이 역시 화성 행차의 의미를 부각하고자 했던 것으로 생각된다. 정조가 세상을 떠난 후 출간된 그의 문집 『홍재전서(弘齋全書)』를 정리자로 간행한 것은 아마도 이 활자가 _____

① 정조를 가장 잘 나타내기 때문일 것이다.
② 정조가 가장 중시하고 분신처럼 여겼던 활자이기 때문일 것이다.
③ 문집 제작에 적절한 서체였기 때문일 것이다.
④ 문집 제작에 널리 쓰였기 때문일 것이다.

16

고대 희랍의 누드 조각, 르네상스의 누드화, 인상파, 로댕, 피카소에 이르기까지 서양의 에로티시즘은 생명을 새롭게 파악하여 현실의 여러 의미를 보여 준다. 발가벗은 인체를 예술의 소재로 삼는다는 것은 우리 인간의 생명의 비밀을 직시하려는 태도의 표명이며, 삶의 근원을 찾아내려는 모색의 과정이다. 또한 에로티시즘의 조형화(造型化)는 삶의 단순한 향유가 아니라 현실의 재확인이다. 그러므로 대중들이 즐기고 욕망하는 현실 감정이 가장 쉽게, 직접적으로 누드에 반영된다.

우리의 미술사에서도 어느 정도 이러한 점을 확인할 수 있다. 성(性)을 경원시하고 남녀유별(男女有別)에 철저했으며, 유교적 도덕으로 무장했던 조선의 풍토에서 혜원 신윤복의 존재는 무엇을 말해주는가? 왜 혜원의 춘의도(春意圖)가 그 시대 산수도보다 대중들에게 잘 수용되었던가? 그것은 그가 당대의 사회적 풍토로 인해 억압되어 있었던 _____을 잘 드러냈기 때문이다.

그런데 근래 우리 누드 화가들은 어떠한가? 누드를 통해 어떤 현실을 인식시키고 어떤 진실을 표현하려 하였던가? 김승인의 「나부(裸婦)」를 놓고 보자. 이국적인 용모를 지닌 풍요한 여체가 옆면으로 등을 보이면서 소파 위에 앉아 있다. 주위의 실내 배경은 서구 스타일의 장식으로 간략히 정돈된 고전풍이다. 그에 따라 나부가 효과적으로 중심을 드러낸다. 인상주의 이전의 사실주의 기법으로 객관미를 표출하고 있다. 그럼에도 그의 누드는 우리에게 위화감을 불러일으킨다. 무엇 때문인가? 우리는 그의 누드 속 인물, 즉 이국적 호사 취미에 알맞은 장식적 인물에서 그 단서를 발견할 수 있다. 우리가 보아온 누드 어디에 그 같은 취향이 있었던가? 이 누드의 풍요성과 같은 안정된 현실을 어느 시대에서 향유할 수 있었던 말인가? 결국 그의 누드에 담긴 장식적 현실은 부르주아적 모방 취미가 아닐 수 없다. 그런 누드화는 부유층의 수요에 의하여 생산되는 사치품에 불과하다. 이처럼 근래 우리 누드화는 민중의 현실 속으로 파고들지 못했다.

① 도덕적 불감증 ② 전통적인 가치관
③ 지배층의 물질적 욕망 ④ 보편적인 감정의 진실

※ 다음 개요를 읽고 이어지는 질문에 답하시오. [17~18]

주제 : 도서관 이용을 활성화하자.

Ⅰ. 서론 : 도서관의 이용 실태

Ⅱ. 본론

    1. 도서관 이용의 문제점

       가. 내부가 어두워서 책을 읽기 힘들다.

       나. 서가 배치가 잘못되어 공간 활용이 비효율적이다.

       다. 도서가 부족하여 정보를 찾기 어렵다.

    2. 해결 방안

                    ⊙

Ⅲ. 결론 : 도서관 이용 활성화 촉구 …… ⓛ

---

17 다음 중 ⊙에 들어갈 내용으로 적절하지 않은 것은?

① 책 읽기가 편하도록 조명을 밝게 한다.

② 도서관 개방 시간을 야간까지 연장한다.

③ 서가를 재배치하여 공간 활용도를 높인다.

④ 예산을 확보하여 다양한 종류의 책을 구입한다.

18 ⓛ을 효과적으로 전달하기 위해 표어를 제작하려고 한다. 다음의 〈조건〉을 만족하는 표어는?

> 조건
>
> 비유법과 청유형을 모두 활용하여 주제를 강조할 것

① 도서관에서 성적도 높이고 지식도 쌓고!

② 도서관에서 찾은 지식, 생활 속에 도움 된다.

③ 도서관으로 오세요. 세상의 모든 것이 있어요.

④ 도서관은 보물 창고! 함께 보물을 찾아봅시다.

※ 다음 개요를 읽고 이어지는 질문에 답하시오. [19~20]

주제 : 기부 문화의 확산

Ⅰ. 서론 : 기부 참여도가 낮은 사회 현상 제시

Ⅱ. 본론

    1. 기부 참여도가 낮은 원인

        가. 기부의 중요성에 대한 이해 부족

        나. 기부 실천에 대한 경험 부족

        다. 기부 방법에 대한 정보 부족

    2. 해결 방안

                       ㉠

Ⅲ. 결론 : 행동으로 실천하는 기부 문화 확산 …… ㉡

---

19 다음 중 ㉠에 들어갈 내용으로 적절하지 않은 것은?

① 기부의 중요성 홍보

② 기부 경험 사례의 공유

③ 과소비 현상에 대한 비판

④ 기부 방식에 대한 자료 제공

20 ㉡을 바탕으로 캠페인 문구를 제작하려고 한다. 다음의 〈조건〉을 만족하는 문구는?

조건

대구법과 비유법을 모두 활용하여 주제를 강조할 것

① 나 하나의 기부 실천, 우리 모두의 행복 물결!

② 건강한 사회를 위한 첫걸음, 지금 시작하세요.

③ 기부는 생명의 물, 올해도 가득 채워 주실 거죠?

④ 천 원으로 만드는 행복, 기부하는 당신을 응원합니다.

※ 다음 글을 읽고 이어지는 질문에 답하시오. [1~2]

> 내 버디 몃치나 ㅎ니 수석(水石)과 송듁(松竹)이라
> 동산(東山)의 둘 오르니 긔 더옥 반갑고야
> 두어라 이 다숫 밧긔 또 더ㅎ야 머엇ㅎ리   (제1수)
>
> ㉠ 구룸 빗치 조타 ㅎ나 검기를 ㅈ로¹⁾ ㅎ다
> ㉡ ᄇ람 소리 맑다 ㅎ나 그칠 적이 하노매라²⁾
> 조코도 그츨 뉘³⁾ 업기는 ㉢ 믈뿐인가 ㅎ노라   (제2수)
>
> 더우면 곳 퓌고 치우면 ㉣ 닙 디거늘
> 솔아 너는 얻디 눈 서리를 모르ᄂ다
> 구천(九泉)⁴⁾의 블희⁵⁾ 고든 줄을 글로 ㅎ야 아노라   (제4수)
>
> – 윤선도, 『오우가(五友歌)』

¹⁾ ㅈ로 : 자주
²⁾ 하노매라 : 많구나
³⁾ 뉘 : 세상이나 때
⁴⁾ 구천 : 땅속 깊은 밑바닥
⁵⁾ 블희 : 뿌리가

01 윗글에 대한 설명으로 가장 적절한 것은?

① 후렴구를 유사하게 반복하고 있다.
② 종장의 첫 음보를 3음절로 맞추고 있다.
③ '기 – 승 – 전 – 결'의 4단 구조로 내용을 전개하고 있다.
④ 3·3·2조를 기본으로 한 3음보 율격을 사용하고 있다.

| 해설 | 제1수의 '두어라', 제2수의 '조코도', 제3수의 '구천의'를 통해 종장의 첫 음보가 모두 3음절로 끝나고 있음을 알 수 있다.

오답분석
③ 두 개 이상의 평시조가 하나의 제목으로 엮여 있는 연시조로 초장 – 중장 – 종장의 3단 구조로 이루어져 있다.
④ 3·4조, 4·4조로 4음보의 전형적인 틀을 가진다.

정답 ②

02 ㉠ ~ ㉣ 중 다음에서 설명하는 자연물로 적절한 것은?

> 이 작품은 자연물에서 사대부들이 추구하던 윤리적 가치를 발견하고 이들을 예찬하는 마음을 노래하고 있다.

① ㉠   ② ㉡
③ ㉢   ④ ㉣

| 해설 | '오우가'는 다섯 가지의 자연물을 벗에 빗대어 유교적 가치를 드러내고, 그러한 속성을 예찬하는 시조이다. ㉢의 속성은 깨끗하고 그침이 없어 고고하고 변하지 않는 군자의 태도를 보여준다.

오답분석
㉠·㉡·㉣ 가변적이고 순간적인 속성을 지니므로 ㉢과 대조되는 자연물이다.

정답 ③

※ 다음 글을 읽고 이어지는 질문에 답하시오. [1~3]

㉠ 눈은 살아 있다
떨어진 눈은 살아 있다
㉡ 마당 위에 떨어진 눈은 살아 있다

기침을 하자
젊은 시인(詩人)이여 기침을 하자
눈 위에 대고 기침을 하자
눈더러 보라고 마음 놓고 마음 놓고
기침을 하자

눈은 살아 있다
㉢ 죽음을 잊어버린 영혼(靈魂)과 육체(肉體)를 위하여
눈은 새벽이 지나도록 살아 있다

기침을 하자
젊은 시인(詩人)이여 기침을 하자
눈을 바라보며
밤새도록 고인 가슴의 ㉣ 가래라도
마음껏 뱉자

– 김수영, 『눈』

01 윗글의 표현상 특징으로 가장 적절한 것은?

① 시구를 반복하여 시적 의미를 강조하고 있다.

② 설의적 표현을 사용하여 독자의 공감을 유도하고 있다.

③ 문장을 명사형으로 종결하여 시적 대상에 주목하게 한다.

④ 미각적 심상을 사용하여 주제를 생생하게 표현하고 있다.

02 ㉠ ~ ㉣ 중 '순수한 생명력을 지닌 존재'를 표현한 시어는?

① ㉠

② ㉡

③ ㉢

④ ㉣

03 다음 설명을 참고할 때 화자가 추구하는 삶의 모습과 가장 가까운 것은?

> 시인은 4 · 19 혁명을 계기로 현실 비판 의식을 바탕으로 한 참여시를 발표하였다.

① 현실에 만족하는 삶

② 불의에 저항하는 삶

③ 육체적 건강을 유지하는 삶

④ 자연을 관찰하고 즐기는 삶

[앞부분의 줄거리] 공사판을 떠돌아다니며 일을 하던 영달은 우연히 정 씨를 만난다. 두 사람은 삼포로 가는 기차를 타러 역으로 가던 중 일하던 곳에서 도망친 백화를 만나 함께 기차역에 가게 된다.

대합실에서 정 씨가 영달이를 한쪽으로 끌고 가서 속삭였다.
"여비 있소?"
"빠듯이 됩니다. 비상금이 한 천 원쯤 있으니까."
㉠ "어디루 가려오?"
"일자리 있는 데면 어디든지…….."
스피커에서 안내하는 소리가 웅얼대고 있었다. 정 씨는 대합실 나무 의자에 피곤하게 기대어 앉은 백화 쪽을 힐끗 보고 나서 말했다.
"같이 가시지. 내 보기엔 좋은 여자 같군."
"그런 거 같아요."
㉡ "또 알우? 인연이 닿아서 말뚝 박구 살게 될지. 이런 때 아주 뜨내기 신셀 청산해야지."
영달이는 시무룩해져서 역사 밖을 멍하니 내다보았다. 백화는 뭔가 수군대고 있는 두 사내를 불안한 듯이 지켜보고 있었다. 영달이가 말했다.
㉢ "어디 능력이 있어야죠."
"삼포엘 같이 가실라우?"
"어쨌든……."
영달이가 뒷주머니에서 꼬깃꼬깃한 오백 원짜리 두 장을 꺼냈다.
"저 여잘 보냅시다."
영달이는 표를 사고 빵 두 개와 찐 달걀을 샀다. 백화에게 그는 말했다.
"우린 뒤차를 탈 텐데……. 잘 가슈."
영달이가 내민 것들을 받아 쥔 백화의 눈이 붉게 충혈되었다. 그 여자는 더듬거리며 물었다.
"아무도…… 안 가나요?"
㉣ "우린 삼포루 갑니다. 거긴 내 고향이오."
영달이 대신 정 씨가 말했다. 사람들이 개찰구로 나가고 있었다. 백화가 보퉁이를 들고 일어섰다.

[가] ┌ "정말, 잊어버리지…… 않을게요."
│ 백화는 개찰구로 가다가 다시 돌아왔다. 돌아온 백화는 눈이 젖은 채로 웃고 있었다.
│ "내 이름 백화가 아니에요. 본명은요…… 이점례예요."
└ 여자는 개찰구로 뛰어나갔다. 잠시 후에 기차가 떠났다.

– 황석영, 『삼포 가는 길』

04 윗글에 대한 설명으로 가장 적절한 것은?

① 대화를 통해 인물들이 처한 상황을 나타내고 있다.

② 외양 묘사를 통해 영웅적 인물의 모습을 표현하고 있다.

③ 비현실적인 소재를 통해 현실 극복 의지를 드러내고 있다.

④ 작품 안 서술자를 통해 서로 불신하는 현실을 비판하고 있다.

05 ㉠~㉣ 중 '정 씨'의 말이 아닌 것은?

① ㉠

② ㉡

③ ㉢

④ ㉣

06 윗글의 [가]에 나타난 '백화'의 심정으로 가장 적절한 것은?

① 기차역을 떠나게 되어 억울해 하고 있다.

② 두 사람과 헤어지는 것을 아쉬워하고 있다.

③ 기차가 아직 도착하지 않아 언짢아하고 있다.

④ 이름을 속인 것을 들키지 않아 안도하고 있다.

수오재(守吾齋), 즉 '나를 지키는 집'은 큰형님이 자신의 서재에 붙인 이름이다. 나는 처음 그 이름을 보고 의아하게 여기며, "나와 단단히 맺어져 서로 떠날 수 없기로는 '나'보다 더한 게 없다. 비록 지키지 않는다 한들 '나'가 어디로 갈 것인가. 이상한 이름이다."라고 생각했다.

장기로 귀양 온 이후 나는 홀로 지내며 생각이 깊어졌는데, 어느 날 갑자기 이러한 의문점에 대해 환히 깨달을 수 있었다. 나는 벌떡 일어나 다음과 같이 말했다.

[가]
천하 만물 중에 지켜야 할 것은 오직 ㉠'나'뿐이다. 내 밭을 지고 도망갈 사람이 있겠는가? 그러니 밭은 지킬 필요가 없다. ㉡내 집을 지고 달아날 사람이 있겠는가? 그러니 집은 지킬 필요가 없다. 내 동산의 ㉢꽃나무와 과실나무들을 뽑아 갈 수 있겠는가? 나무뿌리는 땅속 깊이 박혀 있다. 내 책을 훔쳐 가서 없애 버릴 수 있겠는가? ㉣성현(聖賢)의 경전은 세상에 널리 퍼져 물과 불처럼 흔한데 누가 능히 없앨 수 있겠는가. 내 옷과 양식을 도둑질하여 나를 궁색하게 만들 수 있겠는가? 천하의 실이 모두 내 옷이 될 수 있고, 천하의 곡식이 모두 내 양식이 될 수 있다. 도둑이 비록 훔쳐 간다 한들 하나 둘에 불과할 터, 천하의 모든 옷과 곡식을 다 없앨 수는 없다. 따라서 천하 만물 중에 꼭 지켜야만 하는 것은 없다.

그러나 유독 '나'라는 것은 그 성품이 달아나기를 잘하며 출입이 무상하다. 아주 친밀하게 붙어 있어서 서로 배반하지 못할 것 같지만 잠시라도 살피지 않으면 어느 곳이든 가지 않는 곳이 없다. 이익으로 유혹하면 떠나가고, 위험과 재앙으로 겁을 주면 떠나가며, 질탕한 음악 소리만 들어도 떠나가고, 미인의 예쁜 얼굴과 요염한 자태만 보아도 떠나간다. 그런데 한번 떠나가면 돌아올 줄 몰라 붙잡아 만류할 수 없다. 그러므로 천하 만물 중에 잃어버리기 쉬운 것으로는 '나'보다 더한 것이 없다. 그러니 꽁꽁 묶고 자물쇠로 잠가 '나'를 굳게 지켜야 하지 않겠는가?

— 정약용, 『수오재기(守吾齋記)』

07 윗글의 갈래에 대한 설명으로 가장 적절한 것은?

① 행과 연으로 내용을 구분하고 있다.
② 글쓴이의 경험과 깨달음을 전달한다.
③ 등장인물, 대사, 행동이 주된 구성 요소이다.
④ 현실을 반영하여 있을 법한 이야기를 꾸며 낸다.

08 [가]의 내용을 고려할 때 ㉠~㉣ 중 성격이 다른 하나는?

① ㉠
② ㉡
③ ㉢
④ ㉣

09 윗글에 드러난 글쓴이의 주된 관점으로 가장 적절한 것은?

① '나'는 나와 맺어져 있어 떠날 수 없다.
② 천하엔 '나'보다 지켜야 할 소중한 것이 많다.
③ 나는 '나'와 타인을 위해서 독서를 해야 한다.
④ 나는 '나'를 잃어버리지 않게 잘 지켜야 한다.

※ 다음 글을 읽고 이어지는 질문에 답하시오. [10~12]

미세 플라스틱이 사람들의 눈길을 ⊙ 끌기 시작한 것은 오래되지 않았다. 불과 십몇 년 전까지만 해도 사람들은 버려진 그물에 걸리거나 떠다니는 비닐봉지를 먹이로 잘못 알고 삼켰다가 죽은 해양 생물의 불행에만 주로 관심이 있었다. 그러다 2004년 세계적인 권위를 지닌 과학 잡지 『사이언스』에 영국 플리머스 대학의 리처드 톰슨 교수가 바닷속 미세 플라스틱이 1960년대 이후 계속 증가해 왔다는 내용의 논문을 발표했다. 그 후로 미세 플라스틱이 해양 생태계에 끼치는 영향을 규명하려는 후속 연구들이 이어졌다.

해양 생물들이 플라스틱 조각을 먹이로 알고 먹으면, 포만감을 주어 영양 섭취를 저해하거나 장기의 좁은 부분에 걸려 문제를 일으킬 수 있다. 또한 플라스틱은 제조 과정에서 첨가된 잔류성 유기 오염 물질을 포함하고 있으며 바다로 흘러들어 간 후에는 물속에 녹아 있는 다른 유해 물질까지 끌어당긴다. 미세 플라스틱을 먹이로 착각하고 먹은 플랑크톤을 작은 물고기가 섭취하고, 작은 물고기를 다시 큰 물고기가 섭취하는 먹이 사슬 과정에서 농축된 미세 플라스틱의 독성 물질은 해양 생물의 생식력을 떨어뜨릴 수 있다.

미세 플라스틱은 인간에게도 위험이 될 수 있다. 한국 해양 과학 기술원의 실험 결과, 양식장 부표로 사용하는 발포 스티렌은 나노(10억분의 1) 크기까지 쪼개지는 것으로 확인되었다. 나노 입자는 생체의 주요 장기는 물론 뇌 속까지 침투할 수 있는 것으로 알려져 있다. 내장을 제거하지 않고 통째로 먹는 작은 물고기나 조개류를 즐기는 이들은 수산물의 체내에서 미처 배출되지 못한 미세 플라스틱을 함께 섭취할 위험이 높아지는 셈이다.

– 김정수, 『바닷속 미세 플라스틱의 위협』

10 윗글의 서술 방식으로 가장 적절한 것은?

① 미세 플라스틱의 장단점을 비교하고 있다.
② 미세 플라스틱의 위협에 대한 해결책을 나열하고 있다.
③ 미세 플라스틱의 제조 과정을 순차적으로 제시하고 있다.
④ 미세 플라스틱 증가를 뒷받침하는 정보의 출처를 밝히고 있다.

11 윗글의 내용으로 적절하지 않은 것은?

① 미세 플라스틱에 대해 사람들이 관심을 가지기 시작한 것은 오래되지 않았다.
② 플라스틱이 바다로 흘러들어 간 후에는 물속에 녹아 있는 유해 물질을 끌어당긴다.
③ 미세 플라스틱에 오염된 해양 생물을 인간이 섭취해도 유해 물질은 모두 몸 밖으로 배출된다.
④ 먹이 사슬 과정에서 미세 플라스틱에 농축된 독성 물질은 해양 생물의 생식력을 떨어뜨릴 수 있다.

12 다음 중 밑줄 친 부분이 ⊙과 같은 의미로 쓰인 것은?

① 상자가 무거워 들거나 끌기 힘들다.
② 이 제품의 디자인은 관심을 끌기 힘들다.
③ 눈이 많이 내려서 자동차를 끌기 힘들다.
④ 더 이상 할 얘기가 없어 시간을 끌기 힘들다.

※ 다음 글을 읽고 이어지는 질문에 답하시오. [13~15]

"어떻게 살 것인가?"라는 질문에 쉽게 답을 내릴 수 있는 사람은 없습니다. 그래서 저는 이 무거운 질문을 "어떤 삶을 살고 싶은가?"로 살짝 바꾸어 보았습니다. 그랬더니 "오늘 저녁에 뭐 먹을까?"라는 질문처럼 조금 가볍게 느껴지더군요. 이 질문에 대해서 여러분마다 각자 ㉠ 추구하는 바가 있을 텐데요. 저는 그 답을 여러 심리학자의 연구를 바탕으로 세 가지로 정리했습니다.

첫 번째는 '신나게 살기'입니다. 재미있는 삶, 지루하지 않은 삶, 즐거운 삶을 사는 것이지요. 노벨상을 받은 사람들의 공통점은 ㉡ 심오하고 심각해서 ㉢ 접근하기 어려운 사람인 줄 알았는데 알고 보니 모두 재미있는 사람이더라는 것입니다. 우리가 꿈꾸는 삶 중에 하나는 죽는 순간까지 장난기를 잃지 않는 것입니다.

두 번째는 '의미 있게 살기'입니다. 가치 있는 삶, 헌신하는 삶, 목적이 이끄는 삶을 사는 것이지요. 남아프리카 공화국 최초의 흑인 대통령이자 인권 운동가였던 넬슨 만델라는 "인생의 가장 큰 영광은 넘어지지 않는 게 아니라 넘어질 때마다 다시 일어난 것에 있다."라고 했습니다. 감각적인 즐거움은 덜하더라도 ㉣ 원대한 목표를 위해 헌신하는 것 또한 매우 의미 있는 삶이 될 것입니다.

세 번째 삶의 형태는 '몰두하며 살기'입니다. 자신이 좋아하고 잘하고 의미 있는 일에 미친 듯이 몰두하는 것이지요. 물론 하루 스물네 시간을 그렇게 살라는 게 아닙니다. 그렇게 살아서도 안되고요. 다만 가끔 무언가에 미친 듯이 몰두하는 경험은 우리의 삶을 좀 더 긍정적인 방향으로 안내합니다.

　　 - 최인철, 『행복은 몸에 있다』

13 윗글의 내용 전개 방식으로 가장 적절한 것은?

① 시간적 순서에 따라 내용을 서술하고 있다.
② 질문에 대한 답을 세 가지로 나누어 제시하고 있다.
③ 대상의 차이점을 중심으로 그 특성을 제시하고 있다.
④ 서로 다른 관점을 절충하여 새로운 이론을 제시하고 있다.

14 다음 중 ㉠ ~ ㉣의 뜻풀이로 적절하지 않은 것은?

① ㉠ : 목적을 이룰 때까지 뒤쫓아 구하는
② ㉡ : 사상이나 이론 따위가 깊이가 있으며 오묘하고
③ ㉢ : 어떤 기준점에서 멀어지기
④ ㉣ : 계획이나 희망 따위의 장래성과 규모가 큰

15 다음 중 윗글에서 알 수 있는 내용이 아닌 것은?

① "어떻게 살 것인가?"의 답을 찾기란 쉽지 않다.
② 장난기를 잃지 않고 사는 것은 신나게 사는 것이다.
③ 감각적인 즐거움만을 위해 사는 삶은 의미 있는 삶이다.
④ 몰두하는 경험은 우리의 삶을 긍정적으로 이끈다.

흔들리는 나뭇가지에 꽃 한번 피우려고
눈은 ㉠ 얼마나 많은 도전을 멈추지 않았으랴

㉡ 싸그락 싸그락 두드려 보았겠지
난분분¹⁾ 난분분 춤추었겠지
㉢ 미끄러지고 미끄러지길 수백 번,

㉣ 바람 한 자락 불면 휙 날아갈 사랑을 위하여
햇솜²⁾ 같은 마음을 다 퍼부어 준 다음에야
마침내 피워 낸 저 황홀 보아라

봄이면 가지는 그 한 번 덴 자리에
세상에서 ⓐ 가장 아름다운 상처를 터뜨린다

– 고재종, 『첫사랑』

¹⁾난분분 : 눈이나 꽃잎 따위가 흩날리어 어지럽게
²⁾햇솜 : 당해에 새로 난 솜

16 윗글의 표현상 특징으로 적절하지 않은 것은?

① 자연 현상을 통해 시상을 전개하고 있다.
② 청유형 문장을 통해 화자의 정서를 드러내고 있다.
③ 감각적 이미지를 활용하여 대상을 구체화하고 있다.
④ 비유적 표현을 활용하여 시적 의미를 형상화하고 있다.

17 다음을 참고하여 윗글을 감상할 때, ㉠ ~ ㉣ 중 시적 의미가 가장 이질적인 것은?

> 나뭇가지에 쌓이는 눈꽃을 피우기 위한 '눈'의 노력

① ㉠   ② ㉡
③ ㉢   ④ ㉣

18 ⓐ의 시적 의미와 표현 방법으로 가장 적절한 것은?

	시적 의미	표현 방법
①	성숙한 사랑의 가치	역설법
②	첫사랑에 대한 그리움	대구법
③	미래에 대한 불길한 예감	역설법
④	지난 사랑에 대한 미련	대구법

※ 다음 글을 읽고 이어지는 질문에 답하시오. [19~21]

[앞부분의 줄거리] '나'의 집에 세를 들어 살던 권 씨는 아내의 수술비를 빌리고자 하지만 나는 거절한다. 뒤늦게 나는 권 씨 아내의 수술비를 마련해 주지만, 권 씨는 그 사실을 모른 채 그날 밤 강도로 들어온다.

얌전히 구두까지 벗고 양말 바람으로 들어온 강도의 발을 나는 그때 비로소 볼 수 있었다. 내가 그렇게 염려를 했는데도 강도는 와들와들 떨리는 다리를 옮기다가 그만 부주의하게 동준이의 발을 밟은 모양이었다. 동준이가 갑자기 칭얼거리자 그는 질겁을 하고 엎드리더니 녀석의 어깨를 토닥거리는 것이었다. 녀석이 도로 잠들기를 기다려 그는 복면 위로 칙칙하게 땀이 밴 얼굴을 들고 일어나서 내 위치를 흘끔 확인한 다음 본격적인 작업에 들어갔다. 터지려는 웃음을 꾹 참은 채 강도의 애교스러운 행각을 시종 주목하고 있던 나는 살그머니 상체를 움직여 동준이를 잠재울 때 이부자리 위에 떨어뜨린 식칼을 집어 들었다.
"연장을 이렇게 함부로 굴리는 걸 보니 당신 경력이 얼마나 되는지 알 만합니다."
내가 내미는 칼을 보고 그는 기절할 만큼 놀랐다. 나는 사람 좋게 웃어 보이면서 칼을 받아 가라는 눈짓을 보였다. 그는 겁에 질려 잠시 망설이다가 내 재촉을 받고 후닥닥 달려들어 칼자루를 낚아채 가지고는 다시 내 멱을 겨누었다. 그가 고의로 사람을 찌를 만한 위인이 못 되는 줄 일찍이 간파했기 때문에 나는 칼을 되돌려준 걸 조금도 후회하지 않았다. 아니나 다를까, 그는 식칼을 옆구리 쪽 허리띠에 차더니만 몹시 자존심이 상한 표정이 되었다.
"도둑맞을 물건 하나 제대로 없는 주제에 이죽거리긴!"
"그래서 경험 많은 친구들은 우리집을 거들떠도 안 보고 그냥 지나치죠."
"누군 뭐 들어오고 싶어서 들어왔나? 피치 못할 사정 땜에 어쩔 수 없이……."
나는 강도를 안심시켜 편안한 맘으로 돌아가게 만들 절호의 기회라고 판단했다.
"그 피치 못할 사정이란 게 대개 그렇습디다. 가령 식구 중의 누군가가 몹시 아프다든가 빚에 몰려서……." 그 순간 강도의 눈이 의심의 빛으로 가득 찼다. ㉠ 분개한 나머지 이가 딱딱 마주칠 정도로 떨면서 그는 대청마루를 향해 나갔다. 내 옆을 지나쳐 갈 때 그의 몸에서는 역겨울 만큼 술 냄새가 확 풍겼다. 그가 허둥지둥 끌어안고 나가는 건 틀림없이 갈기갈기 찢어진 한 줌의 자존심일 것이었다. 애당초 의도했던 바와는 달리 내 방법이 결국 그를 편안케 하긴커녕 오려 더욱더 낭패케 만들었음을 깨닫고 나는 그의 등을 향해 말했다.

– 윤흥길, 『아홉 켤레의 구두로 남은 사내』

19 윗글에 대한 설명으로 가장 적절한 것은?

① 공간의 대비를 통해 주제를 강조하고 있다.
② 과거 회상을 통해 갈등의 원인을 보여 주고 있다.
③ 작품 속 인물의 시각으로 사건을 서술하고 있다.
④ 계절적 배경을 묘사하여 인물의 심리를 암시하고 있다.

20 윗글에 나타난 '나'의 심리로 가장 적절한 것은?

① '강도'에 대해 두려워하지 않고 있다.
② '강도'에 대해 분노와 적대감을 느끼고 있다.
③ '강도'가 자신의 집에 들어온 까닭을 궁금해하고 있다.
④ '강도'에게 한 자신의 우호적인 말에 끝까지 만족하고 있다.

21 ㉠의 이유로 가장 적절한 것은?

① 수술비를 마련해 준 것을 알게 되어서
② 주인 가족에 대한 미안한 마음이 들어서
③ 자신을 배려해 준 것에 고마운 마음이 들어서
④ 자신의 정체를 들킨 것 같아 자존심이 상해서

※ 다음 글을 읽고 이어지는 질문에 답하시오. [22~24]

[앞부분의 줄거리] 옥영과 혼인하려던 최척은 왜병의 침입을 막기 위해 의병으로 전쟁에 나가게 된다. 전쟁에서 돌아온 최척은 옥영과 혼인해 행복하게 살지만, 또 다른 전란의 발생으로 옥영과 다시 헤어진다.

최척은 홀로 선창(船窓)에 기대 자신의 신세를 생각하다가, 짐 꾸러미 안에서 퉁소를 꺼내 슬픈 곡조의 노래를 한 곡 불어 가슴속에 맺힌 슬픔과 원망을 풀어 보려 했다. 최척의 퉁소 소리에 바다와 하늘이 애처로운 빛을 띠고 구름과 안개도 수심에 잠긴 듯했다. 뱃사람들도 그 소리에 놀라 일어나 모두들 서글픈 표정을 지었다. 그때 문득 일본 배에서 염불하던 소리가 뚝 그쳤다. 잠시 후 조선말로 시를 읊는 소리가 들렸다.

[A]
왕자교(王子喬) 퉁소 불 제 달은 나지막하고
바닷빛 파란 하늘엔 이슬이 자욱하네.
푸른 난새 함께 타고 날아가리니
봉래산 안개 속에서도 길 잃지 않으리.

시 읊는 소리가 그치더니 한숨 소리, 쯧쯧 혀 차는 소리가 들려왔다. 최척은 시 읊는 소리를 듣고는 깜짝 놀라 얼이 빠진 사람 같았다. 저도 모르는 새 퉁소를 땅에 떨어뜨리고 마치 죽은 사람처럼 멍하니 서 있었다. 송우가 말했다.
"왜 그래? 왜 그래?"
거듭 물어도 대답이 없었다. 세 번째 물음에 이르러서야 비로소 최척은 뭔가 말을 하려 했지만 목이 막혀 말을 하지 못하고 눈물만 하염없이 흘렸다. 최척은 잠시 후 마음을 진정시킨 뒤 이렇게 말했다.
"저건 내 아내가 지은 시일세. 우리 부부 말곤 아무도 알지 못하는 시야. 게다가 방금 시를 읊던 소리도 아내 목소리와 흡사해. 혹 아내가 저 배에 있는 게 아닐까? 그럴 리 없을 텐데 말야."
그러고는 자기 일가가 왜적에게 당했던 일의 전말을 자세히 말했다. 배 안에 있던 사람들이 모두 놀랍고 희한한 일로 여겼다.

(중략)

옥영은 어젯밤 배 안에서 최척의 퉁소 소리를 들었다. 조선 가락인 데다 귀에 익은 곡조인지라, 혹시 자기 남편이 저쪽 배에 타고 있는 것이 아닐까 의심하여 시험 삼아 예전에 지었던 시를 읊어 본 것이었다. 그러던 차에 밖에서 최척이 말하는 소리를 듣고는 허둥지둥 엎어질 듯이 배에서 뛰어내려 왔다.
최척과 옥영은 마주 보고 소리치며 얼싸안고 모래밭을 뒹굴었다. 기가 막혀 입에서 말이 나오지 않았다. 눈물이 다하자 피눈물이 나왔으며 눈에 아무것도 보이지 않았다.

– 조위한, 『최척전』

22 윗글에 대한 설명으로 가장 적절한 것은?

① 동물을 의인화하여 풍자 효과를 높이고 있다.

② 꿈과 현실을 교차하여 사건을 입체적으로 나타내고 있다.

③ 자연물에 감정을 이입하여 작품의 분위기를 드러내고 있다.

④ 인물의 행위에 대한 작가의 부정적 평가가 직접적으로 제시되어 있다.

23 [A]의 기능으로 가장 적절한 것은?

① 왜적에 대한 복수를 결심하는 계기

② 전란으로 헤어졌던 인물들이 재회하는 계기

③ 부귀를 누렸던 인물이 과거를 회상하는 계기

④ 사건의 전모를 깨달은 인물이 신분을 밝히는 계기

24 윗글의 인물에 대한 설명으로 가장 적절한 것은?

① '최척'은 자신의 처지를 떠올리며 퉁소를 불고 있다.

② '옥영'은 시를 지어서 '송우'의 물음에 화답하고 있다.

③ '옥영'은 염불 소리를 듣고 '최척'이 일본 배에 타고 있음을 확인하고 있다.

④ '최척'은 배 안의 사람들이 왜적에게 당했던 일의 전말을 듣고 망연자실하고 있다.

여름내 보이지 않던 'ㅈ' 양이 며칠 전에 불쑥 나타났다. 말수가 많아진 그녀는 가을에 결혼을 하기로 했다는 것이다. 평소에 결혼 같은 것은 않겠다고 우기던 그녀라 장난삼아 이유를 물었더니, 좋아하는 사람이 생겼는데 늘 함께 있고 싶어서라는 것이었다. 그러면서 그 사람에 대한 이야기를 신이 나서 늘어놓았다. 좋아하는 사람과 늘 함께 있고 싶다는, 소박하면서도 간절한 그 뜻에 복이 있으라 빌어 주었다.

그런데 좋아하는 사람끼리 함께 있을 수 없을 때, 인간사(人間事)에 그늘이 진다. 우수(憂愁)의 그늘이 진다. 그런데 함께 있고 싶다는 것은 어디까지나 희망 사항일 뿐, 인간은 본질적으로 혼자일 수밖에 없는 그러한 존재가 아닐까. 사람은 분명히 홀로 태어난다. 그리고 죽을 때에도 혼자서 죽어간다. 뿐만 아니라 우리가 살아가는 데도 혼자서 살 수밖에 없다는 데에 문제가 있는 것이다. 숲을 이루고 있는 나무들도 저마다 홀로 서 있듯이, 지평선 위로 자기 그림자를 이끌고 휘적휘적 걸어가는 인간의 모습은, 시인의 날개를 빌지 않더라도 알 만한 일이다.

사람은 저마다 업(業)이 다르기 때문에 생각을 따로 해야 되고 행동도 같이 할 수 없다. 인연에 따라 모였다가 그 인연이 다하면 흩어지게 마련이다. 물론 인연의 주재자는 그 누구도 아닌 자기 자신이다. 이것은 어떤 종교의 도그마이기에 앞서 무량겁을 두고 되풀이 될 우주질서 같은 것이다. 죽네 사네 세상이 떠들썩하게 만난 사람들도 그 맹목적인 열기가 가시고 나면, 빛이 바랜 자신들의 언동(言動)에 고소(苦笑)를 머금게 되는 것이 세상일 아닌가. 모든 현상은 고정해 있지 않고 항상 변하기 때문이다.

늘 함께 있고 싶은 희망 사항이 지속되려면, 들여다보려고 하는 시선을 같은 방향으로 돌려야 할 것이다. 서로 얽매이기보다는 혼자 있게 할 일이다. 거문고가 한가락에 울리면서도 그 줄은 따로따로이듯이, 그러한 떨어짐이 있어야 할 것이다.

– 법정스님, 『함께 있고 싶어서』

25 윗글에서 제시하는 인생관을 파악한 것으로 가장 적절한 것은?

① 함께 있기 위해서는 시선을 같은 방향으로 돌려야 한다.
② 빛이 바랜 언동에 고소(苦笑)를 보내지 않아야 한다.
③ 모였다가 흩어지는 인연의 주재가 되어야 한다.
④ 함께 있을 수 없더라도 슬퍼하지 않아야 한다.

26 윗글의 서술 방식으로 적절하지 않은 것은?

① 인생에 대한 성찰을 구체적으로 서술하고 있다.
② 개인이나 사회적 인간관계를 고려하여 다양한 측면을 두루 서술하고 있다.
③ 필자는 자신이 경험한 이야기를 직접적으로 서술하고 있다.
④ 고독한 인간 사회를 사물에 빗대어 표현하고 있다.

※ 다음 글을 읽고 이어지는 질문에 답하시오. [27~29]

외부 효과란 누군가의 행동이 타인에게 이익이나 손실을 발생시키는 것을 말한다. 외부 효과가 타인에게 이익을 주면 긍정적 외부 효과인 외부 경제, 반대로 손실을 끼치면 부정적 외부 효과인 외부 불경제가 된다. 예컨대 꽃집에서 화사한 화분을 진열해 놓은 모습을 보면 기분이 좋아지지만, 낡은 트럭에서 내뿜는 시커먼 매연은 불편을 ⊙ 초래한다. 꽃집은 타인에게 외부 경제를, 매연을 내뿜는 트럭은 외부 불경제를 제공한 것이다.

누이 좋고 매부 좋은 외부 경제는 권장할 일이다. 그러나 본인에게는 좋지만 타인에게는 해를 끼치는 외부 불경제는 심각한 갈등과 비용을 ⓛ 유발하기에 늘 사회적 관심사가 된다. 따라서 외부 불경제를 법으로 규제하거나 부정적 외부 효과를 시정하기 위해 ⓒ 고안된 세금인 '피구세'를 물리기도 한다. 피구세는 첫 제안자인 영국의 경제학자 아서 피구의 이름을 딴 것으로, 외부 불경제를 유발한 당사자에게 세금을 물림으로써 외부 효과를 내부화, 즉 본인 부담이 되게끔 만드는 것이다.

한편 피구세 중에서도 국민 건강과 복지에 나쁜 영향을 끼치는 특정 품목의 소비를 억제하기 위해 물리는 세금을 죄악세라고 한다. 일부 국가에서 ⓔ 논의되었던 설탕세(당 함유 제품에 부과하는 세금)가 이에 해당한다. 설탕은 본인의 건강을 해치는 것은 물론 사회적으로도 의료 수요 증가, 건강 보험 재정 악화 등의 부정적 외부 효과를 유발하므로 이를 억제하고자 세금을 부과하는 것이다.

– 오형규, 『외부 효과와 죄악세』

27 윗글의 설명 방식으로 적절하지 않은 것은?

① 개념을 풀이하며 화제를 제시하고 있다.
② 전문가의 이론을 시대순으로 설명하고 있다.
③ 구체적인 사례를 활용하여 이해를 돕고 있다.
④ 속담을 활용하여 설명 대상의 특성을 제시하고 있다.

28 윗글의 내용으로 가장 적절한 것은?

① 외부 경제를 유발한 당사자에게는 피구세를 물린다.
② 낡은 트럭에서 내뿜는 매연은 외부 경제로 볼 수 있다.
③ 외부 불경제는 사회적 관심이 높으므로 규제하지 못한다.
④ 죄악세는 부정적 외부 효과를 억제하기 위해 물리는 세금이다.

29 ⊙ ~ ⓔ의 사전적 의미로 적절하지 않은 것은?

① ⊙ : 일의 결과로서 어떤 현상을 생겨나게 함
② ⓛ : 어떤 것이 다른 일을 일어나게 함
③ ⓒ : 둘 이상인 대상의 내용을 맞대어 같고 다름을 검토함
④ ⓔ : 어떤 문제에 대하여 서로 의견을 내어 토의함

※ 다음 글을 읽고 이어지는 질문에 답하시오. [30~32]

산 너머 고운 노을을 보려고
그네를 힘차게 차고 올라 발을 굴렀지
노을은 끝내 ㉠ 어둠에게 잡아먹혔지
나를 태우고 날아가던 그넷줄이
오랫동안 ㉡ 삐걱삐걱 떨고 있었어

어릴 때는 나비를 쫓듯
아름다움에 취해 땅끝을 찾아갔지
그건 아마도 끝이 아니었을지 몰라
그러나 살면서 몇 번은 땅끝에 서게도 되지
㉢ 파도가 끊임없이 땅을 먹어 들어오는 막바지에서
이렇게 뒷걸음질 치면서 말야

살기 위해서는 이제
뒷걸음질만이 허락된 것이라고
파도가 아가리를 쳐들고 달려드는 곳
찾아 나선 것도 아니었지만
끝내 발 디디며 서 있는 땅의 끝,
그런데 이상하기도 하지
위태로움 속에 아름다움이 스며 있다는 것이
㉣ 땅끝은 늘 젖어 있다는 것이
그걸 보려고
또 몇 번은 여기에 이르리라는 것이

– 나희덕, 『땅끝』

30 윗글에 대한 설명으로 가장 적절한 것은?

① 역설을 활용하여 주제를 드러내고 있다.

② 후렴구를 반복하여 정서를 드러내고 있다.

③ 후각적 이미지로 상황을 역동적으로 그려 내고 있다.

④ 처음과 마지막 행에 같은 구절을 사용하여 의미를 강조하고 있다.

31 윗글의 화자에 대한 설명으로 가장 적절한 것은?

① 1연 : '노을'을 보려고 노력하였다.

② 1연 : '그네'를 타고 이상향에 정착하였다.

③ 2연 : '나비'를 두려운 존재로 여긴다.

④ 3연 : '그런데' 이후 분노를 드러낸다.

32 ㉠ ~ ㉣ 중 다음에 해당하는 시어로 가장 적절한 것은?

부정적 상황이지만 삶의 희망을 품고 있는 상태

① ㉠   ② ㉡

③ ㉢   ④ ㉣

※ 다음 글을 읽고 이어지는 질문에 답하시오. [33~35]

소년은, 드디어, 그렇게도 동경하여 마지않던 서울로 올라오고야 말았다. 청량리를 들어서서 질펀한 거리를 달리는 승합자동차의 창 너머로, 소년이 우선 본 것은 전차라는 물건이었다. 시골 '가평'서는 결코 볼 수 없었던 것이, 그야, 전차 한 가지가 아니다. 그래도 그는, 지금 곧, 우선 저 전차에 한번 올라타 보았으면 한다. 그러나 아버지는 어린 아들의 감격을 일일이 아랑곳하지 않고, 동관 앞 자동차부에서 차를 내리자, 그대로 그를 이끌어 종로로 향한다.

소년은 행길 한복판을 거의 쉴 사이 없이 달리는 전차에 가, 신기하지도 아무렇지도 않은 듯싶게 올라타고 있는 수많은 사람들의 얼굴에, 머리에, 등덜미에, 잠깐 동안 부러움 가득한 눈을 주었다.

"아버지. 우린, 전차, 안 타요?"

"아, 바루 저긴데, 전찬 뭣하러 타니?"

아무리 '바루 저기'라도, 잠깐 좀 타 보면 어떠냐고, 소년은 적이 불평이었으나, 다음 순간, ㉠ 그는 언제까지든 그것 한 가지에만 마음을 주고 있을 수 없게, 이제까지 시골구석에서 단순한 모든 것에 익숙하여 온 그의 어린 눈과 또 귀는 어지럽게도 바빴다.

[A]
┌ 전차도 전차려니와, 웬 자동차며 자전거가 그렇게 쉴 새 없이 뒤를 이어서 달리느냐. 어디 '장'이 선 듯도 싶지 않건만, 사람은 또 웬 사람이 그리 거리에 넘치게 들끓느냐. 이 층, 삼 층, 사 층…… 웬 집들이 이리 높고, 또 그 위에는 무슨 간판이 그리 유난스레도 많이 걸려 있느냐. 시골서, '영리하다', '똑똑하다', 바로 별명 비슷이 불려 온 소년으로도, 어느 틈엔가, 제 풀에 딱 벌려진 제 입을 어쩌는 수 없이, 마분지¹⁾ 조각으로 고깔을 만들어 쓰고, 무엇인지 종잇조각을 돌리고 있는 ㉡ 사나이 모양에도, 그의 눈은, 쉽사리 놀라고, 수많은 깃대잡이 아이놈들이 앞장을 서서, ㉢ 몽당수염 난 이가 신나게 부는 날라리 소리에도, ㉣ 어린 이의 마음은 걷잡을 수 없게 들떴다. 몇 번인가 아버지의 모양을 군중 속에 잃어버릴 뻔하다가는 찾아내고, 찾아내고 한 소년은, 종로 네거리 └ 굉대한²⁾ 건물 앞에 이르러, 마침내, 아버지의 팔을 잡았다.

— 박태원, 『천변 풍경』

¹⁾마분지 : 종이의 하나. 주로 짚을 원료로 하여 만드는데, 빛이 누렇고 질이 낮다.
²⁾굉대(宏大)한 : 어마어마하게 큰

33 '소년'과 '아버지'에 대한 설명으로 가장 적절한 것은?

① 아버지는 소년의 마음을 일일이 헤아리고 있다.
② 아버지와 소년은 종로에서 청량리로 이동하였다.
③ 소년은 서울에서 내내 아버지의 손을 잡고 다녔다.
④ 소년은 전차를 타지 못한 것을 못마땅하게 여겼다.

34 [A]에 대한 설명으로 가장 적절한 것은?

① 인물 간의 대화를 통해 갈등을 유발하고 있다.
② 작품 밖 서술자가 인물의 심리를 드러내고 있다.
③ 우의적 표현을 활용하여 주제 의식을 강화하고 있다.
④ 구체적인 시간을 제시하여 사건의 개연성을 높이고 있다.

35 ⊙~⊜ 중 가리키는 대상이 같은 것끼리 묶인 것은?

① ⊙, ⓒ

② ⊙, ⊜

③ ⓒ, ⓒ

④ ⓒ, ⊜

※ 다음 글을 읽고 이어지는 질문에 답하시오. [36~37]

언어의 습득은 인종(人種)이나 지능(知能)과 관계없이 누구에게나 비슷한 수준으로 이루어진다. 그리고 하나의 언어를 일단 배우고 난 뒤에는 그것을 일상생활에서 자유자재로 구사할 수 있다. 마치 자전거나 스케이트를 한 번 배우고 나면 그 뒤에는 별다른 신경을 쓰지 않고 탈 수 있는 것과 같다.

우리는 언어를 이처럼 쉽게 배우고 또 사용하지만, 언어 사용과 관련하여 판단을 내리는 과정을 살펴보면 그것이 그리 단순하지 않다는 사실을 알 수 있다. 지극히 간단한 언어 표현의 문법성을 판단하기 위해서만도 엄청난 양의 사고 과정이 요구되기 때문이다.

예컨대 우리는 '27의 제곱은 얼마인가?'와 같은 계산을 위해서는 상당한 시간을 소모하면서도, '너는 냉면 먹어라. 나는 냉면 먹을게.'와 같은 문장은 어딘가 이상한 문장이라는 사실과 어떻게 고쳐야 하는 지를 심각하게 따져보지 않고도 순간적으로 파악할 수 있다. 그러나 막상 ⊙'너는 냉면 먹어라. 나는 냉면 먹을게.'라는 문장이 틀린 이유가 무엇인지 설명하라고 하면 일반인으로서는 매우 곤혹스러움을 느끼게 된다. 이를 논리적으로 설명해 내기 위해서는 국어의 문법 현상에 관한 상당한 수준의 전문적 식견이 필요하기 때문이다.

(중략)

언어는 개방적이고 무한한 체계이기 때문에 우리는 언어를 통해서 반드시 보았거나 들은 것, 존재하는 것만을 이야기하는 데 그치지 않고 '용, 봉황새, 손오공, 유토피아……'와 같이 현실에 존재하지 않는 상상의 산물이나 더 나아가서는 '희망, 불행, 평화, 위기……'라던가, '의문, 제시, 제한, 효과, 실효성……' 등과 같은 관념적이고 추상적인 개념까지를 거의 무한에 가깝게 표현할 수가 있다.

36 윗글의 설명 방식으로 적절한 것은?

① 구체적인 사례를 들어 정보를 전달하고 있다.

② 대상 간의 차이점을 중심으로 서술하고 있다.

③ 상위 단위를 하위 단위로 나누어 설명하고 있다.

④ 대상의 변화 과정에 초점을 맞추어 전개하고 있다.

37 윗글의 ⊙을 바르게 설명한 것은?

① 시간적으로 차이가 나는 두 행동을 마치 동시에 발생한 것처럼 표현했다.

② 이것과 저것의 다름을 나타내는 조사를 사용하면서 동일한 대상을 가리켰다.

③ 청자(聽者)가 분명한 상황에서 청자를 생략하는 것이 자연스러운데도 억지로 사용했다.

④ 반드시 들어가야 할 문장 성분을 생략함으로써 행위주체를 분명하게 드러내지 않았다.

※ 다음은 건강과 관련된 기사이다. 이어지는 질문에 답하시오. [38~39]

(가) 대부분의 실험 참가자들은 청소년기에 부모에게서 많은 칭찬과 보상을 받으며 원만한 관계를 맺음으로써 성인기에 코르티솔 수치가 높아진 것으로 나타났다. 코르티솔 수치가 높다는 것은 주위에 집중하고 민첩하며 재빠른 상황 판단과 대처를 할 수 있다는 의미로, 이는 원만한 인간관계로 이어져 개인의 삶에 좋은 영향을 미친다고 볼 수 있다. 인간관계에서 벌어지는 미묘한 문제를 잘 알아채고 세부적인 사항들에 좀 더 주목할 수 있기 때문이다.

(나) 부모와 긍정적인 관계를 형성한 청소년은 성인이 되고 나서도 원만한 인간관계 등을 통해 개인의 삶에 긍정적인 영향을 주는 것으로 나타났다. 미국 아이오와 대학교 연구팀은 미국 시애틀 거주자를 대상으로 이에 대한 연구를 진행했다. 우선 실험 참가자들이 청소년일 때 부모와의 관계를 확인하고, 이후 부모와의 긍정적인 관계가 성인이 된 후 어떠한 영향을 미치는지 살폈다.

(다) 그런데 일부 실험 참가자는 다른 양상이 나타났다. 청소년기에 시작된 부모의 칭찬과 보상이 코르티솔 수치에 별다른 영향을 미치지 않은 것이다. 이는 어릴 때부터 범죄, 가정 문제 등에 노출되는 일이 많았던 경우로 이미 스스로 보호하고 경계하면서 자랐기 때문일 것으로 분석된다. 즉, 부모와의 관계가 자녀의 삶에 영향을 미치지만, 외부 환경이 끼치는 영향 역시 무시할 수 없다는 의미로 해석될 수 있다.

(라) 5년이 지난 뒤 19~22세 사이의 성인이 된 실험 참가자들에게서 타액 샘플을 채취한 다음 코르티솔 수치를 살폈다. 코르티솔은 스트레스에 반응하여 분비되는 호르몬으로, 자연스럽게 인간관계를 형성하면서 나타나는 호르몬으로도 볼 수 있다. 성별, 수입 상태, 수면 습관 등 다양한 변인을 통제한 상태에서 분석해본 결과, 부모와 청소년의 관계는 코르티솔 수치와 연관성을 보였다.

38 기사를 읽고 각 문단을 논리적 순서대로 바르게 나열한 것은?

① (가) – (나) – (라) – (다)

② (가) – (다) – (라) – (나)

③ (나) – (라) – (가) – (다)

④ (나) – (라) – (다) – (가)

39 기사의 제목으로 가장 적절한 것은?

① 대인관계 형성, 인종별로 다르게 나타나

② 코르티솔로 나타나는 부모와 자식의 관계

③ 부모와의 좋은 관계, 개인의 삶에 영향 미쳐

④ 외부환경으로 나타나는 자녀의 스트레스

※ 다음 글을 읽고 이어지는 질문에 답하시오. [40~41]

『조선왕조실록』에 기록된 지진만 1,900여 건, 가뭄과 홍수는 이루 헤아릴 수 없을 정도다. 농경 사회였던 조선시대 백성의 삶을 더욱 힘들게 했던 재난·재해, 특히 목조 건물과 초가가 대부분이던 당시에 화재는 즉각적인 재앙이었고 공포였다. 우리 조상은 화재를 귀신이 장난치는 일이거나 땅에 불의 기운이 넘쳐서라고 여겼다. 화재 예방을 위해 벽사(辟邪)를 상징하는 조형물을 세우며 안녕을 기원했다.

고대 건축에서 안전관리를 상징하는 대표적인 예로 지붕 용마루 끝에 장식 기와로 사용하는 '치미(鴟尾)'를 들 수 있다. 전설에 따르면 불이 나자 큰 새가 꼬리로 거센 물결을 일으키며 비를 내려 불을 껐다는 기록이 남아있다. 약 1,700년 전에 중국에서 처음 시작돼 화재 예방을 위한 주술적 의미로 쓰였고, 우리나라에선 황룡사 '치미'가 대표적이다.

조선 건국 초기, 관악산의 화기를 잠재우기 위해 '해치(해태)'를 광화문에 세웠다. '해치'는 물의 기운을 지닌 수호신으로 현재 서울의 상징이기도 한 상상 속 동물이다. 또한 궁정이나 관아의 안전을 수호하는 상징물로 '잡상(雜像)'을 세웠다. 궁궐 관련 건물에만 등장하는 '잡상'은 건물의 지붕 내림마루에 쓰인 기와로, 『서유기』에 등장하는 기린, 용, 원숭이 등 다양한 종류의 신화적 형상으로 장식되어 있다.

그밖에 경복궁 화재를 막기 위해 경회루에 오조룡(발톱이 다섯인 전설의 용) 두 마리를 넣었다는 기록이 전해진다. 실제 1997년 경회루 공사 중 오조룡이 발견되면서 화제가 됐었다. 불을 상징하는 구리 재질의 오조룡을 물속에 가둬놓고 불이 나지 않기를 기원했던 것이다.

조선시대에는 도성 내 화재 예방에 각별히 신경 썼다. 궁궐을 지을 때 불이 번지는 것을 막기 위해 건물 간 10m 이상 떨어져 지었고, 창고는 더 큰 피해를 입기에 30m 이상 간격을 뒀다. 민간에선 다섯 집마다 물독을 비치해 방화수로 활용했고, 행랑이나 관청에 우물을 파게 해 화재 진압용수로 사용했다.

지붕 화재에 대비해 사다리를 비치하거나 지붕에 쇠고리를 박아 타고 올라갈 수 있도록 쇠줄을 늘여놓기도 했다. 오늘날 소화기나 완강기 등과 같은 이치다. 특히 세종대왕은 '금화도감'이라는 소방기구를 설치해 인접 가옥 간에 '방화장(防火墻)'을 쌓고, 방화범을 엄히 다루는 등 화재 예방에 만전을 기했다.

40 윗글의 제목으로 적절한 것은?

① 불귀신을 호령하기 위한 조상들의 노력
② 화재 예방을 위해 지켜야 할 법칙들
③ 미신에 관한 과학적 증거들
④ 자연재해에 어떻게 대처해야 하는가?

41 다음 중 윗글의 내용으로 적절하지 않은 것은?

① 조선시대의 재난·재해 중 특히 화재는 백성들을 더욱 힘들게 했다.
② 해치는 화재 예방을 위한 주술적 의미로 쓰인 '치미'의 예이다.
③ 잡상은 『서유기』에 등장하는 다양한 종류의 신화적 형상을 장식한 기와를 말한다.
④ 오조룡은 실제 경회루 공사 중에 발견되었다.

※ 다음은 슈퍼푸드로 선정된 토마토를 소개하는 글이다. 이어지는 질문에 답하시오. [42~43]

토마토는 우리말로 '일년감'이라고 하며, 한자어로는 남만시(南蠻柿)라고 한다. 우리나라에서는 토마토를 관상용으로 심었으나, 차츰 영양가가 밝혀지며 밭에서 재배하기 시작했고 식용으로 대중화되었다. 토마토는 가짓과에 속하는 일년생 반덩굴성 식물열매로 원산지는 남미 페루이다. 16세기 초 콜럼버스가 신대륙을 발견한 즈음 유럽으로 건너가 스페인과 이탈리아에서 재배되기 시작했다. 우리나라에는 19세기 초 일본을 거쳐서 들어온 것으로 추정되고 있다. 한때 미국에서 정부와 업자 사이에 '토마토가 과일이냐 채소냐'의 논란이 있었는데, 이에 대법원에서는 토마토를 채소로 판결 내렸다. 어찌 됐든 토마토는 과일과 채소의 두 가지 특성을 모두 갖추고 있으며 비타민과 무기질 공급원으로 아주 우수한 식품이다. 세계적인 장수촌으로 알려진 안데스 산맥 기슭의 빌카밤바(Vilcabamba) 사람들은 토마토를 많이 먹은 덕분에 장수를 누렸다고 이야기한다.

토마토에 함유되어 있는 성분에는 구연산, 사과산, 호박산, 아미노산, 루틴, 단백질, 당질, 회분, 칼슘, 철, 인, 비타민 A, 비타민 B1, 비타민 B2, 비타민 C, 식이섬유 등이 있다. 특히 비타민 C의 경우 토마토 한 개에 하루 섭취 권장량의 절반가량이 들어 있다. 토마토가 빨간색을 띄는 것은 '카로티노이드'라는 식물 색소 때문인데, 특히 카로티노이드의 일종인 라이코펜이 주성분이다. 라이코펜은 베타카로틴 등과 더불어 항산화 작용을 하는 물질이며, 빨간 토마토에는 대략 7 ~ 12mg의 라이코펜이 들어 있다.

파란 토마토보다 빨간 토마토가 건강에 더 유익하므로 완전히 빨갛게 익혀 먹는 것이 좋다. 또한 라이코펜이 많은 빨간 토마토를 그냥 먹을 경우 체내 흡수율이 떨어지므로 열을 가해 조리해서 먹는 것이 좋다. 열을 가하면 라이코펜이 토마토 세포벽 밖으로 빠져나와 우리 몸에 더욱 잘 흡수되기 때문이다. 실제 토마토 소스에 들어 있는 라이코펜의 흡수율은 생토마토를 섭취할 때의 5배에 달한다고 한다.

토마토의 껍질을 벗길 때는 끓는 물에 잠깐 담갔다가 건진 후 찬물에 담그면 손쉽게 벗길 수 있다. 잘 익은 토마토의 껍질을 벗기고 으깨 체에 밭쳐 졸인 것을 '토마토 퓌레(채소나 과일의 농축 진액)'라고 한다. 그리고 토마토 퓌레에 소금과 향신료를 조미한 것이 '토마토 소스'이며, 소스를 보다 강하게 조미하고 단맛을 낸 것이 '토마토 케첩'이다. 토마토의 라이코펜과 지용성 비타민은 기름에 익힐 때 흡수가 잘 되므로 기름에 볶아 푹 익혀서 퓌레 상태로 만들면 편리하다. 마늘과 쇠고기를 다져서 올리브유에 볶다가 적포도주 조금, 그리고 토마토 퓌레를 넣으면 토마토 소스가 된다. 토마토 소스에 파스타나 밥을 볶으면 쉽게 맛을 낼 수 있다.

그런데 토마토와 같이 산(酸)이 많은 식품을 조리할 때는 단시간에 조리하거나 스테인리스 스틸 재질의 조리 기구를 사용해야 한다. 알루미늄제 조리 기구를 사용하게 되면 알루미늄 성분이 녹아 나올 수 있기 때문이다. 세계보건기구(WHO)는 지난 1997년 알루미늄에 대해 신체 과다 노출 시 구토, 설사, 메스꺼움 등을 유발할 수 있다고 경고한 바 있다.

42 윗글의 각 문단 제목으로 적절하지 않은 것은?

① 첫 번째 문단 : 토마토가 우리에게 오기까지
② 두 번째 문단 : 토마토의 다양한 성분
③ 세 번째 문단 : 토마토를 건강하게 먹는 방법
④ 네 번째 문단 : 토마토가 사랑받는 이유

43 윗글을 읽고 이해한 내용으로 적절하지 않은 것은?

① 토마토는 그냥 먹는 것보다 열을 가해 먹는 것이 더 좋다.
② 토마토는 일본을 거쳐 우리나라에 들어온 것으로 추정된다.
③ 토마토를 조리할 때는 알루미늄제 조리 기구를 사용해야 한다.
④ 토마토의 라이코펜은 기름에 익힐 때 흡수가 잘 된다.

※ 다음은 심폐 소생술 교육에 대한 글이다. 이어지는 질문에 답하시오. [44~46]

심폐 소생술을 배우자

함께 텔레비전을 보던 가족이 갑자기 의식을 잃고 쓰러졌을 때, 우리가 할 수 있는 일은 무엇일까요? 바로 심폐 소생술입니다.

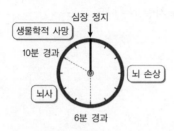

일반적으로 심장 정지 후 뇌가 손상되기 시작하고, 6분이 지나면 뇌사 상태가 됩니다. 불과 10분 만에 사람은 생물학적 사망에 이르게 됩니다. 이를 통해 심정지 발생 후 초기 대응 시간이 환자의 생사를 좌우한다는 것을 알 수 있습니다. 따라서 심정지 환자를 발견하면 즉시 응급 처치를 해야 하는데, 이때 필요한 것이 심폐 소생술입니다.

하지만 많은 사람들이 심폐 소생술이 무엇인지, 이를 어떻게 해야 하는지 모를뿐더러 일부 사람들은 오히려 자신의 응급 처치가 환자에게 해를 끼칠지도 모른다고 걱정합니다. 이러한 걱정을 떨쳐 버릴 수 있는 가장 좋은 방법은 심폐 소생술을 배우는 것입니다. 실제와 유사한 상황에서 실습 위주의 심폐 소생술 교육을 받고 반복적으로 연습하면 실제 상황에서도 당황하지 않고 심폐 소생술을 실행할 수 있을 것입니다.

응급 상황은 예고 없이 찾아옵니다. 그럴 때 도울 방법을 몰라 환자를 보고 있을 수밖에 없다면 그 안타까움은 이루 말할 수 없을 것입니다. 소중한 생명을 ㉠ 지키기 위해 심폐 소생술을 배웁시다.

44 윗글의 서술상 특징으로 가장 적절한 것은?

① 묻고 답하는 방법으로 중심 화제를 제시하고 있다.
② 다양한 관점에서 문제 해결 방법을 소개하고 있다.
③ 대립되는 의견을 절충하여 결론을 제시하고 있다.
④ 중심 화제의 한계를 제시하며 글을 마무리하고 있다.

45 윗글의 내용으로 적절하지 않은 것은?

① 심정지 환자 발생 시 되도록 빨리 응급 처치를 해야 한다.
② 실습 위주의 심폐 소생술 교육은 실제 상황 발생 시 유용하다.
③ 심정지의 발생 원인을 제거하기 위해 심폐 소생술 교육을 실시하고 있다.
④ 심폐 소생술 교육은 자신의 응급 처치가 환자에게 해가 될까 봐 우려하는 사람들에게 도움이 된다.

46 밑줄 친 부분이 윗글의 ㉠과 가장 유사한 의미로 쓰인 것은?

① 개는 집을 잘 지키는 동물이다.　　　　② 경찰이 정문을 지키고 서 있었다.
③ 우리는 등교 시간을 꼭 지켜야 한다.　　④ 누구든지 건강은 젊어서 지켜야 한다.

47 다음 글을 읽고 유추할 수 있는 것은?

> 1895년 을미개혁 당시 일제의 억압 아래 강제로 시행된 단발령 그로부터 우리 조상들이 목숨을 걸고 지키려고 했던 상투는 과연 그들에게 어떤 의미였을까? 상투는 관례나 결혼 후 자신의 머리카락을 끌어올려 정수리 위에서 틀고, 감아서 높이 세우는 성인 남자의 대표적인 머리모양이었다. 상투의 존재는 고구려 고분벽화에서도 확인할 수 있는데, 그 크기와 형태 또한 다양함은 물론 신라에서 도기로 만들어진 기마인물에서도 나타나는 것으로 보아 삼국 공통의 풍습이었을 것으로 추정된다.
> 전통사회에서는 혼인 여부를 통해 기혼자와 미혼자 사이에 엄격한 차별을 두었기 때문에 어린아이라도 장가를 들면 상투를 틀고 존대를 했으며, 나이가 아무리 많아도 장가를 들지 않은 이들에게는 하댓말을 썼다고 한다. 이러한 대접을 면하고자 미혼자가 장가를 들지 않고 상투를 틀기도 했는데 이를 건상투라 불렀으며, 사정을 아는 동네 사람들은 건상투를 틀었다고 하더라도 여전히 하댓말로 대하였다고 전해진다.

① 일제의 단발령이 없었다고 하더라도 언젠가 상투는 사라질 문화였겠구나.
② 신라 기마인물의 형상을 보아하니 신라의 상투는 모양이 비슷했겠구나.
③ 장가를 들지 않은 이가 상투를 틀었다가는 자칫 큰 벌을 받았겠구나.
④ '상투를 틀었다.'는 말은 장가를 들었거나 제대로 성인취급을 받을 만하다는 뜻이겠구나.

48 다음 글을 읽고 용모에 대한 글쓴이의 생각으로 적절하지 않은 것을 고르면?

> 사람은 타고난 용모가 추한 것을 바꾸어 곱게 할 수도 없고, 또 타고난 힘이 약한 것을 바꾸어 강하게도 할 수 없으며, 키가 작은 것을 바꾸어 크게 할 수도 없다. 왜 그런 것일까? 그 이유는 사람에게 저마다 이미 정해진 분수가 있어서 그것을 고치지 못하기 때문이다.

① 나는 평발이라서 오래 걷지 못해.
② 나는 몸무게가 많이 나가서 모델이 될 수 없어.
③ 나는 손이 불편해서 그림을 못 그려.
④ 나는 심한 천식이 있어서 오래달리기를 못해.

49 다음 글의 제목으로 가장 적절한 것은?

> 모르는 게 약이고 아는 게 병이라는 말은 언제 사용될까? 언제 몰라야 좋은 것이고, 알면 나쁜 것일까? 모든 것을 안다고 다 좋은 것은 아니다. 몰랐으면 아무 문제가 되지 않았을 텐데, 알아서 문제가 발생하는 경우도 많다. 어떤 때는 정확히 알지 못하고 아리송한 지식으로 알고 있어서 고통스러운 경우도 있다. 예를 들어 우리가 모든 것을 알고 있으면 행복할까? 손바닥에 수많은 균이 있다는 것을 늘 인식하고 산다면 어떨까? 내가 먹는 음식의 성분들이나 위해성을 안다면 더 행복할까? 물건에서 균이 옮을까봐 다른 사람들이 쓰던 물건을 만지지 못하는 사람도 있다. 이런 게 괜히 알아서 생긴 병이다. 예전에는 이런 경우를 흔히 노이로제라고 부르기도 했다.

① 노이로제, 아는 것이 힘이다
② 선무당이 사람 잡는다, 노이로제
③ 모르는 게 약이다, 노이로제
④ 노이로제, 돌다리도 두드려보고 건너라

50 다음 글을 읽고 옵트인 방식을 도입하자는 주장에 대한 근거로 사용하기에 적절하지 않은 것을 고르면?

> 스팸 메일 규제와 관련한 논의는 스팸 메일 발송자의 표현의 자유와 수신자의 인격권 중 어느 것을 우위에 둘 것인가를 중심으로 전개되어 왔다. 스팸 메일의 규제 방식은 옵트인(Opt-in) 방식과 옵트아웃(Opt-out) 방식으로 구분된다. 전자는 광고성 메일을 금지하지는 않되 수신자의 동의를 받아야만 발송하도록 하는 방식으로, 영국 등 EU 국가들에서 시행하고 있다. 그러나 이 방식은 수신 동의 과정에서 발송자와 수신자 양자에게 모두 비용이 발생하며, 시행 이후에도 스팸 메일이 줄지 않았다는 조사 결과가 나오고 있어 규제 효과가 크지 않을 수 있다.
> 반면 후자는 스팸 메일을 발송할 수 있게 하되 수신자가 이를 거부하면 이후에는 메일을 재발송할 수 없도록 하는 방식이며 미국에서 시행되고 있다. 그런데 이러한 방식은 스팸 메일과 일반적 광고 메일의 선별이 어렵고, 수신자가 수신을 거부하는 데 불편과 비용을 초래한다. 또한 불법적으로 재발송되는 메일을 통제하기 힘들고, 육체적·정신적으로 취약한 청소년들이 스팸 메일에 무차별적으로 노출되어 피해를 입을 수 있다.

① 옵트아웃 방식을 사용하면 수신자가 수신을 거부하는 것이 더 불편해질 것이다.
② 옵트인 방식은 수신에 동의하는 데 따르는 수신자의 경제적 손실을 막을 수 있다.
③ 옵트아웃 방식을 사용한다면 재발송 방지가 효과적으로 이루어지지 않을 것이다.
④ 옵트인 방식은 수신자 인격권 보호에 효과적이다.

작은 기회로 부터 종종 위대한 업적이 시작된다.

– 데모스테네스 –

CHAPTER 02

일반상식(사회, 한국사)

합격 Cheat Key

| 출제유형 |

1 사회

통합 사회부터 정치와 법까지 골고루 출제되고 있다. 통합 사회의 비율이 가장 크고, 간혹 과학 발전과 관련된 지문도 출제된다.

2 한국사

각 시기의 지배세력을 등장 순서에 따라 나열하는 문제나 주어진 나라를 건국 순서대로 나열하는 문제, 국가와 해당 국가의 건국자를 찾는 문제, 시대별 유물 사진을 제시하고 순서대로 배열하는 문제 등이 출제되고 있다.

1 사회

최신 사회 경향을 반영하여 문제가 출제되는 편이므로 평소 뉴스와 신문을 통해 경제 상황을 파악해야 한다.

2 한국사

짧은 시간 안에 모든 범위를 공부하기 어렵기 때문에 한국사의 주요한 역사적 사건이나 흐름 위주로 공부하는 것이 좋다.

02 일반상식(사회, 한국사) 핵심이론

01 ▶ 사회

1. 정치 · 외교

윤석열 정부의 국민제안

2022년 6월 23일부터 문재인 정부가 운영해 온 청와대 '국민청원'을 폐지하고 '국민제안'을 새로 개설했다고 밝히며 "국민과 직접 소통하는 대통령이 되겠다는 윤석열 대통령의 의지를 반영한 대국민 소통창구"라고 설명했다.

기후정의(Climate Justice)

지구온난화에 따른 기후변화의 원인과 영향이 초래하는 일들을 인식하고 그것을 줄이기 위한 움직임 또는 사회활동을 일컫는 말이다. 기후변화가 사회 · 경제적으로 열악한 사람이나 국가에 더 많은 영향을 미칠 수 있음을 인정하는 데서 출발한 개념이다. 주로 급격한 기후변화에 적응하는 데 필요한 기금을 마련하거나, 기후변화에 책임을 지닌 선진국들이 이에 대처할 재정이나 기술이 없는 기후변화 취약국(개발도상국)의 피해를 보상하고 지원하는 일을 한다.

인도 · 태평양 전략(Indo – Pacific Strategy)

중국의 '일대일로' 계획 발표가 중국의 패권 획득 전략의 일환이라는 분석이 제기되자 일본 아베 신조 총리는 처음으로 '인도 · 태평양 구상'을 발표했다. 미국과 일본이 중국을 포위해 압박하는 전략으로 이해할 수 있다. 일대일로와 같이 동남아에서 동아프리카에 이르는 국가와 각종 경제 이권에 참여하는 것을 목표로 하며, 한국은 어느 한쪽을 선택해야 할 것으로 예상된다.

대륙간탄도미사일(ICBM; Inter – Continental Ballistic Missile)

1957년 러시아는 세계 최초의 ICBM인 R-7을 발사했고, 미국은 1959년부터 배치하기 시작했다. 초기 ICBM은 추진제 문제와 발사 준비 시간 때문에 사실상 사용이 불가능했던 까닭에 이후 로켓으로 개량되어 우주개발에 사용됐다. 훗날 2세대는 추진제 문제를 해결하고, 발사 준비 시간을 단축하는 데 초점을 맞춰 개발했다. 1990년대부터 ICBM 개발에 나선 북한은 1998년 대포동 1호를 시작으로 꾸준히 개발을 진행 중이고, 2017년 7월에는 '화성 – 14형'을 시험 발사한 후 발사 성공을 대대적으로 발표하기도 했다.

북방한계선(NLL; Northern Limit Line)

해양의 북방한계선은 서해 백령도·대청도·소청도·연평도·우도의 5개 섬 북단과 북한 측에서 관할하는 옹진반도 사이의 중간선을 말한다. 1953년 이루어진 정전협정에서 남·북한 간의 육상경계선만 설정하고 해양경계선은 설정하지 않았는데, 당시 주한 유엔군 사령관이었던 클라크는 정전협정 직후 북한과의 협의 없이 일방적으로 해양경계선을 설정했다. 북한은 1972년까지는 이 한계선에 이의를 제기하지 않았으나 1973년부터 북한이 서해 5개 섬 주변 수역을 북한 연해라고 주장하며 NLL을 인정하지 않고 침범하여 우리나라 함정과 대치하는 사태가 발생하기도 했다.

키 리졸브(Key Resolve)

'중요한 결의'라는 뜻으로 한반도에 전쟁이 발발했을 때 대규모 미 증원군 병력·장비를 신속하고 안전하게 최전방 지역까지 파견·배치하는 절차를 숙달하는 연합전시 증원훈련이다. 한미연합사령부가 주관하고 주한미군사령부, 각 구성군 사령부 요원들이 참여하여 유사시에 미군 증원 전력을 수용·대기하고 전방으로의 이동 및 통합하는 것을 포함하여 전시 상황에 숙달하는 훈련 등을 2주 일정으로 컴퓨터 시뮬레이션을 통해 실시한다. 2002년부터 야외 기동훈련인 독수리 훈련과 통합되어 실시되기 시작했고, 2009년부터는 군단급 이상의 대규모 병력과 장비가 동원되면서 실전을 방불케 하는 훈련이 이뤄졌다. 2017년에는 북한의 핵·미사일 기지의 선제타격, 김정은을 비롯한 북한 최고지도부에 대한 '참수작전', 사드 체계를 활용한 북한 미사일 요격 훈련 등이 이루어졌다.

마빈스(MAVINS)

미국 경제 매체인 비즈니스 인사이더가 앞으로 10년간 주목해야 할 시장으로 제시한 6개 국가로 멕시코, 호주, 베트남, 인도네시아, 나이지리아, 남아프리카공화국이 해당된다.

스핀닥터(Spin Doctor)

정부 수반이나 고위 관리들의 최측근 대변인 구실을 하는 사람들을 말하며, 정치적 목적을 위해 사건을 조작하거나 정부 수반의 생각을 여론 정책을 통해 구체화시키고 납득시키는 정치 전문가 또는 홍보 전문가이다.

시리아민주군(SDF)

쿠르드·아랍 연합으로, 시리아 내전에서 IS 및 알누스라 전선(JaN)에 대항하여 만들어진 조직이다. 2015년 시리아민주평의회라는 이름의 정당을 설립하였다.

ISDS(Investor State Dispute Settlement)

외국에 투자한 기업이 상대방 국가의 정책 등으로 이익을 침해당했을 때 해당 국가를 상대로 직접 소송을 제기할 수 있는 분쟁 해결 제도이다.

카탈루냐

스페인 동북부에 있는 카탈루냐는 스페인의 주류라고 할 수 있는 카스티야와 문화적 정체성이 다르며, 언어도 스페인어보다는 프랑스의 프로방스어와 가깝다. 때문에 1714년에 에스파냐에 병합된 이후로 독립을 요구하는 주민들이 많았으나, 스페인 정부는 카탈루냐의 분리독립 찬반 주민투표를 불법으로 규정하고 독립파 정치인들을 탄압하고 있다.

한국형 3축 체계

한국형 3축 체계는 우리 군의 독자적인 억제·대응 능력을 확보하기 위해 추진 중인 체계로서 킬 체인(Kill Chain), 한국형 미사일방어체계(KAMD), 대량응징보복(KMPR)을 의미한다.

한·일 군사정보보호협정(GSOMIA)

한국과 일본 양국 간 군사에 관한 비밀을 공유할 수 있도록 맺은 협정으로 2016년 10월부터 재논의되기 시작하여 국정 혼란 속에 졸속 강행한다는 비판을 받았으나, 2016년 11월 23일 양국이 서명하면서 협정은 공식 발효되었다. 협정의 체결로 양국은 북한군과 북한 사회 동향, 핵과 미사일에 관한 정보 등 각종 군사정보를 공유할 수 있게 되었다.

KMPR(Korea Massive Punishment&Retaliation)

대량응징보복. 북한의 핵 공격 징후가 포착되면 북한의 전쟁 지도 본부를 포함한 지휘부를 직접 겨냥해 응징·보복하는 체계로 정밀 타격이 가능한 미사일 등의 타격 전력과 정예화된 전담 특수작전부대 등이 동원된다.

대통령 직속 특별감찰관

대통령의 친인척 등 대통령과 특수한 관계의 사람에 대한 비위행위 감찰 담당 기관이다.

환태평양경제동반자협정(TPP; Trans-Pacific Partnership)

아시아·태평양 지역의 관세 철폐와 경제통합을 목표로 미국이 주도하는 협력체제를 말한다.

유엔해양법협약(United Nations Convention on the Law of the Sea)

1982년 12월 10일 자메이카의 몬테고베이에서 열린 제3차 유엔해양법회의에서 채택된 해양법에 관한 조약을 말한다.

핵확산금지조약(NPT; Nuclear nonproliferation Treaty)

핵보유국으로 인정받지 않은 나라가 핵을 보유하거나, 핵보유국이 비핵보유국에게 핵무기나 핵 개발 관련 기술을 이전하는 것을 금지하는 조약이다. NPT에서 핵보유국으로 인정하는 나라는 미국, 영국, 러시아, 프랑스, 중국 5개국이다.

아시아·태평양 경제협력체(APEC; Asia Pacific Economic Cooperation)

아시아·태평양 경제협력체는 역대 지속적인 경제성장과 공동의 번영을 위해 1989년 호주 캔버라에서 12개국 간의 각료회의로 출범했다. 1993년부터 매년 정상회의를 개최하고 있으며, 현재 우리나라를 포함하여 미국, 일본, 중국, 러시아 등 총 21개국이 가입하였다.

바젤협약(Basel Convention)

유해폐기물의 국가 간 이동과 처리 문제의 대책에 대한 협약. 미국 전역을 12개 연방준비구로 나눠 각 지구에 하나씩 연방준비은행을 두고 이것들을 연방준비제도이사회(FRB)가 통합 관리하는 형태를 취한다.

비례성의 원칙

개인의 자유와 권리 영역에 대한 공권력의 침해로부터 개인을 보호하는 원칙, 즉 행정의 목적과 그 목적을 실현하기 위한 수단의 관계에서 그 수단은 목적을 실현하는 데에 적합해야 하며 최소 침해를 가져오는 것이어야 할 뿐만 아니라, 그 수단의 도입으로 인해 생겨나는 침해가 의도하는 이익·효과를 능가하여서는 안 된다는 원칙을 말한다.

칼렉시트(Calexit)

캘리포니아(California)와 Exit의 합성어로 미연방의 캘리포니아주에서 일어나고 있는 캘리포니아주 독립운동을 말한다.

아파르트헤이트(Apartheid)

남아프리카공화국에서 시행되었던 인종차별정책으로, 국제적으로 비난 여론이 일자 동법을 전면 폐지하였으며, 1994년 넬슨 만델라 정권이 출범하면서 백인에 의한 지배는 종언을 고하게 되었다.

게티즈버그 연설(Gettysburg Address)

미국 링컨 대통령이 남북전쟁 중이던 1863년 11월 19일, 미국 펜실베이니아주 게티즈버그에서 했던 연설로 "국민의, 국민에 의한, 국민을 위한 정치를 지상에서 소멸하지 않도록 하는 것"이야말로 우리의 목적이라고 하였다. 이 연설문은 미국 역사상 가장 많이 인용된 연설 중 하나이자 가장 위대한 연설로 손꼽힌다.

고노 담화

1993년 일본의 고노 료헤이 당시 관방장관이 발표한 담화로, 일본군 위안부 모집에 대해 일본군이 강제 연행했다는 것을 인정하는 내용이다.

네오나치즘(Neo-Nazism)

제2차 세계대전 후 서독에서 일어난 우익운동 및 사상으로, 독일 민족의 우위와 반공, 반미, 반유대주의를 내용으로 한다.

네오콘(Neocons)

네오 콘서버티브(Neo-conservatives)의 줄임말로 미국 공화당의 신보수주의자들 또는 그러한 세력을 말한다. 다른 나라 일에 크게 신경을 쓰지 않고 고립을 즐기던 전통적 보수주의자들과는 달리 적극적으로 국제문제에 개입해 새로운 국제질서를 확립해야 한다고 주장한다.

네포티즘(Nepotism)

친족 중용(重用) 주의 또는 족벌정치를 이르는 말로, 정치권력자가 자신의 가족이나 친족들에게 정치적 특혜를 베푸는 것을 말한다. 권력 부패의 온상이자 정실인사의 대명사로 인식되고 있다.

독트린(Doctrine)

국제사회에서 공식적으로 표방하는 정책상의 원칙으로 강대국 외교 노선의 기본 지침으로 대내외에 천명될 경우에도 사용된다.

배타적 경제수역(EEZ; Exclusive Economic Zone)

자국 연안으로부터 200해리까지의 모든 자원에 대해 독점적 권리를 행사할 수 있는 수역으로, 영해와 달리 영유권은 인정되지 않는다.

브릭스(BRICS)

브라질(Brazil), 러시아(Russia), 인도(India), 중국(China), 남아공(South Africa) 5국의 영문 머리글자를 딴 것이다. 1990년대 말부터 빠른 성장을 보인 신흥경제국을 가리키며, 2030년 무렵이면 이들이 세계 최대의 경제권으로 도약할 것으로 보고 있다.

아그레망(Agrement)

한 나라에서 특정 인물을 외교사절로 임명하기 전에 외교사절을 받아들이는 상대국의 의향을 확인하는데, 상대국이 이의가 없다고 회답하는 것을 '아그레망을 부여한다.'고 하며, 아그레망을 받은 사람을 페르소나 그라타(Persona Grata), 아그레망을 받지 못한 사람을 페르소나 논그라타(Persona non-grata)라고 한다.

양해각서(MOU; Memorandum of Understanding)

국가 간 정식계약의 체결에 앞서 이루어지는 문서로 된 합의이다. 당사국 사이의 외교교섭 결과에 따라 서로 양해된 사항을 확인・기록하거나, 본 조약・협정의 후속 조치를 목적으로 작성한다. 공식적으로는 법적 구속력을 갖지는 않지만, 조약과 같은 효력을 갖는다.

이어도(離於島) 분쟁

이어도는 제주의 마라도에서 서남쪽으로 149km, 중국 동부 장쑤성 앞바다 가장 동쪽의 퉁다오로부터 247km 떨어져 있는 수중 암초로서 한국과 중국이 주장하는 배타적 경제수역(EEZ)이 중첩되는 곳이다. 양국은 1996년부터 해상경계 획정 협상을 벌이고 있지만 경계선을 정하지 못해 이어도를 둘러싼 한・중 갈등이 계속되었다. 그러다가 중국이 한국 관할 지역인 이어도를 포함한 동중국해 상공에 방공식별구역을 선포하자, 한국 정부도 15일 만에 제주도 남단의 이어도까지 확대한 새로운 한국방공식별구역(KADIZ)을 선포했다.

조어도(센카쿠, 댜오위다오) 분쟁

조어도는 일본 오키나와에서 약 300km, 대만에서 약 200km 떨어진 동중국해상 8개 무인도이다. 현재 일본이 실효 지배하고 있으나 중국과 대만도 영유권을 주장하고 있다.

치킨게임(Chicken Game)

어느 한쪽이 양보하지 않을 경우 양쪽 모두 파국으로 치닫게 되는 극단적인 상황을 가리키는 게임이론이다. 1950년대～1970년대 미국과 소련 사이의 극심한 군비경쟁을 꼬집는 용어로 사용되면서 국제정치학 용어로 정착되었다.

2. 법률 · 사회 · 노동

워라밸(Work and Life Balance)

'일과 삶의 균형'을 의미한다. 오늘날 워라밸은 취준생들이 직장을 선택하는 데 중요한 기준이 되는 가치이자 기업 문화이다. 기업들 역시 인재를 유치하고 일의 효율을 높이기 위해 직원들의 워라밸을 보장하려는 노력을 하고 있다. '저녁이 있는 삶, 가족의 날' 등이 기업이나 공공기관에서 실시하고 있는 대표적인 워라밸 제도인데, 성실함을 최고의 미덕으로 누구보다 많이 일하는 것을 추구했던 과거와 달리 자아실현 또는 삶의 질 향상을 중요시하는 현 사회의 모습을 반영한다.

펜스 룰(Pence Rule)

남성이 성적 논란의 예방을 위해 여성과 둘이 남는 것을 피하는 개인적 규칙을 뜻한다. 미국의 부통령인 마이크 펜스가 2002년 미국 의회 전문지 〈더 힐〉과의 인터뷰에서 자신의 행동 규칙에 관해 발언한 데서 유래한 용어이다. 당시 그는 "아내 외의 여자와는 절대로 단둘이 식사하지 않는다."고 했는데, 이는 오해의 소지가 될 만한 행동을 아예 하지 않음으로써 각종 문제를 사전 차단한다는 의미이다. 각계각층에서 성폭력을 고발하는 미투 캠페인이 확산되면서 펜스 룰이 부각되기 시작했는데, 미투 캠페인으로 남성들의 언행과 처신들이 비난받자 남성들 중심으로 펜스 룰이 확대된 것이다. 한편 펜스 룰의 확대는 사회에서 여성 소외로 이어질 수 있다는 우려도 제기되었다.

노동3권(勞動三權)

근로자는 근로조건의 향상을 위하여 자주적인 단결권 · 단체교섭권 및 단체행동권을 가진다(헌법 제33조 제1항).

코브라효과(Cobra Effect)

과거 영국이 인도를 식민 지배할 때 인도의 코브라를 없애기 위해 추진한 정책에서 유래하였다. 당시 인도에는 코브라가 사람을 해치는 일이 빈번했다고 한다. 이를 해결하기 위해 영국 정부는 코브라를 잡아 오면 포상금을 지급하겠다고 발표했는데, 처음에는 코브라가 줄어드는 것 같았지만 시간이 지날수록 코브라는 오히려 증가했다. 포상금을 받기 위해 코브라를 키우는 사람이 생겨났던 것이다. 사실이 밝혀져 정책은 폐기되었지만, 코브라를 키우던 사람들이 이제는 쓸모없어진 코브라를 버리면서 코브라의 수는 더 증가하여 상황은 더 악화되었다고 한다.

칵테일파티효과(Cocktail Party Effect)

칵테일파티에서처럼 여러 사람들이 모여 한꺼번에 이야기하고 있어도 관심 있는 이야기를 골라 들을 수 있는 능력 또는 현상이다. 즉, 다수의 음원이 공간적으로 산재하고 있을 때 그 안에 특정 음원 또는 특정인의 음성에 주목하게 되면 여러 음원으로부터 분리되어 특정 음만 들리게 된다.

유니온숍(Union Shop)

사용자는 노동조합원이든 아니든 관계없이 누구나 채용할 수 있지만, 일단 채용된 사람이 일정 기간 안에 조합에 가입하지 않거나 또 조합원 자격을 상실(제명 혹은 탈퇴 등에 의하여도)하면 해고되는 협정을 말한다.

런치메이트 증후군(Lunch-mate Syndrome)

학교나 직장 등에서 함께 점심식사를 할 상대가 없어서 혼자서 식사를 하는 것에 대해 두려움과 공포를 느끼는 현상을 말한다.

외로운 늑대

자생적 테러리스트를 이르는 말로, 테러의 시점이나 방식에 대한 정보 수집이 어려워 조직에 의한 테러보다 더 큰 위협으로 부상하고 있다. 이들은 테러 단체와 직접 접촉 없이 테러를 계획하고 실행한다.

오버부킹(Overbooking)

항공권 초과 판매를 일컫는 용어이다. 우리나라는 국토교통부에 의해 항공사 약관이 바뀌어 2017년 6월부터 오버부킹으로 좌석이 부족할 때는 안전 운항에 필수적이지 않은 항공사 직원부터 내려야 한다.

라운징족

혼자 편하게 휴식을 취하면서 위안을 얻는 부류로 바쁜 일상에서 벗어나 실내 공간에서 빈둥거리거나 가벼운 취미 활동을 하면서 휴식을 취하는 사람을 말한다. 개인의 행복을 가장 중요시하며, 극장이나 카페, 공원 등지에서 혼자 휴식하거나 활동하는 것을 즐긴다.

미니멀 라이프(Minimal Life)

최소한의 일이나 물건만 갖추는 생활양식이다. 최소한의 요소만을 사용하여 대상의 본질을 표현하는 예술 및 문화 사조였던 최소주의가 하나의 트렌드가 되고 일상생활에도 영향을 미치면서 생겨났다. 2010년대 초 유럽 등의 선진국에서 유행하기 시작했으며 물건, 습관, 노력, 인간관계 등 모든 것을 축소시키고자 한다.

해비타트(Habitat)

'주거환경, 거주지, 보금자리'라는 뜻으로, 주거 구호를 목적으로 하는 자선단체로서, 국제적·비영리적 비정부 기구이다.

시한부 기소중지

소재 불명(국외 도피 등) 이외에 다른 기소중지 사유가 있을 때 검사가 그 사유가 해소될 때까지 수사를 중지하는 처분을 말한다.

상용근로자

상시 고용되어 있는 근로자를 의미한다. 노동통계 조사에서는 3개월을 통산하여 45일 이상 고용된 자까지 사용 근로자에 포함하고 있다.

다중이용업소

휴게음식점, 단란주점 영업, 비디오물 소득장업, 복합영상물제공업 등 불특정 다수인이 이용하는 영업장 중에서 화재 등 재난 발생 시 생명·신체·재산상의 피해가 발생할 우려가 높은 곳을 말한다.

특임검사

2010년도에 도입된 제도로 검사의 범죄 혐의에 대한 의혹이 제기되거나 사회적 이목이 쏠렸다고 판단될 때 검찰총장이 기존 검사 중에서 특임검사를 지명한다. 상급자의 지휘나 감독을 받지 않고 수사 결과만 검찰총장에게 보고한다.

제연설비

연기와 불길을 즉시 차단할 수 있도록 하는 자동방화문, 연기감지기, 송풍기, 방화문 안쪽으로 대피했을 때 안전하게 대피 가능한 비상구 및 유입된 연기가 즉시 빠질 수 있도록 외부 공기 유입구와 연기배출구 등의 구조설비 일체를 말한다.

공모공동정범

2인 이상이 공동으로 범죄를 계획하고 그 가운데 일부에게 범죄를 저지르게 했을 경우의 공범을 뜻하며, 범죄의 실행을 담당하지 않은 공모자에게도 공동정범이 성립한다.

국가책임

국내법상으로 국가가 국민에 대하여 일정 범위 내에서 책임을 지는 것을 뜻한다. 국가배상법에 따라 국가의 권력적 작용뿐만 아니라 비권력적 공행정 작용에 대해서도 일정한 범위 내에서 국가가 배상책임을 진다.

국민법제관

현장의 의견과 실무 지식을 입법, 법령과 제도의 개선 등 법제처 주요 업무에 반영함으로써 국민이 공감하는 법제를 구현하기 위해 2011년에 도입된 제도이다. 임기는 2년이며, 2019년 4월 99명을 새로 또는 다시 위촉했다.

공직선거법

선거에 있어서 부정 및 부패의 소지를 근원적으로 제거하고, 국민의 자유롭고 민주적인 의사 표현과 선거의 공정성을 보장하기 위한 각종 선거법을 통합한 법률을 말한다.

징벌적 손해배상

가해자가 불법행위로 이익을 얻은 경우 피해자의 실제 손해액보다 큰 금액을 손해 배상액이나 과징금으로 부과하는 방식을 말한다.

맞춤형 급여

맞춤형 급여는 급여 소득 기준을 '최저생계비'라는 절대적인 기준이 아니라, 상대 기준인 '중위 소득'의 일정 값으로 잡고 생계급여, 주거급여, 의료급여, 교육급여별로 수급 기준을 다르게 선정하는 제도이다.

청렴계약제

행정기관의 건설공사 · 기술 용역 발주, 물품 구매의 입찰, 계약 체결 · 이행 등의 과정에서 뇌물을 제공하거나 받으면 제재를 받을 것을 서로 약속하고 이행하는 제도이다.

영조물책임

영조물의 하자에 대한 배상책임으로, 배상책임에는 첫째로 도로 및 하천 기타 공공의 영조물일 것과 둘째로 설치 및 관리에 하자가 있을 것을 요하며, 타인에게 손해가 발생하게 하였을 것이 요구된다.

바나나(Build Absolutely Nothing Anywhere Near Anybody) 현상

환경오염 등을 유발하는 시설이 자기가 사는 지역 내에 설치되는 것을 거부하는 이기주의 현상으로 님비 현상과 유사한 개념이다.

I턴(I-turn) 현상

원래 고향이 도시인 사람들, 특히 젊은 층이 출신지와 무관한 시골에 정착하는 것으로 1980년대 도쿄 북서쪽에 있는 나가노현에서 샐러리맨들에게 지역 이주를 권유하였는데, 도시에서 시골로 이동하는 동선이 직선 I자와 같아 이러한 이름이 붙었다.

그레이보트(Grey Vote)

노년층이 선거를 좌우하게 되는 경향으로, 전 세계적으로 노령화 추세가 지속됨에 따라 청년층에 비해 노년층의 투표 참여율이 높아져 자연스럽게 노년층의 이해관계가 선거 결과에 반영되는 것을 말한다.

젠트리피케이션(Gentrification)

낙후된 구도심 지역이 활성화되어 중산층 이상의 계층이 유입됨으로써 기존의 저소득층 원주민을 대체하는 현상으로 영국의 지주 및 신사 계급을 뜻하는 젠트리(Gentry)에서 파생되었으며, 1964년 영국의 사회학자 루스 글래스(Ruth Glass)가 처음 사용하였다.

기본소득제도

모든 개인에게 조건 없이 지급하는 기본소득으로 가구 단위가 아니라 개인 단위로 지급되며, 노동 요구나 노동 의사와 무관하게 자산이나 다른 소득의 심사 없이 보장하는 것이다. 최근 핀란드가 기본소득제도를 실험적으로 실시하면서 뜨거운 관심사로 떠올랐으며 우리나라에서도 일부 학자들이 이에 대한 연구를 진행하고 있다.

코쿠닝 현상(Cocooning Syndrome)

가정을 중시하는 최근의 경향으로 청소년 범죄, 이혼의 급증 등 전통적 가치체계가 상실된 현대에 가족의 소중함을 되찾고 이를 결속력으로 해소하려는 현상을 가리키며 독일의 사회심리학자 팝콘(S.Popcon)이 이름 붙였다.

가면 증후군(Masked Depression)

가면을 쓰고 있는 것처럼 겉으로 별로 드러나지 않는 우울증을 말한다. 표면적으로는 우울 증상이 나타나지 않는 것으로 타인의 높은 기대 속에서 실패의 두려움을 갖고 있는 사람들이 최악의 상황이 발생할 때의 충격을 사전에 완화하려는 방어기제에서 비롯된다.

제노비스 신드롬(Genovese Syndrome)

범죄 현장을 지켜보고도 쉬쉬하며 덮어버리는 현상으로 '방관자 효과'라고도 하며, 미국 뉴욕에서 발생한 '키티 제노비스 살해사건'에서 유래되었다.

서번트 증후군(Savant Syndrome)

뇌 기능 장애를 가진 사람들이 특정 분야에서 천재적인 능력을 가지는 현상으로, 정상적인 교육을 받지 않았음에도 특정한 분야에서 전문가 이상의 실력을 발휘하는 경우를 말한다. 특히 음악이나 색채감각을 포함한 예술 쪽의 능력으로 많이 나타난다.

사일로 효과(Silos Effect)

다른 부서와 교류하지 않고 자기 부서 내부의 이익만을 추구하는 조직 간 이기주의 현상으로, 어떠한 조직 내의 각 부서들이 다른 부서와 벽을 쌓고, 자신이 속한 부서의 이익만을 추구하는 부서이기주의와 같은 현상을 말한다.

메디치 효과(Medici Effect)

전혀 다른 역량의 융합으로 생겨나는 창조와 혁신의 빅뱅 현상으로, 서로 다른 이질적인 분야들이 결합할 때 각 요소가 지니는 에너지의 합보다 더 큰 에너지를 분출하여 창조적이고 혁신적 시너지를 창출하는 효과를 말한다.

링겔만 효과(Ringelmann Effect)

집단에 참여하는 개인이 늘어날수록 성과에 대한 1명의 공헌도가 오히려 떨어지는 현상을 말한다.

기본 6법

헌법·민법·형법·상법·민사소송법·형사소송법이 기본 6법이다.

헌법 개정절차

제안(「헌법」 제128조) → 공고 → 국회의결(「헌법」 제130조 제1항) → 국민투표(「헌법」 제130조 제2항) → 공포(「헌법」 제130조 제3항) → 시행(「헌법」 부칙 제1조)

헌법소원(憲法訴願)

기본권을 침해받은 국민이 직접 헌법재판소에 구제를 제기하는 기본권 구제 수단으로, 권리구제형 헌법소원과 위헌 심사형 헌법소원으로 나뉜다. 헌법소원의 청구 기간은 그 사건이 발생한 날로부터 1년 이내, 그리고 기본권 침해 사유를 안 날로부터 90일 이내이다.

헌법재판소의 권한

탄핵심판권·위헌법률심판권·정당해산심판권·기관쟁의심판권·헌법소원심판권 등이 있다.

신의성실의 원칙

모든 사람은 사회 공동생활을 영위함에 있어서 상대방의 신뢰를 헛되이 하지 아니하도록 신의와 성실로써 행동하여야 한다는 원칙을 말한다.

고령화 사회(高齡化社會, Aging Society)

전체 인구 중에서 65세 이상의 인구가 7% 이상을 차지하는 사회이다. 우리나라는 2000년에 고령 인구가 전체 인구의 7%인 '고령화 사회'에 진입하였다.

노모포비아(Nomophobia)

'no', 'mobile(휴대폰)', 'phobia(공포)'를 합성한 신조어로 휴대폰이 가까이에 없으면 불안감을 느끼는 증상을 말한다. CNN은 노모포비아의 대표적인 증상이 권태, 외로움, 불안함이며 하루 세 시간 이상 휴대폰을 사용하는 사람들은 노모포비아에 걸릴 가능성이 높고, 스마트폰 때문에 인터넷 접속이 늘어나면서 노모포비아가 늘어나고 있다고 보도했다.

노블레스 오블리주(Noblesse Oblige)

사회지도층의 책임 있는 행동을 강조하는 프랑스어로, 초기 로마 시대에 투철한 도덕의식을 갖추고 솔선수범하던 왕과 귀족들의 행동에서 비롯되었다. 자신들의 지위를 지키기 위한 수단으로 볼 수도 있지만, 도덕적 책임과 의무를 다하려는 사회지도층의 노력으로서 결과적으로 국민들을 결집하는 긍정적인 효과를 기대할 수 있다.

디지털 디바이드(Digital Divide)

디지털기기를 사용하는 사람과 사용하지 못하는 사람 사이에 정보 격차와 갈등이 발생하는 것을 의미한다. 전문가들은 디지털 디바이드를 극복하지 못하면 사회 안정에 해가 될 수 있다고 지적한다.

베드타운(Bed Town)

대도시 주변에 형성된 주거 밀집 지역으로, 주거 기능이 중심인 도시로 주거의 기능만을 담당하기 때문에 야간에는 인구가 많지만 주간 인구는 적은 것이 특징이다. 우리나라에서는 위례, 판교와 같은 위성도시들을 말한다.

스프롤현상(Sprawl Phenomena)

도시의 급격한 팽창에 따라 대도시의 교외가 무질서·무계획적으로 발전하는 현상으로, 우리나라에서는 1970년대부터 스프롤현상이 문제 되기 시작했다.

소시오패스(Sociopath)

사회를 뜻하는 '소시오(Socio)'와 병리 상태를 의미하는 '패시(Pathy)'의 합성어로 법규 무시, 인권침해 행위 등을 반복해 저지르는 정신질환이다. 범죄를 저지르는 행태 등에서 사이코패스와 혼동되기도 하지만, 감정 조절을 못 하고 충동적으로 범죄를 저지르는 사이코패스와 달리, 소시오패스는 자신의 감정을 조절하고 타인의 감정을 이용한다.

파랑새증후군(Bluebird Syndrome)

자신이 처해있는 환경에 만족하지 못하고 높은 이상만 꿈꾸며 살아가는 병적인 증세로, 빠르게 변해가는 현대사회에 적응하지 못하는 현대인들에게 나타나고 있다.

헤일로 효과(Halo Effect)

특정 인물을 평가할 때 능력 자체보다 그 사람에 대한 인상이나 고정관념 등이 평가에 중요한 영향을 미치는 현상으로 후광효과라고도 한다.

갤러리(Gallery)족

골프 구경꾼처럼 주인의식 없이 회사의 상황에 따라 적절히 처신하다가, 더 나은 직장이 생기면 미련 없이 다른 직장으로 떠나는 직장인들을 가리킨다.

넷셔널리즘(Netionalism)

인터넷상에서 상대 국가를 비하하거나 자국 우월주의를 드러내는 집단적 움직임으로 인터넷의 'Net'과 민족주의를 뜻하는 'Nationalism'의 합성어이다.

네카시즘(Netcarthyism)

다수의 누리꾼들이 인터넷, SNS 공간에서 특정 개인을 공격하며 사회의 공공의 적으로 삼고 매장해 버리는 현상이다. 누리꾼들의 집단행동이 사법제도의 구멍을 보완할 수 있는 요소라는 공감대에서 출발했으나, 누리꾼들의 응징 대상이 대부분 힘없는 시민이라는 점에서 문제가 되고 있으며, 인터넷 문화는 사실 확인이 어렵다는 점에서 잘못된 정보가 기반이 되어 피해를 보는 사람이 생길 수 있다.

모라토리엄 인간(Moratorium Man)

사회적 책임감을 져야 할 성인이 되는 것에 거부감을 느끼며 이를 유예하는 사람으로, 어려서부터 성인이 될 때까지 문제가 생기면 부모가 나서서 해결해 줬기 때문에 직장 선택이나 결혼은 물론 자신의 자녀를 키우는 일까지 부모에게 기대게 된다.

유리천장(Glass Ceiling)

충분한 능력이 있는 여성에게 승진의 최상한선을 두거나 승진 자체를 막는 상황을 비유적으로 표현한 용어이다.

타임오프(Time-Off)제도

노조 전임자가 실제로 회사 일을 하지 않으면서도 회사로부터 임금을 받고 노조 활동을 할 수 있는 근로시간 면제제도로, 타임오프제에 따라 전임자 수가 정해지며 타임오프 상한선을 어기면 사용주가 처벌을 받는다.

노동귀족(Labor Aristocrat)

노동자 계급 중에서 권력 또는 자본가에게 매수되어 상대적으로 높은 임금과 특권적 지위를 누리는 사람들을 말한다. 노조와 사측 간의 원활한 의사소통을 담당해야 할 노조 간부들이 각종 특권을 누리며 노동자들을 지배함을 의미한다.

퍼플칼라(Purple Collar)

근무시간과 장소가 자유로워 일과 가정을 함께 돌보면서 일할 수 있는 노동자를 말하며, 적은 시간 동안 일하면 보수가 적지만 정규직으로서의 직업 안정성과 경력을 보장받는다는 점에서 파트 타임, 비정규직과는 다르다.

잡 셰어링(Job Sharing)

1인당 근무시간을 단축하여 여러 사람이 그 일을 처리하도록 함으로써 고용을 창출하는 정책이다. 잡 셰어링을 실현하는 방식은 초과근무를 축소하는 방법, 무급휴가의 확대, 주4일 근무제 등이 있으며 이를 시행한 기업에는 정부가 세제지원 혜택을 준다.

ILO(International Labour Organization)

노동조건의 개선과 노동자들의 기본적인 생활을 보장하기 위한 국제노동기구로, 국제적으로 노동자들을 보호하기 위해 설립되어 1946년 최초의 유엔 전문기구로 인정받았다. 국제노동입법 제정을 통해 고용·노동조건·기술원조 등 노동자를 위한 다양한 활동을 하고 있다.

니트(NEET)족

'Not in Education, Employment or Training'의 준말로, 취업 연령의 인구 중에 취업 의욕이 전혀 없거나, 의욕은 있지만 일자리를 구하지 못하는 청년들을 말한다. 경제 상황이 악화되고 고용 환경은 더욱 나빠져 어쩔 수 없이 취업을 포기하는 청년 실업자들이 늘어나고 있는 상황으로, 이는 경제·사회적으로 심각한 문제가 될 수 있다.

로제타 플랜(Rosetta Plan)

1990년대 후반 벨기에에서 실시해 큰 성공을 거둔 청년 실업 대책 중 하나로, 종업원 50명 이상의 기업에서는 전체 인원의 3%에 한해 청년 구직자들에게 의무적으로 일자리를 마련해줘야 한다는 내용이 핵심이다. 벨기에에서는 제도 시행 첫해에 약 5만 개의 일자리가 증가할 정도로 큰 성공을 거뒀다.

번아웃 증후군(Burnout Syndrome)

한 가지 일에 몰두하던 사람이 극도의 신체·정서적 피로로 인해 무기력증이나 자기혐오·직무 거부 등에 빠지는 것으로, 생각대로 일이 실현되지 않거나 육체적·정신적 피로가 쌓였을 때 나타난다.

플렉스타임제(Flexible Working Hours System)

획일적·강제적인 근로 시간에서 벗어나 직원들 각자가 원하는 근무시간에 일할 수 있도록 하는 제도이다.

3. 과학 · 컴퓨터 · IT · 환경

케미포비아(Chemifobia)

화학(Chemical)과 혐오(Fobia)을 더해 만든 단어로, 화학 물질에 대한 공포에 빠진 소비자 또는 화학제품 공포증을 말한다. 가습기 살균제부터 살충제 달걀과 유해 물질 생리대, 비스페놀 영수증 사건까지 줄줄이 터지면서 소비자들은 일상에서 자주 쓰는 생필품이나 식품의 안전성을 신뢰할 수 없게 됐다. 현재 밝혀진 것뿐만 아니라 다른 제품들에도 문제가 있을 가능성이 충분하기 때문에 케미포비아는 급속히 확산되고 있다.

망고(MANGO)

2022년 3월 뱅크오브아메리카(BoA)가 발표한 반도체 유망 기업들을 일컫는 말이다. ▲ 마벨 테크놀로지(MRVL) ▲ 브로드컴(AVGO) ▲ 어드밴스트 마이크로 디바이스(AMD) ▲ 아날로그 디바이스(ADI) ▲ 엔비디아(NVDA) ▲ 글로벌파운드리(GFS) ▲ 온 세미컨덕터(ON)의 앞 글자를 딴것이다. BoA는 최근 전 세계적인 인플레이션 현상과 공급망 병목 등으로 투자심리가 위축되고 있으나 높은 전략적 가치를 가진 반도체 기업들에 투자를 권고했으며, 특히 망고기업들은 반도체사업의 수익성 혹은 성장 가능성이 높거나 타 산업의 성장과 연계돼 수요가 계속 증가할 것으로 전망된다고 평가했다.

구조적 질의 언어(SQL; Structured Query Language)

관계 데이터베이스를 위한 표준 질의어로 많이 사용되는 언어다. SQL은 사용자가 처리를 원하는 데이터가 무엇인지만 제시하고 데이터를 어떻게 처리해야 하는지를 언급할 필요가 없어 비절차적 데이터 언어의 특징을 띤다고 할 수 있다. SQL은 관계형 데이터베이스 관리 시스템에서의 자료 검색과 관리, 데이터베이스 관리 시스템에서 데이터 구조와 표현 기술을 수용하는 데이터베이스 스키마 파일의 생성과 수정, 데이터베이스 객체의 접근 조정관리를 위해 고안되었다. 대다수의 데이터베이스 관련 프로그램들이 이 언어를 표준으로 채택하고 있다.

하이퍼루프(Hyperloop)

진공에 가까운 튜브 안에서 차량을 살짝 띄운 상태로 이동시켜 공기 저항과 마찰을 줄이는 방식으로 작동되는 열차이다. 우리나라에서는 한국철도기술연구원이 진공 압축 기술과 자기부상 기술을 융합하여 2016년에 한국형 하이퍼루프를 개발했고, 시속 700km 시험 작동에 성공하기도 했다. 하이퍼루프를 개발 중인 민간기업 HHT의 최고경영자 더크 알본은 CNBC에 출연해 앞으로 3∼4년 뒤 아시아 국가에서 하이퍼루프가 운행될 것이라고 말했다. 또 서울−부산 노선에 채택하기를 원하는 한국과는 라이선스 협약을 맺은 상태라고 덧붙여 하이퍼루프의 현실화 가능성이 주목되고 있다.

유전자 재조합 식품(GMO; Genetically Modified Organism)

제초제와 병충해에 대한 내성과 저항력을 갖게 하거나 영양적인 가치와 보존성을 높이기 위해 해당 작물에 다른 동식물이나 미생물과 같은 외래 유전자를 주입하는 등 식물 유전자를 변형하여 생산한 농작물을 일컫는다. 1994년 무르지 않는 토마토를 시작으로 유전자 재조합이 시작되었고, 몬샌토사에 의해 본격적으로 상품화되었다. 우리나라는 현재 세계 2위의 GMO 수입국인데, GMO의 안전성이 검증되지 않아 그 표시 문제가 논란이 되고 있다.

5G(5th Generation Mobile Communications)

28GHz의 초고대역 주파수를 사용하는 이동통신 기술로, 현재의 이동통신 속도보다 70배가 빠르고 일반 LTE와 비교했을 때는 280배 빠른 수준이다. 2019년 4월 3일 오후 11시 우리나라에서 세계 최초로 시작되었으며, 2023년 7월 기준 가입자가 3,110만 명을 돌파하였다.

네이처 저널

영국의 순수과학 저널로서, 전 세계의 과학 저널 가운데 영향력이 큰 저널 중 하나이다. 물리학·의학·생물학 등 과학 전반을 다루며, 미국의 전문 과학 저널인 사이언스와 함께 과학계의 대표적인 저널로 꼽힌다.

팝콘 브레인(Popcorn Brain)

첨단 디지털기기의 즉각적 자극에만 반응하고, 현실의 생활이나 인간관계 등에는 둔감한 반응을 보이도록 변형된 뇌 구조를 말한다. 컴퓨터와 스마트폰 등 전자기기를 지나치게 사용하거나 여러 기기로 멀티태스킹을 반복할 때 심해진다.

랜섬웨어(Ransomware)

악성코드(Malware)의 일종으로, 이에 감염된 컴퓨터에 시스템에 대한 접근을 제한시키고 이를 해제하기 위해서 대가로 금전을 요구하는 악성 프로그램을 말한다.

UHD(Ultra-HD)

Full-HD 화면보다 4배 높은 해상도를 통해 보다 선명한 화질로 동영상, 사진을 감상할 수 있다.

롤러블 디스플레이(Rollable Display)

두루마리처럼 둘둘 말 수 있는 디스플레이로, 2024년 정도에는 상용 모바일 제품에 적용될 것으로 전망하고 있다.

유전자가위

유전자의 특정 부위를 절단해 유전체 교정을 가능하게 하는 인공 제한 효소로 유전자가위를 이용해 질병과 관련된 유전자의 기능을 없애는 질병 치료에도 응용할 수 있다.

OTT(Over the Top)

단말기를 통해 인터넷으로 제공하는 콘텐츠를 말한다.

스마트 원자로

한국원자력연구원이 개발한 소형 일체형 원자로로 주요 기기들을 하나의 압력 용기에 구성하였다. 규모 7.0의 지진을 견딜 수 있으며, 2015년 사우디아라비아와 스마트 원자로의 공통 상용화를 위한 양해각서(MOU)를 체결하였고, 세계 최초로 중소형 원자로를 수출한 사례로 평가된다.

하이퍼 로컬(Hyper-Local)

지역 구성원 간의 직접 소통을 의미하며, 언론에서는 지역에 속한 개인이 지역의 뉴스를 직접 전파하는 시스템을 뜻한다.

인포테인먼트(Infotainment)

정보(Information)와 오락(Entertainment)의 합성어로 내비게이션(Navigation) 시스템 등이 고객을 위한 주요 명소, 맛집, 동영상, 맞춤형 광고 등 다양한 콘텐츠가 제공하는 등 고객 부가 서비스가 확충되어 있는 것을 말한다.

직접 메탄올형 연료전지(DMFC)

메탄올과 산소의 전기 화학반응으로 전기를 만드는 에너지 변환 시스템이다. 액상 연료를 사용하기 때문에 에너지 밀도가 높고, 기존 수소 연료전지보다 연료 저장·취급도 쉽다.

소형 태양광 발전기

휴대용 태양광 발전기로, 빛에너지를 전기에너지로 변환할 수 있는 태양전지 셀을 조립이 간편한 독립형의 모듈로 구성하거나 이동성 물체의 외장에 부착함으로써 태양광으로 전기를 생산한다.

프러버(Frubber)

피부 고무라는 뜻의 Flesh Rubber의 줄임말로 질감이 피부와 흡사하다고 알려진 실리콘 계열의 소재이다.

불의 고리(Ring of Fire)

지진과 화산 활동이 활발한 세계 최대의 화산대 중첩 지대인 환태평양 조산대로 4만km에 이른다.

메칼프의 법칙(Metcalfe's Law)

네트워크 효과를 설명하는 법칙으로, 통신망 사용자에 대한 효용성을 나타내는 망의 가치는 대체로 사용자 수의 제곱에 비례한다는 내용이다.

그리드 패리티(Grid Parity)

대체에너지(태양광, 풍력)로 전기를 만드는 데 드는 발전원가가 화석 원료(석유, 석탄) 발전원가와 같아지는 시점을 말한다.

사물인터넷(IoT; Internet of Things)

인터넷을 기반으로 사물에 센서를 부착해 실시간으로 데이터를 주고받는 기술 및 서비스로, 우리가 이용하는 사물(전자제품, 모바일, 컴퓨터 등)에 센서와 통신 기능을 내장하여 인터넷에 연결하고 서로 데이터를 주고받아 자체적으로 분석·학습한 정보를 사용자에게 제공함으로써 이를 원격조정으로 사용할 수 있게 한 인공지능 기술이다.

딥러닝(Deep Learning)

데이터를 조합·분석·분류하는 데 사용하여 학습하는 과정으로, 컴퓨터가 다양한 데이터를 이용해 마치 사람처럼 스스로 학습할 수 있게 하기 위해 만든 인공신경망(ANN; Artificial Neural Network)을 기반으로 하는 기계 학습 기술이다.

크라우드 펀딩(Crowd Funding)

불특정 다수의 개인으로부터 인터넷이나 소셜미디어를 통해 자금을 모으는 것으로, 군중(Crowd)으로부터 투자(Funding)를 받는다는 의미이다. 소셜미디어를 통해 이루어지는 경우가 많아 소셜 펀딩이라고 불리기도 한다.

스피어 피싱(Spear Phishing)

조직 내의 신뢰받는 특정인을 목표로 개인정보를 훔치는 피싱 공격이다. 이때 피싱 공격자들은 특정 기업과 거래한 적이 있는 기업이나 아는 사람을 가장해 송금 등을 요청하는 탓에 범죄로 의심하기가 쉽지 않다.

도그 이어(Dog Year)

정보통신의 눈부신 기술 혁신 속도를 일컫는 말로 10년 안팎인 개의 수명을 사람과 비교할 때, 개의 1년이 사람의 7년과 비슷한 것을 비유하였으며, IT업계의 1년이 보통 사람이 생각하는 7년과 맞먹는 성장 속도로 급변하고 있다는 의미이다.

바이오시밀러(Biosimilar)

특허 기간이 끝난 오리지널 의약품을 모방하여 만든 약품으로, 본래와 다른 방식으로 비슷한 성분이나 함량 등을 유지하여 만든다. 기존의 특허 받은 의약품에 비해 약값이 저렴하다는 특징이 있다.

4차 산업혁명

현재의 생산설비에 정보통신기술을 융합시켜 경쟁력을 제고하는 차세대 산업혁명으로 '지능적 가상 물리 시스템'이 핵심 키워드라 할 수 있다. 우리나라에서는 '제조업 혁신 3.0 전략'이 같은 선상의 개념이다.

카오스 이론

무질서해 보이는 현상 배후에 질서정연한 현상이 감추어져 있음을 전제로 하는 이론으로 1920년 미국의 수리 생물학자인 로버트 메이로부터 시작되었다. 예측 불가능한 현상 뒤의 알려지지 않은 법칙을 밝혀내는 것을 목적으로 한다.

플루토늄(Plutonium)

주기율표 3족에 속하는 악티늄족 원소. 원소기호는 Pu로 금속 상태에서는 은빛이지만, 산화된 상태에서는 황갈색이 된다. 또, 우라늄-235보다 핵분열 특성이 우수하고, 사용 후 핵연료의 재처리를 통해 보다 대량으로 쉽고 값싸게 얻을 수 있어 원자력 발전 연료가 될 수 있다. 그러나 잘못 쓰이면 인류를 파멸로 이끄는 핵무기 원료가 될 수도 있다.

프레온가스

염화불화탄소(CFC)로 염소와 불소를 포함한 일련의 유기 화합물을 총칭한다. 가연성·부식성이 없는 무색·무미의 화합물로, 독성이 적으면서 휘발하기 쉽지만 잘 타지 않고 화학적으로 안정되어 있어 냉매, 발포제, 분사제, 세정제 등으로 산업계에서 폭넓게 사용되고 있다. 그러나 대기권에서 분해되지 않고, 오존이 존재하는 성층권에 올라가서 자외선에 의해 분해되어 오존층 파괴의 원인이 된다.

엘니뇨

페루와 칠레 연안에서 일어나는 해수 온난화 현상이다. 남미 연안은 남풍에 의해 호주 연안으로 바람이 불고 심층으로부터 차가운 해수가 솟는 지역으로, 연중 수온이 낮기 때문에 좋은 어장이 형성되어 있다. 그런데 무역풍이 알 수 없는 이유로 인해 약해지게 될 때 차가운 해수가 솟는 양이 줄어들어 엘니뇨가 발생한다. 엘니뇨 현상으로 태평양 적도 부근에서 따뜻한 해수가 밀려와 표층 수온이 평년보다 올라가고, 어획량도 줄어들며, 특히 호주 지역에 가뭄이 일어나 농업과 수산업에 피해를 입힌다.

온실 효과

대기를 빠져나가야 하는 지표에서 반사된 복사 에너지가 대기를 빠져나가지 못하고 재흡수되어 지구의 기온이 상승하는 현상으로, 대기 자체가 온실의 유리와 같은 기능을 하기 때문에 붙은 이름이다.

온난화 현상

지구의 평균 온도를 상승시키는 온실가스에는 이산화탄소, 메탄, 프레온가스가 있다. 지구의 기온이 점차 상승함으로 인해 해수면이 상승하고 해안선이 바뀌며 생태계에 변화를 가져오게 된다. 이로 인해 많은 환경 문제들이 야기되고 있어 전 세계적으로 이산화탄소 저감 정책이 확산되고 있다.

그래핀(Graphene)

탄소 원자 1개의 두께로 이루어진 아주 얇은 막으로 활용도가 뛰어난 신소재이다. 구리보다 100배 이상 전기가 잘 통하고 실리콘보다 100배 이상 전자를 빠르게 이동시킨다. 강도는 강철보다 200배 이상 강하고, 열 전도성은 다이아몬드보다 2배 이상 높다. 또한 탄성이 뛰어나 늘리거나 구부려도 전기적 성질을 잃지 않아 활용도가 아주 높다.

힉스 입자(Higgs Boson)

우주 모든 공간에 가득 차 있는 입자로, 물질을 구성하는 기본입자 중에서 유일하게 관측되지 않은 가상의 입자이며 '신의 입자'라고도 불린다.

블랙아웃(Black-out)

전기수요가 공급능력을 넘을 때 발생하는 대규모 정전사태이다. 전력망은 서로 연결이 되어 있기 때문에 만일 블랙아웃을 방치하면 한 지역에서 그치지 않고 정전 범위가 점점 더 확대된다. 냉방 수요가 급증하는 여름과 난방수요가 많은 겨울에 발생할 가능성이 높다.

리튬폴리머 전지(Lithium Polymer Battery)

외부전원을 이용해 충전하여 반영구적으로 사용하는 고체 전해질 전지로, 안정성이 높고 에너지 효율이 높은 2차 전지이다. 전해질이 고체 또는 젤 형태이기 때문에 사고로 인해 전지가 파손 되어도 발화하거나 폭발할 위험이 없어 안정적이다. 또한 제조공정이 간단해 대량생산이 가능하며 대용량으로 만들 수 있다. 노트북, 캠코더 등에 주로 사용되며 전기자동차에도 쓰이고 있다.

탄소포인트제

온실가스 감소 정도에 따라 탄소 포인트를 받고 이에 대한 인센티브를 제공받는 제도로 인센티브는 포인트 당 2원 이내로 지급하며, 그린카드 가입자에게는 그린카드 포인트, 미가입자에게는 현금, 상품권, 종량제 쓰레기봉투 등 지자체별로 단수 또는 복수로 선택하여 지급한다.

커넥티드 카(Connected Car)

주변 사물들과 인터넷으로 연결돼 운행에 필요한 각종 교통 정보는 물론 다른 차량의 운행 정보도 실시간으로 확인할 수 있는 스마트 자동차이다. 2016년 11월에 SK텔레콤과 BMW코리아는 5G 통신망을 이용한 커넥티드 카 'T5'를 공개하고 세계 최초로 미래 주행 기술을 선보이기도 했다.

데이터마이닝(Data Mining)

대규모의 데이터베이스로부터 유용한 상관관계를 발견하고, 미래에 실행 가능한 정보를 추출하여 중요한 의사결정에 활용하는 과정으로 기존의 축적된 다양한 데이터에서 기업의 경쟁력을 높일 수 있는 유용한 정보를 찾아내는 작업이다.

디도스(DDoS)

특정 사이트를 마비시키기 위해 수십 대에서 수백만 대의 컴퓨터가 일제히 접속하여 과부하를 일으키는 수법을 말한다.

바이오컴퓨터(Bio Computer)

인간의 뇌에서 이루어지는 학습·기억·추리·판단 등의 고차원적인 정보처리 기능을 컴퓨터에 적용한 것을 말한다. 보통의 컴퓨터는 실리콘을 이용한 반도체 소자를 주요 부품으로 해서 만들지만, 바이오컴퓨터는 단백질과 유기 분자, 아미노산을 결합한 결합물을 바이오칩으로 만들어 컴퓨터 소자로 이용한다.

스풀(Spool)

데이터를 주고받는 과정에서 중앙처리장치와 주변장치의 처리 속도가 달라 발생하는 속도 차이를 극복하여 지체현상 없이 프로그램을 처리하는 기술을 말한다.

그리드컴퓨팅(Grid Computing)

모든 컴퓨터 기기를 하나의 초고속 네트워크로 연결시켜 중요한 업무에 집중적으로 사용할 수 있게 하는 기술을 말한다.

90 : 9 : 1 법칙

인터넷 이용자 중 90%는 관망하고, 9%는 재전송이나 댓글로 정보확산에 기여하며, 극소수인 1%만이 콘텐츠를 창출한다는 법칙이다. 덴마크의 인터넷 전문가인 제이콥 닐슨(Jakob Nielsen)은 이 법칙을 통해 인터넷 사용이 일반화될수록 쌍방향 소통이 활발해질 것이라고 예상되는 한편으로 참여 불균등이 심해질 수 있다고 지적했다.

스트리밍(Streaming)

스트리밍은 '흐르다', '흘러내리다' 등의 의미로 인터넷상에서 데이터가 실시간으로 전송될 수 있도록 하는 기술을 말한다. 음성, 동영상 등 용량이 큰 파일을 한 번에 다운로드하거나 전송하는 것이 쉽지 않기 때문에 파일의 일부를 조금씩 실시간으로 전송하는 것이다. 스트리밍의 발달은 인터넷 방송이 활성화될 수 있는 계기가 됐다.

광대역 통합망(BcN)

음성·데이터, 유·무선 등 통신·방송·인터넷이 융합된 광대역 멀티미디어 서비스를 언제 어디서나 안전하게 이용할 수 있는 차세대 통합 네트워크를 말한다.

반크(VANK; Voluntary Agency Network of Korea)

한국의 이미지를 바르게 알리기 위해 인터넷상에서 활동하는 비정부 민간 단체로 우리나라에 대한 잘못된 정보를 바로잡는 등 폭넓게 활동하고 있으며, 동해와 독도의 국제 표기 수정 활동도 벌이고 있다.

아이핀(i-PIN, Internet Personal Identification Number)

주민등록번호를 대체해 인터넷상에서 개인의 신원을 확인할 수 있도록 부여하는 식별번호로, 하나의 아이핀을 발급받으면 아이핀을 사용하는 사이트에서 모두 이용 가능하며, 언제든지 변경이 가능하다는 것도 장점이다. 13자리 난수의 형태를 취한다.

DRM(Digital Rights Management)

DRM은 허가된 사용자만 디지털콘텐츠에 접근할 수 있도록 제한하여 비용을 지불한 사람만 콘텐츠를 사용할 수 있도록 하는 서비스이다. 인터넷상에서는 각종 디지털콘텐츠들이 불법 복제돼 다수에게 확산될 위험성이 크다. 불법복제는 콘텐츠 생산자들의 권리와 이익을 위협하고 출판, 음악, 영화 등 문화산업 발전에 심각한 해가 될 수 있다는 점에서 DRM, 즉 디지털 저작권 관리가 점점 더 중요해지고 있다.

디지로그(Digilog)

디지털(Digital)과 아날로그(Analog)의 합성어로, 기본적으로는 아날로그 시스템이지만 디지털의 장점을 살려 구성된 새로운 제품이나 서비스를 말한다. 빠르고 편리한 디지털화도 좋지만 최근에는 아날로그적이고 따뜻한 감성, 느림과 여유의 미학을 필요로 하는 사람들이 늘고 있어서 사회, 문화, 산업 전반에서 디지털과 아날로그의 융합인 디지로그에 주목하고 있다.

디지털 컨버전스(Digital Convergence)

방송과 통신, 유선과 무선 등의 구분이 모호해지면서 등장한 새로운 형태의 융합 상품과 서비스이다. 정보통신 분야뿐만 아니라 사회, 경제 모든 분야에서 주목받고 있으며, 유비쿼터스 사회로 진입하는 데 있어서의 핵심적인 전제가 된다.

IPv6(Internet Protocol version 6)

현재 사용되고 있는 IP주소 체계인 IPv4의 단점을 개선하기 위해 개발된 새로운 IP주소 체계를 말한다. IPv4와 비교할 때 IP주소의 길이가 128비트로 늘어났다는 점과 헤더 확장을 통한 데이터 무결성 및 비밀 보장이 특징이다.

m-VoIP(mobile Voice over Internet Protocol)

모바일 인터넷 전화 서비스로 전송 속도가 느리다는 것이 단점이지만, 스마트폰이 대중화되면서 가입자가 빠른 속도로 늘어나고 있다.

N스크린(N-Screen)

하나의 콘텐츠를 다양한 정보통신 기기에서 이용할 수 있는 기술이다. 'N'은 수학에서 아직 결정되지 않은 미지수를 뜻하는데, 하나의 콘텐츠를 이용할 수 있는 스크린의 숫자를 한정 짓지 않는다는 의미에서 N스크린이라고 부른다.

증강현실(AR; Augmented Reality)

실제 환경에 가상의 사물이나 정보를 합성하여 원래의 환경에 존재하는 사물처럼 보이도록 하는 컴퓨터 그래픽 기법을 말한다.

LAN(Local Area Network)

한정된 공간 안에서 컴퓨터와 주변장치 간에 정보와 프로그램을 공유할 수 있도록 하는 네트워크를 말한다.

RFID(Radio Frequency IDentification)

IC칩을 내장해 무선으로 다양한 정보를 관리할 수 있는 차세대 인식 기술로 대형 할인점 계산, 도서관의 도서 출납 관리, 대중교통 요금 징수 시스템 등 활용 범위가 다양하며 향후 여러 분야로 확산될 것으로 예상된다.

4. 문화 · 스포츠 · 미디어

주크박스 뮤지컬(Jukebox Musical)

'팝 뮤지컬(Pop musical)'이라고도 하는데, 이는 과거 대중에게 인기가 높았던 인기곡을 뮤지컬의 소재로 활용했기 때문에 붙여진 이름이다. 대표적인 작품으로는 아바(ABBA)의 노래들로 꾸며진 〈맘마미아!〉로 미국 브로드웨이뿐 아니라 전 세계적으로 약 6,000만 명 이상의 관객을 동원했다. 우리나라의 대표적인 주크박스 뮤지컬에는 〈그날들〉, 〈올슉업(All Shook Up)〉, 〈광화문 연가〉 등이 있다.

미닝아웃(Meaning Out)

소비가 상품의 질과 실용적 필요성, 경제성만을 기준으로 이뤄지던 게 전 시대의 방식이었다면, 현대사회에서 소비는 조금 다른 의미를 지닐 수도 있다. 조금 경제적이지 않더라도 자신이 사는 물건을 통해 자신의 사회적 신념을 보여줄 수 있기 때문이다. 이러한 소비 신념으로는 환경 보호, 동물복지, 친환경 등의 윤리적 신념과 위안부, 반전 등의 사회적 신념이 있다. 이러한 선택 뒤에는 SNS 활동 등이 이어진다.

미슐랭가이드(Michelin Guide)

프랑스의 타이어 회사 미쉐린이 발간하는 세계 최고 권위의 여행 정보 안내서로, 타이어 구매 고객에게 서비스로 배포한 자동차 여행 안내 책자에서 출발했다. 숙박시설과 식당에 관한 정보를 제공해 주는 '레드'와 박물관, 자연경관 등 관광 정보를 제공해 주는 부록 형태의 '그린'이 있다. '레드'의 평가원은 일반 고객으로 가장해 동일한 식당을 연간 5 ~ 6회 방문하여 평가를 하는데, 별점을 부여하는 방식(최고 별 3개)으로 등급을 나눈다(별 1개 : 요리가 훌륭한 식당, 별 2개 : 요리를 먹기 위해 멀리 찾아갈 만한 식당, 별 3개 : 그 요리를 위해 그곳으로 여행을 떠날 만한 식당). '그린' 역시 별점을 부여하는 방식으로 평가한 후 소개한다.

노벨상(Nobel Prize)

다이너마이트를 발명한 스웨덴의 화학자 알프레드 노벨(Alfred B. Nobel)은 인류 복지에 가장 구체적으로 공헌한 사람들에게 나누어 주도록 그의 유산을 기부하였고, 스웨덴의 왕립과학아카데미는 노벨 재단을 설립하여 1901년부터 노벨상을 수여하였다. 해마다 물리학·화학·생리의학·경제학·문학·평화의 6개 부문에서 인류 문명의 발달에 공헌한 사람이나 단체를 선정하여 수여한다. 평화상을 제외한 물리학, 화학, 생리의학, 경제학, 문학상의 시상식은 노벨의 사망일인 매년 12월 10일에 스톡홀름에서, 평화상 시상식은 같은 날 노르웨이 오슬로에서 열린다. 상은 생존자 개인에게 주는 것이 원칙이나 평화상은 단체나 조직에 줄 수 있다.

월드컵(FIFA World Cup)

클럽이나 소속에 상관없이 오직 선수의 국적에 따른 구분으로 하는 축구 경기이다. 4년마다 개최되는 월드컵은 올림픽과 달리 단일종목대회이며, 올림픽은 한 도시를 중심으로 개최되는 반면 월드컵은 한 나라를 중심으로 열린다. 대회 기간 역시 올림픽이 보통 보름 정도이지만 월드컵은 약 한 달 동안 진행된다.

카메오(Cameo)

관객의 시선을 끌 수 있는 유명 인사가 단역을 맡아 출연하는 것을 말한다. 한 장면으로 중요한 포인트가 되기도 하지만, 과할 경우 이야기의 몰입을 방해하는 부작용이 있다.

타이포그래피(Typography)

서체와 글자의 배치를 구성하는 디자인 요소를 말한다. 활자를 배치하고 간격을 조절하는 일, 활자의 모양을 구성하는 일 등이 있으며 지면의 레이아웃을 다루는 일까지 포함된다.

다중이용시설

실내공기 질 관리법에 따른 불특정 다수인이 이용하는 시설로서 지하 역사, 지하도상가, 철도 역사의 대합실, 여객자동차터미널의 대합실 외 광범위한 종류의 시설을 아우른다.

코드 셰이빙(Cord Shaving)

기존에 사용하던 유료 방송을 보다 저렴한 서비스로 갈아타는 것으로 최근에는 기존에 비싼 가격으로 유료 IPTV·케이블TV를 보던 이용자들이 코드 셰이빙(Cord Shaving)을 선택하고 있다.

루핑효과(Looping Effect)

평소에 인지하지 못했던 것이 언론 미디어의 보도를 통해 더욱 확대되는 현상으로 언론의 책임 의식과 신중한 보도 태도를 강조한 말이다.

타운홀미팅(Town Hall Meeting)

미국식 공동체 자유토론 방식으로 어떤 원칙이나 규정도 없으며, 다수의 사람들이 참가할 때에는 소그룹 식으로 나누어 토론을 하기도 하며, 자격을 갖춘 참가자라면 누구라도 자신의 의견을 제시할 수 있으나 투표로 의견을 결정하지는 않는다. 특히 인터넷을 사용하는 e-타운홀미팅의 경우 네티즌들이 문자, 동영상 등으로 정책에 관한 질문을 올리고 자신들의 의견을 표명하기도 한다.

팩 저널리즘(Pack Journalism)

취재 방식이나 취재 시각 등이 획일적이어서 개성 없는 저널리즘을 말한다.

빈지뷰잉(Binge Viewing)

드라마를 첫 회부터 끝까지 한 번에 몰아보는 시청 방식으로 스마트폰과 같이 콘텐츠 소비에 최적화된 디바이스가 보편화되고, 개인 여가를 즐기는 문화가 강해지면서 이러한 시청 방식은 더욱 늘어나고 있다.

맨부커상(Man Booker Prize)

노벨 문학상, 프랑스의 공쿠르 문학상과 함께 세계 3대 문학상 중의 하나로 해마다 영국연방 국가에서 출판된 영어 소설들을 대상으로 시상한다. 2016년 인터내셔널 부문에 한국소설 『채식주의자』가 선정돼 이 소설의 작가인 한강 씨와 영국인 번역가 데보라 스미스가 상을 수상했다.

스토브리그(Stove League)

야구 비시즌에 팀 전력 보강을 위해 선수 영입과 연봉 협상에 나서는 것으로 팬들이 난로(stove) 주위에 모여 선수의 소식 등을 이야기하며 흥분하는 모습이 마치 실제의 경기를 보는 것 같다는 뜻에서 유래한 말이다.

바이애슬론(Biathlon)

크로스컨트리 스키와 소총 사격을 결합한 겨울 스포츠로, 1958년 제1회 세계선수권대회가 개최되고, 1960년 동계올림픽 정식종목으로 채택되었다.

루스벨트 스코어(Roosevelt Score)

야구 경기에서 9 : 8로 스코어가 끝나는 경기. 프로야구에서도 1점 차에 의해 승패가 결정되는 스코어인 케네디 스코어나 루스벨트 스코어는 100회 경기에서 한두 번 나올까 말까 한 점수인데, 야구 경기가 그만큼 긴장감이 넘치고 재미있다는 뜻에서 붙여졌다.

할랄 푸드(Halal Food)

이슬람 율법에 따라 식물성 음식, 해산물, 육류 등을 가공한 음식으로 무슬림이 먹을 수 있도록 허용된 식품이다. 이슬람식 알라의 이름으로 도살된 고기와 이를 원료로 한 화장품 등이 이에 해당된다. 반면 술이나 마약류처럼 정신을 흐리게 하는 식품은 물론 돼지고기·개·고양이 등의 동물, 자연사했거나 잔인하게 도살된 짐승의 고기는 금지된 품목이다.

와하비즘(Wahhabism)

엄격한 율법을 강조하는 이슬람 근본주의를 의미하는데 사우디아라비아의 건국이념이기도 하다. 여성의 종속화, 이교도들에 대한 무관용적인 살상 등이 주요 내용으로 폭력적이고 배타적이다. 이슬람국가(IS)와 알카에다, 탈레반, 보코하람, 알샤바브 등 국제적인 이슬람 테러 조직들이 모두 와하비즘을 모태로 하고 있다.

애드버토리얼(Advertorial)

'Advertisement'와 'Editorial'을 합성한 말로 신문이나 잡지 등에서 기사 형식으로 표현한 광고 기법을 말한다. 이러한 기법으로 만들어진 광고는 보통 신문이나 잡지에 기사 형태로 실리지만 그 내용은 특정 브랜드나 제품을 광고하는 내용이다.

블레임룩(Blame Look)

'비난하다'의 뜻인 '블레임(Blame)'과 '외관', '스타일'을 일컫는 '룩(Look)'의 합성어로 사회적으로 문제를 일으킨 사람들의 패션, 액세서리 등이 이슈가 되거나 유행하는 현상을 말한다.

스낵컬처(Snack Culture)

'짧은 시간에 문화콘텐츠를 소비한다.'는 뜻으로 패션, 음식, 방송 등 사회 여러 분야에서 나타나는 현상이다. 즉 제품과 서비스에 소요되는 비용이 부담스럽지 않아, 항상 새로운 것을 열망하는 소비자들이 많은 것을 소비할 수 있도록 하는 하나의 문화 트렌드로 웹툰, 웹 소설과 웹 드라마가 대표적이다.

아방가르드(Avant-garde)

기존의 전통과 인습을 타파하고 새로운 경향이나 운동을 선보이는 전위 예술로 제1차 세계대전 이후 등장하였다. 군대 중에서도 맨 앞에 서서 가는 '선발대(Vanguard)'를 일컫는 프랑스어로, 문화적 맥락에서 당연한 것으로 받아들여졌던 경계를 허무는 초현실주의 예술운동과 표현의 일종이다.

카피레프트(Copyleft)

지적 창작물에 대한 권리를 모든 사람이 공유할 수 있도록 하는 것으로 1984년 리처드 스톨먼이 주장하였다. 저작권(Copyright)에 반대되는 개념이며 정보의 공유를 위한 조치이다.

세계 3대 영화제

베니스영화제·칸영화제·베를린영화제를 말한다.

미장센(Mise-en-scene)

영화에서 연출가가 모든 시각적 요소를 배치하여 단일한 쇼트로 영화의 주제를 만들어내는 작업으로, 몽타주와 상대적인 개념으로 쓰인다. 특정 장면을 찍기 시작해서 멈추기까지 한 화면 속에 담기는 모든 영화적 요소와 이미지가 주제를 드러내도록 한다.

선댄스영화제

세계 최고의 권위를 지닌 독립영화제로 미국의 감독 겸 배우 로버트 레드포드가 할리우드의 상업주의에 반발하여 독립영화 제작에 활기를 불어넣기 위해 이름 없는 영화제를 후원하고 선댄스 협회를 설립한 뒤, 1985년 미국영화제를 흡수하며 만들어졌다.

스크린쿼터(Screen Quarter)

자국영화 의무상영일수 제도로 영화 상영관의 경영자는 매년 1월 1일부터 12월 31일까지 연간 상영 일수의 5분의 1(73일) 이상 한국 영화를 상영하여야 한다. 본래 146일이었으나 한·미 FTA 협상 전제 조건에 따라 50% 축소되었다.

르네상스 3대 거장

1480 ~ 1520년까지를 르네상스 회화의 전성기로 보는데, 이 시기에 활동한 레오나르도 다빈치, 미켈란젤로, 라파엘로를 르네상스의 3대 거장이라 부른다.

팝아트(Pop Art)

대중문화적 시각이미지를 미술의 영역 속에 수용한 구상미술의 경향이다. 1950년대 영국에서 시작된 팝아트는 추상표현주의의 주관적 엄숙성에 반대하며 TV, 광고, 매스미디어 등 주위의 소재들을 예술의 영역 안으로 받아들였다.

프레타포르테(Pret-a-porter)

오트쿠튀르(Haute Couture)와 함께 세계 양대 의상 박람회를 이루는 기성복 박람회로, '고급 기성복'이라는 의미를 지닌다. 제2차 세계대전 이후 오트쿠튀르보다는 저렴하면서도 비슷한 질의 기성복을 원하는 사람들이 늘어나면서 생겨났다.

4대 통신사

AP(미국 연합통신사), UPI(미국 통신사), AFP(프랑스 통신사), 로이터(영국 통신사)를 말한다.

디지털 디톡스(Digital Detox)

디지털 중독 치유를 위해 디지털 분야에 적용하는 디톡스 요법으로 스마트폰 등 첨단 정보기술의 보급으로 인해 디지털 기기가 우리의 일상생활에 깊이 파고듦에 따라, 디지털 홍수에 빠진 현대인들이 전자기기를 멀리하고 명상과 독서 등을 통해 심신을 치유하자는 운동이다.

매스미디어 효과 이론

매스 커뮤니케이션이 끼치는 효과의 총체적 크기에 관한 이론으로 '강효과', '중효과', '소효과' 이론으로 분류한다.

게이트키핑(Gate Keeping)

뉴스가 대중에게 전해지기 전에 기자나 편집자와 같은 뉴스 결정권자(게이트키퍼)가 대중에게 전달하고자 하는 뉴스를 취사선택하여 전달하는 것이다. 보도의 공정성과 관련한 논의에서 자주 등장한다.

발롱 데세(Ballon D'essai)

여론의 방향을 탐색하기 위해 정보나 의견을 흘려보내는 것을 말한다.

스쿠프(Scoop)

일반적으로 특종기사를 다른 신문사나 방송국에 앞서 독점 보도하는 것을 말하며 비트(Beat)라고도 한다.

엠바고(Embargo)

본래 특정 국가에 대한 무역·투자 등의 교류 금지를 뜻하지만 언론에서는 뉴스 기사의 보도를 한시적으로 유보하는 것을 말한다.

IPTV(Internet Protocol Television)

인터넷망을 이용해 멀티미디어 콘텐츠를 제공하는 방송·통신 융합 서비스로, TV 수상기에 셋톱박스를 설치하면 인터넷 검색은 물론 다양한 동영상 콘텐츠 및 부가서비스를 제공받을 수 있다.

미디어렙(Media Representative)

Media(매체)와 Representative(대표)의 합성어로, 방송사의 위탁을 받아 광고주에게 광고를 판매하고 판매 대행 수수료를 받는 회사이다.

퍼블리시티(Publicity)

광고주가 회사·제품·서비스 등과 관련된 뉴스를 신문·잡지 등의 기사나 라디오·방송 등에 제공하여 무료로 보도하도록 하는 PR 방법이다. 직접적인 유료 광고를 통해 구매 욕구를 자극하는 것이 아니라, 사실보도 형식의 기사 속에 회사나 상점에 대한 언급을 포함하는 광고 활동을 말한다.

트리플더블(Triple Double)

농구의 한 경기에서 한 선수가 득점, 어시스트, 리바운드, 스틸, 블록슛 중 2자리 수 이상의 기록을 세 부문에서 달성하는 것을 말한다. 네 부문에서 달성하면 쿼드러플더블(Quadruple Double)이라고 한다.

퍼펙트게임(Perpect Game)

한 명의 투수가 선발로 출전하여 단 한 명의 주자도 출루하는 것을 허용하지 않은 게임을 말한다.

프리에이전트(FA; Free Agent)

프로야구 등 여러 스포츠 경기 규약에 따라 어떤 팀과도 자유롭게 교섭할 권리를 얻은 선수를 말한다.

골프 4대 메이저대회

남자골프(PGA)에는 PGA챔피언십(PGA Championship, 1860 ~) · US오픈(US Open, 1895 ~) · 브리티시오픈(British Open, 1916 ~) · 마스터스(Masters, 1930 ~) 등이 있고, 여자골프(LPGA)에는 브리티시오픈(British Open, 1860 ~) · US여자오픈(US Women's Open, 1946 ~) · LPGA챔피언십(LPGA Champion- ship, 1955 ~) · 크래프트 나비스코 챔피언십(Kraft Nabisco Championship, 1972 ~) 등이 있다.

세계 4대 메이저 테니스 대회

윔블던(Wimbledon) · 전미오픈(US Open) · 프랑스오픈(French Open) · 호주오픈(Australian Open)을 말한다.

세계 4대 모터쇼

프랑크푸르트, 디트로이트, 파리, 도쿄 모터쇼가 메이저급을 대표하는 모터쇼를 말한다.

유니버시아드(Universiade)

국제대학 스포츠 연맹이 주관하는 대학생 종합 운동경기 대회를 말한다.

패럴림픽(Paralympic)

신체 · 감각 장애가 있는 운동선수가 참가하는 국제 스포츠 대회로 1988년 서울 올림픽 대회 이후부터 매 4년마다 올림픽이 끝나고 난 후 올림픽을 개최한 도시에서 국제패럴림픽위원회(IPC)의 주관하에 개최된다. 원래 패럴림픽은 척추 상해자들끼리의 경기에서 비롯되었기 때문에 Paraplegic(하반신 마비)과 Olympic (올림픽)의 합성어였지만 다른 장애인들도 경기에 포함되면서, 현재는 그리스어의 전치사 Para(나란히)를 사용하여 올림픽과 나란히 개최됨을 의미한다.

1. 선사시대와 고조선

(1) 정치

① 정치제도

군장 중에서 왕을 추대 → 왕의 권력 취약

② 지방행정

군장세력이 각기 자기 부족 통치 : 군장의 관료 명칭이 왕의 관료와 동일한 명칭으로 사용 → 왕의 권력 취약

③ 군사제도 : 군장세력이 독자적으로 지휘

(2) 사회

① 신분제

㉠ 구석기 : 무리 생활, 평등사회(이동 생활)

㉡ 신석기 : 부족사회, 평등사회(정착 생활 시작)

㉢ 청동기 : 사유재산제, 계급 발생(고인돌), 군장국가(농경 보편화)

㉣ 초기 철기 : 연맹왕국 형성

② 사회조직

㉠ 구석기 : 가족 단위의 무리 생활

㉡ 신석기 : 씨족이 족외혼을 통해 부족 형성

㉢ 청동기 : 부족 간의 정복활동, 군장사회

㉣ 초기 철기 : 군장이 부족을 지배하면서 국왕 선출

(3) 경제

① 구석기

㉠ 빙하기 : 고기잡이와 사냥, 채집 생활 → 무리 생활 → 이동 생활 → 동굴과 막집 생활(뗀석기, 골각기)

㉡ 주먹도끼 : 연천군 전곡리 출토 → 서구 우월적인 모비우스 학설 논파

② 신석기

㉠ 농경의 시작 → 정착 생활 → 강가나 해안가(물고기잡이 병행) : 움집 생활, 씨족 공동체 사회(부족·평등사회)

㉡ 빗살무늬 토기, 간석기 사용, 원시 신앙 발달

③ 청동기

㉠ 청동기 사용 → 전반적인 기술의 급격한 발달 → 부와 권력에 의한 계급 발생 → 국가(고조선) 등장

㉡ 비파형 동검과 미송리식 토기(고조선의 세력 범위와 일치)

㉢ 벼농사의 시작과 농경의 보편화 → 구릉지대 생활

〈동이족과 고조선의 세력 범위〉

④ 철기

    ㉠ 세형동검, 명도전과 거푸집, 암각화

    ㉡ 연맹왕국이 나타나기 시작

    ㉢ 배산임수의 취락 구조 정착, 장방형 움집, 지상가옥화

(4) 문화

① 신석기 : 애니미즘, 샤머니즘, 토테미즘, 영혼숭배와 조상숭배(원시 신앙)

② 청동기 : 선민사상(정치이념)

(5) 고조선

① 청동기 문화를 바탕으로 기원전 2333년에 건국

② 만주의 요령 지방과 한반도 서북 지방의 여러 부족을 통합

③ 건국이념 : 홍익인간(弘益人間, 널리 인간을 이롭게 한다)

④ 변천과정 : 건국 → 중국의 연과 대립으로 쇠퇴 → 철기 도입 → 위만조선 건국(기원전 194년) → 철기와 중계무역으로 성장 → 한의 침입으로 멸망

⑤ 의의 : 민족사의 유구성과 독자성

⑥ 사회 모습

    ㉠ 선민사상 : 환인과 환웅의 후손

    ㉡ 농경사회 : 농사에 필요한 비, 바람, 구름을 주관

    ㉢ 토테미즘 : 곰과 호랑이 숭배

    ㉣ 제정일치 사회

(6) 여러 나라의 성장

① 고조선이 멸망할 무렵 철기 문화를 바탕으로 성립 → 각 부족의 연합 또는 전쟁을 통해 국가 형성

② 만주지방 : 부여, 고구려

③ 한반도 북부 동해안 : 옥저, 동예

④ 한반도 남부 : 마한, 변한, 진한

    ㉠ 마한 : 54개의 소국, 목지국의 지배자가 마한의 왕으로 행세

    ㉡ 진한과 변한 : 각각 12개의 소국으로 구성

2. 삼국시대와 남북국시대(통일신라와 발해)

(1) 정치

① 삼국시대(민족 문화의 동질적 기반 확립)

    ㉠ 정치제도(왕권강화와 중앙 집권화)

- 왕위세습, 율령반포, 관등제
- 귀족합의제도 : 제가, 정사암, 화백회의는 국가 중대사 결정 → 왕권 중심의 귀족국가정치

    ㉡ 지방행정

- 군사적 성격, 부족적 전통
- 고구려 : 5부(욕살)
- 백제 : 5방(방령)
- 신라 : 5주(군주)

    ㉢ 군사제도 : 군사조직은 지방제도와 관련, 국왕이 직접 군사를 지휘

② 남북국시대

    ㉠ 정치제도(왕권의 전제화 – 신라 중대)

- 집사부 시중의 권한 강화
- 국학설치 : 유교정치이념 수용

      ※ 발해 : 왕위의 장자상속, 독자적 연호 사용

    ㉡ 지방행정(지방 제도 정비)

- 신라
  - 9주(도독) : 행정 중심
  - 5소경 : 지방세력 통제
- 발해 : 5경·15부·62주

    ㉢ 군사제도

- 신라 : 9서당(왕권강화, 민족 융합), 10정(지방군)
- 발해 : 8위

(2) 경제

① 토지제도

　　㉠ 왕토사상 : 토지 공유

　　㉡ 통일신라의 토지 분급, 녹읍(귀족의 농민 징발도 가능) → 관료전 지급(신문왕, 왕권 강화) →
　　　　녹읍의 부활(신라 하대, 왕권 약화)

　　㉢ 농민에게 정전 분급

② 조세제도

　　㉠ 조세 : 생산량의 1/10

　　㉡ 역 : 군역과 요역

　　㉢ 공물 : 토산물세

③ 산업

　　㉠ 신석기 : 농경 시작

　　㉡ 청동기 : 벼농사 시작, 농경의 보편화

　　㉢ 철기 : 철제농기구 사용 → 경작지 확대

　　㉣ 지증왕 : 우경 시작

　　㉤ 신라 통일 후 상업 발달, 아라비아 상인 출입(울산항)

(3) 사회

① 신분제(신분제도 성립)

　　㉠ 지배층 특권을 유지하기 위해 율령제도, 신분제도 마련

　　㉡ 신분은 친족의 사회적 위치에 따라 결정

　　　• 귀족 : 권력과 경제력 독점

　　　• 평민 : 생산 활동에 참여, 조세 부담

　　　• 천민 : 노비, 부곡민

　　㉢ 신라 골품제

　　　• 골품은 개인의 신분과 정치활동 제한

　　　• 관등조직은 골품제와 연계 편성, 복색은 관등에 따라 지정

② 사회조직

　　㉠ 골품제도 : 중앙집권국가 성립 시기에 군장세력 재편 → 신라 하대에 골품제도의 모순 노출

　　㉡ 귀족합의기구 : 화백, 정사암, 제가회의 → 왕권 견제

　　㉢ 화랑제도 : 교육의 기능, 계급갈등을 조절

　　㉣ 진골 귀족의 왕위 쟁탈전

　　㉤ 반신라 세력 : 호족, 6두품, 도당유학생, 선종, 풍수지리설

　　㉥ 신라 하대 전국적 농민 봉기

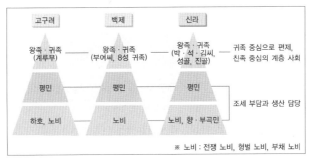

〈삼국의 신분 구조〉

(4) 문화

① 삼국시대

　㉠ 불교
　　• 수용 : 중앙 집권 체제 확립과 통합
　　• 발전 : 왕실불교, 귀족불교

　㉡ 유교
　　• 고구려 : 태학, 경당(모든 계층 망라)
　　• 백제 : 5경 박사
　　• 신라 : 임신서기석

　㉢ 전통사상 및 도교
　　• 시조신 숭배 : 지배층
　　• 샤머니즘, 점술 : 민중
　　• 도교 : 사신도, 산수무늬 벽돌, 사택지적비, 백제 봉래산 향로

② 남북국시대

　㉠ 불교
　　• 원효의 정토종 : 불교의 대중화, 화쟁 사상(불교 통합)
　　• 의상의 화엄종 : 전제왕권 지지
　　• 교종 : 경전, 귀족 – 신라 중대
　　• 선종 : 참선, 호족 – 신라 하대(반신라), 개인의 정신 중시 → 신라 중대에 탄압
　　• 발해 : 고구려 불교 계승

　㉡ 유교
　　• 유교이념 수용 : 국학, 독서삼품과(귀족의 반대로 실패)
　　• 강수 : 외교 문서
　　• 설총 : 이두 문자 집대성
　　• 김대문 : 주체적
　　• 최치원 : 사회개혁

　㉢ 전통사상 및 도교
　　• 도교 : 최치원의 난랑비, 정효공주 묘비
　　• 풍수지리설 : 중국에서 전래, 국토 재편론(호족 지지) → 신라 왕권의 약화

3. 고려시대

(1) 정치

① 정치제도
  - ㉠ 최승로의 시무28조 : 중앙집권적, 귀족정치, 유교정치이념 채택
  - ㉡ 귀족제 : 공음전과 음서제
  - ㉢ 합좌기구 : 도병마사 → 도평의사사(귀족연합체제)
  - ㉣ 지배계급 변천 : 호족 → 문벌귀족 → 무신 → 권문세족 → 신진사대부
  - ㉤ 서경제 : 관리임명 동의, 법률개폐 동의

② 지방행정
  - ㉠ 지방제도의 불완전성(5도 양계 : 이원화)
  - ㉡ 중앙집권의 취약성(속군, 속현)
    - ※ 속군과 속현 : 지방관이 파견 안 된 곳으로 향리가 실제 행정을 담당. 이들 향리가 후에 신진
      사대부로 성장
  - ㉢ 중간행정기구의 미숙성(임기 6개월, 장관품계의 모순)
  - ㉣ 지방의 향리세력이 강함

③ 군사제도
  - ㉠ 중앙 : 2군 6위(직업군인)
  - ㉡ 지방 : 주현군, 주진군(국방담당)
  - ㉢ 특수군 : 광군, 별무반, 삼별초
  - ㉣ 합의기구 : 중방

(2) 경제

① 토지제도(전시과 체제 정비)
  - ㉠ 역분전(공신)
  - ㉡ 전시과 제도 : 수조권만 지급, 시정전시과 → 개정전시과(직·산관) → 경정전시과(직관)
  - ㉢ 귀족의 경제 기반 : 공음전
  - ㉣ 고려 후기 : 농장 발달(권문세족)

② 조세제도
  - ㉠ 전세 : 민전은 1/10세
  - ㉡ 공납 : 상공, 별공
  - ㉢ 역 : 정남(16 ~ 60세), 강제노동
  - ㉣ 잡세 : 어세, 염세, 상세

③ 산업
  - ㉠ 농업 중심의 자급자족사회 : 유통경제 부진
  - ㉡ 농업 : 심경법, 2년 3작, 시비법, 목화
  - ㉢ 상업 : 화폐주조
  - ㉣ 무역발달(송, 여진, 거란, 일본, 아랍), 예성강 입구의 벽란도

〈고려 전기의 대외 무역〉

(3) 사회

① 신분제(신분제도의 재편성)
  ㉠ 골품제도의 붕괴 : 호족 중심의 중세 사회 형성
  ㉡ 호족의 문벌귀족화
  ㉢ 중간계층의 대두
   • 귀족 : 왕족, 문무고위 관리
   • 중간계층 : 남반, 서리, 향리, 군인
   • 양인 : 농, 상, 공 – 조세부담
   • 천민 : 노비, 향·소·부곡민
  ㉣ 여성의 지위가 조선시대보다 높음
② 사회조직
  ㉠ 법률 : 대가족 제도를 운영하는 관습법 중심
  ㉡ 지배층의 성격 비교
   • 문벌귀족(고려 중기) : 과거나 음서를 통해 권력 장악
   • 권문세족(몽골간섭기) : 친원파로 권력 독점, 농장소유
   • 신진사대부(무신집권기부터) : 성리학자, 지방 향리 출신, 중소지주
  ㉢ 사회시설
   • 의창·제위보 : 빈민구제
   • 상평창 : 물가 조절

(4) 문화

① 불교

    ㉠ 숭불정책(훈요 10조 : 연등회, 팔관회)

    ㉡ 연등회, 팔관회 : 왕실 권위 강화

    ㉢ 불교의 통합운동(원효 화쟁론의 영향)

       • 의천의 천태종 : 교종 중심, 귀족적(중기)

       • 지눌(돈오점수, 정혜쌍수)의 조계종 : 선종 중심, 무신정권기

       • 혜심의 유불일치설

② 유교

    ㉠ 유교정치이념 채택(최승로의 시무 28조)

    ㉡ 유학성격 변화 : 자주적(최승로) → 보수적(김부식) → 쇠퇴(무신)

    ㉢ 성리학의 수용(몽골간섭기) : 사대부의 정치사상으로 수용, 사회개혁 촉구

    ㉣ 이제현의 사략(성리학적 사관)

③ 전통사상 및 도교

    ㉠ 도교행사 빈번 : 장례

    ㉡ 풍수지리설 : 서경길지설(북진정책 기반 – 묘청의 서경천도 운동)

    ㉢ 묘청의 서경천도 운동 : 귀족사회의 구조적 모순에서 비롯됨

〈묘청의 서경천도 운동〉

4. 조선시대(전기)

(1) 정치

① 정치제도(15C : 훈구파 주도, 16C : 사림파의 성장과 주도)

    ㉠ 왕권과 신권의 균형(성리학을 바탕으로 한 왕도정치)

    ㉡ 의정부 : 합의기구, 왕권강화

    ㉢ 6조 : 행정분담

    ㉣ 3사 : 왕권견제

    ㉤ 승정원·의금부 : 왕권강화

② 지방행정(중앙집권과 지방자치의 조화)

    ㉠ 8도(일원화) : 부, 목, 군, 현 – 면, 리, 통

    ㉡ 모든 군현에 지방관 파견

ⓒ 향리의 지위 격하(왕권강화)

ⓓ 향·소·부곡 소멸 : 양인 수 증가

ⓔ 유향소·경재소 운영 : 향촌자치를 인정하면서도 중앙집권강화

ⓕ 사림은 향약과 서원을 통해 향촌지배

③ 군사제도(양인개병제, 농병일치제)

ⓐ 중앙 : 5위, 궁궐 수비·수도 방비

ⓑ 지방 : 영진군

ⓒ 잡색군 : 전직 관리, 서리, 노비로 구성된 예비군

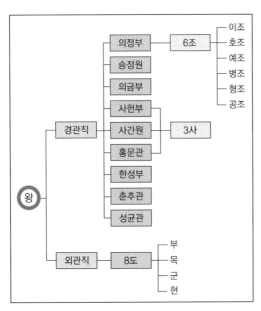

〈조선의 통치 체제〉

(2) 경제

① 토지제도(과전법 체제)

ⓐ 과전법 : 사대부의 경제기반 마련

ⓑ 직전법(세조, 직관) : 농장의 출현

ⓒ 관수관급제(성종) : 국가의 토지 지배 강화, 양반의 농장 보편화 촉진

ⓓ 녹봉제(명종) : 과전법 체제의 붕괴, 지주 전호제 강화, 농민 토지 이탈

→ 부역제와 수취제의 붕괴(임란과 병란이 이를 촉진시킴)

② 조세제도

ⓐ 전세 : 수확의 1/10세, 영정법(4두)

ⓑ 공납 : 호구세, 상공과 별공

ⓒ 군역 : 양인개병제, 농병일치제

③ 산업(중농억상 정책으로 상공업 부진)

　　㉠ 농업 : 이앙법 시작, 이모작 보급

　　㉡ 상업 : 시전 중심, 지방 중심, 화폐유통 부진

　　㉢ 수공업 : 장인은 관청에 부역

　　㉣ 무역 : 조공무역 중심

(3) 사회

① 신분제(양반 관료제 사회)

　　㉠ 양인 수 증가 : 향·소·부곡의 해체, 다수의 노비 해방

　　㉡ 양천제 실시(양인과 천민)

　　㉢ 과거를 통한 능력 중심의 관료 선발

　　㉣ 16C 이후 양반, 중인, 상민, 천민으로 구별

② 사회조직

　　㉠ 법률 : 경국대전 체제(성리학적 명분질서의 법전화)

　　㉡ 종법적 가족제도 발달 : 유교적 가족제도로 가부장의 권한 강화, 적서차별

　　㉢ 사회시설

　　　• 환곡 : 의창 → 상평창(1/10)

　　　• 사창 : 양반지주층 중심의 자치적인 구제기구

　　㉣ 사회통제책 : 오가작통법, 호패법

(4) 문화

① 불교

　　㉠ 불교의 정비 : 유교주의적 국가 기초 확립

　　㉡ 재정확보책 : 도첩제, 사원전 몰수, 종파의 통합

　　　※ 고대 : 불교, 중세 : 유·불교, 근세 : 유교

② 유교

　　㉠ 훈구파(15C) : 중앙집권, 부국강병, 사장 중시, 과학기술 수용, 단군 숭배

　　㉡ 사림파(16C) : 향촌자치, 왕도정치, 경학 중시, 과학기술 천시, 기자 숭배

　　㉢ 주리론 : 이황(영남학파, 남인, 도덕 중시)

　　㉣ 주기론 : 이이(기호학파, 서인, 현실 중시)

③ 전통사상 및 도교

　　㉠ 도교 행사 정비 : 소격서(중종 때 조광조에 의해 폐지)

　　㉡ 풍수지리설 : 한양천도(왕권강화), 풍수·도참사상 – 관상감에서 관리

　　㉢ 민간신앙의 국가신앙화

　　　※ 기타 종교와 사상에 대한 국가 관리는 유교사회를 확립하려는 의도

5. 조선시대(후기)

(1) 정치

① 정치제도
  ㉠ 임란을 계기로 비변사의 강화 → 왕권의 약화(상설기구 전환)
  ㉡ 정쟁의 심화 → 서인의 일당 독재화, 영·정조의 탕평책 실패 → 세도정치의 등장 → 대원군의
    개혁(왕권강화, 농민 안정책)

② 군사제도
  ㉠ 중앙 : 5군영(용병제), 임란과 병란으로 인한 부역제의 해이로 실시
  ㉡ 지방 : 속오군(향촌자체방위, 모든 계층)
  ㉢ 조선 초기(진관체제) → 임란(제승방략체제) → 조선 후기(진관체제 복구, 속오군 편성)

(2) 경제

① 토지제도
  중농학파 "농민의 토지 이탈과 부역제의 붕괴를 막는 것은 체제의 안정을 유지하는 것"
  ㉠ 유형원 : 균전제(계급 차등분배)
  ㉡ 이익 : 한전제(영업전 지급)
  ㉢ 정약용 : 여전제(급진적 내용, 공동생산과 공동분배)

② 조세제도
  농민의 불만 해소와 재정 확보를 위해, 궁극적으로는 양반지배체제의 유지를 위하여 수취제도를
  개편
  ㉠ 영정법(전세) : 1결 4두 → 지주 유리
  ㉡ 대동법(공납) : 공납의 전세화, 토지 결수로 징수
  ㉢ 균역법 : 2필 → 1필, 선무군관포, 결작
    ※ 조세의 전세화, 금납화 → 화폐경제, 도시와 시장 발달 → 수요 증대 → 상품경제와 상공업
      발달 ⇒ 자본주의 맹아

③ 산업
  서민경제의 성장 → 서민의식의 향상
  ㉠ 농업 : 이앙법, 견종법의 보급 → 광작 → 농촌사회의 계층 분화
  ㉡ 상업 : 사상, 도고의 성장 → 상인의 계층 분화, 장시의 발달 → 도시의 발달
  ㉢ 민영수공업 발달 : 납포장, 선대제
  ㉣ 광업
    • 17C : 사채의 허용과 은광 개발이 활발(대청 무역)
    • 18C : 상업 자본의 광산 경영 참여로 잠채 성행(금·은광)
    • 자본과 경영의 분리 : 덕대가 채굴 노동자 고용

〈조선 후기의 상업〉

(3) 사회

① 신분제(신분제도의 동요)

    ㉠ 양반 수의 증가 : 납속책, 공명첩, 족보 위조

    ㉡ 중인층의 지위 향상 : 서얼의 규장각 등용, 역관

    ㉢ 평민의 분화 : 농민(경영형 부농, 임노동자), 상인(도고상인, 영세상인)

    ㉣ 노비 수의 감소 : 공노비 해방(순조), 양인 확보

② 사회조직(사회 불안의 고조)

    ㉠ 신분제 동요 : 몰락양반의 사회개혁 요구

    ㉡ 삼정(전정, 군정, 환곡)의 문란 : 서민의식의 향상(비판의식)

    ㉢ 위기의식의 고조 : 정감록 유행, 도적의 출현, 이양선의 출몰

〈19세기의 농민 운동〉

(4) 문화

① 불교 : 불교의 민간 신앙화

② 유교

    ㉠ 양명학의 수용 : 정제두의 강화학파

        ※ 실학 : 통치 질서의 붕괴와 성리학의 한계, 서학의 전래, 고증학의 영향으로 등장

    ㉡ 중농학파 : 토지제도 개혁

    ㉢ 중상학파 : 상공업 진흥책, 박제가(소비론), 박지원(화폐유통론)

    ㉣ 국학 : 동사강목(한국사의 정통론), 해동역사(다양한 자료 이용), 동사·발해고(반도 사관 극복), 연려실기술(실증적 연구)

③ 전통사상 및 도교(사회의 동요)

    천주교 수용, 동학의 발전, 정감록 등 비기도참 사상, 미륵신앙 유행 → 현실 비판(서민문화의 발달)

6. 근·현대

(1) 정치

Ⅰ. 개항과 근대 변혁 운동

① 흥선대원군의 정책

    ㉠ 19세기 중엽의 상황 : 세도정치의 폐단, 민중 세력의 성장, 열강의 침략적 접근

    ㉡ 흥선대원군의 집권(1863 ~ 1873)

        • 왕권강화정책 : 서원 철폐, 삼정의 문란 시정, 비변사 폐지, 의정부와 삼군부의 기능 회복, 『대전회통』 편찬

        • 통상수교거부정책 : 병인양요, 신미양요, 척화비 건립

② 개항과 개화정책

    ㉠ 개항 이전의 정세

        • 개화 세력의 형성

        • 흥선대원군의 하야와 민씨 세력의 집권(1873)

        • 운요호 사건(1875)

    ㉡ 문호개방

        • 강화도 조약(1876) : 최초의 근대적 조약, 불평등 조약

        • 조·미 수호통상조약(1882) : 서양과의 최초 수교, 불평등 조약(최혜국 대우)

③ 갑신정변(1884) : 최초의 근대화 운동(정치적 – 입헌군주제, 사회적 – 신분제 폐지 주장)

    ㉠ 전개 : 급진개화파(개화당) 주도

    ㉡ 실패원인 : 민중의 지지 부족, 개혁 주체의 세력 기반 미약, 외세 의존, 청의 무력간섭

    ㉢ 결과 : 청의 내정 간섭 심화

    ㉣ 1880년대 중반 조선을 둘러싼 열강의 대립 심화

④ 동학농민운동의 전개
  ㉠ 배경
    • 대외적 : 열강의 침략 경쟁에 효과적으로 대응하지 못함
    • 대내적 : 농민 수탈, 일본의 경제적 침투
    • 농민층의 상황 : 불안과 불만 팽배 → 농촌 지식인들과 농민들 사이에서 사회 변화 움직임 고조
  ㉡ 전개 과정
    • 고부 봉기 : 전봉준 중심으로 봉기
    • 1차 봉기 : 보국안민과 제폭구민을 내세움 → 정읍 황토현 전투의 승리 → 전주 점령
    • 전주 화약기 : 폐정개혁 12개조 건의, 집강소 설치
    • 2차 봉기 : 항일 구국 봉기 → 공주 우금치 전투에서 패배

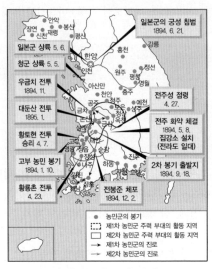

〈동학농민운동의 전개〉

⑤ 갑오개혁과 을미개혁
  ㉠ 갑오개혁(1894)
    • 군국기무처 설치 : 초정부적 회의 기관으로 개혁 추진
    • 내용 : 내각의 권한 강화, 왕권 제한, 신분제 철폐
    • 과정 : 홍범 14조 반포
    • 한계 : 군사적 측면에서의 개혁이나 농민들의 요구에 소홀
  ㉡ 을미개혁(1895)
    • 과정 : 일본의 명성 황후 시해 → 친일 내각을 통해 개혁 추진
    • 내용 : 단발령, 태양력 사용 등
⑥ 독립협회와 대한제국
  ㉠ 독립협회(1896 ~ 1898)
    • 배경 : 아관파천으로 인한 국가 위신 추락
    • 활동 : 국권·이권수호 운동, 민중계몽운동, 입헌군주제 주장
    • 만민공동회(1898) : 최초의 근대식 민중대회
    • 관민공동회 : 헌의 6조 결의

    ⓛ 대한제국 성립(1897)
- 배경 : 고종의 환궁 여론 고조
- 자주 국가 선포 : 국호 – 대한제국, 연호 – 광무
- 성격 : 구본신참의 복고주의, 전제 황권 강화

⑦ 일제의 국권 강탈
    ㉠ 러·일 전쟁(1904 ~ 1905) : 일본의 승리(한반도에 대한 일본의 독점적 지배권)
    ⓛ 을사늑약(1905, 제2차 한·일 협약)

⑧ 항일의병전쟁과 애국계몽운동
    ㉠ 항일의병운동
- 을미의병(1895) : 한말 최초의 의병봉기(을미사변과 단발령이 원인)
- 을사의병(1905) : 평민의병장 신돌석의 활약
- 정미의병(1907) : 고종의 강제퇴위와 군대 해산에 대한 반발, 13도 창의군 조직, 서울진공작전
    ⓛ 애국계몽운동(교육과 산업)
- 신민회(1907) : 비밀결사 조직, 문화적·경제적 실력양성운동, 105인 사건으로 해산

Ⅱ. 민족의 수난과 항일 민족 운동

① 일제의 식민정책
    ㉠ 1910년대(1910 ~ 1919) : 무단통치(헌병경찰제 – 즉결처분권 부여)
    ⓛ 1920년대(1919 ~ 1931) : 문화통치(민족 분열 정책, 산미증식계획)
    ⓒ 1930년대(1931 ~ 1945) : 민족말살통치(병참기지화 정책, 내선일체, 황국신민화, 일본식 성명 강요)

② 3·1운동(1919)
    ㉠ 배경 : 미국 윌슨 대통령의 '민족자결주의'와 2·8독립선언
    ⓛ 3·1운동은 대한민국 임시정부가 세워진 계기가 됨

③ 대한민국 임시정부(1919. 9. 상하이)
    ㉠ 한성정부의 법통 계승
    ⓛ 연통제, 교통국, 외교활동(구미위원부)

④ 국내외 항일민족운동
    ㉠ 국내 항일운동
- 신간회(1927) : 비타협적 민족주의자와 사회주의 세력 연합 → 노동·소작쟁의, 동맹 휴학 등을 지원
- 학생운동 : 6·10만세운동(1926), 광주학생 항일운동(1929)
    ⓛ 국외 항일운동 : 간도와 연해주 중심
- 대표적 전과 : 봉오동 전투, 청산리 전투(1920)
- 간도 참변(1920) : 봉오동·청산리 전투에 대한 일제의 보복
- 자유시 참변(1921) : 러시아 적군에 의한 피해
- 3부의 성립(1920년대) : 정의부, 참의부, 신민부
- 중국군과 연합하여 항일전 전개(1930년대)
- 한국광복군(1940, 충칭)
    ⓒ 사회주의 세력 : 중국 공산당과 연계 – 화북 조선 독립 동맹 결성, 조선 의용군 조직

Ⅲ. 대한민국의 성립과 발전

① 광복 직후의 국내 정세

　　㉠ 모스크바 3상 회의(1945) : 한반도 신탁통치 결정

　　㉡ 미·소 공동위원회(1946) : 남북한 공동 정부 수립 논의 – 결렬

② 대한민국 정부의 수립(1948) : 5·10 총선거 → 제헌국회 → 대통령 선출 → 정부 수립

(2) 경제

① 토지제도

　　㉠ 동학농민운동에서만 토지의 평균 분작 요구

　　㉡ 대한제국 : 지계발급

　　㉢ 일제의 수탈

　　　• 토지조사사업(1910 ~ 1918) : 조선의 토지약탈을 목적으로 실시

　　　• 산미증식계획(1920 ~ 1935) : 농지개량, 수리시설 확충 비용 소작농이 부담

　　　• 병참기지화 정책(1930 ~ 1945) : 중화학공업, 광업 생산에 주력(기형적 산업구조) – 군사적 목적

② 조세제도

　　㉠ 갑신정변 : 지조법 개정

　　㉡ 동학농민운동 : 무명잡세 폐지

　　㉢ 갑오·을미개혁 : 조세 금납화

　　㉣ 독립협회 : 예산공표 요구

③ 산업

　　㉠ 근대적 자본의 성장

　　㉡ 일제 강점기 : 물산장려운동

(3) 사회

① 신분제(평등 사회로의 이행)

　　㉠ 갑신정변(1884) : 문벌폐지, 인민평등권

　　㉡ 동학농민운동(1894) : 노비제 폐지, 여성지위 상승

　　㉢ 갑오개혁(1894) : 신분제 폐지, 봉건폐습 타파

　　㉣ 독립협회(1896) : 민중의식 변화, 민중과 연대

　　㉤ 애국계몽운동(1905) : 민족교육운동, 실력양성

② 사회조직

　　㉠ 개혁 세력 : 민권사상을 바탕으로 평등사회 추구

　　㉡ 위정척사파 : 양반 중심의 봉건적 신분질서 유지

　　㉢ 동학농민운동 : 반봉건, 반제국주의의 개혁 요구

　　㉣ 독립협회 : 자주, 자유, 자강 개혁 요구

　　㉤ 광무개혁 : 전제 군주제를 강화하기 위한 개혁

　　㉥ 의병활동 : 반제국주의의 구국 항전

　　㉦ 애국계몽단체 : 자주독립의 기반 구축 운동

(4) 문화

① 동도서기(東道西器) : 우리의 정신문화는 지키고 서양의 과학 기술을 받아들이자는 주장(중체서용, 구본신참) → 양무운동, 대한제국

② 불교 유신론 : 미신적 요소를 배격하고 불교의 쇄신을 주장

③ 민족사학의 발전 : 신채호, 박은식, 최남선

④ 기독교계는 애국계몽운동에 힘씀

(5) 광복 전후의 국제 논의

① 카이로 회담(1943)
   ㉠ 일본에 대한 장래 군사행동 협정
   ㉡ 한국을 자유국가로 해방시킬 것을 약속

② 얄타 회담(1945)
   ㉠ 한국에 대한 신탁통치 약속
   ㉡ 한국 38도 군사경계선 확정

③ 포츠담 회담(1945)
   ㉠ 일본 군대 무장 해제
   ㉡ 한국 자유국가 해방 약속 재확인(카이로 회담의 선언)

④ 모스크바 3상 회의(1945)
   ㉠ 5년간 미국, 영국, 소련, 중국 등 4개국 정부의 한국 신탁통치 결정
   ㉡ 미국, 소련 공동 위원회(임시정부) 설치

(6) 대한민국 정부 수립

① 5·10 총선거(1948)
   ㉠ 남한 단독 선거
   ㉡ 남북 협상파 불참
   ㉢ 이승만, 한민당 압승
   ㉣ 제헌국회 구성 및 민주공화국 체제의 헌법 제정

② 대한민국 정부 수립(1948)
   ㉠ 대통령은 이승만, 부통령에 이시영 선출
   ㉡ 대한민국 성립 선포

③ 반민족 행위 처벌법 제정(1948)
   ㉠ 일제강점기 시대에 친일 행위를 한 자를 처벌하기 위한 법
   ㉡ 이승만의 소극적 태도로 처벌 실패

④ 6·25 전쟁(1950)
   ㉠ 북한의 무력 통일 정책
   ㉡ 이승만의 정치·경제 불안
   ㉢ 과정
     • 무력 남침 → 서울 함락, 낙동강까지 후퇴 → 유엔국 참전 및 인천상륙작전 → 서울 탈환, 압록 강까지 전진 → 중공군 개입 → 후퇴 → 휴전 협정
   ㉣ 경제적·인적 피해 및 한미상호방위조약 체결(1953)

01 ▶ 사회

| 대표유형 | 정치 |

다음 중 국가의 3요소에 해당하지 않는 것은?

① 권력
② 국민
③ 주권
④ 영토

| 해설 | 국가의 3요소는 주권, 국민, 영토이다.

정답 ①

01 2010 ~ 2024년에 출생해 어릴 적부터 기술적 진보를 경험하며 자란 세대를 뜻하는 말은?

① 밀레니얼세대
② I세대
③ 알파세대
④ E세대

02 다음 중 최초에 제시된 숫자가 기준점 역할을 하여 합리적인 사고를 하지 못하고 이후의 판단에 영향을 주는 현상은?

① 창구 효과
② 앵커링 효과
③ 컴튼 효과
④ 프라이밍 효과

03 부동산 가격이 상승하면서 주택의 유무 또는 집값의 차이가 계층 격차로 이어지는 현상을 일컫는 용어로 적절한 것은?

① 하우스디바이드
② 디지털디바이드
③ 트리핀딜레마
④ 투키디데스 함정

04 다음 중 약효가 전혀 없는 가짜 약을 진짜 약으로 가장하여, 환자에게 복용토록 했을 때 환자의 병세가 호전되는 현상의 심리효과를 가리키는 용어는?

① 플라시보 효과
② 피그말리온 효과
③ 노시보 효과
④ 나비 효과

05 우리나라에 두 번째로 설립된 해양과학기지는?

① 가거초 해양과학기지
② 이어도 해양과학기지
③ 독도 해양과학기지
④ 울릉도 해양과학기지

06 국적, 인종, 종교, 성 정체성, 정치적 견해, 사회적 위치, 외모 등에 대해 의도적으로 폄하하는 발언을 뜻하는 용어는?

① 캔슬 컬처(Cancel Culture)
② 헤이트 스피치(Hate Speech)
③ 딥 백그라운드(Deep Background)
④ 엘리베이터 스피치(Elevator Speech)

07 농림축산식품부장관은 병원성조류인플루엔자의 차단을 위해 가금류와 관련된 종사자 등에게 일시적인 이동중지 명령을 내릴 수 있는데, 이를 뜻하는 용어는?

① 셉테드(CPTED)
② 세틀먼트(Settlement)
③ 애프터케어(Aftercare)
④ 스탠드 스틸(Stand Still)

08 노동에 대한 다음 설명 중 옳지 않은 것은?

① 집단적 거부 운동을 뜻하는 영어 '보이콧(Boycott)'은 지명에서 유래했다.

② '노르마(Norma)'는 개인이나 공장에 할당된 노동이나 생산의 최저 기준량, 또는 개인에게 부과된 노동량을 뜻한다.

③ '살쾡이파업'은 중앙 노조의 통제를 벗어나 일부 단위사업장에서 노동자들이 벌이는 비공인의 산발적인 파업을 뜻한다.

④ '퍼플칼라(Purple Collar)'는 적은 시간 일하면 보수가 적지만, 정규직으로서의 직업 안정성과 경력을 보장받는다는 점에서 비정규직과 다르다.

09 다음 중 금융 당국에서 유동성 조정의 일환으로 실시하는 테이퍼링(Tapering)에 대한 설명으로 적절하지 않은 것은?

① 중앙은행은 국채, MBS(주택저당채권) 등 자산의 매입량을 줄이는 테이퍼링으로써 유동성을 조절한다.

② 테이퍼링을 실시할 때는 일정 수준의 물가상승률과 고용목표 기준을 테이퍼링의 전제 조건으로 설정하는 것이 일반적이다.

③ 테이퍼링은 긴축 정책으로 인한 과도한 물가하락을 신속하게 해소하기 위해 가능한 한 빠르게 통화 유동성을 확대하는 전략이다.

④ 민간 경기주체가 테이퍼링을 금리 인상과 긴축정책의 신호로 인식할 경우에는 외화 유출 등으로 인해 외환위기가 발생할 가능성이 높아진다.

10 다음 경제 기사에 나타난 ㉠의 관계와 관련 있는 용어는?

> 미국 운송업체 F사가 전자상거래 업체인 A사와의 사실상 '결별'을 결정했다. 복수의 미국 매체에 따르면 F사는 기한이 임박한 A사와의 지상 화물 운송 계약을 연장하지 않기로 결정했다. 이에 앞서 F사는 A사와 항공 화물 운송 계약을 종료한 바 있다. 미국 언론은 F사의 이번 결정에 대해 "A사가 화물 항공기 리스와 트럭 구매, 지방 배송 운전자에 대한 지원 등을 통해 자체적으로 배달 네트워크 구축에 나서는 것이 오랜 동지였던 F사와 A사 사이의 긴장이 심화되고 있다는 증거"라고 분석했다. 또한 미국의 많은 경제 전문가들은 "㉠ 친구이자 적이었던 F사와 A사가 이제는 서로를 경쟁자로 인식하고 있다"고 분석한다. A사는 이미 F사에 대한 의존을 줄여오고 있는 것으로 알려졌다.

① 프리카스(Pre–CAS)　　　　　② 프레너미(Frienemy)

③ 프리보드(Free–Board)　　　　④ 프리젠티즘(Presenteeism)

11 다음 중 인권에 대한 설명으로 적절하지 않은 것은?

① 보편성, 항구성, 불가침성 등의 특성이 있다.

② 인간으로서 마땅히 누려야 할 기본적 권리이다.

③ 현대 사회에서는 과거에 비해 인권의 영역이 축소되고 있다.

④ 국가의 법으로 보장되기 이전부터 자연적으로 주어진 권리이다.

12 다음과 같은 전통적 생활양식을 볼 수 있는 지역의 기후는?

> • 열기와 습기를 피하기 위해 집을 지면에서 띄워 짓는다.
> • 토양이 척박하여 주기적으로 이동하며 불을 질러 밭을 만든 후 작물을 재배한다.

① 열대 기후   ② 건조 기후

③ 온대 기후   ④ 한대 기후

13 다음 중 열섬 현상의 원인으로 적절하지 않은 것은?

① 녹지 면적의 증가

② 아스팔트 도로의 증가

③ 콘크리트 건물의 증가

④ 자동차의 배기가스 배출 증가

14 다음에서 설명하는 것으로 가장 적절한 것은?

> 산업화로 생산 과정의 자동화가 이루어졌지만 이로 인해 인간을 마치 기계의 부속품처럼 여기게 되어 노동에서 얻는 만족감이나 성취감이 약화되는 현상을 의미한다.

① 연고주의   ② 인간 소외

③ 공간 불평등   ④ 계층의 양극화

15 다음 밑줄 친 ㉠에 들어갈 내용으로 적절하지 않은 것은?

> 세계화에 따라 지역 간 교류와 협력이 강화되면서 뉴욕, 런던, 도쿄, 파리 등과 같이 전 세계적으로 중심지 역할을 하는 세계 도시들이 등장하였다. 이들 세계 도시는 _____㉠_____ 등이 집중되어 있다.

① 플랜테이션 농장　　　　　② 다국적 기업의 본사
③ 생산자 서비스 기능　　　　④ 국제 금융 업무 기능

16 다음에서 설명하는 자원은?

> • 자동차 보급이 확산되면서 수요가 급증하였다.
> • 현재 세계에서 가장 소비량이 많은 에너지 자원이다.

① 풍력　　　　　　　　　　② 석탄
③ 석유　　　　　　　　　　④ 천연가스

17 다음 중 정보화로 인한 문제점으로 적절하지 않은 것은?

① 사생활 침해　　　　　　　② 인터넷 중독
③ 개인 정보 유출　　　　　　④ 공간적 제약의 완화

18 다음 글에 나타난 자연에 대한 관점은?

> 바람직한 대지 이용을 오직 경제적 문제로만 생각하지 말라. 윤리적, 심미적으로 무엇이 옳은가의 관점에서 검토하라. 생명 공동체의 통합성과 안정성 그리고 아름다움의 보전에 이바지한다면, 그것은 옳다. 그렇지 않다면 그르다.
>
> — 레오폴드(Leopold, A.)

① 물질 만능주의　　　　　　② 생태 중심주의
③ 수정 자본주의　　　　　　④ 인간 중심주의

19 다음에서 설명하는 국제 환경 협약은?

> • 2015년 12월에 195개국이 참여하여 2050년까지 온실가스 배출량을 '0'으로 하겠다는 목표를 설정함
> • 기후 변화에 따른 피해에 취약한 국가를 돕고자 함

① 런던 협약   ② 바젤 협약
③ 람사르 협약   ④ 파리 기후 협약

20 다음 중 세계 시민 의식을 갖춘 사람의 자세로 적절하지 않은 것은?

① 인류의 보편적 가치를 중시한다.
② 세계의 공존과 공익을 추구한다.
③ 문화의 차이를 인정하고 다양성을 존중한다.
④ 이산화탄소 배출을 증가시켜 탄소 발자국을 늘린다.

21 다음 밑줄 친 ㉠에 들어갈 말로 가장 적절한 것은?

> • 모든 국민은 인간으로서의 존엄과 가치를 가지며, ___㉠___ 을/를 추구할 권리를 가진다.
> • 아리스토텔레스는 ___㉠___ 을/를 인간 존재의 목적이고 이유라고 하였다.

① 복지   ② 봉사
③ 준법   ④ 행복

22 다음 (가) ~ (다)는 인권 보장과 관련된 사건이다. 발생 시기가 이른 순서대로 나열한 것은?

> (가) : 영국의 권리 장전 승인
> (나) : 독일의 바이마르 헌법 제정
> (다) : 국제 연합(UN)의 세계 인권 선언 채택

① (가) - (나) - (다)   ② (가) - (다) - (나)
③ (나) - (가) - (다)   ④ (나) - (다) - (가)

23 다음에서 설명하는 것은?

> • 의미 : 비슷한 상품을 생산하는 기업들끼리 생산량과 가격을 사전에 협의하여 결정하는 것
> • 영향 : 시장의 자유로운 경쟁 제한, 소비자의 선택권 침해

① 신용
② 예금
③ 담합
④ 채권

24 다음 밑줄 친 ㉠에 들어갈 내용으로 가장 적절한 것은?

> **대공황 극복의 길을 열다!**
> 1933년 미국의 루스벨트 대통령은 ___㉠___ 으로 대공항 극복에 나섰다. ___㉠___ 은 실업 구제 사업과 대규모 공공사업 등을 통해 유효 수요를 늘리려는 의도로 시작되었다.

① 뉴딜 정책
② 석유 파동
③ 시민 불복종
④ 보이지 않는 손

25 다음에서 설명하는 것은?

> 국가가 보유한 생산 요소를 특정 상품 생산에 집중 투입하여 전문성과 생산성을 높이는 생산 방식이다.

① 화폐
② 펀드
③ 편익
④ 특화

26 다음은 권력 분립 제도와 관련된 헌법 조항이다. ㉠, ㉡에 들어갈 말을 알맞게 짝지은 것은?

> • 제40조 입법권은 ___㉠___ 에 속한다.
> • 제66조 제4항 ___㉡___ 은 대통령을 수반으로 하는 정부에 속한다.

	㉠	㉡		㉠	㉡
①	법원	사법권	②	법원	행정권
③	국회	사법권	④	국회	행정권

27 바람직한 생애 주기별 금융 설계에 대한 설명으로 적절한 것을 〈보기〉에서 모두 고르면?

> **보기**
>
> ㄱ. 생애 주기 전체를 고려하여 설계한다.
> ㄴ. 생애 주기별 과업을 바탕으로 재무 목표를 설정한다.
> ㄷ. 중·장년기에는 저축하지 않고 수입 전액을 지출한다.
> ㄹ. 미래 소득은 제외하고 현재 소득만을 고려하여 설계한다.

① ㄱ, ㄴ   ② ㄱ, ㄷ
③ ㄴ, ㄹ   ④ ㄷ, ㄹ

28 2020년 12월 유네스코 무형문화유산으로 등재된 한국의 문화 행사는 무엇인가?

① 연등회   ② 윷놀이
③ 지신밟기   ④ 강릉 단오제

29 다음에서 설명하는 것은?

> 연한 하늘색인 비색의 아름다움과 그릇의 각종 모양과 장식이 조화를 이루는 우아한 형태와 음각과 양각 및 상감법에 의한 독특한 무늬가 어우러져 세련된 아름다움과 독창성을 창출했다.

① 청화백자   ② 백자
③ 고려청자   ④ 분청사기

30 다음 밑줄 친 ㉠에 들어갈 내용으로 가장 적절한 것은?

> **_____㉠_____ 의 사례**
>
> • ○○기업은 오염 물질을 배출하여 사람들에게 피해를 주지만 어떠한 보상도 해 주지 않는다.
> • 양봉업자가 과수원 주변에 꿀벌을 쳐서 과수원 주인은 더 많은 과일을 수확할 수 있게 되었지만 양봉업자에게 그 대가를 지급하지 않는다.

① 외부 효과   ② 공정 무역
③ 규모의 경제   ④ 윤리적 소비

31 다음에서 설명하는 것은?

> 여러 민족의 다양한 문화를 하나로 녹여 그 사회의 주류 문화에 동화시키고자 하는 다문화 정책이다.

① 용광로 정책　　　　　　② 셧다운제 정책
③ 고용 보험 정책　　　　　④ 샐러드 볼 정책

32 다음 중 자유주의적 정의관에 대한 설명으로 가장 적절한 것은?

① 개인보다 국가나 사회가 우선한다.
② 개인의 자유에 최고의 가치를 부여한다.
③ 개인의 이익 추구보다 공동선의 달성을 중시한다.
④ 인간의 삶에서 개인보다 공동체가 가지는 의미를 중시한다.

33 다음과 같은 특징이 나타나는 기후 지역은?

> • 기후 : 강수량이 적음
> • 농업 : 오아시스나 외래 하천 부근에서 관개 시설을 이용해 밀, 대추야자 등을 재배함
> • 전통 가옥 : 지붕이 평평한 흙벽돌집

① 열대 기후 지역　　　　　② 건조 기후 지역
③ 온대 기후 지역　　　　　④ 한대 기후 지역

34 다음에서 설명하는 자연재해는?

> • 저위도의 열대 해상에서 발생하여 우리나라에 영향을 미치는 열대 저기압
> • 강한 바람에 많은 비를 동반하여 큰 피해를 유발함

① 가뭄　　　　　　　　　② 지진
③ 태풍　　　　　　　　　④ 폭설

35 다음 밑줄 친 ㉠에 들어갈 내용으로 적절하지 않은 것은?

> 도시에서는 인공 구조물과 아스팔트, 콘크리트 등의 포장 면적이 증가하여 _____㉠_____

① 녹지 면적이 감소한다.
② 농경지 확보가 유리해진다.
③ 도심에 열섬 현상이 나타난다.
④ 빗물이 토양에 잘 흡수되지 않는다.

36 다음에서 설명하는 에너지 자원은?

> • 화석 연료이며, 연소 시 대기 오염 물질의 배출이 적음
> • 냉동 액화 기술의 발달과 수송선이 개발되면서 소비량이 증가함

① 석유
② 석탄
③ 원자력
④ 천연가스

37 다음에서 설명하는 것은?

> • 의미 : 온라인상에서 사람과 사람을 연결해 주어 정보를 공유할 수 있는 서비스
> • 영향 : 인간관계 방식의 다양화와 정치 참여 기회의 확대

① 브렉시트(Brexit)
② 누리소통망(SNS)
③ 인플레이션(Inflation)
④ 배리어 프리(Barrier Free)

38 다음에서 설명하는 도시는?

> 다국적 기업의 본사, 생산자 서비스 기능, 금융 업무 기능 등이 집중되어 있고, 뉴욕, 런던, 도쿄 등이 대표적인 도시이다.

① 공업 도시
② 생태 도시
③ 세계 도시
④ 슬로 시티

39 다음에 해당하는 인구 문제는?

> • 원인 : 결혼 및 자녀에 대한 가치관 변화와 여성의 사회 진출 증가
> • 영향 : 향후 노동력 부족 및 인구 감소

① 저출산   ② 성차별
③ 인구 과잉   ④ 인종 갈등

40 다음에서 설명하는 것은?

> • 두 개 이상의 주권 국가로 구성되어 국제법상 독자적인 지위를 갖는 조직이다.
> • 유럽 연합(EU), 국제 통화 기금(IMF) 등이 해당한다.

① 정당   ② 국제기구
③ 이익 집단   ④ 비정부 기구

41 다음에서 설명하는 기본권은?

> • 국가로부터 최소한의 인간다운 생활을 보장받을 권리이다.
> • 교육권, 환경권 등이 해당한다.

① 사회권   ② 자유권
③ 참정권   ④ 청구권

42 다음 밑줄 친 ㉠, ㉡에 들어갈 사회적 상호 작용이 바르게 짝지어진 것은?

> • ___㉠___ : 마을 주민 모두가 힘을 합쳐 마을 텃밭을 가꾸고 있다.
> • ___㉡___ : 태권도 대회에서 금메달을 획득하기 위해 상대방과 겨루고 있다.

	㉠	㉡			㉠	㉡
①	경쟁	갈등		②	경쟁	협동
③	교환	협동		④	협동	경쟁

43 다음 밑줄 친 ㉠에 들어갈 민수의 대답으로 가장 적절한 것은?

> 〈밴드왜건 효과의 사례〉
>
> 수진 : 어제 최신 스마트폰을 샀어. 너도 살 거니?
> 민수 : _____㉠_____

① 나는 미래의 소비를 위해 저축하겠어.
② 나도 유행에 질 수 없지. 당장 사러 가야겠어.
③ 나는 너와 달라 보이고 싶기 때문에 사지 않겠어.
④ 나는 지금 가지고 있는 스마트폰을 더 사용할 거야.

PART 2

44 다음 중 자문화 중심주의에 대한 설명으로 가장 적절한 것은?

① 다양한 문화를 존중하는 태도이다.
② 다른 문화의 관점에서 자신의 문화를 비하한다.
③ 문화 간에 열등함과 우월함을 평가하지 않는다.
④ 자기 문화를 기준으로 다른 문화를 낮게 평가한다.

45 다음에서 설명하는 것은?

> • 주로 교육이나 고용 분야에서 차별받아 온 집단의 구성원에게 우선적으로 기회를 주는 것이다.
> • 대입 농어촌 학생 특별 전형, 여성 고용 할당제 등이 해당한다.

① 셧다운제   ② 부당 노동 행위
③ 환경 영향 평가제   ④ 적극적 우대 조치

46 다음 대화의 밑줄 친 ㉠에 해당하는 법은?

> A : 임금, 근로 시간, 휴일, 유급 휴가 등 근로 조건에 대해 알고 싶은데 무엇을 찾아보면 될까요?
> B : _____㉠_____을 찾아보렴. 근로자의 기본적인 생활을 보장하기 위하여 헌법에 근거한 근로 조건의 최저 기준이 나와 있단다.

① 근로 기준법   ② 노인 복지법
③ 다문화 가족 지원법   ④ 독점 규제 및 공정 거래에 관한 법

47 다음에서 설명하는 것은?

> • 다른 사람과 구별되는 자신만의 독특한 모습이다.
> • '나는 누구인가?'라는 물음에 대답하는 과정에서 발견된다.

① 규범   ② 문화
③ 자아   ④ 유비쿼터스

48 다음 중 사실 판단에 해당하는 것은?

① 무궁화는 아름다운 꽃이다.
② 우리나라 애국가는 4절로 되어 있다.
③ 현행 대학 입시 제도를 개선해야 한다.
④ 어려운 친구를 잘 도와주는 학생은 착하다.

49 다음에서 설명하는 것은?

> • 재화나 서비스의 차입을 전제로 부담한 금전상의 의무이며, 빚 또는 채무라고 한다.
> • 자신의 상환 능력을 고려하지 않고 과소비를 할 때 발생할 수 있다.

① 현금   ② 소득
③ 예금   ④ 부채

50 다음 중 환율에 대한 설명으로 적절하지 않은 것은?

① 서로 다른 두 나라 화폐 간의 교환 비율을 의미한다.
② 환율 변동은 자국 화폐의 상대적 가치 변화를 의미한다.
③ 우리나라는 국가가 환율을 결정하여 환율이 변동하지 않는다.
④ 1달러 당 1,000원이던 환율이 1달러 당 1,200원이 되면 '환율이 상승했다'고 표현한다.

대표유형　　근 · 현대

조선 말 흥선대원군의 정책으로 옳지 않은 것은?

① 백성에게 원성을 사던 서원을 철폐하였다.

② 경복궁을 허물고 창경궁을 지었다.

③ 안동 김씨 일가를 몰아내는 등 세도정치를 척결하였다.

④ 쇄국정책을 시행하였다.

| 해설 |　흥선대원군은 임진왜란 때 불탄 이후 폐허가 된 경복궁을 재건하여 왕실의 위엄을 높이려 하였으나, 그 과정에서 강제 노동과 원납전 징수 등으로 백성의 원성이 높았으며, 또한 국가 재정을 악화시키기도 하였다.

오답분석

① 당시 서원은 많은 혜택을 누렸으며, 서원의 폐단으로 인해 백성들의 원성이 높았다. 이에 흥선대원군은 전국 서원 중 47개소만 남기고 전부 철폐하였다.

③ 흥선대원군은 오랫동안 세도정치를 했던 안동 김씨 일가를 완전히 몰아내고 세도정치를 척결하였다.

④ 흥선대원군은 서구와의 교류보다는 나라 안의 안정이 먼저라고 생각하고 쇄국정책을 시행하였다.

정답 ②

01　　**신석기 시대에 대한 설명으로 옳지 않은 것은?**

① 농경 시작　　　　　　　　　　② 정착 생활

③ 움집 생활　　　　　　　　　　④ 계급 발생

02　　**다음 중 사료의 밑줄 친 '도적'에 대한 설명으로 가장 적절한 것은?**

> • 신라가 말년에 쇠미해져서 정치가 어지럽고 백성이 흩어지니, 왕기(王畿) 밖의 주현(州縣) 중에서 신라에 반기를 든 곳과 복속한 곳이 서로 반반이었고, 멀고 가까운데서 여러 도적들이 벌떼처럼 일어나고 개미처럼 모이듯 하였다.
> • 도적이 나라 서남 방면에서 일어나 붉은 바지를 입어 구분하니, 사람들이 이를 적고적(赤袴賊)이라 불렀다. 이들은 주현을 노략질하고 서울 서부 모량리 민가를 약탈하였다.
>
> －『삼국사기』

① 호족 세력 강화에 이용되기도 하였다.

② 지방 토착 세력인 향리에 의해 주도되었다.

③ 진골 귀족과 타협하여 호족 세력을 억압하였다.

④ 6두품 세력과 손을 잡고 왕위 쟁탈전을 전개하였다.

03 다음 사건이 일어난 이후의 사실로 옳은 것은?

> 왕이 보병과 기병 등 5만 명을 보내 신라를 구원하게 하였다. 고구려군이 남거성을 거쳐 신라성에 이르렀는데, 그곳에 왜적이 가득하였다. 고구려군이 도착하자 왜적이 퇴각하였다.

① 고구려가 옥저를 복속시켰다.
② 백제가 고구려의 평양성을 공격하였다.
③ 가야 연맹이 대가야를 중심으로 재편되었다.
④ 신라 지배자의 칭호가 차차웅으로 바뀌었다.

04 다음에서 설명하고 있는 유물을 대표적으로 사용하는 시대의 특징으로 옳은 것은?

> 검신의 형태가 비파와 비슷해 붙여진 이름으로 중국 요령지방에 주로 분포하기 때문에 요령식 동검으로도 불린다. 검신의 아랫부분은 비파형태를 이루었고, 검신 중앙부에는 돌기부가 있고 돌기부 양쪽으로 날이 약간씩 휘어 들어간 형태이다.

① 빗살무늬토기를 만들어 곡식, 열매 등을 저장하였다.
② 소 등의 가축의 목축이 시작되었다.
③ 조, 보리 등을 경작하였고, 일부 지역에서 벼농사가 시작되었다.
④ 가락바퀴와 뼈바늘을 이용해 옷을 만들기 시작하였다.

05 다음 중 울산 대곡리 반구대 암각화가 새겨져 있는 댐의 이름은?

① 사연댐   ② 선암댐
③ 대곡댐   ④ 대암댐

06 다음 중 고인돌에 대한 설명으로 옳지 않은 것은?

① 청동기 시대의 유물이다.
② 한반도는 전 세계에서 가장 많은 고인돌을 보유하고 있다.
③ 당시 사회가 계급의 구분이 없는 평등한 사회였음을 알 수 있다.
④ 다량의 부장품이 함께 발굴되었다.

07 다음에서 설명하고 있는 부여의 제천행사로 옳은 것은?

> • 정월 보름에 하늘에 제사를 지내며, 먹고 마시고 춤춘다.
> • 감옥을 열고 죄인을 풀어준다.

① 영고　　　　　　　　② 동맹
③ 무천　　　　　　　　④ 계절제

08 다음과 같은 풍속을 지닌 국가는 어디인가?

> 형벌은 엄격하고 각박하여 사람을 죽인 자는 사형에 처하고, 그 가족은 적몰(籍沒)하여 노비로 삼았
> 다. 도둑질을 하면 (도둑질한 물건의) 12배를 배상하게 하였다. 남녀 간에 음란한 짓을 하거나 부인
> 이 투기하면 모두 죽였다. 투기하는 것을 더욱 미워하여 죽이고 나서 그 시체를 나라의 남산에 버려
> 서 썩게 하였다. 친정집에서 (그 부인의 시체를) 가져가려면 소와 말을 바쳐야 하였다.
> ─ 『삼국지 위지 동이전』

① 부여　　　　　　　　② 고구려
③ 옥저　　　　　　　　④ 동예

09 다음 유물이 처음으로 제작된 시대의 생활 모습으로 옳은 것은?

〈빗살무늬 토기〉

① 민화가 유행하였다.
② 불교를 받아들였다.
③ 농경과 목축을 시작하였다.
④ 철제 농기구를 사용하였다.

10 다음 밑줄 친 ㉠에 들어갈 나라는?

〈 ___㉠___ 의 8조법〉

• 사람을 죽인 자는 즉시 죽인다.
• 남을 상처를 입힌 자는 곡식으로 갚는다.
• 도둑질을 한 자는 노비로 삼는다.

---

① 마한   ② 백제
③ 신라   ④ 고조선

11 다음 밑줄 친 ㉠에 들어갈 사건은?

〈고구려와 수·당의 전쟁〉

• ___㉠___ : 수나라의 침입을 을지문덕이 물리침
• 안시성 싸움 : 당나라의 침입을 성주와 백성들이 결사적으로 저항하여 물리침

---

① 기묘사화   ② 신미양요
③ 무신 정변   ④ 살수 대첩

12 다음 〈보기〉 중 발해에 대한 설명으로 옳은 것을 모두 고르면?

보기

ㄱ. 고구려 계승 의식을 내세웠다.
ㄴ. 당으로부터 해동성국이라 불리었다.
ㄷ. 화랑도를 국가적 조직으로 정비하였다.
ㄹ. 이성계가 건국한 후 한양으로 천도하였다.

---

① ㄱ, ㄴ   ② ㄱ, ㄷ
③ ㄴ, ㄹ   ④ ㄷ, ㄹ

13 다음 설명에 해당하는 국가는?

> • 우리 민족 최초의 국가로 8조의 법을 운영함
> • 비파형 동검과 탁자식 고인돌로 문화 범위를 추정함

① 부여 ② 동예
③ 삼한 ④ 고조선

14 다음에서 설명하는 고구려의 왕은?

> • 남진 정책을 추진함
> • 평양으로 수도를 옮김
> • 백제의 수도 한성을 점령함

① 장수왕 ② 진흥왕
③ 문무왕 ④ 근초고왕

15 다음 설명에 해당하는 제도는?

> • 고구려 고국천왕 때 농민 몰락 방지를 위해 실시함
> • 봄에 곡식을 빌려 주었다가 가을에 추수한 것으로 갚도록 함

① 음서제 ② 진대법
③ 골품제 ④ 과전법

16 다음에서 설명하는 고려의 왕은?

> • 쌍성총관부를 공격하여 철령 이북의 영토를 수복함
> • 신돈을 등용하여 전민변정도감을 설치함

① 성왕 ② 공민왕
③ 장수왕 ④ 진흥왕

17 다음 중 ㉠에 들어갈 내용으로 가장 적절한 것은?

〈수행 평가 계획서〉

주제 : _____㉠_____
- 1모둠 : 전시과 제도의 정비 과정에 대해 조사하기
- 2모둠 : 공음전, 군인전의 특징에 대해 조사하기

① 고려의 토지 제도　　　　　② 삼국의 문물 교류
③ 조선의 대외 관계　　　　　④ 통일 신라의 신분 제도

18 다음에서 설명하는 고려의 공예품은?

- 신라와 발해의 전통과 기술을 토대로 송의 자기 제작 기술을 받아들여 만들어짐
- 귀족 사회의 전성기인 11세기에 만들어진 비색의 자기임

① 청자　　　　　② 활구
③ 거중기　　　　　④ 신기전

19 다음에서 설명하는 고려의 인물은?

〈역사 인물 카드〉

- 생몰 연도 : 1158 ~ 1210
- 주요 활동
  - 수선사 결사 조직
  - 수행 방법으로 정혜쌍수, 돈오점수 제시
  - 선·교 일치의 사상 체계 정립

① 계백　　　　　② 지눌
③ 김유신　　　　　④ 김좌진

20 다음은 고구려의 발전에 대한 내용이다. 발생한 순서대로 바르게 나열한 것은?

> ㄱ. 낙랑을 축출하고, 요동으로 진출하였다.
> ㄴ. 불교를 공인하고, 율령을 반포하였다.
> ㄷ. 옥저를 복속하였다.
> ㄹ. 평양으로 천도하였다.

① ㄱ - ㄴ - ㄷ - ㄹ   ② ㄱ - ㄷ - ㄴ - ㄹ

③ ㄴ - ㄱ - ㄹ - ㄷ   ④ ㄷ - ㄱ - ㄴ - ㄹ

21 다음 내용과 관련이 있는 인물은?

> • 불교의 대중화   • 아미타 신앙
> • 일심 사상   • 무애가

① 원효   ② 의상

③ 원측   ④ 혜초

22 다음 〈보기〉에서 설명하는 세력은?

> **보기**
> • 무신정변 이후 지방의 향리들이 과거를 통해 중앙 관리로 진출하여 형성되었다.
> • 공민왕대 개혁정치를 통해 정치 세력으로 성장하였다.
> • 급진적 개혁을 추구한 일부는 위화도 회군 이후 정치권력을 장악하고 조선을 건국하였다.

① 호족   ② 권문세족

③ 문벌귀족   ④ 신진사대부

23 다음 밑줄 친 ㉠에 들어갈 역사서는?

> 학생 : 『 ___㉠___ 』에 대해 알려 주세요.
> 교사 : 고려 후기 승려 일연이 저술한 것으로, 단군의 건국 이야기를 기록하고 있습니다.

① 동의보감
② 농사직설
③ 삼국유사
④ 향약집성방

24 다음에서 설명하는 고려의 정치 기구는?

> • 관리의 비리를 감찰하는 기구임
> • 중서문하성의 낭사와 함께 대간으로 불림

① 어사대
② 집사부
③ 제가 회의
④ 통리기무아문

25 다음 밑줄 친 ㉠에 들어갈 정치 세력은?

> 〈신라 말기의 사회〉
> • 중앙 귀족들 사이에 왕위 쟁탈전 전개
> • 지방에서는 ___㉠___ 이/가 성장하여 지배권 행사
> • 선종과 풍수지리설의 유행

① 사림
② 호족
③ 권문세족
④ 신진 사대부

26 다음 밑줄 친 ㉠에 들어갈 국가에 대한 설명으로 가장 적절한 것은?

> ___㉠___ 은/는 대조영이 건국하였으며 고구려 계승 의식을 내세웠다. 중앙 정치 조직은 당의 3성 6부를 받아들였으나 그 명칭과 운영 방식은 독자적이었다.

① 후삼국을 통일하였다.
② 해동성국으로 불렸다.
③ 성리학을 도입하였다.
④ 수원 화성을 축조하였다.

27 다음 중 조선 후기 실학자의 저술에 대한 설명으로 가장 적절한 것은?

① 유형원은 백과사전적 성격을 지닌 『반계수록』을 저술하였다.
② 이익은 『곽우록』을 저술하여 국가 제도 전반에 대한 의견을 제시하였다.
③ 박지원은 청에 갔던 기행문인 『연기』를 저술하였다.
④ 안정복은 각종 서적을 참고하여 조선 시대 역사를 기술한 『동사강목』을 편찬하였다.

28 다음과 같은 상황에 대한 설명으로 적절하지 않은 것은?

> 특산물을 바치는 공납의 폐단이 나날이 심해집니다. 각 고을에서 특산물을 바치려 할 때에 관리들이 여러 가지로 트집을 잡아 좋은 것도 불합격 처리하기 때문에 바칠 수가 없습니다.

① 공납은 집집마다 내는 것으로 농민의 부담이 컸다.
② 군포의 납부량을 절반으로 줄이는 균역법이 시행되었다.
③ 공물 납부 과정의 폐단이 많아 농민 부담이 증가하였다.
④ 광해군 때는 공납의 부담을 줄이고자 대동법을 실시하였다.

29 다음 밑줄 친 ㉠에 들어갈 조선 후기의 화가는?

> ____㉠____은 중국의 것을 모방하던 기존의 산수화에서 벗어나 우리나라의 산천을 사실대로 묘사하는 진경 산수화를 그렸다. 대표적인 작품으로 '금강전도', '인왕제색도' 등이 있다.

① 담징   ② 안견
③ 정선   ④ 강희안

30 다음 글을 남긴 국왕의 재위 기간에 일어난 사실로 옳은 것은?

> 보잘 것 없는 나, 소자가 어린 나이로 어렵고 큰 유업을 계승하여 지금 12년이나 되었다. 그러나 나는 덕이 부족하여 위로는 천명(天命)을 두려워하지 못하고 아래로는 민심에 답하지 못하였으므로, 밤낮으로 잊지 못하고 근심하며 두렵게 여기면서 혹시라도 선대왕께서 물려주신 소중한 유업이 잘못되지 않을까 걱정하였다. 그런데 지난번 가산(嘉山)의 토적(土賊)이 변란을 일으켜 청천강 이북의 수많은 생령이 도탄에 빠지고 어육(魚肉)이 되었으니 나의 죄이다.
>
> – 『비변사등록』

① 최제우가 동학을 창도하였다.
② 공노비 6만 6천여 명을 양인으로 해방시켰다.
③ 미국 상선 제너럴셔먼호가 격침되었다.
④ 삼정 문제를 해결하기 위해 삼정이정청을 설치하였다.

31 다음 자료가 등장하는 시기에 나타난 경제적 변화에 대한 설명으로 적절하지 않은 것은?

> "이앙(移秧)을 하는 것은 세 가지 이유다. 김매기 노력을 더는 것이 첫째요, 두 땅의 힘으로 모 하나를 서로 기르는 것이 둘째며, 좋지 않은 것은 솎아내고 싱싱하고 튼튼한 것을 고를 수 있는 것이 셋째다."

① 모내기법이 확산되어 벼와 보리의 이모작이 가능해졌고, 노동력이 크게 절감될 수 있었다.
② 해동통보, 삼한통보 등 여러 화폐가 사용되었다.
③ 지주에 대한 지대 납부 방식이 타조법에서 도조법으로 바뀌어 갔다.
④ 수공업에서 자금과 원자재를 미리 받아 제품을 만드는 선대제가 활발해졌다.

32 다음에서 설명하는 조선의 법전은?

> • 세조 때 편찬을 시작하여 성종 때 완성함
> • 조선의 기본 법전으로 이 · 호 · 예 · 병 · 형 · 공전의 6전으로 구성됨

① 『경국대전』   ② 『농사직설』
③ 『목민심서』   ④ 『삼국사기』

33 다음 밑줄 친 ㉠에 들어갈 내용으로 옳은 것은?

〈정조의 정책〉

• 규장각 운영
• 장용영 설치
• ㉠

① 대가야 정벌
② 훈민정음 창제
③ 수원 화성 건설
④ 노비안검법 실시

34 다음에서 설명하는 사건은?

• 배경 : 청의 군신 관계 요구를 조선이 거절함
• 전개 : 청 태종이 침략하자 인조가 남한산성으로 피신하여 항전하였으나 삼전도에서 항복함
• 결과 : 조선은 청과 군신 관계를 맺음

① 방곡령
② 병자호란
③ 을미사변
④ 홍경래의 난

35 이순신 장군은 임진왜란 때 일본군을 물리치는 데 큰 공을 세운 명장이다. 다음 중 이순신 장군이 참전하지 않은 전투는?

① 행주대첩
② 옥포대첩
③ 명량대첩
④ 노량해전

36 다음 밑줄 친 ㉠에 들어갈 조선의 수취 제도는?

학생 : ㉠ 에 대해 알려 주세요.
교사 : 조선 영조 때, 군역 부담을 줄여 주기 위하여 실시된 수취 제도로 1년에 2필을 내던 군포를
1필로 줄였습니다.

① 과전법
② 균역법
③ 진대법
④ 호패법

37 다음 중 조선 시대의 법률에 대한 설명으로 가장 적절한 것은?

① 범죄가 발생한 군, 현은 호칭이 강등되었다.

② 민법은 아직 마련되지 않았기 때문에 관습법에 의존할 수밖에 없었다.

③ 수령은 행정관으로, 재판 업무에는 관여하지 않았다.

④ 재판은 단심제로 운영되어 판결에 불만이 있어도 항소할 수 없었다.

38 다음에서 설명하는 사건은?

〈개화당, 새로운 세상을 꿈꾸다〉

개화당의 김옥균, 박영효, 홍영식, 서재필 등은 우정총국 개국 축하연을 기회로 변란을 일으켜 근대 국가를 건설하고자 하였다.

① 갑신정변
② 묘청의 난
③ 삼별초 항쟁
④ 위화도 회군

39 다음에서 설명하는 종교는?

• 경주의 몰락 양반인 최제우가 창시함
• 인내천 사상을 바탕으로 인간의 평등을 강조함
• 1894년 전봉준, 손화중 등 교도들이 농민 운동에 참여함

① 도교
② 동학
③ 대종교
④ 원불교

40 다음 퀴즈의 정답으로 옳은 것은?

〈한국사 퀴즈〉

문제 : 다음 힌트를 듣고 정답을 말해 주세요.
• 힌트 1 : 흥선대원군이 왕실의 권위를 높이기 위해 실시한 정책입니다.
• 힌트 2 : 필요 경비를 마련하려고 당백전을 발행하였습니다.

① 경복궁 중건
② 우산국 정복
③ 삼국유사 편찬
④ 독서삼품과 실시

41 다음 밑줄 친 ㉠의 회원들이 벌인 활동으로 옳은 것은?

> 1907년 안창호, 양기탁 등이 설립한 ㉠ 비밀 결사 단체로 교육 진흥과 국민 계몽을 강조하고 해외에 독립운동 기지를 건설하였다.

① 강동 6주 개척
② 대동여지도 제작
③ 남북 기본 합의서 채택
④ 대성 학교와 오산 학교 설립

42 다음에서 설명하는 자주 국권 운동을 전개한 단체는?

> **대한 사람 모두 모이시오!**
> **만민 공동회는 남녀노소 누구나 참여할 수 있습니다.**
>
> • 일자 : 1898년 ○월 ○○일
> • 취지 : 러시아 내정 간섭과 이권 요구 규탄
> • 운영 방법 : 토론회와 강연회

① 의열단   ② 독립 협회
③ 북로 군정서   ④ 미·소 공동 위원회

43 다음에서 설명하는 것은?

> 1919년 3·1 운동을 계기로 상하이에서 수립되었으며, 민주 공화제를 지향하고 연통제와 교통국을 조직하여 활동하였다.

① 삼정이정청   ② 통리기무아문
③ 문맹 퇴치 운동   ④ 대한민국 임시정부

44 다음 중 일제 강점기 국가 총동원법이 적용된 시기의 상황으로 옳은 것은?

① 공출 제도가 실시되었다.

② 만적의 난이 발생하였다.

③ 강화도 조약이 체결되었다.

④ 전국에 척화비가 세워졌다.

45 다음에서 설명하는 단체는?

> • 어려운 독립운동 상황을 극복하기 위해 김구의 주도하에 조직됨
> • 대표적인 활동으로 이봉창 의거와 윤봉길 의거가 있음

① 별기군   ② 교정도감

③ 한인 애국단   ④ 조선어 학회

46 다음 밑줄 친 ㉠에 들어갈 내용으로 가장 적절한 것은?

> 〈다큐멘터리 기획안〉
> • 제목 : 일제의 역사 왜곡에 맞선 신채호
> • 기획 의도 : 역사학자 신채호의 활동을 조명한다.
> • 내용 : 1부 – 대한매일신보에 '독사신론'을 연재하다.
>   2부 – _____㉠_____

① 동의보감을 편찬하다.

② 임오군란을 주도하다.

③ 해동 천태종을 창시하다.

④ 민족주의 사학을 연구하다.

47 다음 정책을 실시한 정부 시기에 일어난 사건은?

> • 유신 헌법 제정
> • 한·일 협정 체결
> • 새마을 운동 실시
> • 경제 개발 5개년 계획 추진

① 서원 철폐 ② 자유시 참변
③ 베트남 파병 ④ 금난전권 폐지

48 다음 내용에 해당하는 민족 운동은?

> • 민족 산업을 보호하기 위해 조만식 등이 평양에서 시작한 운동이다.
> • '조선 사람 조선 것'이라는 구호를 외쳤다.

① 형평 운동 ② 서경 천도 운동
③ 물산 장려 운동 ④ 좌·우 합작 운동

49 다음에서 설명하는 사건은?

> 1980년 5월, 비상계엄을 전국으로 확대한 신군부에 맞서 광주의 학생과 시민들은 '광주 시민 궐기문'을 발표하고 격렬하게 저항하였다. 당시의 관련 기록물은 2011년 유네스코 세계 기록 유산으로 등재되었다.

① 병인박해 ② YH 무역 사건
③ 교조 신원 운동 ④ 5·18 민주화 운동

50 다음 밑줄 친 ㉠에 들어갈 내용으로 옳은 것은?

⟨　　㉠　　⟩

- 2000년에 개최된 남북 정상 회담의 결과로 발표됨
- 이산가족 방문, 개성 공단 건설 등 남북 교류에 합의함

① 홍범 14조　　　　　　　　② 교육입국 조서
③ 6 · 15 남북 공동 선언　　　④ 조 · 청 상민 수륙 무역 장정

3

학교업무 이해하기

3 | 학교업무 이해하기 기출예상문제

대표유형 　교육행정체제

다음 중 세종교육 정책 기본방향에 대한 설명으로 적절하지 않은 것은?

① 주체로 살아가는 학교구성원들이 집단지성과 협력을 발휘하는 민주적·전문적 문화를 가지고 있다.

② 고유의 학교교육과정을 생산 및 운영한다.

③ 학교는 다양한 교육주체 및 기관들과 상호작용한다.

④ 현장 중심이 아닌 이론 중심 교육행정체제로 교육청과 학교, 지역사회가 상호작용한다.

| **해설 |** '이론' 중심 교육행정체제가 아닌 '현장' 중심 교육행정체제로 교육청과 학교, 지역사회가 상호작용한다.

세종 학교혁신의 특징

첫째, 주체로 살아가는 학교구성원들이 집단지성과 협력을 발휘하는 민주적·전문적 문화

둘째, 학교 문화의 힘으로 고유의 학교교육과정을 생산·운영

셋째, 학교는 학교교육과정을 토대로 다양한 교육주체·기관들과 상호작용하며 행복한 아이들을 위한 전문성과 리더십을 발휘

넷째, 교육청은 학교혁신을 효과적으로 추진하기 위하여 혁신학교를 모델학교로 운영하고 학교혁신의 방법과 내용을 확장하도록 협력·돌봄·나눔의 지역교육공동체를 운영

다섯째, '현장 중심 교육행정체제'로 교육청, 학교, 지역사회가 상호작용하며 변화·발전하는 세종교육 생태계를 조성

정답 ④

01 다음 〈보기〉 중 세종교육의 비전과 지표가 서로 바르게 짝지어진 것은?

구분	비전	지표
A	모두가 특별해지는 세종교육	생각하는 사람 참여하는 시민
B	생각하는 사람 참여하는 시민	새로운 학교 행복한 아이들
C	더 나은 미래로 세계로	생각하는 사람 참여하는 시민
D	새로운 학교 행복한 아이들	학교가 곧 미래다

① A   ② B
③ C   ④ D

02 다음 중 학교회계 운영과정과 관련하여 외부강사 수당 지불에 대한 설명으로 옳은 것은?

① 강사수당은 「세종특별자치시 학교회계 예산편성 및 집행지침」에서 정한 금액 기준으로 지급하되, 원고료, 교통비, 식비, 숙박비는 예산의 범위 내에서 별도로 지급할 수 있다.

② 강사수당은 「세종특별자치시 학교회계 예산편성 및 집행지침」에서 정한 금액 기준으로 지급하되, 원고료, 교통비, 식비, 숙박비는 예산의 범위 내에서 별도로 지급할 수 없다.

③ 강사수당은 「세종특별자치시 학교회계 예산편성 및 집행지침」에서 정한 금액 기준으로 지급하되, 원고료, 교통비, 식비, 숙박비는 예산의 범위 내에서 운영회의 심사가 끝나야 지급할 수 있다.

④ 강사수당은 「세종특별자치시 학교회계 예산편성 및 집행지침」에서 정한 금액 기준으로 지급하되, 원고료, 교통비, 식비, 숙박비는 예산의 범위 내에서 현금으로만 지급할 수 있다.

03 다음 중 교육정보시스템에 대한 설명으로 적절하지 않은 것은?

① 교육정보시스템은 교육행정기관과 유·초·중·고등학교(특수)의 교육행재정·교무업무를 전자적으로 연계 처리하기 위한 운영시스템이다.

② 단위업무란 메뉴의 기능이 유사하거나, 동일한 업무 절차상에 속하는 메뉴의 묶음을 의미한다.

③ 문서관리, 메모관리, 일정관리 등은 교육정보시스템 중 업무관리에 해당한다.

④ K-에듀파인 시스템의 경우 교무 / 학사, 급식, 인사 등이 주요 단위업무로 구성되어 있다.

04 다음은 학교교육과정 시안 작성 시 시간배당에 대한 예시 표이다. 아래의 표의 밑줄 친 A에 공통으로 들어갈 숫자로 옳은 것은?

〈학교교육과정 시간배당 예시〉

(단위 : 시간)

구분		1 ~ 2학년	3 ~ 4학년	5 ~ 6학년
교과 (군)	국어	국어(482) 수학(256) 바른 생활(144) 슬기로운 생활(224) 즐거운 생활(400)	408	408
	사회 / 도덕		272	272
	수학		272	272
	과학 / 실과		A	340
	체육		A	A
	예술(음악 / 미술)		272	272
	영어		136	A
	소계	1,506	1,768	1,972
창의적 체험활동		238	204	A
학년군별 총 수업시간 수		1,744	1,972	2,176

[시간배당 기준]
① 1시간 수업은 40분을 원칙으로 하되, 기후 및 계절, 학생의 발달 정도, 학습 내용의 성격, 학교 실정 등을 고려하여 탄력적으로 편성·운영할 수 있다.
② 학년군 및 교과(군)별 및 창의적 체험활동 시간 배당은 연간 34주를 기준으로 한 2년간의 기준 수업 시수를 나타낸 것이다.
③ 학년군별 총 수업 시간 수는 최소 수업 시수를 나타낸 것이다.
④ 실과의 수업 시간은 5 ~ 6학년 과학 / 실과의 수업 시수에만 포함된 것이다.
⑤ 정보교육은 실과의 정보영역 시수와 학교자율시간 등을 활용하여 34시간 이상 편성·운영한다.

① 198
② 204
③ 216
④ 240

05 다음 중 '세종특별자치시교육감 소속 교육공무직원의 채용 및 관리 조례 시행규칙'에 따른 무기계약 대상 근로자가 아닌 직종은?

① 영양사
② 조리사
③ 취업지원관
④ 사서

06 다음 중 초·중·등교육법 시행령 제25조의2 제2항에 의거하여 아동학대가 의심될 시 의무교육관리위원회에 포함되는 외부전문가는?

① 경찰공무원
② 국정원 직원
③ 군인
④ 소방공무원

07 다음 중 근로시간의 종류로 옳지 않은 것은?

① 법정근로시간

② 소정근로시간

③ 근로대기시간

④ 야간근로시간

08 다음 〈보기〉에서 설명하는 학교회계의 개념으로 옳은 것은?

> **보기**
>
> 세출예산에 편성된 예산의 목적을 달성하기 위하여 사업부서에서 실시하고 집행의사를 결정하는 행위를 의미하며, 예산지출을 확정하는 행위이다.

① 본예산

② 성립전예산

③ 집행품의

④ 검사 / 검수

09 다음 중 교육법규의 특징에 대한 설명으로 적절하지 않은 것은?

① 조장성 : 교육법은 국민으로 하여금 교육에 대한 권리를 향유할 수 있도록 하기 위하여 교육활동을 조성·조장하는 것을 주목적으로 한다.

② 수단성 : 교육법이 규정하고 있는 학교교육, 평생교육, 교원, 교육행정 등의 교육제도는 모두 교육을 구체적으로 조장하기 위한 수단적 성격을 가진다.

③ 윤리성 : 교육활동은 인격적 활동이기에 교육법도 이러한 성격이 강하다.

④ 수단성 : 교육법은 고정불변의 것이다.

10 다음 중 공문서의 기능으로 옳지 않은 것은?

① 의사의 기록   ② 의사의 전달

③ 의사의 폐기   ④ 자료 제공

11 다음 중 '전보'와 관련된 내용으로 적절하지 않은 것은?

① 전보란 같은 직종 내에서 근무기관 및 부서 등에 지정된 직무를 변경하는 것을 말한다.

② 정기전보 시기는 6월 1일과 12월 1일에 실시한다.

③ 전보는 같은 기관(부서)에서 5년 이상 계속 근무한 근로자이거나 같은 기관(부서)에서 1년 이상 근무한 사람 중 전보를 희망하는 근로자를 요건으로 한다.

④ 3인 이상 자녀를 둔 근로자의 경우 생활근거지로 우대한다.

12 다음 중 인사관리의 개념으로 옳은 것은?

① 각급 교육기관에서 임금을 주고 근로관계를 맺는 행위이다.

② 부정이나 부당한 행위에 대하여 사용자로서의 지위에서 제재를 가하는 일이다.

③ 조직 내의 인적자원을 최대한 개발 활용하여 조직의 목표를 실현하는 것이다.

④ 같은 직종 내에서 근무기관 및 부서 등에 지정된 직무를 변경하는 것이다.

13 다음 중 교육감과 체결한 근로계약서에 명시해야 하는 근로조건이 아닌 것은?

① 임금의 구성항목   ② 소정근로시간

③ 연차휴가   ④ 신체조건

14 다음 중 육아휴직에 대한 설명으로 옳은 것은?

① 만 12세 이하의 자녀를 가진 남녀 근로자를 대상으로 한다.

② 자녀당 최대 3년 이내(방학기간 제외)의 휴직기간을 가진다.

③ 육아휴직의 경우 분할사용이 불가능하다.

④ 육아휴직 기간에는 해고할 수 없다.

15 다음 〈보기〉 중 공문 작성 후 처리구분에 대한 설명으로 옳은 것을 모두 고르면?

> **보기**
>
> ㄱ. 결재 : 현재 문서를 결재하고, 결재경로의 다음 협조자, 검토자, 결재자에게 전달
> ㄴ. 반려 : 문서내용을 보완 하거나 재검토하는 의미로 기안자에게 전달됨
> ㄷ. 중단 : 현재 문서를 잠시 보류 처리함
> ㄹ. 보류 : 현재 문서 진행을 중단함. 해당문서가 더 이상 진행되지 않음

① ㄱ, ㄴ   ② ㄱ, ㄷ

③ ㄴ, ㄷ   ④ ㄴ, ㄹ

16 다음 〈보기〉의 Ⅰ~Ⅳ에서 종이기록물 편철방법의 순서를 바르게 나열한 것은?

> **보기**
>
> Ⅰ. 진행 문서 파일에서 기록물 분리
> Ⅱ. 단위 과제별로 보존상자에 넣고 표지를 부착하여 관리
> Ⅲ. 표지, 색인목록, 기록물의 순서대로 놓고 보존용 표지로 교체
> Ⅳ. 기록물의 양에 따라 다양한 크기의 보존용 클립으로 고정

① Ⅰ → Ⅳ → Ⅲ → Ⅱ

② Ⅱ → Ⅰ → Ⅲ → Ⅳ

③ Ⅰ → Ⅲ → Ⅳ → Ⅱ

④ Ⅲ → Ⅰ → Ⅳ → Ⅱ

17 다음 중 공문서가 작성된 후 검토자가 검토할 사항으로 적절하지 않은 것은?

① 검토자는 소관사항여부, 업무절차, 법령의 형식 요건 구비가 맞는지 확인해야 한다.

② 검토자는 결재권자의 표시와 수·발신자의 표시가 맞는지 확인해야 한다.

③ 검토자는 협조부서에게 일방적 통보여부를 확인해야 한다.

④ 검토자는 과다한 경비투입을 요하는 사항인지 등을 확인하는 경제적 검토를 확인해야 한다.

18 다음 중 정보보호에 대한 내용으로 적절하지 않은 것은?

① 개인정보보호는 개인정보보호법과 보안업무 실무편람, 기타 개별법에 의해 규정되어 있다.

② 개인정보보호 책임자의 경우 각급 학교는 교장이 지정하고, 교육본청은 교육행정국장이 지정한다.

③ 주민등록번호는 반드시 법률 등 근거가 있어야 하며, 동의 절차만으로도 수집이 가능하다.

④ 정보주체의 동의를 받은 경우 수집목적 범위 내에서 개인정보의 제3자 제공이 가능하다.

19 다음은 상황별 전화 민원 응대요령에 대한 응대법이다. 상황과 응대법이 바르게 연결된 것은?

	상황	응대법
①	전화벨이 울릴 때	전화벨이 2번 울리기 전 또는 10초 이내에 받음
②	최초 수신인사	평어(혹은 낮춤말)를 사용한 편안하고 격식 없는 언어 사용
③	연결안내 (담당자가 아닐 경우)	민원에 응대할 수 없는 경우에는 그 상황을 고객에게 알린 후 담당업무매뉴얼을 직접 확인 후 재응대 진행
④	부재중 안내	담당자가 부재중일 경우 부재사유와 통화 가능 시간 등을 알려주고, 전화해 주겠다고 제의함

20 다음 중 학교 교육 목표에 대한 설명으로 가장 적절한 것은?

① 학교 교육 목표는 학교구성원들이 사유할 수 있도록 어렵게 설정해야 한다.

② 학교 교육 목표는 학교 교육 활동의 기본 방향을 제시하진 못하지만, 기대와 소망을 나타내야 하므로 가볍게 생각하고 만들어야 한다.

③ 학교 교육 목표는 일관성과 지속성을 갖고 추진되면서 10년에 한 번씩 변경해야 한다.

④ 학교 교육 목표는 지역 사회의 실태와 학교의 전통 및 실정 등을 반영하여야 한다.

PART

4

최종점검 모의고사

제1회 최종점검 모의고사

☑ 응시시간 : 80분　　☑ 문항 수 : 50문항

정답 및 해설 p.032

공통영역 ▶ **일반상식(사회, 한국사)**

01 부자의 부의 독식을 부정적으로 보고 사회적 책임을 강조하는 용어로, 월가 시위에서 1 대 99라는 슬로건이 등장하며 1%의 탐욕과 부의 집중을 공격하는 이 용어는?

① 노비즘　　　　　　　　　　　② 노블레스 오블리주
③ 뉴리치현상　　　　　　　　　④ 리세스 오블리주

02 다음 중 세계 3대 인명사전이 발행되는 곳이 아닌 것은?

① 마르퀴즈 후즈후　　　　　　　② 미국 인명정보기관
③ 세계인명사전기관　　　　　　　④ 영국 케임브리지 국제인명센터

03 개인의 일상을 인터넷이나 스마트 기기를 통해 기록하는 것을 뜻하는 용어는?

① 스마트워킹　　　　　　　　　② 브이로그
③ 스마트로그　　　　　　　　　④ 스마트팜

04 다음 중 레드존(Red Zone)에 포함되지 않는 곳은?

① 숙박업소 밀집지역　　　　　　② 유흥가
③ 윤락가　　　　　　　　　　　④ 놀이공원

05 다음 중 3D 기피 현상과 관련이 없는 것은?

① 외국인 노동자의 비율이 높아진다.
② 노동력은 풍부하지만 생산인력은 부족한 모습을 보인다.
③ 노동을 경시하는 측면이 강하고 과정보다는 결과만을 중요시한다.
④ 교육과 소득수준이 높을수록 기피 현상이 늘어난다.

06 "과학의 발전은 점진적이 아니라 패러다임의 교체에 의해 혁명적으로 이루어진다."라고 주장하며 이 변화를 '과학혁명'이라고 명명한 과학철학자는?

① 칼 포퍼   ② 토마스 쿤
③ 한스 라이헨바흐   ④ 프란시스 베이컨

07 인구고령화로 인해 인구가 경제성장에 부담으로 작용하는 시기를 가리키는 단어는?

① 인구오너스기   ② 인구보너스
③ 다산다사기   ④ 소산소사기

08 고령화사회는 65세 이상의 인구가 총인구에서 차지하는 비율이 몇 % 이상인가?

① 5%   ② 7%
③ 14%   ④ 20%

09 기업이나 학교, 공공기관, 정부조직 내의 부정과 비리를 세상에 고발하는 내부고발자 또는 법적 용어로 공익신고자를 가리키는 단어는?

① 프로파간다   ② 디스인포메이션
③ 휘슬블로어   ④ 매니페스토

10 부의 세습으로 여러 세대에 걸쳐 자본을 축적하고, 경제·정치·사회 전반에 걸쳐 자신들에게 유리한 정책을 만든 상류층이 하류층으로 전락하는 것이 매우 어렵다는 것을 빗댄 단어는?

① 유리벽(Glass Wall)
② 유리블록(Glass Block)
③ 유리바닥(Glass Floor)
④ 유리천장(Glass Ceiling)

11 원래는 좋은 의미였으나, 요즘에는 대단한 것인 양 어떤 곤란한 일에서 벗어나기 위한 상투적인 사용이나 표현을 가리키는 단어는?

① 전가의 보도
② 뫼비우스의 띠
③ 미네르바의 부엉이
④ 슈뢰딩거의 고양이

12 동전을 던지는 사건에서 첫 번째 동전이 '앞'이 나왔고, 두 번째 동전도 '앞'이 나왔다. 그렇다면 세 번째 동전은 '뒤'가 나올 확률이 더 높을 것으로 판단하기 쉬운데, 이러한 오류는?

① 후광 효과(Halo Effect)
② 콩코드 오류(Concorde Fallacy)
③ 커누스티 효과(Carnoustie Effect)
④ 도박사의 오류(Gambler's Fallacy)

13 다음의 풍속을 가진 초기 국가의 특징으로 적절하지 않은 것은?

> 혼인하는 풍속을 보면, 구두로 약속이 정해지면 신부 집에서 큰 본채 뒤에 작은 별채를 짓는데 이를 서옥이라 한다. 해가 저물 무렵 신랑이 신부 집 문 밖에 와서 이름을 밝히고 꿇어앉아 절하며 안에 들어가서 신부와 잘 수 있도록 요청한다. 이렇게 두세 번 청하면 신부의 부모가 별채에 들어가 자도록 허락한다. …… 자식을 낳아 장성하면 신부를 데리고 자기 집으로 간다.
>
> — 『삼국지』

① 5부족 연맹체이다.
② 1책 12법, 연좌제 등 4조목의 법이 전해진다.
③ 식량 부족으로 약탈 경제가 발달하였다.
④ 국가 중대사를 제가회의에서 결정하였다.

14 발해에 대한 설명으로 옳은 것은?

① 지배층은 주로 말갈인이었다.
② 일본과는 적대관계를 유지하였다.
③ 거란의 공격으로 멸망하였다.
④ 선왕 때 내부 분열로 국력이 쇠하였다.

15 다음 중 고려 광종 때 실시한 노비안검법에 대한 설명으로 옳은 것은?

① 조세 수입의 증가를 위해 관청에 속한 노비를 민간에 불하할 수 있게 한 제도
② 불법적으로 해방된 노비를 다시 노비로 되돌리기 위하여 제정하고 실시한 법
③ 양인이었다가 노비가 된 사람을 다시 조사하여 양인이 될 수 있도록 조처한 법
④ 전국의 노비에게 과거 응시 자격을 부여한 법

16 다음 중 고려 시대의 통치 조직의 정비에 관한 내용으로 옳지 않은 것은?

① 성종은 모든 군현에 지방관을 파견하였다.
② 중앙의 정치 기구로는 내사문하성(중서문하성)과 상서성이 있었다.
③ 속현의 실제 행정은 향리가 담당하였다.
④ 천민의 집단 거주지인 향·소·부곡이 존재하였다.

17 다음 설명에서 말하는 화폐는?

> 고려 시대 숙종 때 은으로 처음 만들어진 은화로서 전화(錢貨)와 함께 통용하게 했다. 고려의 지형을 본떠서 만들었으며 은병(銀甁)이라고도 불렀다.

① 상평통보   ② 건원중보
③ 삼한통보   ④ 활구

18 다음 중 충무공 이순신이 최초로 거북선을 투입한 해전은?

① 옥포해전   ② 명량해전
③ 사천해전   ④ 노량해전

19 다음 중 조선 세조의 업적으로 옳지 않은 것은?

① 4군 6진을 개척하여 영토를 넓혔다.
② 토지와 인구에 따라 군현제를 정비하였다.
③ 6조 직계제를 시행하여 왕권을 강화하였다.
④ 직전법을 시행하고 수신전, 휼양전을 폐지하였다.

20 다음에서 설명하고 있는 밑줄 친 교육 기관에 대한 설명으로 옳은 것은?

> '왕세자입학도첩' 중 '입학도'는 효명세자가 궁을 나와 이 기관에 도착하여 대성전의 공자 신위에 술을 올린 후 명륜당에 가서 스승에게 교육을 받는 내용이다.

① 유학교육과 함께 기술 교육까지 담당하였다.
② 생원시나 진사시의 합격자가 입학할 수 있었다.
③ 사학인 9재를 모방하여 7종의 전문강좌를 두었다.
④ 수도의 동쪽과 서쪽에 각각 설치하였다.

21 다음 〈보기〉의 설명과 가장 관계있는 것은?

> **보기**
>
> • 신분제 폐지   • 과부재혼 허용
> • 과거제 폐지   • 조세의 금납화

① 갑오개혁   ② 임오군란
③ 갑신정변   ④ 동학농민운동

22 다음 중 사회 혼란·무질서와 정군 운동 좌절 및 군부의 불만 고조가 배경이 된 사건은?

① 3·15 부정선거   ② 5·16 군사 정변
③ 유신 체제   ④ 4·19 혁명

23 다음 〈보기〉에서 설명하는 인물이 활동하던 시기에 일어난 사건으로 가장 먼 것은?

> **보기**
>
> • 일제의 황무지 개척권 요구의 침략성과 부당성을 폭로하고 고종에게 상소를 올렸다.
> • 간도 용정촌에 서전서숙을 설립하였다.
> • 네덜란드 헤이그에서 열린 만국평화회의에 고종의 특사로 참석하였다.
> • 북만주 지역 밀산부에 국외 독립운동기지인 한흥동을 건설하였다.
> • 항일전 수행을 위해 러시아 블라디보스토크에서 의병을 규합하여 13도의군을 편성하였다.

① 영국인 베델을 발행인으로 대한매일신보가 창간되었다.
② 한일신협약으로 인해 일제가 입법, 사법 등 내정 전반을 장악하였다.
③ 대한민국 임시정부에 의해 한국광복군이 설립되었다.
④ 이인영을 총대장으로 하는 13도창의군이 결성되어 서울진공작전을 수립하였다.

24 다음은 1919년 3·1운동이 계기가 되어 설립된 조직이다. 이 조직 휘하의 독립군의 이름으로 옳은 것은?

> 우리나라의 건국 정신은 삼균제도(三均制度)의 역사적 근거를 두었으니 옛 현인이 분명히 명령하여 「머리와 꼬리가 고르고 평평하게 자리하여야 나라가 흥하고 태평항을 보전할 수 있다(首尾均平位 興邦保太平).」라고 함. 이는 사회 각 계급·계층이 지력과 권력과 부력의 향유를 균평하게 하여 국가를 진흥하며 태평을 유지하라고 한 것이니, 홍익인간(널리 인간을 이롭게 한다)과 이화세계(이치로 세상을 다스린다)하자는, 우리 민족의 지켜야 할 최고의 공리(公理)임

① 조선의용대   ② 한국광복군
③ 대한독립군   ④ 한국독립군

25 일제강점기에 (가)와 (나)의 주장을 한 단체에 대한 설명으로 가장 적절한 것은?

> (가) 우리가 우리의 손에 산업의 권리 생활의 제일 조건을 장악하지 아니하면 우리는 도저히 우리의 생명·인격·사회의 발전을 기대하지 못할지니 … (중략) … 우리 조선 사람의 물산을 장려하기 위하여 조선 사람은 조선 사람이 지은 것을 사서 쓰자.
> (나) 유감스러운 것은 우리에게 아직도 대학이 없는 일이라. 물론 관립대학도 조만간 개교될 터지만 … (중략) … 우리 학문의 장래는 결코 일개 대학으로 만족할 수 없다. 그처럼 중대한 사업을 우리 민중이 직접 영위하는 것은 오히려 우리의 의무이다.

① (가) : 사회주의 성향의 운동 세력이 주도하였다.
② (가) : 조선과 일본 간의 관세철폐정책에 대항하였다.
③ (나) : 민족연합전선 단체인 신간회의 후원을 받았다.
④ (나) : 조선학생과학연구회와 연계한 6·10 만세운동을 전개하고 격문을 작성하였다.

※ 다음 제시된 단어와 같거나 유사한 의미를 가진 단어를 고르시오. [1~3]

01

정세

① 상황   ② 정취
③ 정양   ④ 정설

02

관용

① 아량   ② 교훈
③ 희비   ④ 번성

03

미개

① 해이   ② 냉대
③ 밀집   ④ 야만

04 다음 밑줄 친 단어와 같은 의미로 사용된 단어는?

> 연어잡이에 <u>나서다</u>.

① 어른들 앞에 <u>나서다</u>.
② 어린 나이에도 불구하고 장사를 하러 <u>나서다</u>.
③ 남의 일에 주제넘게 <u>나서다</u>.
④ 아침 일찍 여행길에 <u>나서다</u>.

05 다음 밑줄 친 단어와 바꾸어 쓸 수 없는 단어는?

> 일정이 예상보다 앞당겨져서 이틀간의 <u>말미</u>를 얻었다.

① 휴가   ② 여유
③ 알음   ④ 겨를

06 다음은 '일반 건강검진의 서비스 개선'에 관한 글을 쓰기 위해 작성한 개요이다. ㉠에 들어갈 내용으로 적절하지 않은 것은?

> Ⅰ. 서론 : 일반 건강검진 서비스의 운영 현황 및 실태
> Ⅱ. 본론
>   1. 일반 건강검진 서비스의 의의
>   2. 일반 건강검진 관련 문제점
>   가. 검진 기관의 수 부족
>   나. 검진 항목별 연령 제한
>   다. 건강검진 대상 항목의 획일화
>   라. 건강검진 사후 관리 미흡
>   3. 일반 건강검진 관련 문제 해결 및 개선 방안
>   ㉠
> Ⅲ. 결론 : 일반 건강검진의 서비스 개선 촉구

① 검진 항목별 선택 가능 연령 확대
② 건강검진 기관에 대한 감독 강화
③ 건강검진 사후 관리 개선
④ 건강검진 기관의 확충

07 다음 글의 빈칸에 들어갈 말로 가장 적절한 것을 〈보기〉에서 골라 순서대로 나열한 것은?

『정의론』을 통해 정의에 대한 화두를 던진 사회철학자 '롤즈'는 전형적인 절차주의적 정의론자이다. 그는 정의로운 사회 체제에 대한 논의를 주도해온 공리주의가 소수자 및 개인의 권리를 고려하지 못한다는 점에 주목하여 사회계약론적 토대하에 대안적 정의론을 정립하고자 하였다.

롤즈는 개인이 정의로운 제도하에서 자신들의 욕구를 자유롭게 추구하기 위해서는 ___(가)___ 등이 필요하며 이는 사회의 기본 구조를 통해 최대한 공정하게 분배되어야 한다고 생각했다. 그리고 이를 실현할 수 있는 사회 체제에 대한 논의가 자유롭고 평등하며 합리적인 개인들이 모두 동의할 수 있는 원리들을 탐구하는 데에서 출발해야 한다고 보고 '원초적 상황'의 개념을 제시하였다.

'원초적 상황'은 정의로운 사회 체제의 기본 원칙들을 선택하는 합의 당사자들로 구성된 가설적 상황으로, 이들은 향후 헌법과 하위 규범들이 따라야 하는 가장 근본적인 원리들을 합의한다. '원초적 상황'에서 합의 당사자들은 ___(나)___ 등에 대한 정보를 모르는 상태에 놓이는데 이를 '무지의 베일'이라고 한다. 단, 합의 당사자들은 ___(다)___ 와/과 같은 사회에 대한 일반적 지식을 알고 있으며, 공적으로 합의된 규칙을 준수하고, 합리적인 욕구를 추구할 수 있는 존재로 간주된다. 롤즈는 이러한 '무지의 베일' 상태에서 사회 체제의 기본 원칙들에 대한 만장일치의 합의가 보장된다고 생각하였다. 또한 무지의 베일을 벗은 후에 겪을지 모를 피해를 우려하여 합의 당사자들이 자신의 피해를 최소화할 수 있는 내용을 계약에 포함시킬 것으로 보았다.

위와 같은 원초적 상황을 전제로 합의 당사자들은 정의의 원칙을 선택하게 된다. 제1원칙은 모든 사람이 다른 개인들의 자유와 양립 가능한 한도 내에서 '기본적 자유'에 대한 평등한 권리를 갖는다는 것인데, 이를 '자유의 원칙'이라고 한다. 여기서 롤즈가 말하는 '기본적 자유'는 양심과 사고 표현의 자유, 정치적 자유 등을 포함한다.

> **보기**
> ㉠ 자신들의 사회적 계층, 성, 인종, 타고난 재능, 취향
> ㉡ 자유와 권리, 임금과 재산, 권한과 기회
> ㉢ 인간의 본성, 제도의 영향력

	(가)	(나)	(다)
①	㉠	㉡	㉢
②	㉡	㉢	㉠
③	㉡	㉠	㉢
④	㉢	㉠	㉡

※ 다음 빈칸에 들어갈 내용으로 가장 적절한 것을 고르시오. [8~10]

08

> 어떻게 그 공이 세 가지가 있다고 말하는가. 그 하나는 직통(直通)이요 다른 하나는 합통(合通)이요 또 다른 하나는 추통(推通)이다. 직통(直通)이라는 것은 많은 여러 물건을 일일이 취하되 순수하고 섞이지 않는 것이다. 합통(合通)이라는 것은 두 물건을 화합하여 아울러서 거두되 그렇고 그렇지 않은 것을 분별한다. 추통(推通)이라는 것은 이 물건으로써 전 물건에 합하고 또 다른 물건에 유추하는 것이다. 직통(直通)은 모두 참되고 오류가 없으니 하나의 사물이 스스로 하나의 사물이 되는 것이다. 합통(合通)과 추통(推通)은 참도 있고 오류도 있으니 이것으로써 저것에 합하고, 맞는 것도 있고 맞지 않는 것도 있다. _____ 더욱 많으면 맞지 않는 경우가 있기 때문이다.
>
> – 최한기, 『기학』

① 이것으로 저것에 합하는 것은 참이고, 이것으로 저것을 분별하는 것은 거짓이니

② 이것으로써 저것에 합하고 또 다른 것을 유추하는 데는 위험이 더욱 많으니

③ 이것으로써 저것에 합하는 것은 맞지 않는 것보다 맞는 것이 더욱 많으니

④ 무릇 추통은 다만 사람만이 가능하고 유추하는 데는 위험이 더욱 적으니

09

> 최근 경제·시사분야에서 빈번하게 등장하는 단어인 탄소배출권(CER; Certified Emission Reduction)에 대한 개념을 이해하기 위해서는 먼저 교토메커니즘(Kyoto Mechanism)과 탄소배출권거래제(Emission Trading)를 알아둘 필요가 있다.
>
> 교토메커니즘은 지구 온난화의 규제 및 방지를 위한 국제 협약인 기후변화협약의 수정안인 교토 의정서에서 온실가스를 보다 효과적이고 경제적으로 줄이기 위해 도입한 세 유연성체제인 '공동이행제도', '청정개발체제', '탄소배출권거래제'를 묶어 부르는 것이다.
>
> 이 중 탄소배출권거래제는 교토의정서 6대 온실가스인 이산화탄소, 메테인, 아산화질소, 과불화탄소, 수소불화탄소, 육불화황의 배출량을 줄여야 하는 감축의무국가가 의무감축량을 초과 달성하였을 경우에 그 초과분을 다른 국가와 거래할 수 있는 제도로, _____
>
> 결국 탄소배출권이란 현금화가 가능한 일종의 자산이자 가시적인 자연보호성과인 셈이며, 이에 따라 많은 국가 및 기업에서 탄소배출을 줄임과 동시에 탄소감축활동을 통해 탄소배출권을 획득하기 위해 동분서주하고 있다. 특히 기업들은 탄소배출권을 확보하는 주요 수단인 청정개발체제 사업을 확대하는 추세인데, 청정개발체제 사업은 개발도상국에 기술과 자본을 투자해 탄소배출량을 줄였을 경우 이를 탄소배출량 감축목표달성에 활용할 수 있도록 한 제도이다.

① 다른 국가를 도왔을 때, 그로 인해 줄어든 탄소배출량을 감축목표량에 더할 수 있는 것이 특징이다.

② 교토메커니즘의 세 유연성체제 중에서도 가장 핵심이 되는 제도라고 할 수 있다.

③ 6대 온실가스 중에서도 특히 이산화탄소를 줄이기 위해 만들어진 제도이다.

④ 의무감축량을 준수하지 못한 경우에도 다른 국가로부터 감축량을 구입할 수 있는 것이 특징이다.

10 태양은 지구의 생명체가 살아가는 데 필요한 빛과 열을 공급해 준다. 이런 막대한 에너지를 태양은 어떻게 계속 내놓을 수 있을까?

16세기 이전까지는 태양을 포함한 별들이 지구상의 물질을 이루는 네 가지 원소와 다른, 불변의 '제5원소'로 이루어졌다고 생각했다. 하지만 밝기가 변하는 신성(新星)이 별 가운데 하나라는 사실이 알려지면서 별이 불변이라는 통념은 무너지게 되었다. 또한, 태양의 흑점 활동이 관측되면서 태양 역시 불덩어리일지도 모른다고 생각하기 시작했다. 그 후 섭씨 5,500℃로 가열된 물체에서 노랗게 보이는 빛이 나오는 것을 알게 되면서 유사한 빛을 내는 태양의 온도도 비슷할 것이라고 추측하게 되었다.

19세기에는 에너지 보존 법칙이 확립되면서 새로운 에너지 공급이 없다면 태양의 온도가 점차 낮아져야 한다는 결론을 내렸다. 그렇다면 과거에는 태양의 온도가 훨씬 높았어야 했고, 지구의 바다가 펄펄 끓어야 했을 것이다. 하지만 실제로는 그렇지 않았고, 사람들은 태양의 온도를 일정하게 유지해 주는 에너지원이 무엇인지에 대해 생각하게 되었다.

20세기 초 방사능이 발견되면서 방사능 물질의 붕괴에서 나오는 핵분열 에너지를 태양의 에너지원으로 생각하였다. 그러나 태양빛의 스펙트럼을 분석한 결과 태양에는 우라늄 등의 방사능 물질 대신 수소와 헬륨이 있다는 것을 알게 되었다. 즉, 방사능 물질의 붕괴에서 나오는 핵분열 에너지가 태양의 에너지원이 아니었던 것이다.

현재 태양의 에너지원은 수소 원자핵 네 개가 헬륨 원자핵 하나로 융합하는 과정의 질량 결손으로 인한 핵융합 에너지로 알려져 있다. 태양은 엄청난 양의 수소 기체가 중력에 의해 뭉쳐진 것으로, 그 중심으로 갈수록 밀도와 압력, 온도가 증가한다. 태양에서의 핵융합은 1,000만℃ 이상의 온도를 유지하는 중심부에서만 일어난다. 높은 온도에서만 원자핵들은 높은 운동 에너지를 가지게 되며, 그 결과로 원자핵들 사이의 반발력을 극복하고 융합되기에 충분히 가까운 거리로 근접할 수 있기 때문이다. 태양빛이 핵융합을 통해 나온다는 사실은 태양으로부터 온 중성미자가 관측됨으로써 더 확실해졌다.

중심부의 온도가 올라가 핵융합 에너지가 늘어나면 그 에너지로 인한 압력으로 수소를 밖으로 밀어내어 중심부의 밀도와 온도를 낮추게 된다. 이렇게 온도가 낮아지면 방출되는 핵융합 에너지가 줄어들며, 그 결과 압력이 낮아져서 수소가 중심부로 들어오게 되어 중심부의 밀도와 온도를 다시 높인다. 이렇듯 태양 내부에서 중력과 핵융합 반응의 평형 상태가 유지되기 때문에 ＿＿＿＿＿＿＿＿＿＿＿＿＿＿＿＿＿＿ 태양은 이미 50억 년간 빛을 냈고, 앞으로도 50억 년 이상 더 빛날 것이다.

① 태양의 핵융합 에너지가 폭발적으로 증가할 수 있다.

② 태양 외부의 밝기가 내부 상태에 따라 변할 수 있다.

③ 태양이 오랫동안 안정적으로 빛을 낼 수 있다.

④ 태양이 일정한 크기를 유지할 수 있다.

11 다음 글을 읽고 밑줄 친 부분과 가장 거리가 먼 내용을 고르면?

> 우리나라가 양성평등의 사회로 접어들고, 과거에 비해 여성의 지위가 많이 향상된 동시에 경제활동에 참여하는 비율이 꾸준히 높아졌지만, 여전히 노동 현장에서 여성은 사회적으로 불평등을 받는 대상이다.
>
> 여성 노동자가 노동 시장에서 남성에 비해 차별받는 원인은 갈등론적 측면에서 볼 때 남성 노동자들이 자신이 누리고 있던 자원의 독점과 기득권을 빼앗기지 않기 위해 여성에게 경제적 자원을 나누어 주지 않으려는 횡포에 의한 것이라고 할 수 있다.
>
> 또한, 여성 노동자에 대한 편견으로 인해서도 이러한 차별이 발생한다. 여성 노동자가 제대로 일하지 못한다거나 결혼과 출산, 임신을 한 여성 노동자는 조직 전체에 부정적인 영향을 준다고 인식하는 경향이 강하기 때문에 이러한 편견들이 여성 노동자에 대한 차별로 이어지는 것이다.
>
> 여성 노동자를 차별한 결과 여성들은 남성 노동자들보다 저임금을 받아야 하고, 비교적 질이 좋지 않은 일자리에서 일해야 하며, 고위직으로 올라가는 것 역시 힘들다. 여성 노동자가 비교적 많이 근무하는 서비스업 등의 직업군은 임금 자체가 상당히 낮게 책정되어 있어 남성에 비하여 많은 임금을 받지 못하는 구조라는 것이다.
>
> 또한 여성 노동자들을 노동자 그 자체로 보기보다는 여성으로 바라보는 남성들의 잘못으로 인해 여성 노동자는 노동의 현장에서 성희롱을 당하고, 취업과 승진 등 모든 인적자원관리 측면에서 불이익을 얻고 있다. 특히 임신과 출산을 경험하는 경우 따가운 시선을 감수해야 한다.
>
> 이와 같이 여성 노동자가 경험하는 차별 문제를 해결하기 위해서는 여성 노동자 역시 남성 노동자와 마찬가지의 권리를 가지고 있다는 점을 사회 전반에 인식될 수 있도록 해야 하고, 여성이라는 이유만으로 취업과 승진 등에 불이익을 받지 않도록 인식과 정책을 개선해야 한다.

① 결혼과 출산, 임신과 같은 가족 계획을 지지하는 환경을 만들어야 한다.

② 여성들이 주로 종사하는 직업군의 임금체계를 합리적으로 변화시켜야 한다.

③ 여성들이 종사하는 다양한 직업군에서 양질의 정규직 일자리를 만들어야 한다.

④ 임신으로 인한 노동 공백 문제 등이 발생하지 않도록 공백 기간을 법으로 개정·규제하여야 한다.

※ 다음 글의 제목으로 가장 적절한 것을 고르시오. [12~13]

12

영양분이 과도하게 많은 물에서는 오히려 물고기의 생존이 어렵다. 농업용 비료나 하수 등에서 배출되는 질소와 인 등으로 영양분이 많아진 하천의 수온이 상승하면 식물성 플랑크톤이 대량으로 증식한다. 녹색을 띠는 플랑크톤이 수면을 뒤덮으면 물속으로 햇빛이 닿지 않고, 결국 물속의 산소가 고갈되어 물고기는 숨을 쉬기 어려워진다. 즉, 물속의 과도한 영양분이 오히려 물고기의 생존을 위협하는 것이다.

이처럼 부영양화된 물에서의 플랑크톤 증식으로 인한 녹조 현상은 경제발전과 각종 오염물질 배출량의 증가를 이유로 심각한 사회문제가 되고 있다. 녹조는 냄새를 유발하는 물질과 함께 독소를 생성하여 수돗물의 수질을 저하시킨다. 특히 독성물질을 배출하는 녹조를 유해 녹조로 지정하여 관리하고 있는 현실을 볼 때, 이제 녹조는 생태계뿐만 아니라 먹는 물의 안전까지도 위협하는 존재인 것이다.

하천의 생태계를 보호하고 우리가 먹는 물을 보호하기 위해서는 녹조의 발생 원인을 사전에 제거해야 한다. 이를 위해서는 무엇보다 생활 속에서의 작은 실천이 중요하다. 질소나 인이 첨가되지 않은 세제를 사용하고, 농가에서는 화학 비료 사용을 최소화하며, 하천에 오염된 물이 흘러 들어가지 않도록 철저히 관리하는 노력을 기울여야 한다.

① 물고기의 생존을 위협하는 하천의 수질 오염
② 녹조를 가속화하는 이상 기온 현상
③ 물고기와 인간의 안전을 위협하는 하천의 부영양화
④ 녹조 예방을 위한 정부의 철저한 관리 필요성

13

동물성 지방은 혈중 콜레스테롤을 높일 수 있으므로 주의하는 것이 좋습니다. 콜레스테롤에는 두 종류가 있는데, LDL 콜레스테롤은 나쁜 콜레스테롤이라고 부르며, HDL 콜레스테롤은 혈관 건강에 도움이 되는 착한 콜레스테롤로 알려져 있습니다. 소고기, 돼지고기 등 육류와 튀김을 먹으면 LDL 콜레스테롤이 몸에 흡수되어 혈중 콜레스테롤 농도를 높입니다. 하지만 몸속 콜레스테롤 농도에 가장 큰 영향을 미치는 것은 음식보다 간에서 합성되는 LDL 콜레스테롤입니다. 이때 간의 LDL 콜레스테롤 합성을 촉진하는 것이 포화지방입니다. LDL 콜레스테롤이 들어간 음식을 적게 먹어도, 포화지방을 많이 먹으면 혈중 LDL 콜레스테롤 수치가 높아집니다. 불포화지방은 포화지방과 달리 간세포의 기능을 높여 LDL 콜레스테롤의 분해를 도와 혈중 수치를 낮추는 데 도움이 됩니다. 특히 생선기름에 들어있는 불포화지방인 EPA, DHA는 콜레스테롤을 감소시키는 효과가 있습니다. 트랜스지방은 불포화지방에 수소를 첨가하여 구조를 변형시켜 만든 것입니다. 식물성 기름을 고형화시키면 액상 기름보다 운송과 저장이 쉽고, 빨리 상하지 않기 때문에 트랜스지방이 생기는 것입니다. 트랜스지방은 혈중 LDL 콜레스테롤을 상승하게 하고, HDL 콜레스테롤을 감소하게 만들어 심혈관 질환의 발생위험을 높입니다.

① 혈중 콜레스테롤의 비밀
② 비만의 원인, 지방을 줄여라
③ 몸에 좋은 지방과 좋지 않은 지방
④ 심혈관질환의 적, 콜레스테롤

제1회 최종점검 모의고사 • **185**

14 다음 글을 읽고 추론한 내용으로 적절하지 않은 것은?

'정보 파놉티콘(Panopticon)'은 사람에 대한 직접적 통제와 규율에 정보 수집이 합쳐진 것이다. 정보 파놉티콘에서 '정보'는 벤담의 파놉티콘 속 시선(視線)을 대신하여 규율과 통제의 메커니즘으로 작동한다. 작업장에서 노동자들을 통제하고 이들에게 규율을 강제한 메커니즘은 시선에서 정보로 진화했다. 19세기에는 사진 기술을 이용하여 범죄자 프로파일링을 했는데, 이 기술이 20세기의 폐쇄회로 텔레비전이나 비디오 카메라와 결합한 통계학으로 이어진 것도 그러한 맥락에서 이해할 수 있다. 더 극단적인 예를 들자면, 미국은 발목에 채우는 전자기기를 이용하여 범죄자를 자신의 집 안과 같은 제한된 공간에 가두어 감시하면서 교화하는 프로그램을 운용하고 있다. 이런 경우 개인의 집이 교도소로 변하고, 국가가 관장하던 감시가 기업이 판매하는 전자기기로 대체됨으로써 전자기술이 파놉티콘에서 간수의 시선을 대신한다.

컴퓨터나 전자기기를 통해 얻은 정보가 간수의 시선을 대체했지만, 벤담의 파놉티콘에 갇힌 죄수가 자신이 감시를 당하는지 아닌지를 모르듯이, 정보 파놉티콘에 노출된 사람들 또한 자신의 행동이 국가나 직장의 상관에 의해 열람될지의 여부를 확신할 수 없다. "그들이 감시당하는지 모를 때도 우리가 그들을 감시하고 있다고 생각하도록 만든다."라고 한 관료가 논평했는데, 이는 파놉티콘과 전자 감시의 유사성을 뚜렷하게 보여준다.

전자 감시는 파놉티콘의 감시 능력을 전 사회로 확장했다. 무엇보다 시선에는 한계가 있지만 컴퓨터를 통한 정보 수집은 국가적이고 전 지구적이기 때문이다. "컴퓨터화된 정보 시스템이 작은 지역 단위에서만 효과적으로 작동했을 파놉티콘을 근대 국가에 의한 일상적인 대규모 검열로 바꾸었는가?"라고 한 정보사회학자 롭 클링은, 시선의 국소성과 정보의 보편성 사이의 차이를 염두에 두고 있었다. 철학자 들뢰즈는 이러한 인식을 한 단계 더 높은 차원으로 일반화하여 지금 우리가 살고 있는 사회는 푸코의 규율 사회를 벗어난 새로운 통제 사회라고 주장했다. 그에 의하면 규율 사회는 증기 기관과 공장이 지배하고 요란한 구호에 의해 통제되는 사회이지만, 통제 사회는 컴퓨터와 기업이 지배하고 숫자와 코드에 의해 통제되는 사회이다.

① 정보 파놉티콘은 범죄자만 감시 대상에 해당하는 것이 아니다.
② 정보 파놉티콘이 종국에는 감시 체계 자체를 소멸시킬 것이다.
③ 정보 파놉티콘은 교정 시설의 체계를 효율적으로 바꿀 수 있다.
④ 정보 파놉티콘이 발달할수록 개인의 사생활은 보장될 수 없을 것이다.

15 다음 글을 통해 추론한 내용으로 가장 적절한 것은?

> 정의(正義)라는 것은 우리에게 주어진 절대적인 실질성을 가지고 있는 것이 아니라 인간이 그 실질성을 위하여 노력하는 목표라고 볼 수 있다. 그러므로 이것도 역시 우리의 영원한 과제일 수밖에 없다. 그렇다고 법의 이념이 정의라는 것을 부인하는 이야기는 아니며, 이것은 법 자체가 매우 주체적인 것이라는 데서 오는 필연적인 결말이라고 할 수 있다. 정의가 구체적 사안에서 어떻게 작용하는가에 따라 구체적, 실질적 정의의 관념에 도달한다. 정의의 상징이라고 하는 자유와 평등도 헌법에서 이것을 기본권으로 보장한 것만으로는 화중지병(畵中之餠)에 불과하다. 이것이 실질적으로 보장되어야 하며, 그것을 보장하는 일이 사법 과정의 임무일지도 모른다. 미국 연방 대법원의 현관에 '법 아래 평등한 정의'라는 글귀도 고전적, 시민적 정의를 나타낸 것이다. 자유와 평등은 법의 이념으로서 정의의 내용이면서 어떤 의미에서는 이율배반적인 면을 가지고 있다. 즉, 자유를 극대화하면 불평등이 나타나고, 평등을 극대화하면 부자유가 나타난다. 따라서 '이 양자의 모순을 어디에서 조화시켜 실질적인 자유와 평등을 아울러 실현시킬 것인가'하는 것이 법이 풀어야 할 또 하나의 과제이다.
>
> 정의에 모순이 내재하더라도 정의는 자의(恣意)를 배척한다. 이 점에서 정의는 원칙적으로 일반화적(一般化的) 정의로서 나타난다. 이 일반화적 정의가 개개의 구체적 사안에 부딪쳐 오히려 부정의(不正義)의 결과가 될 수도 있다. 이리하여 개별화적(個別化的) 정의라는 관념이 나온다. 이때의 양자는 다 같이 정의이면서 서로 상극한다. 정의는 저울과 칼을 든 눈가림을 한 여신으로 상징되는 바와 같이 추상(秋霜)과 같은 날카로움을 가진 것이다. "세계는 망하더라도 정의는 일어서야 한다."라는 격언은 그것을 나타낸 말이며, 사형을 선고받고 탈옥을 거부하고 옥리(獄吏)가 준 독배를 마시고 죽은 소크라테스의 고사는 수동적인 정의의 실현이다. 그러나 법은 사회 규범이므로 성인이나 영웅이 아닌 평균인을 표준으로 한다. 일반화적 정의는 때로 성인이나 영웅에게나 기대할 수 있는 행위를 요구하나, 그것은 개별화적 정의의 수정을 받지 않을 수 없다.

① 법의 이념인 정의는 절대적인 실질성을 갖지 않으므로 일반화적 정의는 개별화된 정의를 통해 수정되어 나가야 한다.

② 자유와 평등이라는 정의의 이념은 모순을 내포하고 있으므로 양자를 조화하여 실현하는 것이 법의 과제이다.

③ 정의의 규정이 자의를 배척한다고 해서 일반화적 정의를 그대로 따르는 것은 수동적인 정의의 실현에 불과하다.

④ 법은 성인이나 영웅이 아닌 평균인을 표준으로 해야 하므로 일반화적 정의로는 법의 이념을 충실히 구현할 수 없다.

16 다음 글의 논리적 구조로 가장 적절한 것은?

> 자유란 인간의 특성 중 하나로 개인이 스스로 판단하고 행동하며 그 결과에 대해 책임질 수 있는 능력을 의미한다. 그러한 능력을 극대화하기 위해서는 개인이 사회의 여러 제약들, 가령 정치적, 경제적, 문화적 제도나 권위 혹은 억압으로부터 어느 정도의 거리를 유지하지 않으면 안 된다. 그러나 그 거리가 확보되면 될수록 개인은 사회로부터 고립되고 소외당하며 동시에 안정성과 소속감을 위협받을 뿐만 아니라 새로운 도전에 적나라하게 노출될 수밖에 없다. 이와 같이 새롭게 나타난 고독감이나 소외감, 무력감이나 불안감으로부터 벗어나기 위해 '자유로부터의 도피'를 감행하게 된다.

① 원인 – 결과
② 보편 – 특수
③ 일반 – 사례
④ 주장 – 근거

17 다음 글의 중심 내용으로 가장 적절한 것은?

> 80 대 20 법칙, 2 대 8 법칙으로 불리기도 하는 파레토 법칙은 전체 결과의 80%가 전체 원인의 20%에서 일어나는 현상을 가리킨다. 결국 크게 수익이 되는 것은 20%의 상품군, 그리고 20%의 구매자이기에 이들에게 많은 역량을 집중할 필요가 있다는 것이다. 이러한 파레토 법칙은 선택과 집중이라는 경영학의 기본 개념으로 자리 잡아 왔다.
> 하지만 파레토 법칙은 현상에 붙은 이름일 뿐 법칙의 필연성을 설명하진 않으며, 그 적용이 쉬운 만큼 내부의 개연성을 명확하게 파악하지 않으면 오용될 여지가 다분하다는 문제점을 지니고 있다. 예컨대 상위권 성적을 지닌 20%의 학생을 한 그룹으로 모아놓는다고 해서 그들의 80%가 갑작스레 공부를 중단하진 않을 것이며, 20%의 고객이 80%의 매출에 기여하므로 백화점을 찾는 80%의 고객들을 홀대해도 된다는 비약으로 이어질 수 있기 때문이다.

① 파레토 법칙은 80%의 고객을 경원시하는 법칙이다.
② 파레토 법칙을 함부로 여러 사례에 적용해서는 안 된다.
③ 파레토 법칙은 20%의 주요 구매자를 찾아내는 데 유효한 법칙이다.
④ 파레토 법칙은 보다 효율적인 판매 전략을 세우는 데 도움을 준다.

※ 다음 글의 전개 방식으로 가장 적절한 것을 고르시오. [18~19]

18

> 비만은 더 이상 개인의 문제가 아니다. 세계보건기구(WHO)는 비만을 질병으로 분류하고, 총 8종의 암(대장암·자궁내막암·난소암·전립선암·신장암·유방암·간암·담낭암)을 유발하는 주요 요인으로 제시하고 있다. 오늘날 기대수명이 늘어가는 상황에서 실질적인 삶의 질 향상을 위해서도 국가적으로 적극적인 비만관리가 필요해진 것이다.
>
> 비만을 예방하기 위한 국가적인 대책을 살펴보면 우선 비만을 유발하는 과자, 빵, 탄산음료 등 고열량·저열량·고카페인 함유 식품의 판매 제한 모니터링이 강화되어야 하며, 과음과 폭식 등 비만을 조장·유발하는 문화와 환경도 개선되어야 한다. 특히 과음은 식사량과 고열량 안주 섭취를 늘려 지방간, 간경화 등 건강 문제와 함께 복부 비만의 위험을 높이는 주요 요인이다. 따라서 회식과 접대 문화, 음주 행태 개선을 위한 가이드라인을 마련하고 음주 폐해 예방 캠페인을 추진하는 것도 하나의 방법이다.
>
> 다음으로 건강관리를 위해 운동을 권장하는 것도 중요하다. 수영, 스케이트, 볼링, 클라이밍 등 다양한 스포츠를 즐기는 문화를 조성하고, 특히 비만 환자의 경우 체계적인 체력 관리와 건강증진을 위한 운동프로그램이 요구된다.

① 다양한 관점들을 제시한 뒤 예를 들어 설명하고 있다.
② 시간에 따른 현상의 변화과정에 대해 설명하고 있다.
③ 문제점을 제시하고 그에 대한 해결방안을 제시하고 있다.
④ 주장을 제시하고 여러 가지 근거를 들어 설득하고 있다.

19

광고에서 소비자의 눈길을 확실하게 사로잡을 수 있는 요소는 유명인 모델이다. 일부 유명인들은 여러 상품의 광고에 중복하여 출연하고 있는데, 이는 광고계에서 관행으로 되어 있고, 소비자들도 이를 당연하게 여기고 있다. 그러나 유명인의 중복 출연은 과연 높은 광고 효과를 보장할 수 있을까? 유명인이 중복 출연하는 광고의 효과를 점검해 볼 필요가 있다.

어떤 모델이든지 상품의 특성에 적합한 이미지를 갖는 인물이어야 광고 효과가 제대로 나타날 수 있다. 예를 들어 자동차, 카메라, 공기 청정기, 치약과 같은 상품의 경우에는 자체의 성능이나 효능이 중요하므로 대체로 전문성과 신뢰도를 갖춘 모델이 적합하다. 이와 달리 상품이 주는 감성적인 느낌이 중요한 보석, 초콜릿, 여행 등과 같은 상품은 매력과 친근함을 갖춘 모델이 잘 어울린다. 그런데 유명인이 그들의 이미지에 상관없이 여러 유형의 상품 광고에 출연하면 모델의 이미지와 상품의 특성이 어울리지 않는 경우가 많아 광고 효과가 나타나지 않을 수 있다.

유명인의 중복 출연이 소비자가 모델을 상품과 연결시켜 기억하기 어렵게 한다는 점도 광고 효과에 부정적인 영향을 미친다. 유명인의 이미지가 여러 상품으로 분산되면 광고 모델과 상품 간의 결합력이 약해질 것이다. 이는 유명인 광고 모델의 긍정적인 이미지를 광고 상품에 전이하여 얻을 수 있는 광고 효과를 기대하기 어렵게 만든다.

또한 유명인의 중복 출연 광고는 광고 메시지에 대한 신뢰를 얻기 힘들다. 유명인 광고 모델이 여러 광고에 중복하여 출연하면 그 모델이 경제적인 이익만을 추구한다는 이미지가 소비자에게 강하게 각인된다. 그러면 소비자들은 유명인 광고 모델의 진실성을 의심하게 되어 광고 메시지의 객관성이 결여되었다고 생각할 것이다.

유명인 모델의 광고 효과를 높이기 위해서는 유명인이 자신과 잘 어울리는 한 상품의 광고에만 지속적으로 나오는 것이 좋다. 이렇게 할 경우 상품의 인지도가 높아지고, 상품을 기억하기 쉬워지며, 광고 메시지에 대한 신뢰도가 제고된다. 유명인의 유명세가 상품에 전이되고 소비자가 유명인이 진실하다고 믿게 되기 때문이다.

여러 광고에 중복 출연하는 유명인이 많아질수록 외견상으로는 중복 출연이 광고 매출을 증대시켜 광고 산업이 활성화되는 것으로 보일 수 있다. 하지만 모델의 중복 출연으로 광고 효과가 제대로 나타나지 않으면 광고비가 과다 지출되어 결국 광고주와 소비자의 경제적인 부담으로 이어진다. 유명인을 비롯한 광고 모델의 적절한 선정이 요구되는 이유가 여기에 있다.

① 현상의 원인을 분석하여 다양한 해결책을 제시하고 있다.
② 유사한 사례를 비교하여 공통점과 차이점을 부각하고 있다.
③ 자료를 활용하여 이론을 정립한 후 구체적 사례에 적용하고 있다.
④ 통념에 대한 의문을 제기하고 근거를 들어가며 주장을 펼치고 있다.

PART 4

20 다음 작품의 화자가 느끼는 감정으로 가장 적절한 것은?

> 거친 밭 언덕 쓸쓸한 곳에
> 탐스런 꽃이 가지를 눌렀네
> 장맛비 그쳐 향기 날리고
> 보리 바람에 그림자 흔들리네
> 수레와 말 탄 사람 그 누가 보아주리
> 벌 나비만 부질없이 엿보네
> 천한 땅에 태어난 것이 스스로 부끄러워
> 사람들에게 버림받아도 참고 견디네
>
> – 최치원, 『촉규화』

① 임금에 대한 자신의 충성을 드러내고 있다.
② 사랑하는 사람에 대한 그리움을 나타내고 있다.
③ 현실에 가로막힌 자신의 처지를 한탄하고 있다.
④ 사람들과의 단절로 인한 외로움을 표현하고 있다.

21 다음 글의 표현상 특징에 대한 설명으로 적절하지 않은 것은?

오늘은 당신이 가르쳐준 태백산맥 속의 소광리 소나무 숲에서 이 엽서를 띄웁니다.

아침 햇살에 빛나는 소나무 숲에 들어서니 당신이 사람보다 나무를 더 사랑하는 까닭을 알 것 같습니다. 200년, 300년, 더러는 500년의 풍상을 겪은 소나무들이 골짜기에 가득합니다. 그 긴 세월을 온전히 바위 위에서 버티어 온 것에 이르러서는 차라리 경이였습니다. 바쁘게 뛰어 다니는 우리들과는 달리 오직 '신발 한 켤레의 토지'에 서서 이처럼 우람할 수 있다는 것이 충격이고 경이였습니다. 생각하면 소나무보다 훨씬 더 많은 것을 소비하면서도 무엇 하나 변변히 이루어내지 못하고 있는 나에게 소광리의 솔숲은 마치 회초리를 들고 기다리는 엄한 스승 같았습니다.

어젯밤 별 한 개 쳐다볼 때마다 100원씩 내라던 당신의 말이 생각납니다. 오늘은 소나무 한 그루 만져볼 때마다 돈을 내야겠지요. 사실 서울에서는 그보다 못한 것을 그보다 비싼 값을 치르며 살아가고 있다는 생각이 듭니다. 언젠가 경복궁 복원 공사 현장에 가 본 적이 있습니다. 일제가 파괴하고 변형시킨 조선 정궁의 기본 궁제를 되찾는 일이 당연하다고 생각하였습니다. 그러나 막상 오늘 이곳 소광리 소나무 숲에 와서는 그러한 생각을 반성하게 됩니다.

… (중략) …

나는 문득 당신이 진정 사랑하는 것이 소나무가 아니라 소나무 같은 '사람'이라는 생각이 들었습니다. 메마른 땅을 지키고 있는 수많은 사람들이란 생각이 들었습니다. 문득 지금쯤 서울 거리의 자동차 속에 앉아 있을 당신을 생각했습니다. 그리고 외딴섬에 갇혀 목말라하는 남산의 소나무들을 생각했습니다. 남산의 소나무가 이제는 더 이상 살아남기를 포기하고 자손들이나 기르겠다는 체념으로 무수한 솔방울을 달고 있다는 당신의 이야기는 우리를 슬프게 합니다. 더구나 그 솔방울들이 싹을 키울 땅마저 황폐해 버렸다는 사실이 우리를 더욱 암담하게 합니다. 그러나 그보다 더 무서운 것이 아카시아와 활엽수의 침습이라니 놀라지 않을 수 없습니다. 척박한 땅을 겨우겨우 가꾸어 놓으면 이내 다른 경쟁수들이 쳐들어와 소나무를 몰아내고 만다는 것입니다. 무한 경쟁의 비정한 논리가 뻗어 오지 않는 것이 없습니다.

나는 마치 꾸중 듣고 집나오는 아이처럼 산을 나왔습니다. 솔방울 한 개를 주워 들고 내려오면서 거인에게 잡아먹힌 소년이 솔방울을 손에 쥐고 있었기 때문에 다시 소생했다는 신화를 생각하였습니다. 당신이 나무를 사랑한다면 솔방울도 사랑해야 합니다. 무수한 솔방울들의 끈질긴 저력을 신뢰해야 합니다.

언젠가 붓글씨로 써드렸던 글귀를 엽서 끝에 적습니다.

"처음으로 쇠가 만들어졌을 때 세상의 모든 나무들이 두려움에 떨었다. 그러나 어느 생각 깊은 나무가 말했다. 두려워할 것 없다. 우리들이 자루가 되어주지 않는 한 쇠는 결코 우리를 해칠 수 없는 법이다."

– 신영복, 『당신이 나무를 더 사랑하는 까닭』

---

① 소나무를 통해 인간을 이해한다.

② 소나무와 인간을 대조하여 교훈을 이끌어낸다.

③ 소나무에 대한 독자의 의견을 비판한다.

④ 소나무를 통해 바람직한 삶의 모습을 제시한다.

※ 다음 글의 주장에 대한 반박으로 가장 적절한 것을 고르시오. [22~23]

22

고전주의 범죄학은 법적 규정 없이 시행됐던 지배 세력의 불합리한 형벌 제도를 비판하며 18세기 중반에 등장했다. 고전주의 범죄학에서는 범죄를 포함한 인간의 모든 행위는 자유 의지에 입각한 합리적 판단에 따라 이루어지므로 범죄에 비례해 형벌을 부과할 경우 개인의 합리적 선택에 의해 범죄가 억제될 수 있다고 보았다. 고전주의 범죄학의 대표자인 베카리아는 형벌은 법으로 규정해야 하고, 그 법은 누구나 이해할 수 있도록 문서로 만들어야 한다고 강조했다. 또한 형벌의 목적은 사회 구성원에 대한 범죄 행위의 예방이며, 따라서 범죄를 저지를 경우 누구나 법에 의해 확실히 처벌받으리라는 두려움이 범죄를 억제할 것으로 확신했다. 이러한 고전주의 범죄학의 주장은 각 국가의 범죄 및 범죄자에 대한 입법과 정책에 많은 영향을 끼쳤다.

① 사회 구성원들의 합의가 이루어진 형벌 제도라면 인간의 합리적 판단에 따라 범죄 행위를 예방할 수 있다.
② 범죄에 대한 인간의 행위를 규제할 수 있는, 보다 강력한 법적 구속력이 필요하다.
③ 범죄를 효과적으로 제지하기 위해서는 엄격하고 확실한 처벌이 신속하게 이루어져야 한다.
④ 사회가 혼란한 시기에 범죄율과 재범률이 급격하게 증가하는 것을 보면 범죄는 개인의 자유 의지로 통제할 수 없다.

23

어느 관현악단의 연주회장에서 연주가 한창 진행되는 도중에 휴대 전화의 벨 소리가 울려 음악의 잔잔한 흐름과 고요한 긴장이 깨져버렸다. 청중들은 객석 여기저기를 둘러보았다. 그런데 황급히 호주머니에서 휴대 전화를 꺼내 전원을 끄는 이는 다름 아닌 관현악단의 바이올린 주자였다. 연주는 계속되었지만 연주회의 분위기는 엉망이 되었고, 음악을 감상하던 많은 사람에게 찬물을 끼었었다. 이와 같은 사고는 극단적인 사례이지만 공공장소의 소음이 심각한 사회 문제가 될 수 있다는 사실을 보여주고 있다.

소음 문제는 물질문명의 발달과 관련이 있다. 산업화가 진행됨에 따라 우리의 생활 속에는 '개인적 도구'가 증가하고 있다. 이러한 도구들 덕분에 우리의 생활은 점점 편리해지고 합리적이며 효율적으로 변해가고 있다. 그러나 이로써 얻은 이득은 개인과 그가 소유하고 있는 물건 사이의 관계에서 성립하는 것으로, 그 관계를 넘어서면 전혀 다른 문제가 된다. 제한된 공간 속에서 개인적 도구가 넘쳐남에 따라 개인과 개인, 도구와 도구 그리고 자신의 도구와 타인과의 관계 등이 모순을 일으킨다. 소음 문제도 마찬가지이다. 개인의 차원에서는 편리와 효율을 제공하는 도구들이 전체의 차원에서는 불편과 비효율을 빚어내는 것이다. 그래서 많은 사회에서 개인적 도구가 타인의 권리를 침해하는 것을 방지하기 위하여 공공장소에서의 소음을 규제하고 있다.

① 사람들은 소음을 통해 자신의 권리를 침해받기도 한다.
② 문명이 발달함에 따라 소음 문제도 대두되고 있다.
③ 소음 문제는 보통 제한된 공간 속에서 개인적 도구가 과도함에 따라 발생한다.
④ 엿장수의 가위 소리와 같이 소리는 단순한 물리적 존재가 아닌 문화적 가치를 담은 존재가 될 수 있다.

변혁적 리더십은 리더가 조직 구성원의 사기를 고양하기 위해 미래의 비전과 공동체적 사명감을 강조하고, 이를 통해 조직의 장기적 목표를 달성하는 것을 핵심으로 한다. 거래적 리더십이 협상과 교환을 통해 구성원의 동기를 부여한다면, 변혁적 리더십은 구성원의 변화를 통해 동기를 부여하고자 한다. 또한 거래적 리더십은 합리적 사고와 이성에 호소하는 반면, 변혁적 리더십은 감정과 정서에 호소하는 측면이 크다.

이러한 변혁적 리더십은 조직의 합병을 주도하고, 신규 부서를 만들어 내며, 조직문화를 창출해 내는 등 조직 변혁을 주도하고 관리한다. 따라서 오늘날 급변하는 환경과 조직의 실정에 적합한 리더십 유형으로 주목받고 있다. 변혁적 리더는 주어진 목적의 중요성과 의미에 대한 구성원의 인식 수준을 제고하고, 개인적 이익을 넘어서 구성원 자신과 조직 전체의 이익을 위해 일하도록 만든다. 그리고 구성원의 욕구 수준을 상위 수준으로 끌어올림으로써 구성원을 근본적으로 변혁시킨다. 즉, 거래적 리더십을 발휘하는 리더는 구성원에게서 기대되었던 성과만을 얻어내지만, 변혁적 리더는 _____

변혁적 리더가 변화를 끌어내는 전문적 방법 중 하나는 카리스마와 긍정적인 행동 양식을 보여주는 것이다. 이를 통해 리더는 구성원들의 신뢰와 충성심을 얻을 수 있다. 조직의 비전을 구체화하여 알려주고 어떻게 목표를 달성할 것인지를 설명해 주거나 높은 윤리적 기준으로 모범이 되는 것도 좋은 방법이다.

지속적으로 구성원의 동기를 부여하는 일도 매우 중요하다. 팀워크를 장려하고, 조직의 비전을 구체화하여 개인의 일상 업무에도 의미를 부여할 수 있도록 해야 한다. 변혁적 리더는 구성원이 조직의 중요한 부분이 될 수 있도록 노력하게 만드는 데에 초점을 둔다. 따라서 높지만 달성 가능한 목표를 세워 구성원의 생산력을 향상시키고, 구성원에게는 성취 경험을 제공하여 그들이 계속 성장할 수 있도록 만들어야 한다.

현재 상황에 대한 의문은 새로운 변화를 일어나게 한다. 변혁적 리더는 구성원들의 지적 자극을 불러일으켜 조직의 이슈에 대해 관심을 갖도록 만들며, 이를 통해 참신한 아이디어와 긍정적인 변화가 일어날 수 있도록 한다.

변혁적 리더는 개개인의 관점을 소홀히 생각하지 않는다. 각각의 구성원들을 독특한 재능, 기술 등을 보유한 독립된 개인으로 인지한다. 리더가 구성원들을 개개인으로 인지하게 되면 그들의 능력에 적합한 역할을 부여할 수 있으며, 구성원들 역시 개인적인 목표를 용이하게 달성할 수 있다. 따라서 리더는 각 구성원의 소리에 귀 기울이고, 구성원 개개인에게 관심을 표현해야 한다.

24 윗글의 빈칸에 들어갈 내용으로 가장 적절한 것은?

① 개개인의 성과를 얻어낼 수 있다.
② 구체적인 성과를 얻어낼 수 있다.
③ 기대 이상의 성과를 얻어낼 수 있다.
④ 참신한 아이디어도 함께 얻어낼 수 있다.

25 윗글의 내용으로 적절하지 않은 것은?

① 변혁적 리더는 구성원의 합리적 사고와 이성에 호소한다.
② 변혁적 리더는 구성원의 변화를 통해 동기를 부여하고자 한다.
③ 변혁적 리더는 구성원이 자신과 조직 전체의 이익을 위해 일하도록 한다.
④ 변혁적 리더는 구성원에게 카리스마와 긍정적 행동 양식을 보여준다.

PART 4

01 다음 중 교육부의 지침에 따라 보호해야 하는 개인정보로 옳지 않은 것은?

① 바이오정보   ② 민감정보

③ 고유식별정보   ④ 폐기정보

02 다음 〈보기〉의 내용을 포함하는 적절한 명칭은?

> 보기
>
> 국가 및 지방자치단체는 공직자가 공직에 헌신할 수 있도록 공직자의 생활보장을 위하여 노력하여야 하고 그 보수와 처우의 향상에 필요한 조치를 취하여야 한다.

① 부패방지권익위법 제9조(공직자의 생활보장)

② 부패방지권익위법 제8조(공직자 행동강령)

③ 부패방지권익위법 제7조(공직자의 청렴의무)

④ 부패방지권익위법 제6조(국민의 의무)

03 다음 〈보기〉의 빈칸에 들어갈 내용으로 적절한 것은?

> 보기
>
> 제6조(국민의 의무) - _____

① 모든 국민은 공공기관의 부패방지시책에 관심을 가지면 안 된다.

② 모든 국민은 공공기관의 부패방지시책에 소극 협력하여야 한다.

③ 모든 국민은 공공기관의 부패방지시책에 무관심하여야 한다.

④ 모든 국민은 공공기관의 부패방지시책에 적극 협력하여야 한다.

04 다음 중 공공기관의 부패방지를 위한 시책 및 제도개선사항의 수립·권고를 위한 행동으로 옳은 것은?

① 공공기관에 대한 설문조사

② 국민에 대한 실태조사

③ 공공기관에 대한 실태조사

④ 국민에 대한 설문조사

05 다음 중 국민권익위원회의 구성에 대한 내용으로 적절하지 않은 것은?

① 위원회는 위원장 1인과 상임위원 2인을 포함한 9인의 위원으로 구성한다.

② 위원장과 상임위원은 각각 임시로 보한다.

③ 위원장과 상임위원은 대통령이 임명하고, 상임이 아닌 위원은 대통령이 임명 또는 위촉한다. 이 경우 위원중 3인은 국회가, 3인은 대법원장이 각각 추천하는 자를 임명 또는 위촉한다.

④ 위원장과 위원은 부패문제에 관한 학식과 경험이 풍부한 자로서 대통령령이 정하는 자격기준에 의하여 임명 또는 위촉한다.

06 다음 중 교육기본법 제6조의 내용으로 옳은 것은?

① 교육은 교육본래의 목적에 기하여 운영 실시되어야 하며, 어떠한 경우도 정치적, 파당적 기타 개인적 편견의 선전을 위한 방편으로 이용되어서는 아니 된다. 또한 국립 또는 공립의 학교는 어느 종교를 위한 종교교육을 허락한다.

② 교육은 교육본래의 목적에 기하여 실시되어야 하며, 국가의 지정된 범주에서 정치적, 파당적 기타 개인적 편견의 선전을 위한 방편으로 이용되어야한다. 또한 허락된 국립 또는 공립의 학교는 종교를 위한 종교교육을 허락한다.

③ 교육은 교육본래의 목적에 기하여 차별적으로 실시되어야 하며, 어떠한 경우도 정치적, 파당적 기타 개인적 편견의 선전을 위한 방편으로 이용되어서는 아니 된다. 또한 허락된 국립 또는 공립의 학교는 종교를 위한 종교교육을 허락한다.

④ 교육은 교육 본래의 목적에 따라 그 기능을 다하도록 운영되어야 하며, 정치적, 파당적 또는 개인적 편견의 선전을 위한 방편으로 이용되어서는 아니 된다. 또한 국가와 지방자치단체가 설립한 학교는 특정한 종교를 위한 종교교육을 하여서는 아니 된다.

07 세종특별자치시교육청의 민원·참여 사무과정 중 유기한 민원 처리 순서가 바르게 연결된 것은?

① 민원접수 → 해당부서 송부 → 익명처리 → 처리결과 미통보

② 민원접수 → 해당부서 송부 → 구두처리 → 처리결과 구두통보

③ 민원접수 → 해당부서 송부 → 검토처리 → 처리결과 통보

④ 민원접수 → 해당부서 송부 → 기밀처리 → 처리결과 기밀처리

08 세종특별자치시교육청에서 시행하고 있는 주민참여예산제 설명으로 옳은 것은?

① 예산 편성, 집행, 결산 등 예산 과정에 주민이 감찰하며, 예산이 계획대로 반영되도록 실질적인 참여 보장으로 교육 재정 운영의 투명성을 증대시킨다.

② 예산 편성, 집행, 결산 등 예산 과정에 주민이 간접 참여하여 주민 의견이 예산에 반영되도록 간접적인 참여 보장과 기회 확대로 교육 재정 운영의 투명성과 민주성을 증대시킨다.

③ 예산 편성, 집행, 결산 등 예산 과정에 주민이 직접 참여하여 주민 의견이 예산에 반영되도록 실질적인 참여 보장과 기회 확대로 교육 재정 운영의 투명성과 민주성을 증대시킨다.

④ 예산 편성, 집행, 결산 등 예산 과정에 주민이 직접 참여하여 학생 의견이 예산에 반영되도록 실질적인 보장 및 교육 재정 운영의 민주성을 증대시킨다.

09 담당 학생이 사유 없이 3일 이상 연속하여 결석하는 경우 교사의 행동으로 부적절한 것은?

① 미인정 결석 3일 이상일 경우에는 가정방문 실시 또는 보호자 및 학생 내교 요청

② 등기 및 문자전송을 통한 내교통지서 발송

③ 학생 소재·안전이 확인되지 않은 경우 부모에게 즉시 협조 요청

④ 가정방문 시 해당 동사무소 사회복지전담직원 동행 요청

10 세종특별자치시에 거주하며, 교육정책에 관심이 많은 시민이나 학부모가 신청 가능한 교육공동체와의 소통창구 역할 정책의 명칭은?

① 세종교육정책 감시단
② 세종교육정책 모니터단
③ 세종교육정책 암행단
④ 세종교육정책 감찰단

11 세종특별자치시교육청에서 모두 함께 만들어 가는 안전하고 행복한 교육 현장이 되기 위해 의견을 수렴하는 소통 창구의 명칭은?

① 사고안전보건 제안
② 재해안전보건 제안
③ 산업안전보건 제안
④ 재난안전보건 제안

12 부패·공익신고센터에 신고할 수 있는 항목으로 옳은 것은?

① 학교폭력 신고, 따돌림 신고

② 공익신고, 부패신고

③ 재난 신고, 산업재해 신고

④ 학생인권 침해 신고, 교권 침해 신고

13 다음 중 교육행정서비스헌장의 내용으로 적절하지 않은 것은?

① 우리는 "교육가족의 입장에서", "교육가족을 위하는 마음으로" 모든 고객에게 최고의 교육행정 서비스를 제공하겠습니다.

② 우리는 항상 웃는 얼굴과 상냥한 말씨로 고객을 맞이하며, 모든 서비스를 신속, 정확, 공정하게 처리하겠습니다.

③ 우리는 잘못된 서비스에 대하여 정중한 사과와 함께 즉시 시정하고 보상을 하겠습니다.

④ 우리의 교육행정서비스 실천 노력에 대하여 상위기관의 평가 및 의견을 받아 서비스 개선에 반영 하겠습니다.

14 세종특별자치시교육청에서 법규 정비를 위해 지역주민들에게 참여 기회를 주는 제도는?

① 공개 교육 공청회   ② 정비 공청회

③ 전자 공청회   ④ 지역주민 공청회

15 세종특별자치시교육청에서 시민, 학부모, 학생들에게 정책을 위해 소통과 협력 의견을 듣고 설문 조사를 하는 제도는?

① 국민소통함   ② 국민생각함

③ 국민우편함   ④ 국민대화함

16 세종특별자치시교육청에 대한 설명으로 옳은 것은?

① 대한민국의 16번째 시도교육청이면서 최초의 단층형 교육청이다.

② 대한민국의 19번째 시도교육청이면서 최초의 단층형 교육청이다.

③ 대한민국의 18번째 시도교육청이면서 최초의 단층형 교육청이다.

④ 대한민국의 17번째 시도교육청이면서 최초의 단층형 교육청이다.

17 세종특별자치시교육청의 교육 이념으로 옳은 것은?

① 협력·돌봄·나눔의 지역교육 공동체로서 시민·지역사회·지자체의 참여와 협력

② 소통·돌봄·협력의 지역교육 공동체로서 학생·지역사회·지자체의 참여와 협력

③ 협력·보살핌·배품의 지역교육 공동체로서 국민·정부·지자체의 참여와 협력

④ 협동·보살핌·배품의 전국교육 공동체로서 국민·지역사회·지자체의 참여와 협력

18 세종특별자치시교육청의 교육공보 서비스 이행기준으로 적절한 것은?

① 대언론 브리핑을 통한 세종교육 정책 홍보는 자제한다.

② 교육관련 미담사례를 소극 발굴·홍보하여 세종교육에 대한 이미지를 높인다.

③ 교육정책 및 주요 교육현장 소식을 언론에 적극적으로 홍보하여 시민들이 관심을 가지고 함께하는 교육 공동체가 되도록 한다.

④ 언론의 교육관련 취재 활동을 금지한다.

19 세종특별자치시교육청의 교육홍보 서비스 이행기준으로 적절하지 않은 것은?

① 세종교육 현장의 다양한 교육 활동을 담은 「세종교육온소식」 소식지를 발간·배포한다.

② 학생중심으로 주간교육뉴스를 제작하여 온·오프라인에 게시한다.

③ 세종교육 정보를 쉽고 빠르게 접할 수 있도록 사회관계망 서비스(SNS)를 통하여 다양한 콘텐츠를 제공한다.

④ 주요 교육정책 및 현장소식을 수시로 누리집에 탑재한다.

20 담당 교사가 담당 학생과 상담 시 피해야 할 행동은?

① 담당 학생과 상담 시 관계 형성에 신경 쓴다.

② 담당 학생과 상담 시 조용하고 안정된 환경을 만든다.

③ 담당 학생과 상담 시 긴장하거나 불편하지 않도록 편안한 분위기를 만든다.

④ 담당 학생과 상담 시 학생이 혼자 힘으로 해결할 수 있도록 독촉한다.

21 다음 〈보기〉 중 담당 교사와 담당 학생의 학부모 상담 과정을 바르게 나열한 것은?

> 보기
>
> ㄱ. 학부모에게 전화하기
> ㄴ. 학생에게 관심이 많다는 확신 심어주기
> ㄷ. 가정에서 자녀를 지도하는데 겪는 어려움 살피기
> ㄹ. 학생의 문제 영역에서 교사 입장의 지도 방법을 전달하기
> ㅁ. 가정에서 지도해야 할 구체적인 방법 전달하고 마무리하기

① ㄱ-ㄴ-ㄷ-ㄹ-ㅁ 　　　② ㄱ-ㄴ-ㄹ-ㄷ-ㅁ

③ ㄱ-ㄹ-ㄴ-ㄷ-ㅁ 　　　④ ㄱ-ㄹ-ㄷ-ㄴ-ㅁ

22 친구관계에 어려움이 있는 학생들의 유형 중 위축형에 대한 설명으로 옳은 것은?

① 친구들의 놀이에 관심이 별로 없음

② 놀이의 방법을 모르거나 기능 미숙으로 점차 뒤로 밀려남

③ 친구의 기분을 나쁘게 하는 말을 자주 하고 자기 주장을 굽히지 않음

④ 자기 의사를 표현하지 못하고 자신감이 없음

23 담당 교사가 문제 행동형 학생에게 개입 및 지도 시 적절한 것은?

① 문제 행동형 학생이 스스로 고립되게 만든다.

② 학생이 자신에 대해 비난하는 것으로 받아들이도록 만든다.

③ 충동적이고 공격적인 행동으로 친구관계에서 겪게 되는 어려움에 대해 상담하고 문제 행동을 줄여나갈 수 있도록 지도한다.

④ 친구들과 함께 잘 지낼 수 있도록 강제적으로 친하게 만든다.

24 담당 교사가 따돌림을 받는 학생의 학부모에 대한 효과적인 대처방안은?

① 다른 친구를 괴롭히거나 따돌리는 무리의 가해 행동이 있을시 전달하지 않는다.

② 친구와 보내는 시간을 의미 없는 시간이라 생각하며, 공부 하도록 유도한다.

③ 교육적 도움으로 해결되지 않는 심각한 어려움이 있는 경우 전문기관의 도움을 받도록 한다.

④ 사회성 부족이라 지적하며 부모에게 책임을 전가한다.

25 세종특별자치시교육청에서 진행하는 세종 미래교육 추진 중 적절하지 않은 내용은?

① 학생인권 강화

② 미래교육 환경 구축

③ 생태 전환교육 강화

④ 세종미래교육 기반조성

제2회 최종점검 모의고사

☑ 응시시간 : 80분   ☑ 문항 수 : 50문항

정답 및 해설 p.044

공통영역 ▶ 일반상식(사회, 한국사)

01 다음 중 노동3권에 포함되지 않는 것은?

① 단결권
② 노동쟁의권
③ 단체교섭권
④ 단체행동권

02 다음 중 우리나라의 공공부조에 대한 설명으로 옳지 않은 것은?

① 국가 및 지방자치단체의 책임하에 생활유지 능력이 없거나 생활이 어려운 국민의 최저생활을 보장하고 자립을 지원하는 제도이다.
② 대표적으로 국민기초생활보장제도가 있다.
③ 사회보장제도의 주요수단으로서 근로자나 그 가족을 상해·질병·노령·실업·사망 등의 위협으로부터 보호하기 위해 실시한다.
④ 필요한 재원은 일반 조세수입으로 충당한다.

03 다음에서 설명하는 개념은?

> 지하철역, 행정 기관 등과 같이 지역 발전에 도움이 되는 시설을 자기 지역에 유치하려는 현상

① 열섬 현상
② 님비(NIMBY) 현상
③ 핌피(PIMFY) 현상
④ 바나나(BANANA) 현상

04 다음에서 설명하는 것은?

> • 원리 : 인공위성에서 보내온 신호를 종합하여 현재의 위치 측정
> • 활용 : 길 찾기, 자동차의 자동 항법 장치, 해발 고도 파악

① 로하스(LOHAS) ② 바우처(VOUCHER)
③ 유비쿼터스(Ubiquitous) ④ 위치 정보 시스템(GPS)

05 다음 중 재활용품에 디자인 또는 활용도를 더해 그 가치를 더 높은 제품으로 만드는 것은?

① 업사이클링(Up-Cycling) ② 리사이클링(Recycling)
③ 리뉴얼(Renewal) ④ 리자인(Resign)

PART 4

06 다음 내용에 공통으로 해당하는 인구 이동의 요인은?

> • 개발 도상국에서 더 높은 소득을 위해 선진국으로 이동한다.
> • 라틴 아메리카 사람들이 일자리를 찾아 미국 서남부 지역으로 이동한다.

① 경제적 요인 ② 정치적 요인
③ 종교적 요인 ④ 자연 환경 요인

07 다음 내용에 해당하는 사례로 가장 적절한 것은?

> 우리 선조들의 풍습에는 '고수레'가 있다. 야외에서 식사를 할 때 '고수레'라고 외치며 첫 숟가락의 음식을 자연의 생물들과 나눠 먹는 것이 자연에 대한 예의라고 여겼다.

① 농경지 확보를 위해 벌목했다.
② 작물 재배를 위해 숲에 불을 질렀다.
③ 공업 단지 조성을 위해 갯벌을 메워 간척지를 만들었다.
④ 야생 동물 서식지를 보호하기 위해 생태 통로를 만들었다.

08 다음 ㉠에 들어갈 용어로 가장 적절한 것은?

> ⟨   ㉠   ⟩
>
> • 정의 : 국가 간의 상호 의존성이 높아지고 국경을 초월하여 하나의 지구촌으로 통합되어 가는 과정이다.
> • 사례 : K-Pop이 유럽에서 유행하고 있다. 베트남 쌀국수를 우리나라에서 접할 수 있다.

① 도시화   ② 양극화
③ 세계화   ④ 지역화

09 다음 사례에 해당하는 사회적 상호작용은?

> • 주민 모두가 힘을 합쳐 마을회관 청소를 하였다.
> • 행복한 가정을 만들고자 가족이 함께 노력하고 있다.

① 협동   ② 투쟁
③ 경쟁   ④ 갈등

10 다음 중 사회권에 대한 설명으로 가장 적절한 것은?

① 국가의 정치에 참여할 수 있는 권리
② 차별받지 않고 동등한 인격체로서 대우받을 권리
③ 기본권이 침해당했을 때 이를 구제하기 위한 권리
④ 모든 국민이 국가로부터 인간다운 생활을 보장받을 권리

11 다음 내용과 가장 관계 깊은 것은?

> • 한국어 기초 강좌 개설
> • 외국인 상담 및 취업 알선 사업
> • 결혼 이주 여성을 위한 법률 정보 제공

① 고령화 문제가 심각해지고 있다.
② 통일의 필요성이 강조되고 있다.
③ 자연환경의 중요성이 강조되고 있다.
④ 다문화 사회 정책이 다양하게 실시되고 있다.

12 다음 중 사회 보험에 해당하지 않는 것은?

① 국민연금
② 고용 보험
③ 자동차 종합 보험
④ 산업 재해 보상 보험

13 여러 관청을 통괄하는 중앙 행정의 중심 역할을 했던 고려 시대의 중앙통치기구는?

① 중추원
② 어사대
③ 상서성
④ 삼사

14 다음 중 신라의 6두품에 대한 설명으로 옳지 않은 것은?

① 신라 하대에는 반 신라적 성향으로 학문, 예술, 종교에 관심을 돌렸다.
② 고려 왕조 성립에 사상적 기반이 되었다.
③ 진골 바로 밑의 신분으로 12관등으로 나뉘어 있었다.
④ 신분적 제약으로 인한 고위직 진출의 한계가 없었다.

15 신라 진흥왕이 남한강 유역을 정복하고 세운 것으로, 다음과 같은 내용이 있는 비석은?

> 영토를 확장하는 데 공을 세운 야이차에게 상을 내리고, 신라에 충성하는 자에게 똑같이 상을 내리겠다.

① 마운령비
② 황초령비
③ 북한산비
④ 단양적성비

16 다음 중 미륵사지석탑에 대한 설명으로 잘못된 것은?

① 전북 익산시에 위치한다.

② 1962년 보물로 지정됐다.

③ 백제 시대 무왕 때에 건립됐다

④ 국내에 존재하는 최대의 석탑이다.

17 다음 사건이 일어난 시기를 바르게 나열한 것은?

> (가) 강조의 정변이 발생했다.
> (나) 별무반을 편성하고 동북 9성을 개척하였다.
> (다) 정중부를 중심으로 한 무신들이 정변을 일으켰다.
> (라) 삼별초 항쟁이 일어났다.

① (가) - (나) - (다) - (라)　　　　② (가) - (다) - (나) - (라)

③ (나) - (라) - (가) - (다)　　　　④ (나) - (다) - (라) - (가)

18 다음에서 설명하는 시대에 대한 내용으로 옳은 것을 〈보기〉에서 모두 고르면?

> • 특수 행정 구역인 '소(所)'에서는 수공업 제품이 생산되었다.
> • 관리에게 토지의 수조권을 지급하는 전시과 제도가 실시되었다.

> 보기
> ㄱ. 고구마와 감자를 재배하였다.
> ㄴ. 벽란도가 무역 항구로 번성하였다.
> ㄷ. 독점적 도매 상인인 도고가 성장하였다.
> ㄹ. 건원중보, 삼한통보 등의 화폐를 발행하였다.

① ㄱ, ㄴ　　　　② ㄱ, ㄷ

③ ㄴ, ㄷ　　　　④ ㄴ, ㄹ

19 다음 군사제도와 관련이 있는 나라는?

· 중앙군 10위	· 지방군

① 고구려   ② 신라
③ 발해   ④ 백제

20 다음 (가), (나)의 인물에 대한 설명으로 옳은 것은?

> (가)는 이(理)를 강조하였으며 『주자서절요』, 『성학십도』 등을 저술하였다.
> (나)는 기(氣)를 강조하였으며 『동호문답』, 『성학집요』 등을 저술하였다.

① (가)의 문인과 성혼의 문인들이 결합해 기호학파를 형성하였다.
② (나)는 근본적이고 이상주의적 성격이 강하였다.
③ (가)의 사상이 일본의 성리학 발전에 큰 영향을 주었다.
④ (나)는 군주 스스로 성학을 따를 것을 주장하였다.

21 다음 대화의 ㉠에 들어갈 내용으로 가장 적절한 것은?

> A : 을미의병이 일어난 배경은 무엇일까요?
> B : _____㉠_____
> C : 명성 황후 시해 사건에 분노했기 때문입니다.

① 군대를 해산했기 때문입니다.
② 단발령을 강요했기 때문입니다.
③ 아관 파천이 일어났기 때문입니다.
④ 을사늑약이 체결되었기 때문입니다.

22 다음에서 설명하는 민족 운동은?

- 조만식을 중심으로 평안도 사람들이 '내 살림 내 것으로'라는 구호를 내걸고 민족 운동을 전개하였다.
- 자작회, 토산 애용 부인회 등의 단체들이 활발하게 참여하면서 전국적으로 확산되었다.
---

① 형평 운동
② 문맹 퇴치 운동
③ 물산 장려 운동
④ 민립 대학 설립 운동

23 다음 ㉠에 들어갈 내용으로 옳은 것은?

〈이달의 독립운동가 김구〉

- 생몰 연도 : 1876 ~ 1949년
- 주요 활동
  - _____ ㉠
  - 대한민국 임시정부 주석 역임
  - 남북 협상 참여
---

① 대종교 창시
② 열하일기 저술
③ 유신 헌법 제정
④ 한인 애국단 조직

24 다음 중 흥선대원군이 척화비를 세운 배경으로 옳지 않은 것은?

① 병인양요
② 신미양요
③ 묘청의 난
④ 오페르트 도굴 사건

25 다음에서 설명하는 일제의 식민지 지배 정책은?

- 한국인을 일본 '천황'에게 충성하는 백성으로 동화시키려 하였다.
- 소학교의 명칭을 국민학교로 바꿨다.
---

① 남진 정책
② 화폐 정리 사업
③ 토지 조사 사업
④ 황국 신민화 정책

01 다음 중 '자는 호랑이에게 코침 주기'와 유사한 의미를 가진 사자성어는?

① 전전반측   ② 각골통한
③ 평지풍파   ④ 백아절현

02 다음 중 밑줄 친 부분과 같은 의미로 쓰인 것은?

> 기회가 닿으면 연락하겠습니다.

① 나는 전류에 닿기라도 한 듯한 충격을 느꼈다.
② 일이 잘못되었다는 소식이 그에게 닿기 전에 해결해야 한다.
③ 그와 인연이 닿지 않아 애를 태웠다.
④ 나는 그에게 내 능력이 닿는 한 도와주겠다고 약속했다.

03 다음 중 맞춤법이 옳지 않은 문장은?

① 그렇게 좋던가?
② 얼마나 놀랐던지 몰라.
③ 지난겨울은 몹시 춥더라.
④ 가던지 오던지 마음대로 해라.

04 다음은 '인터넷 실명제 도입'을 주제로 한 토론의 일부이다. ㉠에 들어갈 말로 가장 적절한 것은?

> • 학생 1 : 저는 인터넷 실명제 도입에 반대합니다. 인터넷에서 글쓴이의 익명성이 보장되어야 자유로운 표현이 가능하기 때문입니다.
> • 학생 2 : _____㉠_____ 그러나 저는 인신공격 등의 악성 댓글을 막기 위해서는 인터넷 실명제가 필요하다고 생각합니다.

① 토론 주제와 상관이 없는 주장입니다.

② 그런 점만 생각하면 반대할 수도 있습니다.

③ 우리 생활과 현실적으로 무관한 주장입니다.

④ 반대 측은 주장에 대한 근거를 제시하지 않고 있습니다.

05 다음 중 고쳐쓰기의 원칙에 대한 내용으로 적절하지 않은 것은?

① 첨가의 원칙 : 부족한 내용은 보충할 것

② 상세화의 원칙 : 더 자세하게 설명할 것

③ 삭제의 원칙 : 기존의 내용을 더 나은 내용으로 바꿀 것

④ 순서 조정의 원칙 : 내용의 흐름을 더 좋은 순서로 배열할 것

06 〈보기〉의 대화에서 ⓐ에 대한 설명으로 옳은 것은?

> **보기**
>
> A : ⓐ 단디 해라.
> B : ······.

① 지역에 따라 달리 쓰는 말이다.

② 성별에 따라 달리 쓰는 말이다.

③ 통속적으로 쓰는 저속한 말이다.

④ 학술 분야에서 전문적으로 쓰는 말이다.

07 제시된 한글 맞춤법 규정의 예외로 적절한 것은?

> 〈한글 맞춤법〉
>
> **제8항** '계, 례, 몌, 폐, 혜'의 'ㅖ'는 'ㅔ'로 소리 나는 경우가 있더라도 'ㅖ'로 적는다.

① 사례   ② 혜택

③ 폐품   ④ 게시판

08 발화시를 기준으로 그 동작이 이미 완료되었음을 표현하는 시간 표현은?

① 진행상   ② 완료상

③ 미래 시제   ④ 과거 시제

09 다음 글의 빈칸에 들어갈 내용으로 가장 적절한 것은?

> 일반적으로 물체, 객체를 의미하는 프랑스어 오브제(Objet)는 라틴어에서 유래한 단어로, 어원은 앞으로 던져진 것을 의미한다. 미술에서 대개 인간이라는 '주체'와 대조적인 '객체'로서의 대상을 지칭할 때 사용되는 오브제가 미술사 전면에 나타난 것은 입체주의 이후이다.
>
> 20세기 초 입체파 화가들이 화면에 나타나는 공간을 자연의 모방이 아닌 독립된 공간으로 인식하기 시작하면서 회화는 재현미술로서의 단순한 성격을 벗어나기 시작한다. 즉, '미술은 그 자체가 실재이다. 또한 그것은 객관세계의 계시 혹은 창조이지 그것의 반영이 아니다.'라는 세잔의 사고에 의하여 공간의 개방화가 시작된 것이다. 이는 평면에 실제 사물이 부착되는 콜라주 양식의 탄생과 함께 일상의 평범한 재료들이 회화와 자연스레 연결되는 예술과 비예술의 결합으로 차츰 변화하게 된다. 이러한 오브제의 변화는 다다이즘과 쉬르리알리슴에서 '일용의 기성품과 자연물 등을 원래의 그 기능이나 있어야 할 장소에서 분리하고, 그대로 독립된 작품으로서 제시하여 일상적 의미와는 다른 상징적·환상적인 의미를 부여하는 것'으로 일반화된다. 그리고 동시에 기존 입체주의에서 단순한 보조 수단에 머물렀던 오브제를 캔버스와 대리석을 대체하는 확실한 표현 방법으로 완성시켰다. 이후 오브제는 예술가가 지칭하는 것만으로 우리의 일상생활과 환경 그 자체가 곧 예술작품이 될 수 있음을 주장한다. _____
>
> 거기에서 더 나아가 오브제는 일상의 오브제를 다양하게 전환시켜 다양성과 대중성을 내포하고, 오브제의 진정성과 상징성을 제거하는 팝아트에서 다시 한 번 새롭게 변화하기에 이른다.

① 무너진 베를린 장벽의 조각을 시내 한복판에 장식함으로써 예술과 비예술이 결합한 것이다.

② 화려하게 채색된 소변기를 통해 일상성에 환상적인 의미를 부여한 것이다.

③ 평범한 세면대일지라도 예술가에 의해 오브제로 정해진다면 일상성을 간직한 미술과 일치되는 것이다.

④ 폐타이어나 망가진 금관악기 등으로 제작된 자동차를 통해 일상의 비일상화를 나타낸 것이다.

10 다음 글의 제목으로 가장 적절한 것은?

기온이 높아지는 여름이 되면 운전자들은 자동차 에어컨을 켜기 시작한다. 그러나 겨우내 켜지 않았던 에어컨에서는 간혹 나오는 바람이 시원하지 않거나 퀴퀴한 냄새가 나는 경우가 있다. 이러한 증상이 나타난다면 에어컨 필터를 점검해 봐야 한다. 자동차에서 에어컨을 키게 되면 외부의 공기가 냉각기를 거쳐 차량 내부로 들어오게 되는데, 이때 에어컨 필터는 외부의 미세먼지, 매연, 세균 등의 오염물질을 걸러주는 역할을 한다. 이 과정에서 필터 표면에 먼지가 쌓이는데 필터를 교체하지 않고 오랫동안 방치하면 먼지에 들러붙은 습기로 인해 곰팡이가 생겨 퀴퀴한 냄새가 난다. 이를 방치하여 에어컨 바람을 타고 곰팡이의 포자가 차량 내부에 유입되면 알레르기나 각종 호흡기 질환의 원인이 된다. 그러므로 자동차 에어컨 필터는 주기적으로 교체해 주어야 한다. 일반적인 교체 주기는 봄·가을처럼 6개월마다 혹은 주행거리 10,000km마다가 적당하다. 최근에는 심한 미세먼지로 인해 3개월 주기로 교체하기도 하며, 운전자가 비포장 도로 등의 먼지가 많은 곳을 자주 주행한다면 5,000km에 한 번씩 교체해야 한다. 자동차 에어컨 필터 교체는 정비소에 가서 교체하거나, 운전자 스스로 교체할 수 있다. 운전자가 셀프로 교체하는 경우 다양한 필터를 자신의 드라이빙 환경에 맞춰 선택할 수 있고, 비용도 1만 원 안팎으로 저렴하게 교체할 수 있다. 제품 설명서나 교체 동영상 등을 참고하면 혼자서도 쉽게 에어컨 필터를 교체할 수 있다. 에어컨 필터는 필터의 종류에 따라 크게 순정 필터, 헤파(HEPA; High Efficiency Particulate Air) 필터, 활성탄 필터로 구분된다. 순정 필터는 자동차 출고 시 장착되는 오리지널 필터로 호환성이 좋고 일정한 품질이 보장되는 장점이 있다. 미세먼지 포집력이 뛰어난 헤파 필터는 일반적으로 공기 중의 0.3 이상의 먼지 를 99.97% 걸러주는 고성능 필터로서 거를 수 있는 크기에 따라 울파, 헤파, 세미헤파 등급으로 구분된다. 마지막으로 활성탄 필터는 숯처럼 정화 능력이 좋은 탄소질이 포함된 필터로 오염물질 흡착력이 뛰어나고 공기 중의 불쾌한 냄새나 포름알데히드 등의 화학물질을 걸러주는 필터이다. 이와 같이 에어컨 필터는 다양한 종류가 있으며 평소 운전자의 주행 환경과 가격을 고려하여 교체하는 것이 가장 바람직하다.

① 자동차 에어컨 필터의 종류
② 자동차 에어컨 필터의 교체 시기
③ 자동차 에어컨 필터의 관리 방법
④ 여름철 자동차 에어컨의 취급 유의사항

훈민정음 스물여덟 자는 각각 그 모양을 본떠서 만들었다. 초성은 모두 열일곱 자이다. 아음(牙音, 어금닛소리) ㄱ은 혀뿌리가 목구멍을 닫는 모양을 본뜨고, 설음(舌音, 혓소리) ㄴ은 혀가 윗잇몸에 붙는 모양을 본뜨고, 순음(脣音, 입술소리) ㅁ은 입의 모양을 본뜨고, 치음(齒音, 잇소리) ㅅ은 치아의 모양을 본뜨고, 후음(喉音, 목구멍소리) ㅇ은 목구멍의 모양을 본뜬 것이다.

____㉠____은 ㄱ에 비하여 소리가 세게 나는 까닭으로 획을 더하였다. ㄴ에서 ㄷ, ㄷ에서 ㅌ으로, ㅁ에서 ㅂ, ㅂ에서 ㅍ으로, ㅅ에서 ㅈ, ㅈ에서 ㅊ으로, ㅇ에서 ㆆ, ㆆ에서 ㅎ으로 소리(의 세기)를 바탕으로 획을 더한 뜻이 모두 같다.

11 윗글의 내용으로 적절하지 않은 것은?

① ㄴ은 획을 더한 글자이다.

② ㅂ은 획을 더한 글자이다.

③ ㅁ은 입 모양을 본뜬 글자이다.

④ ㅇ은 목구멍의 모양을 본뜬 글자이다.

12 ㉠에 들어갈 초성으로 가장 적절한 것은?

① ㅋ   ② ㄲ

③ ㅉ   ④ ㅊ

※ 다음 글을 읽고 이어지는 질문에 답하시오. [13~15]

전형적인 서양의 풍경화를 눈여겨보면, 설령 화폭에 인물이 그려지지 않은 경우라 할지라도 화면 밖에 반드시 한 사람의 관찰자가 있어서 이젤 앞에 못 박힌 듯이 서서 주위 풍경을 측량하듯이 바라보는 차갑고 단조로운 시선을 느낄 수 있다. 자연 경경을 그렸다고는 하지만 어디까지나 그 앞에 인간이 있으며, 그 인간이 바로 모든 풍경의 기준점이 되어 있다. 그러므로 풍경화 속의 부분 부분은 한결같이 작품 밖에서 그것을 바라보는 한 개인, 즉 객관적인 관찰자와의 관계 속에서 투시법적으로 형태가 결정되어 그려진다.

이와는 달리, 우리 옛 산수화에서는 어디까지나 ㉠ 산수 자체가 주인공이다. 사람은 주인공인 산을 소중하게 한가운데 모셔 두고서 치켜다 보고, 내려다보고, 비껴 보고, 휘둘러봄으로써 산수의 다양한 실제 모습에 접근하려 한다. 산수화의 목적이 자연의 ㉡ 형상뿐만 아니라 거기서 우러나는 기운까지 담아내는 것이라고 할 때, 서양의 일점투시는 일견 과학적인 듯 보이지만 카메라 앵글처럼 포용력이 부족한 관찰 방식이다. 일점투시는 인간 중심주의적 사고의 ㉢ 산물인 까닭에 자연의 살아 있는 모습을 따라잡는 데는 실로 많은 어려움을 드러낸다. 애초에 산이란 것이 하나의 숨 쉬는 생명체라면 그것은 자연과 인간의 상호 양보를 ㉣ 전제로 하는 동양의 고차원적 인본주의, 즉 회화적으로는 삼원법에 의해서만 충분히 표현된다.

(중략)

옛 그림의 삼원법, 즉 고원, 심원, 평원의 다양한 시각이 어떻게 「몽유도원도」라는 한 화면 속에 무리 없이 소화되고 있는가? 그 점을 눈여겨보는 것이 사실 옛 산수화를 보는 재미의 가장 커다란 부분의 하나. 얼핏 생각하기에 다양한 시각이 뒤섞여 있으니 작품 전체가 매우 이상하게 보임직한데, 오히려 옛 산수화를 보면 마음이 평온하기 그지없다. 그것은 서양의 투시 원근법상의 논리로부터 슬그머니 도망쳐 나온, 수없이 많은 자잘한 여백들이 경물과 경물 사이를 매개하기 때문이다.

– 오주석, 『옛 그림의 원근법』

13 윗글의 서술상 특징이 아닌 것은?

① 「몽유도원도」를 예로 들어 독자의 이해를 돕고 있다.

② 일점투시의 역사적 변화를 단계적으로 진술하고 있다.

③ 전형적인 서양 풍경화와 우리 옛 산수화의 차이점을 서술하고 있다.

④ 옛 산수화를 볼 때 눈여겨볼 만한 점을 질문의 형식을 활용하여 제시하고 있다.

14 윗글의 내용으로 적절하지 않은 것은?

① 일점투시는 자연의 살아 있는 모습을 포용력 있게 가장 잘 구현하는 방법이다.

② 전형적인 서양 풍경화에서는 화면 밖 관찰자의 차갑고 단조로운 시선이 느껴진다.

③ 산수화의 목적은 산수의 형상과 더불어 그 기운도 화폭에 표현하는 것으로도 볼 수 있다.

④ 인간이 풍경의 기준이 되는 전형적인 서양의 풍경화와 달리 우리 옛 산수화는 산수가 주인공이 된다.

15 ㉠ ~ ㉣의 사전적 의미로 옳지 않은 것은?

① ㉠ : 산과 물이라는 뜻으로 경치를 이르는 말

② ㉡ : 사물의 생긴 모양이나 상태

③ ㉢ : 그릇되어 이치에 맞지 않는 일

④ ㉣ : 어떠한 사물이나 현상을 이루기 위하여 먼저 내세우는 것

뎨 가는 뎌 각시 본 듯도 ᄒᆞ뎌이고
텬샹(天上) 빅옥경(白玉京)을 엇디ᄒᆞ야 니별(離別)ᄒᆞ고
ᄒᆡ 다 뎌 져믄 날의 눌을 보라 가시ᄂᆞᆫ고
어와 네여이고 이내 ᄉᆞ셜 드러 보오
                    (중략)
져근덛 녁진(力盡)ᄒᆞ야 풋ᄌᆞᆷ을 잠간 드니
졍셩(精誠)이 지극ᄒᆞ야 ㉠ ᄭᅮᆷ의 님을 보니
옥(玉) ᄀᆞᄐᆞᆫ 얼구리 반(半)이 나마 늘거셰라
ᄆᆞᄋᆞᆷ의 머근 말ᄉᆞᆷ 슬ᄏᆞ장 ᄉᆞᆲ쟈 ᄒᆞ니
눈믈이 바라 나니 말ᄉᆞᆷ인들 어이 ᄒᆞ며
졍(情)을 못 다ᄒᆞ여 목이조차 몌여 ᄒᆞ니
오뎐된 ㉡ 계셩(鷄聲)의 ᄌᆞᆷ은 엇디 ᄭᆡ돗던고
어와 허ᄉᆞ(虛事)로다 이 님이 어ᄃᆡ 간고
결의 니러 안자 창(窓)을 열고 ᄇᆞ라보니
어엿븐 그림재 날 조ᄎᆞᆯ ᄲᅮᆫ이로다
ᄎᆞᆯ하리 싀여디여 ㉢ 낙월(落月)이나 되야이셔
님 겨신 창(窓) 안ᄒᆡ 번드시 비최리라
각시님 ᄃᆞᆯ이야ᄏᆞ니와 ㉣ 구즌비나 되쇼셔

- 정철, 『속미인곡』

16 윗글에 대한 설명으로 가장 적절한 것은?

① 여러 개의 연으로 나누어져 있다.
② 3음보의 행이 제한 없이 나열되어 있다.
③ 노래로 불렸기 때문에 후렴구가 발달되어 있다.
④ 두 명의 화자가 대화하는 형식으로 구성되어 있다.

17 ㉠~㉣에 대한 설명으로 적절하지 않은 것은?

① ㉠ : 임과의 만남이 이루어지는 공간
② ㉡ : 임과의 만남이 중단되는 계기
③ ㉢ : 임을 그리는 마음을 나타내는 소재
④ ㉣ : 임의 소식을 전해 주는 매개체

※ 다음 글을 읽고 이어지는 질문에 답하시오. [18~20]

> (가) 국가가 ㉠ 경제 논리에서 벗어나서 당장 기술 개발과 상대적으로 무관해 보이는 기초 과학 연구까지도 지원해야 하는 데에는 다음과 같은 두 가지 이유가 있다. 우선 과학은 과학 문화로서 가치가 있다. 과학 문화는 과학적 세계관을 고양하고, 합리적 비판 정신을 높게 사며, 현대 사회가 만들어 내는 여러 문제들에 대해 균형 잡힌 전문가를 키우는 데 결정적으로 중요하다. 우주론, 진화론, 입자 물리학과 이론과학의 연구는 우리 세계관을 형성하며, 권위에 맹목적으로 의존하지 않고 새로움을 높게 사는 과학의 정신은 합리성의 원천이 된다. 토론을 통해서 오류를 제거하고 합의에 이르는 과학의 의사소통 과정은 바람직한 전문성의 모델을 제공한다. 이러한 훈련은 과학을 전공하는 학생만이 아니라 인문학이나 사회과학을 전공하는 학생 모두에게 폭넓게 제공되어야 한다.
>
> (나) 둘째, 기초 연구는 ____㉮____ 을/를 위해서 중요하다. 대학에서 즉각적으로 ㉡ 기술과 산업에 필요한 내용만을 교육한다면, 이런 지식은 당장은 쓸모가 있겠지만 미래 기술의 발전과 변화에 무력하다. 결국 과학 기술이 빠르게 발전할수록 학생들에게 과학의 근본에 대해서 깊이 생각하게 하고 이를 바탕으로 창의적인 연구 결과를 내는 경험을 하도록 만드는 것이 중요하다. 남이 해 놓은 것을 조금 개량하는 데에서 머무르지 않고 정말 새롭고 혁신적인 것을 만들기 위해서는, 결국 지식의 기반 수준에서 창의적일 수 있는 교육이 이루어져야 한다. 이러한 교육은 기초 과학 연구가 제공할 수 있다.
>
> (다) ㉢ 기초 과학과 기초 연구가 왜 중요한가? 토대이기 때문이다. 창의적 기술, 문화, 교육이 ㉯ 그 위에 ㉣ 굳건한 집을 지을 수 있는.
>
> — 홍성욱, 『기초 과학의 진정한 가치』

18 (가) ~ (다)에 대한 설명으로 가장 적절한 것은?

① (가) : 단어의 어원을 밝히며 개념을 정의하고 있다.
② (나) : 공간 이동에 따라 관찰한 내용을 서술하고 있다.
③ (다) : 묻고 답하는 방식으로 중심 내용을 드러내고 있다.
④ (가), (나), (다) : 직접 실험하여 가설을 입증하고 있다.

19 (나)의 문맥으로 보아, ㉮에 들어갈 말로 가장 적절한 것은?

① 교육
② 기술
③ 문화
④ 산업

20 ㉠ ~ ㉣ 중, ㉯가 지시하는 것으로 가장 적절한 것은?

① ㉠
② ㉡
③ ㉢
④ ㉣

21 다음 글의 주장에 대한 반박으로 가장 적절한 것은?

> 고대 중국인들은 인간이 행하지 못하는 불가능한 일은 그들이 신성하다고 생각한 하늘에 의해서 해결 가능하다고 보았다. 그리하여 하늘은 인간에게 자신의 의지를 심어 두려움을 갖고 복종하게 하는 존재뿐만 아니라 인간의 모든 일을 책임지고 맡아서 처리하는 존재로까지 인식되었다. 그 당시에 하늘은 인간에게 행운과 불운을 가져다줄 수 있는 힘이고, 인간의 개별적 또는 공통적 운명을 지배하는 신비하고 절대적인 존재라는 믿음이 형성되었다. 하늘에 대한 이러한 인식은 결과적으로 하늘을 권선징악의 주재자로 보고, 새로운 왕조의 탄생과 정치적 변천까지도 그것에 의해 결정된다는 믿음의 근거로 작용하였다.

① 하늘은 인륜의 근원이며, 인륜은 하늘의 덕성이 발현된 것이다.
② 사람이 받게 되는 재앙과 복의 원인은 모두 자신에게 있다.
③ 뱃사공들은 하늘에 제사를 지냄으로써 자신들의 항해가 무사하길 기원한다.
④ 인간의 길흉화복은 우주적 질서의 일부이다.

22 다음 글의 논지를 뒷받침할 수 있는 사례로 적절하지 않은 것은?

> 아마도 영화가 처음 등장하여 그것에 관한 이론화가 시작되었을 때, 대부분의 이론가들에게 영화의 특징으로 자주 다루어지던 것은 바로 '시점의 해방'일 것이다. 같은 시각 이미지의 영역에 속하는 것이라고 할지라도, 영화는 회화와 연극 등과는 전혀 다른 특징을 가지고 있다. 여러 개의 쇼트로 이루어진 영화는 각각의 쇼트에서 인물이나 사건을 향하는 카메라의 각도와 거리 그리고 방향이 언제나 변화하는 것을 보여준다. 영화에 대한 초기의 사유는 '시점의 끊임없는 변화'에서 의식을 변화시킬 수 있는 잠재력을 보았던 것이다.

① 홍콩 영화 「영웅본색」에서의 격투씬은 그 장면을 보는 사람, 싸우고 있는 사람의 시점에 따라 다르게 촬영된다.
② 공포 영화 「스크림」에서 쫓기고 있는 주인공의 시점은 곧 뒤따르는 살인마의 시점으로 전환된다.
③ 영화 「마운틴」은 에베레스트산을 항공 촬영하여 전체를 담은 장면이 압권이라는 평가를 받았다.
④ 4명의 가족을 주인공으로 하는 영화 「패밀리」는 각자의 시점을 분할해 구성한 마지막 장면이 깊은 여운을 남겼다.

23 다음 글의 내용으로 적절하지 않은 것은?

인간 사유의 결정적이고도 독창적인 비약은 코드 체계의 발명에 의해서 이루어졌다. 시각적인 표시의 코드 체계로 인해 인간은 정확한 텍스트를 마련하고 이해할 수 있게 된 것이다. 이것이 바로 진정한 의미에서의 '쓰기(Writing)'이다.

이러한 '쓰기'에 의해 코드화된 시각적인 표시는 말을 사로잡고, 그 결과 그때까지 소리 속에서 발전해 온 정밀하고 복잡한 구조나 지시 체계의 특수한 복잡성이 그대로 시각적인 기록이 된다. 나아가서 그러한 시각적인 기록으로 인해 훨씬 정교한 구조나 지시 체계가 산출될 수 있게 된다. 그러한 정교함은 구술적인 발화가 지니는 잠재력으로는 도저히 이룩할 수 없는 정도의 것이다. 이렇듯 '쓰기'는 인간의 모든 기술적 발명 속에서도 가장 큰 영향력이었으며 지금도 그러하다. 쓰기는 말하기에 단순히 첨가된 것이 아니다. 왜냐하면 쓰기는 말하기를 구술 – 청각의 세계에서 새로운 감각의 세계, 즉 시각의 세계로 이동시켜 말하기와 사고를 함께 변화시키기 때문이다.

① 인간은 시각적 코드 체계를 사용하여 말하기를 한층 정교한 구조로 만들었다.
② 인간은 쓰기를 통해서 정확한 말을 사용한 텍스트의 생산과 소통을 할 수 있게 되었다.
③ 인간은 쓰기를 통해 지시 체계의 복잡성을 기록하여 말하기와 사고의 변화를 일으킨다.
④ 인간은 시각적 코드를 통해 정밀하고 복잡한 지시 체계를 발명하였다.

24 다음 글의 논지를 이끌 수 있는 첫 문장으로 가장 적절한 것은?

사람과 사람이 직접 얼굴을 맞대고 하는 접촉이 라디오나 텔레비전 등의 매체를 통한 접촉보다 결정적인 영향력을 미친다는 것이 일반적인 견해로 알려져 있다. 매체는 어떤 마음의 자세를 준비하도록 하는 구실을 하여 나중에 직접 어떤 사람에게서 새 어형을 접했을 때 그것이 텔레비전에서 자주 듣던 것이면 더 쉽게 그쪽으로 마음의 문을 열게 한다. 그러한 면에서 영향력을 행사하기는 하지만, 새 어형이 전파되는 것은 매체를 통해서보다 대면하는 사람과의 직접적인 접촉에 의해서라는 것이 더 일반화된 견해이다. 사람들은 한두 사람의 말만 듣고 언어 변화에 가담하지는 않고, 주위의 여러 사람들이 다 같은 새 어형을 쓸 때 비로소 그것을 받아들이게 된다고 한다. 매체를 통해서보다 자주 접촉하는 사람들을 통해 언어 변화가 진전된다는 사실은 언어 변화의 여러 면을 바로 이해하는 하나의 핵심적인 내용이라고 해도 좋을 것이다.

① 일반적으로 젊은 층이 언어 변화를 주도한다.
② 언어 변화는 결국 접촉에 의해 진행되는 현상이다.
③ 접촉의 형식도 언어 변화에 영향을 미치는 요소로 지적되고 있다.
④ 매체의 발달이 언어 변화에 중요한 영향을 미치는 것으로 알려져 있다.

25 다음 글의 주제로 가장 적절한 것은?

우주 개발이 왜 필요한가에 대한 주장은 크게 다음의 세 가지로 구분할 수 있다. 먼저 칼 세이건이 우려하는 것처럼 인류가 혜성이나 소행성의 지구 충돌과 같은 재앙에서 살아남으려면 지구 이외의 다른 행성에 식민지를 건설해야 한다는 것이다. 소행성의 지구 충돌로 절멸한 공룡의 전철을 밟지 않기 위해서 말이다. 여기에는 자원 고갈이나 환경오염과 같은 전 지구적 재앙에 대비하자는 주장도 포함된다. 다음으로 우리의 관심을 지구에 한정한다는 것은 인류의 숭고한 정신을 가두는 것이라는 호킹의 주장을 들 수 있다. 지동설, 진화론, 상대성 이론, 양자역학, 빅뱅 이론과 같은 과학적 성과들은 인류의 문명뿐만 아니라 정신적 패러다임 변화에 지대한 영향을 끼쳤다. 마지막으로 우주 개발의 노력에 따르는 부수적인 기술의 파급 효과를 근거로 한 주장을 들 수 있다. 실제로 우주 왕복선 프로그램을 통해 산업계에 이전된 새로운 기술이 100여 가지나 된다. 인공심장, 신분확인 시스템, 비행추적 시스템 등이 대표적인 기술들이다. 그러나 우주 개발에서 얻는 이익이 과연 인류 전체의 이익을 대변할 수 있는가에 대해서는 쉽게 답할 수 없다. 역사적으로 볼 때 탐사의 주된 목적은 새로운 사실의 발견이라기보다 영토와 자원, 힘의 우위를 선점하기 위한 것이었기 때문이다. 이러한 이유로 우주 개발에 의심의 눈초리를 보내는 사람들도 적지 않다. 그들은 우주 개발에 소요되는 자금과 노력을 지구의 가난과 자원 고갈, 환경 문제 등을 해결하는 데 사용하는 것이 더 현실적이라고 주장한다.

과연 그 주장을 따른다고 해서 이러한 문제들을 해결할 수 있는가? 인류가 우주 개발에 나서지 않고 지구 안에서 인류의 미래를 위한 노력을 경주한다고 가정해보자. 그렇더라도 인류가 사용할 수 있는 자원이 무한한 것은 아니며, 인구의 자연 증가를 막을 수 없다는 문제는 여전히 남는다. 지구에 자금과 노력을 투자해야 한다고 주장하는 사람들은 지금 당장은 아니더라도 언젠가는 이러한 문제들을 해결할 수 있다는 논리를 펼지도 모른다. 그러나 이러한 논리는 우주 개발을 지지하는 쪽에서 마찬가지로 내세울 수 있다. 오히려 인류가 미래에 닥칠 문제를 해결할 수 있는 방법은 지구 밖에서 찾게 될 가능성이 더 크지 않을까?

우주를 개발하려는 시도가 최근에 등장한 것은 아니다. 인류가 의식을 가지면서부터 우주를 꿈꿔왔다는 증거는 세계 여러 민족의 창세신화에서 발견된다. 수천 년 동안 우주에 대한 인류의 꿈은 식어갈 줄 몰랐다. 그리고 그 결과가 오늘날의 우주 개발이라는 현실로 다가온 것이다. 이제 인류는 우주의 시초를 밝히게 되었고, 우주의 끄트머리를 바라볼 수 있게 되었으며, 우주 공간에 인류의 거주지를 만들 수 있게 되었다. 우주 개발을 해야 할 것이냐 말아야 할 것이냐는 이제 문제의 핵심이 아니다. 우리가 선택해야 할 문제는 우주 개발을 어떻게 할 것인가이다. "달과 다른 천체들은 모든 나라가 함께 탐사하고 이용할 수 있도록 자유지역으로 남아 있어야 한다. 어느 국가도 영유권을 주장할 수는 없다."라는 린든 B. 존슨의 경구는 우주 개발의 방향을 일러주는 시금석이 되어야 한다.

① 우주 개발의 한계
② 지구의 당면 과제
③ 우주 개발의 정당성
④ 친환경적인 지구 개발

01 다음 〈보기〉의 내용을 포함하는 적절한 명칭은?

> **보기**
>
> 공직자 등의 공정한 직무수행을 저해하는 부정청탁 관행을 근절하고, 공직자 등의 금품 등의 수수행위를 직무관련성 또는 대가성이 없는 경우에도 제재가 가능하도록 하여 공정한 직무수행을 보장하고 공공기관에 대한 국민의 신뢰 확보를 위한다.

① 부정수수금지법   ② 국민신뢰안정법
③ 청탁금지법   ④ 의무제재법

02 다음 중 기록물 보존에 대한 설명으로 가장 적절한 것은?

① 기록물 보존이란 기록물을 원래의 모습 그대로 단기간 유지하기 위해 최적의 보존환경 속에서 보관하는 것을 말한다.
② 각급 학교에서는 소장하고 있는 기록물을 열린 공간의 직사광선이 비치는 서고에 비치하고, 보유현황 점검 등을 정기적으로 실시해야 한다.
③ 문서고에 입고되는 기록물은 시간순서대로 보존상자에 넣어 열린 공간에 배치하고, 기록물보유대장을 작성하여 관리한다.
④ 문서고 관리책임자를 지정하고, 제한구역 표지판을 부착하여 보존기록물의 관리를 철저히 해야 한다.

03 다음 중 공문서 작성 시 고려사항에 대한 설명으로 적절하지 않은 것은?

① 기안자는 안건에 관련된 문제를 파악하고 관계 규정 및 과거 행정선례를 숙지하고 있어야 한다.
② 기안하는 목적과 필요성을 파악하고 자료를 수집·분석하며 필요한 경우에는 설문조사, 실태조사 등을 통하여 의견을 청취한다.
③ 기안자는 담당 업무에 대한 책임의식을 가져야 하며 해당 기관과 수신자의 관계 및 입장 등을 고려하여 기안하여야 한다.
④ 복잡한 기안의 경우에는 최종안을 먼저 작성 후, 수정할 부분들을 고쳐나가면서 논리의 일관성을 해치는 내용 등을 검토한다.

04 다음은 청탁금지법에 대한 내용이다. 청탁금지법 적용대상자에 해당하지 않는 사람은?

> **법 제2조 제2항 다목**
> 「초·중등교육법」, 「고등교육법」, 「유아교육법」 및 그 밖에 다른 법령에 따라 설치된 각급 학교의 장과 교직원 및 사립학교법에 따른 학교법인의 임직원

① 사립학교법에 따른 비상임 이사
② 고등교육법 제17조에 따른 명예교수
③ 유아교육법 에 따라 교원으로 인정되는 기간제교원
④ 학교 운영에 필요한 행정직원 및 조교

05 다음 중 보수 기본 체계에 대한 내용으로 가장 적절한 것은?

① 월급제 교육공무직원은 영양사, 사서, 간호사, 교육복지사, 구육성회 직원 등이 해당된다.
② 평균임금이란 '근로자에게 정기적, 일률적 소정근로 시간 또는 총 근로시간에 대해 지급하기로 정해진 시급·일급·주급·월급 또는 도급금액'을 말한다.
③ 퇴직금의 경우 평균임금을 적용함을 원칙으로 한다.
④ 연차유급휴가의 경우 근로기준법 제46조에 의거하여 평균임금을 적용한다.

06 다음 〈보기〉 중 창의적 체험활동 편성계획과 관련하여 운영시기에 따른 유형에 해당하는 방법으로 옳은 것을 모두 고르면?

> **보기**
> ㄱ. 정일제   ㄴ. 집중 이수제
> ㄷ. 학년군별 운영제   ㄹ. 자원 인사제

① ㄱ, ㄴ   ② ㄱ, ㄷ
③ ㄴ, ㄷ   ④ ㄷ, ㄹ

07 다음 중 휴직에 대한 설명으로 옳지 않은 것은?

① 질병휴직은 업무 외 부상 또는 질병으로 14일 이상의 장기요양을 필요할 때 사용할 수 있다.

② 가족돌봄휴직을 신청할 경우 기관장(학교)장은 가족돌봄휴직 신청일로부터 30일 이내로 가족돌봄 휴직 개시일을 지정하여 가족돌봄휴직을 허용하여야 한다.

③ 육아휴직을 신청한 때에는 그 신청일로부터 30일(또는 7일) 이내에 휴직 개시일을 지정하여 육아휴직을 허용하여야 한다.

④ 병역법에 따른 휴직의 경우 휴직기간은 경력(계속근로)으로 인정한다.

08 다음 중 기본 학적 용어와 해설로 적절하게 짝지어진 것은?

① 재취학 : 의무교육 대상자로서 '면제, 유예, 정원 외 학적관리' 중인 자(의무교육을 중단한 자)가 다시 의무교육을 받고자 의무교육에 해당하는 학교에 다니게 됨

② 재입학 : 의무교육 대상이 아닌 자로서 학업을 중단한 자가 중단 이전의 학교에 재학 당시 학년의 차상급 학년으로 다시 입학하거나, 다른 학교로 다시 입학함

③ 편입학 : 고등학교에서 학업을 중단한 자가 중단 이전의 학교에 재학 당시 학년 이하의 학년으로 다시 입학함(의무교육에 해당하는 학교 및 특수교육대상학생은 불가)

④ 조기진급 : 학칙에 의한 수업 연한의 단축을 통해 해당 학교 전 교육과정을 조기에 수료하여 해당 학교의 전 과정을 마침

09 다음 중 학교 교육과정 편성단계에서 편성 시 결정사항에 해당하지 않은 것은?

① 학습 시기의 결정

② 교육자 채용의 결정

③ 평가 계획의 결정

④ 학습 매체의 결정

10 다음 중 학교 업무 재구조화 추진 진행절차 단계를 순서대로 나열한 것은?

① 전체회의 → 업무분장 조정 → 업무분장 확정 → 전체회의 → TF팀

② TF팀 → 업무분장 확정 → 전체회의 → 업무분장 조정 → 전체회의

③ 업무분장 조정 → TF팀 → 전체회의 → 업무분장 확정 → 전체회의

④ 전체회의 → TF팀 → 전체회의 → 업무분장 조정 → 업무분장 확정

11 다음 중 인사관리의 주요 기능으로 적절하지 않은 것은?

① 물적자원의 유지 활용　　　　② 인적자원 개발
③ 인적자원의 확보　　　　　　　④ 인적자원에 대한 평가

12 다음은 근무성적평정에 대한 평가를 나타낸 표이다. ㉠, ㉡에 들어갈 단어를 순서대로 나열한 것은?

<근무성적평정 평가>

구분	교육청	직속기관	학교
평가자	부서의 장학관 / 사무관	부서장	교감 / 행정실장
확인자	부서장	㉠	㉡

　　　　㉠　　　　　㉡
① 기관장　　　학교장
② 부서장　　　학교장
③ 기관장　　　행정실장
④ 학교장　　　부서장

13 다음 중 징계에 대한 설명으로 옳은 것은?

① 견책은 사용자의 일방적인 의사표시로 근로계약관계를 해지하는 것을 말한다.
② 감봉은 1개월 이상 3개월 이하의 기간 동안 급여를 감액하는 것을 말한다.
③ 해고는 과실에 대하여 서면으로 경고하는 징계방법이다.
④ 정직은 교육공무직원으로서의 신분은 유지하나 1개월 이상 3개월 이하의 기간 동안 출근을 정지하고, 직무에 종사하지 못하지만 임금은 지급한다.

14 다음 중 근로관계의 종류에 대한 설명으로 옳은 것은?

① 채용 후 채용 결격사유가 발견되었을 때도 당연퇴직의 사유가 된다.
② 교육공무직원이 사망한 경우 사직으로 근로관계가 종료된다.
③ 교육공무직원의 정년은 만 65세이다.
④ 사직의 경우 퇴직하고자 하는 날의 30일 전까지 채용권자에게 사직원을 제출하고, 승인을 받지 않아도 된다.

15 다음은 교육정보시스템 중 나이스 시스템의 권한과 관련된 그림이다. 다음 빈칸 ⓐ ~ ⓒ에 들어갈 단어가 바르게 연결된 것은?

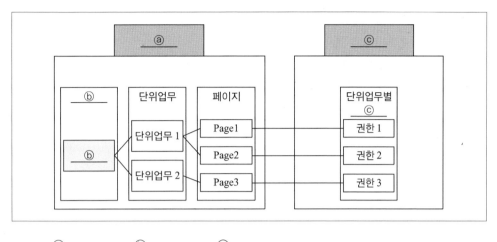

	ⓐ	ⓑ	ⓒ
①	메뉴권한	자료권한	사용자그룹
②	자료권한	메뉴권한	사용자그룹
③	메뉴권한	사용자그룹	자료권한
④	사용자그룹	자료권한	메뉴권한

16 다음 〈보기〉 중 공문서 작성 시 띄어쓰기가 옳은 것을 모두 고르면?

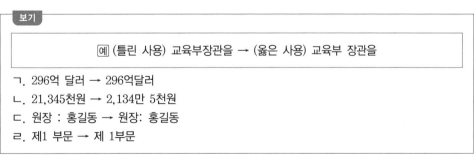

① ㄱ, ㄴ ② ㄱ, ㄷ
③ ㄱ, ㄹ ④ ㄴ, ㄷ

17 다음 중 퇴직급여제도에 대한 설명으로 옳은 것은?

① 퇴직급여제도는 퇴직금제도와 퇴직연금제도로 구분되며, 기업에 따라 설정하지 않을 수 있다.

② 퇴직금제도는 계속근로기간 1년에 대하여 90일분 이상의 평균임금을 퇴직금으로 퇴직하는 근로자에게 지급할 수 있는 제도이다.

③ 확정기여형 퇴직연금제는 근로자가 퇴직 시 지급받을 급여의 수준과 내용이 사전에 하지 않고, 사용자의 적립부담은 적립금 운영결과에 따라 변동될 수 있는 연금제도이다.

④ 퇴직연금제도는 확정급여형 퇴직금연금제와 확정기여형 퇴직연금제로 구분된다.

18 다음 중 공문서에 대한 설명으로 옳지 않은 것은?

① 행정상 공문서란 행정기관 또는 공무원이 직무상 작성하고 처리한 문서 및 행정기관이 접수한 문서를 말한다.

② 공문서는 사람의 의사를 구체적으로 표현하는 기능을 갖는다.

③ 공문서가 성립되기 위해서는 행정기관의 적법한 권한 범위 내에서 작성되어야 하며 시행 불가능한 내용이여도 위법·부당하지 않고 법령에 규정된 절차 및 형식을 갖출 경우 공문서로 인정된다.

④ 공문서는 행정기관의 의사표시 내용을 증거로 남겨야 할 때 필요하다.

19 다음 중 근로시간에 대한 설명으로 옳은 것은?

① 근로시간이 4시간인 경우에는 30분 이상의 휴게시간을 근로시간에 주어야 한다.

② 반복되는 무단결근이라도 징계사유를 구성할 수 없다.

③ 질병 및 부득이한 사유로 지각, 조퇴를 하고자 할 때에는 사전에 승인을 받지 않아도 된다.

④ 조퇴란 직원이 근로를 제공하기로 정한 소정 근로일에 근로를 제공하지 않는 것이다.

20 다음 〈보기〉는 학교회계의 본예산 편성절차에 대한 내용이다. 본예산 편성절차의 순서가 바르게 나열된 것은?

> **보기**
>
> A. 회계연도 개시 30일전까지 학교운영위원회에 제출
> B. 학교운영위원장은 회의개최 7일 전까지 학교운영위원들에게 예산안 통지. 회계연도 개시 5일 전까지 심의종료 후 학교장에게 예산안 심의결과 송부
> C. 학교회계로 전출되는 금액의 총 규모 및 분기별 자금 교부계획(회계연도 개시 50일 전까지 통보)
> D. 예산과목 및 내용 등 학교예산운영에 관하여 필요한 제반내용(회계연도 개시 3개월 전까지 시달)
> E. 학교장은 학교회계 세입·세출예산 확정
> F. 교육과정 운영 및 학교운영을 위하여 필요한 사업에 대하여 개인별 또는 부서별로 예산요구
> G. 예산조정회의를 거쳐 예산안 확정
> H. 가정통신문, 학부모 총회, 홈페이지 탑재 등, 교육청 홈페이지 행정마당에 공개

① A → B → C → G → D → F → E → H
② B → E → C → D → F → G → A → H
③ D → F → C → G → A → B → E → H
④ C → G → F → D → H → B → E → A

21 다음 중 성문법의 위계를 바르게 나열한 것은?

① 대통령령 > 법률 > 헌법 > 총리령 ≥ 부령 > 조례 > 규칙, 교육규칙
② 헌법 > 법률 > 대통령령 > 총리령 ≥ 부령 > 조례 > 규칙, 교육규칙
③ 법률 > 대통령령 > 총리령 ≥ 헌법 > 부령 > 규칙, 교육규칙 > 조례
④ 조례 > 규칙, 교육규칙 > 헌법 > 법률 > 대통령령 > 총리령 ≥ 부령

22 다음 중 공문서작성의 작성기준에 대한 설명으로 옳지 않은 것은?

① 숫자는 아라비아 숫자로 쓴다.
② 날짜는 숫자로 표기한다.
③ 금액을 표시할 때에는 숫자 다음에 괄호를 하고 한자로 기재한다.
④ 날짜의 연, 월, 일의 글자는 생략한다.

23 다음 중 종이기록물 편철방법 순서로 옳은 것은?

① 단위 과제별로 보존상자에 넣고 표지부착 → 기록물의 양에 맞는 보존용 클립으로 고정 → 진행문서파일에서 기록물 분리 → 표지, 색인목록, 기록물의 순서대로 놓고 보존용 표지로 교체

② 진행문서파일에서 기록물 분리 → 단위 과제별로 보존상자에 넣고 표지부착 → 표지, 색인목록, 기록물의 순서대로 놓고 보존용 표지로 교체 → 기록물의 양에 맞는 보존용 클립으로 고정

③ 진행문서파일에서 기록물 분리 → 기록물의 양에 맞는 보존용 클립으로 고정 → 단위 과제별로 보존상자에 넣고 표지부착 → 표지, 색인목록, 기록물의 순서대로 놓고 보존용 표지로 교체

④ 진행문서파일에서 기록물 분리 → 표지, 색인목록, 기록물의 순서대로 놓고 보존용 표지로 교체 → 기록물의 양에 맞는 보존용 클립으로 고정 → 단위 과제별로 보존상자에 넣고 표지부착

24 다음 중 문서작성(기안)하기에 대한 설명으로 옳지 않은 것은?

① 공문작성 시 [문서관리] > [기안] > [공용서식] 메뉴에서 서식을 선택하여 기안문을 작성한다.

② 수신처 지정 시 우리교육청 관할기관이 아닌 경우 행자부 유통탭에서 선택할 수 있다.

③ 결재올림 버튼 클릭 후 결재완료 시 문서 수정, 삭제가 가능하다.

④ 첨부파일이 있는 경우 암호설정 또는 압축파일 첨부는 하지 않는다.

25 다음 〈보기〉처럼 문서작성의 본문이 표로 끝나는 경우에 "끝" 표시로 올바른 것은?

보기

응시번호	성명	생년월일	주소
10	김○○	1980.3.8	세종시 조치원읍 ○○○로 12
21	박○○	1982.5.1	세종시 ○○○○로 2154

①

응시번호	성명	생년월일	주소
10	김○○	1980.3.8	세종시 조치원읍 ○○○로 12
21	박○○	1982.5.1	세종시 ○○○○로 2154

∨∨끝.

②

응시번호	성명	생년월일	주소
10	김○○	1980.3.8	세종시 조치원읍 ○○○로 12
21	박○○	1982.5.1	세종시 ○○○○로 2154

∨∨끝.

③

응시번호	성명	생년월일	주소
10	김○○	1980.3.8	세종시 조치원읍 ○○○로 12
21	박○○	1982.5.1	세종시 ○○○○로 2154

∨∨끝.

④

응시번호	성명	생년월일	주소
10	김○○	1980.3.8	세종시 조치원읍 ○○○로 12
21	박○○	1982.5.1	세종시 ○○○○로 2154

∨끝.

제3회 최종점검 모의고사

☑ 응시시간 : 80분   ☑ 문항 수 : 50문항   정답 및 해설 p.057

공통영역 ▶ 일반상식(사회, 한국사)

01 강한 경쟁자로 인해 조직 전체가 발전하는 것을 뜻하는 용어는?

① 메기 효과   ② 플라세보 효과
③ 메디치 효과   ④ 헤일로 효과

02 스마트폰 없이 생활하기 힘들어하는 세대 또는 사람들을 일컫는 신조어는?

① 퍼네이션   ② 스몸비족
③ 디지털 디바이드   ④ 포노 사피엔스

03 다음 중 가치 판단에 해당하는 것을 〈보기〉에서 모두 고르면?

> **보기**
> ㄱ. 경복궁은 서울에 있다.
> ㄴ. 영희는 고등학교 2학년이다.
> ㄷ. 겨울철 눈 덮인 한라산은 아름답다.
> ㄹ. 환경 보호가 경제 발전보다 더 중요하다.

① ㄱ, ㄴ   ② ㄱ, ㄷ
③ ㄴ, ㄹ   ④ ㄷ, ㄹ

04 다음 밑줄 친 ㉠, ㉡에 해당하는 것을 알맞게 짝지은 것은?

> **원/달러 환율 급등!**
> 어제 1달러당 1,100원이던 원/달러 환율이 오늘은 1달러당 1,300원으로 급등했다. 이러한 환율 상승은 달러화 대비 원화 가치 ___㉠___ 을 의미한다. 예컨대 어제는 2달러와 2,200원이 교환되었다면, 오늘은 2달러와 ___㉡___ 이 교환된다.

	㉠	㉡		㉠	㉡
①	상승	2,600원	②	상승	3,900원
③	하락	2,600원	④	하락	3,900원

05 다음 중 '근로 3권'에 해당하는 것은?

① 단결권
② 선거권
③ 공무 담임권
④ 재판 청구권

06 다음에서 설명하는 것은?

> • 일정 금액의 돈을 일정 기간 금융 기관에 맡기는 것이다.
> • 정해진 이자 수익이 있으며, 특정 한도 내에서 원금을 보호하는 제도가 있다.

① 예금
② 신용
③ 직업
④ 채무

07 다음 대화 중 밑줄 친 ㉠에 들어갈 말로 가장 적절한 것은?

> A : 어떤 지역에서는 장례를 할 때 시신을 새가 쪼아 먹게 한다고 해. 이 장례 문화에 대해서 어떻게 생각하니?
> B : 그 지역의 자연 환경과 사회적 맥락 속에서 장례 문화를 이해해야지.
> A : 너는 ____㉠____ 태도를 지니고 있구나.

① 문화 상대주의
② 문화 사대주의
③ 문화 절대주의
④ 자문화 중심주의

08 다음에서 설명하는 투자 개념으로 가장 적절한 것은?

> • 투자의 안전성을 위해 포트폴리오를 구성하여 다양한 금융 자산에 투자하는 것이다.
> • '계란을 한 바구니에 모두 담지 마라'는 말로 비유한다.

① 분산 투자   ② 벤처 투자
③ 집중 투자   ④ 충동 투자

09 다음 중 개인의 권리와 국가 정책 간의 갈등을 해결하기 위한 방안으로 적절하지 않은 것은?

① 정책을 시행하기 전에 충분한 협의 절차를 거친다.
② 서로 다른 이해관계를 조정하려는 타협의 자세를 가진다.
③ 국가는 물리적 강제력을 내세워 개인의 권리를 최대한 제한한다.
④ 정책 시행으로 손해를 입게 된 개인에 대한 적절한 보상 대책을 강구한다.

10 다음에서 설명하는 것은?

> • 일상에서 정신적, 신체적, 경제적, 사회적으로 느끼는 행복한 정도를 의미한다.
> • 고용 안정, 복지 제도, 깨끗한 환경 등의 보장으로 높일 수 있다.

① 삶의 질   ② 역할 갈등
③ 하우스 푸어   ④ 상대적 박탈감

11 다음 중 교통과 통신의 발달로 나타나는 특징으로 적절하지 않은 것은?

① 인간의 공간 인식이 확대된다.
② 지역 간의 상호 작용이 활발해진다.
③ 많은 양의 정보를 주고받을 수 있다.
④ 산업 구조의 중심이 2차에서 1차 산업으로 바뀐다.

12 다음에서 설명하는 자원은?

> • 18세기 산업 혁명의 원동력으로 증기 기관의 연료로 사용되었다.
> • 주로 고생대 지층에 매장되어 있으며 제철 공업의 원료로 이용되는 화석 연료이다.

① 구리
② 석탄
③ 희토류
④ 천연가스

13 다음에서 설명하는 것은?

> • 자유 무역의 확대와 세계 교역을 촉진하는 역할을 수행한다.
> • 관세 인하 요구 및 통상 분쟁 조정 등의 법적인 구속력을 가지고 있다.

① 소호(SOHO)
② 비정부 기구(NGO)
③ 유네스코(UNESCO)
④ 세계 무역 기구(WTO)

14 다음 제시된 유물을 처음 제작했던 시대의 생활 모습으로 가장 적절한 것은?

〈비파형 동검〉

① 한글 소설이 유행하였다.
② 철제 농기구를 사용하였다.
③ 빈부 격차와 계급이 발생하였다.
④ 서옥제라는 혼인 풍습이 있었다.

15 다음에서 설명하는 신라의 제도는?

> • 진골, 6두품, 5두품, 4두품 등으로 구분하였다.
> • 혈통에 따라 개인의 정치·사회적 활동 범위를 결정하였다.

① 골품제   ② 과거제
③ 균역법   ④ 진대법

16 고려 공민왕의 업적으로 옳은 것을 〈보기〉에서 모두 고르면?

> 보기
> ㄱ. 서원 정리
> ㄴ. 훈민정음 창제
> ㄷ. 쌍성총관부 탈환
> ㄹ. 전민변정도감 설치

① ㄱ, ㄴ   ② ㄱ, ㄷ
③ ㄴ, ㄹ   ④ ㄷ, ㄹ

17 다음 중 고려 시대 불교에 대한 설명으로 옳은 것을 〈보기〉에서 모두 고르면?

> 보기
> ㄱ. 천태종의 지눌은 선종을 중심으로 교종을 포용하는 선교일치를 주장하였다.
> ㄴ. 의천은 불교와 유교가 심성 수양이라는 면에서 차이가 없다고 하였다.
> ㄷ. 의천이 죽은 뒤 교단은 분열되고 귀족 중심이 되었다.
> ㄹ. 요세는 참회수행과 염불을 통한 극락왕생을 주장하며 백련사를 결성했다.

① ㄱ, ㄷ   ② ㄱ, ㄹ
③ ㄴ, ㄹ   ④ ㄷ, ㄹ

18 다음에서 설명하는 나라는?

> • 12월에 영고라는 제천 행사를 열었다.
> • 마가, 우가, 구가, 저가 등이 사출도를 다스렸다.

① 가야
② 부여
③ 발해
④ 고조선

19 다음 밑줄 친 ㉠에 들어갈 왕은?

> **〈고구려의 발전〉**
>
> • 소수림왕 : 불교 수용, 율령 반포
> •   ㉠   : 신라를 도와 왜 격퇴, 요동 지역 확보
> • 장수왕 : 평양 천도, 한강 유역 차지

① 세종
② 법흥왕
③ 의자왕
④ 광개토대왕

20 다음에서 설명하는 책은?

> • 통일 신라의 승려 혜초가 지은 책이다.
> • 당을 거쳐 인도와 중앙아시아를 순례한 뒤 각 지역의 지리와 역사, 풍속을 기록하였다.

①『칠정산』
②『동의보감』
③『조선왕조실록』
④『왕오천축국전』

21 다음 중 카이로 선언에서 우리나라의 독립을 약속한 나라들을 바르게 짝지은 것은?

① 미국, 영국, 중국
② 영국, 프랑스, 중국
③ 미국, 소련, 영국
④ 소련, 중국, 영국

22 다음에서 설명하는 조선의 정치 기구는?

> • 정치의 잘못을 비판
> • 권력의 독점과 부정을 방지하는 역할

① 춘추관   ② 의금부
③ 승정원   ④ 사간원

23 다음 밑줄 친 ㉠에 들어갈 사건은?

> A : ___㉠___에 참전하셨다고 들었습니다. 그 당시 기억에 남는 순간은 언제였나요?
> B : 인천 상륙 작전으로 서울을 되찾았던 순간이 가장 기억에 남아요.

① 6·25 전쟁   ② 베트남 전쟁
③ 청산리 대첩   ④ 매소성 전투

24 다음 밑줄 친 ㉠에 들어갈 내용으로 옳은 것은?

> 주제 : 을사늑약의 결과
> • 통감부 설치
> • ___㉠___
> • 초대 통감으로 이토 히로부미 부임

① 척화비 건립   ② 조선 통신사 파견
③ 관민 공동회 개최   ④ 대한 제국의 외교권 박탈

25 다음 밑줄 친 ㉠에 들어갈 고려의 신분은?

> ___㉠___은 주로 일반 군현에 살면서 농업이나 상공업에 종사하였다. 이 중 대부분은 백정이라 불리는 농민이었고, 조세, 공납, 역을 부담하였다.

① 귀족   ② 중류층
③ 양민   ④ 천민

01 다음 중 로마자 표기가 옳은 것은?

① 낙동강 – Nakddongggang   ② 같이 – gachi
③ 독립 – doglib   ④ 오죽헌 – Ojukeon

02 다음 제시된 단어의 관계와 다른 것은?

밀봉 – 밀폐

① 창작 – 가공   ② 작가 – 제작자
③ 연예인 – 예술인   ④ 정산 – 개산

03 다음 밑줄 친 ㉠과 ㉡에 들어갈 말을 순서대로 나열한 것은?

____㉠____ 은 다른 사람의 말을 원래의 형식과 내용을 유지하지 않고 내용만 끌어다 쓰는 인용이고, ____㉡____ 은 다른 사람의 말을 원래의 형식과 내용을 그대로 유지한 채 인용하는 것이다.

① 직접 인용, 간접 인용   ② 간접 인용, 직접 인용
③ 긍정 인용, 부정 인용   ④ 부정 인용, 긍정 인용

04 밑줄 친 부분이 나타내는 시간 표현은?

잠시 후 대통령 내외분이 식장으로 입장하시<u>겠</u>습니다.

① 과거 시제   ② 현재 시제
③ 미래 시제   ④ 과거 완료 시제

PART 4

05 다음 중 정보 전달을 목적으로 하는 글을 쓸 때 유의할 사항으로 적절하지 않은 것은?

① 주장을 뒷받침할 타당한 논거를 제시한다.

② 가치 있고 신뢰할 만한 정보인지 선별한다.

③ 사실 그대로의 정보를 객관적으로 전달한다.

④ 효과적으로 전달하기 위한 표현 방법을 활용한다.

06 다음에서 설명하는 내용 생성 방법은?

어떤 문제의 해결책을 찾기 위해 여러 사람이 생각나는 대로 아이디어를 떠올리는 방법이다. 아이디어의 질보다는 양을 우선시하며, 생성된 아이디어를 조합하고 확대함으로써 다양하고 창의적인 아이디어를 찾는 것을 목적으로 한다.

① 자유 연상　　　　　　　② 브레인스토밍

③ 자유롭게 쓰기　　　　　④ 배경지식 활용

07 다음 단어 중 장음으로 발음되는 것은?

① 사과(沙果)　　　　　　② 부자(父子)

③ 성인(成人)　　　　　　④ 유서(類書)

08 다음에서 설명하는 우리말의 담화 관습은?

• 상대의 감정을 상하게 할 수 있는 말을 돌려 말한다.
• 직접적인 표현이 어려운 경우 부드러운 말로 표현한다.

① 완곡 어법　　　　　　② 겸양 어법

③ 관용 표현　　　　　　④ 시제 표현

09 다음 개요의 흐름을 고려할 때 밑줄 친 ㉠에 들어갈 내용으로 가장 적절한 것은?

Ⅰ. 서론 : 교내 안전사고 발생 현황
Ⅱ. 본론
    1. 교내 안전사고의 주요 유형 분석
       가. 교내 안전사고 형태 분석 – '넘어짐'과 '충돌' 등의 사고가 주로 발생
       나. 교내 안전사고 상황 분석 – '체육 수업'이나 '정규 수업 외'에 주로 발생
    2. 안전사고 주요 상황별 안전 수칙
       가. 체육 수업 – '넘어짐'과 '충돌'을 예방하기 위한 안전 수칙
       나. 휴식 시간 – '넘어짐'과 '충돌'을 예방하기 위한 안전 수칙
       다. 방과 후 활동 – '넘어짐'과 '충돌'을 예방하기 위한 안전 수칙
Ⅲ. 결론 : _____ ㉠ _____

---

① 교내 주요 안전사고에 대해 이해하고, 그에 따른 안전 수칙을 지켜야 한다.

② 교내 주요 안전사고 발생 시 발 빠른 대처가 필요하다.

③ 교내 주요 안전사고를 예방하기 위해서는 학교 측의 철저한 시설 관리가 필요하다.

④ 상황에 따라 다른 교내 주요 안전사고의 처리 방법을 이해해야 한다.

10 다음 빈칸에 들어갈 내용으로 가장 적절한 것은?

한 존재가 가질 수 있는 욕망과 그 존재가 가졌다고 할 수 있는 권리 사이에는 모종의 개념적 관계가 있다. 권리는 침해될 수 있고, 어떤 것에 대한 개인의 권리를 침해하는 것은 그것과 관련된 욕망을 좌절시키는 일이다. 예를 들어 당신이 차를 가지고 있다고 가정해 보자. 그럴 때 나는 우선 그것을 당신으로부터 빼앗지 말아야 한다는 의무를 지닌다. 그러나 그 의무는 무조건적인 것이 아니다. 이는 부분적으로 당신이 그것과 관련된 욕망을 가지고 있는지의 여부에 달려 있다. 만약 당신이 차를 빼앗기든지 말든지 관여하지 않는다면 내가 당신의 차를 빼앗는다고 해서 당신의 권리를 침해하는 것은 아닐 수 있다.

물론 권리와 욕망 간의 관계를 정확히 설명하는 것은 어렵다. 이는 졸고 있는 경우나 일시적으로 의식을 잃은 경우와 같은 특수한 상황 때문이다. 졸고 있는 사람이나 의식을 잃은 사람에게 권리가 없다고 말하는 것은 옳지 않을 것이다. 그러나 이와 같이 권리의 소유가 실제적인 욕망 자체와 연결되지는 않더라도, 권리를 소유하려면 어떤 방식으로든 관련된 욕망을 가지는 능력이 있어야 한다. 어떤 권리를 소유할 수 있으려면 최소한 그 권리와 관련된 욕망을 가져야 한다는 것이다.

이러한 관점을 '생명에 대한 권리'에 적용해보자. 생명에 대한 권리는 개별적인 존재의 생존을 지속시킬 권리이고, 이를 소유하는 데 관련된 욕망은 개별존재로서 생존을 지속시키고자 하는 욕망이다. 따라서 자신을 일정한 시기에 걸쳐 존재하는 개별존재로서 파악할 수 있는 존재만이 생명에 대한 권리를 가질 수 있다. 왜냐하면 _____

① 생명에 대한 권리를 가질 수 있는 존재만이 개별존재로서 생존을 지속시키고자 하는 욕망을 가질 수 있기 때문이다.

② 자신을 일정한 시기에 걸쳐 존재하는 개별존재로서 파악할 수 있는 존재는 다른 존재의 생명을 빼앗지 말아야한다는 의무를 지니기 때문이다.

③ 자신을 일정한 시기에 걸쳐 존재하는 개별존재로서 파악할 수 있는 존재만이 개별존재로서 생존을 지속시키고자 하는 욕망을 가질 수 있기 때문이다.

④ 개별존재로서 생존을 지속시키고자 하는 욕망을 가질 수 있는 존재만이 자신을 일정한 시기에 걸쳐 존재하는 개별존재로서 파악할 수 있기 때문이다.

불휘 기픈 남ㄱᆞᆫ ᄇᆞᄅᆞ매 아니 뮐씨 곶 됴코 여름 하ᄂᆞ니
시미 기픈 므른 ᄀᆞ무래 아니 그츨씨 내히 이러 바ᄅᆞ래 가ᄂᆞ니

– 『용비어천가』 2장

11 윗글에 대한 설명으로 적절하지 않은 것은?

① 글의 갈래는 시조이다.
② 대구적인 표현이 사용되었다.
③ 조선 왕조의 번성을 기원하는 내용이다.
④ 중세 국어의 모습을 알 수 있는 자료이다.

12 윗글에서 '종성부용초성'에 의한 표기가 사용된 것은?

① 곶   ② 시미
③ 므른   ④ 바ᄅᆞ래

※ 다음 글을 읽고 이어지는 질문에 답하시오. [13~14]

[앞부분의 줄거리] 한평생 북을 치며 방랑하던 민 노인은 아들 민대찬의 집에 얹혀살게 되면서 아들 내외의 반대로 북 치는 것을 마음대로 하지 못한다. 그러던 중, 손자 성규의 부탁으로 대학생들과 함께한 탈춤 공연에서 북을 치게 된다.

[A]
민 노인의 북은 요긴한 대목에서 둥둥 울렸다. 째지는 소리를 내는 꽹과리며 장구에 파묻혀 제값을 하지는 못해도, 민 노인에게는 전혀 괘념할 일이 아니었다. 그전에도 그랬던 것처럼, 공연 전에 마신 술기운도 가세하여, 탈바가지들의 손끝과 발목에 한 치의 오차도 없이 그의 북소리는 턱턱 꽂혔다. 그새 입에서는 얼씨구! 소리도 적시에 흘러나왔다. 아무 생각도 없었다. 가락과 소리와, 그것을 전체적으로 휩싸는 달착지근한 장단에 자신을 내맡기고만 있었다.

그날 밤, 민 노인은 근래에 흔치 않은 노곤함으로 깊은 잠을 잤다. 춤판이 끝나고 아이들과 어울려 조금 과음한 까닭도 있을 것이었다. 더 많이는 오랜만에 돌아온 자기 몫을 제대로 해냈다는 느긋함이 꿈도 없는 잠을 거쳐 상큼한 아침을 맞게 했을 것으로 믿었는데 그런 흐뭇함은 오래가지 않았다. 다 저녁때가 되어 외출에서 돌아온 며느리는 집 안에 들어서자마자 성규를 찾았고, 그가 안 보이자 민 노인의 방문을 밀쳤다.

"아버님, 어저께 성규 학교에 가셨어요?"

예사로운 말씨와는 달리, 굳어 있는 표정 위로는 낭패의 그늘이 좍 깔려 있었다. 금방 대답을 못 하고 엉거주춤한 형세로 며느리를 올려다보는 민 노인의 면전에서, 송 여사의 한숨 섞인 물음이 또 떨어졌다.

"북을 치셨다면서요."

"그랬다. 잘못했니?"

우선은 죄인 다루듯 하는 며느리의 힐문에 부아가 꾸역꾸역 치솟고, 소문이 빠르기도 하다는 놀라움이 그 뒤에 일었다.

"아이들 노는 데 구경 가시는 것까지는 몰라도, 걔들과 같이 어울려서 북 치고 장구 치는 게 나이 자신 어른이 할 일인가요?"

"하면 어때서. 성규가 지성으로 청하길래 응한 것뿐이고, 나는 원래 그런 사람 아니니. 이번에도 내가 늬들 체면 깎았냐."

"아시니 다행이네요."

송 여사는 후닥닥 문을 닫고 나갔다. 일은 그것으로 끝나지 않았다. 며느리는 퇴근한 남편을 붙들고, 밖에 나갔다가 성규와 같은 과 학생인 진숙이 어머니한테서 들었다는 얘기를 전했다. 진숙이 어머니는 민 노인이 가면극에 나왔다는 귀띔에 잇대어, 성규 어머니는 그렇게 멋있는 시아버지를 두셔서 참 좋겠다며 빈정거리더라는 말도 덧붙였다.

– 최일남, 『흐르는 북』

13 [A]의 서술 방식으로 가장 적절한 것은?

① 대화 상황을 통해 갈등을 제시하고 있다.

② 특정 인물을 중심으로 내용을 전개하고 있다.

③ 고사를 인용하여 인물의 가치관을 나타내고 있다.

④ 의성어를 활용하여 암울한 상황을 드러내고 있다.

14 '민 노인'에 대한 며느리의 태도로 가장 적절한 것은?

① 물질적인 가치를 추구하는 민 노인을 비판한다.

② 무리하게 북을 치는 민 노인의 건강을 걱정한다.

③ 민 노인이 북을 친 것에 대해 불편함을 드러낸다.

④ 성규를 위해 공연에 참석한 민 노인에게 고마워한다.

길을 걷다가 중학생 또래의 청초하고 해맑은 아이들 입에서 거친 욕설이 줄줄이 흘러나오는 것을 보고 경악했다는 어른이 많다. 더구나 요즘 청소년 사이에 만연한 욕은 그것이 욕설이라는 것조차 의식하지 못하는, 습관화된 언어폭력이라고 할 정도이다. 욕을 안 쓰면 대화가 안 될 정도로 욕설이 일상화된 현실은 우리 사회가 심각하게 반성할 문제이다.

욕설이나 비속어는 아니지만 사회적·문화적 차별 의식을 담고 있는 표현들이 있다. 몇몇 직업에 대한 호칭이 바뀐 이유는 그러한 차별을 없애기 위해서이다. 예컨대 옛날의 '식모'는 요즈음 '가정부', 나아가 '가사 도우미'로 불린다. '우체부'는 '집배원', '청소부'는 '환경미화원', '간호원'은 '간호사'로 바뀌었다. ㉠ 직업에 따른 차별을 없애고 좀 더 격(格)을 높여 직업적 자부심을 부추기는 방향으로 변한 것이다. 이와 비슷한 차별적 표현에는 '미혼모', '여의사', '출가외인', '사내 녀석이 그것도 못 해?'와 같은 ㉡ 성차별적 표현이 있고, '절름발이 행정', '장님 코끼리 더듬기', '꿀 먹은 벙어리' 같은 ㉢ 신체 차별적 표현도 있다. '유색 인종', '혼혈아' 같은 표현들은 ㉣ 인종에 따른 차별 표현으로, 한때 '살색'이라고 부르던 색을 '살구색'으로 바꾼 것은 이러한 표현에 담긴 차별 의식을 없애기 위해서이다.

(중략)

말과 글은 어떻게 쓰느냐에 따라 남을 즐겁게도 기분 상하게도 한다. 따라서 말을 요령 있게 사용하면 자신의 의도를 더 잘 달성할 수 있으며, 사회 전체의 언어문화도 바꿀 수 있다.

이때 제일 먼저 생각해야 할 것은 역시 상대방에 대한 배려와 존중이다. 『논어』에 나오는 '내가 싫어하는 것은 남에게도 베풀지 말라.'라는 구절은 입을 열고 펜을 들기 전에 한 번쯤 되뇌어 볼 만한 명구이다. 언어폭력은 언어폭력을 부르며, 결국은 심리적인 상처나 물리적인 충돌로 번진다. 내 입에서 나가는 말 한마디, 내가 종이에 적는 글 한 구절이 나 자신의 품격뿐 아니라 공동체 전체의 행복과도 직결된다는 점을 의식하며 바람직한 의사소통 문화를 형성해야 한다.

– 노재현, 『말이 세상을 아름답게 한다』

15 윗글에 대한 설명으로 가장 적절한 것은?

① 예상되는 반론을 제시하여 이를 반박하고 있다.

② 묻고 답하기의 방식으로 주장을 강화하고 있다.

③ 설문 조사의 결과를 주장의 근거로 제시하고 있다.

④ 구체적 현실을 제시하여 문제 상황을 드러내고 있다.

16 윗글의 중심 내용으로 가장 적절한 것은?

① 서로를 배려하는 의사소통 문화를 형성해야 한다.

② 어휘력의 향상을 위해서 독서 습관을 길러야 한다.

③ 한글 맞춤법에 맞는 언어 사용을 생활화해야 한다.

④ 한글의 우수성을 세계에 알리기 위해 노력해야 한다.

17 다음 〈보기〉의 밑줄 친 부분과 가장 관련이 깊은 것은?

> 보기
> • 그녀는 <u>여류 소설가</u>가 되는 게 꿈이다.
> • 그는 30세에 접어들어 비로소 <u>처녀작</u>을 발표했다.

① ㉠   ② ㉡

③ ㉢   ④ ㉣

※ 다음 글을 읽고 이어지는 질문에 답하시오. [18~20]

넓은 벌 동쪽 끝으로
㉠ 옛이야기 지줄대는 실개천이 회돌아 나가고,
얼룩백이 황소가
해설피 ㉮ 금빛 게으른 울음을 우는 곳,
— 그곳이 차마 꿈엔들 잊힐 리야.
질화로에 재가 식어지면
비인 밭에 밤바람 소리 말을 달리고,
엷은 졸음에 겨운 늙으신 아버지가
㉡ 짚베개를 돋아 고이시는 곳,
— 그곳이 차마 꿈엔들 잊힐 리야.
흙에서 자란 내 마음
파아란 하늘빛이 그리워
㉢ 함부로 쏜 화살을 찾으려
풀섶 이슬에 함추름 휘적시던 곳,
— 그곳이 차마 꿈엔들 잊힐 리야.
전설(傳說) 바다에 춤추는 밤물결 같은
검은 귀밑머리 날리는 어린 누이와
㉣ 아무렇지도 않고 예쁠 것도 없는
사철 발 벗은 아내가
따가운 햇살을 등에 지고 이삭 줍던 곳,
— 그곳이 차마 꿈엔들 잊힐 리야.
하늘에는 성근 별
알 수도 없는 모래성으로 발을 옮기고,
서리 까마귀 우지짖고 지나가는 초라한 지붕,
흐릿한 불빛에 돌아앉아 도란도란거리는 곳,
— 그곳이 차마 꿈엔들 잊힐 리야.

— 정지용, 『향수』

18 윗글에 대한 설명으로 적절하지 않은 것은?

① 후렴구를 반복하여 운율을 형성하고 있다.
② 설의법을 사용하여 화자의 정서를 강조하고 있다.
③ 향토적 소재를 활용하여 토속적 분위기를 드러내고 있다.
④ 청자를 표면에 내세우며 부끄러운 현실을 고백하고 있다.

19 ㉮에 사용된 감각적 이미지와 가장 가까운 것은?

① 싸늘한 가을바람이 불어

② 향기로운 꽃냄새에 이끌려

③ 소태같이 쓴맛의 풀잎을 씹고

④ 푸른 휘파람 소리가 귓가에 맴도는데

20 다음 〈보기〉의 설명에 해당하는 내용으로 가장 적절한 것은?

> **보기**
>
> 사람이 아닌 것을 사람에 빗대어 사람이 행동하는 것처럼 표현하는 기법

① ㉠   ② ㉡

③ ㉢   ④ ㉣

21 다음 글의 서술상 특징으로 가장 적절한 것은?

> 어느 의미에서는 고정불변의 신비로운 전통이라는 것이 존재한다기보다 오히려 우리 자신이 전통을 찾아내고 창조한다고도 할 수 있다. 따라서 과거에는 훌륭한 문화적 전통의 소산으로 생각되던 것이 후대에는 버림을 받게 되는 예도 허다하다. 한편 과거에는 돌보아지지 않던 것이 후대에 높이 평가되는 일도 한두 가지가 아니다. 연암의 문학이 바로 그러한 예다.
> 비단 연암의 문학만이 아니다. 우리가 현재 민족 문화의 전통과 명맥을 이어준 것으로 생각하는 것이 대부분 그러하다. 신라의 향가, 고려의 가요, 조선 시대의 사설시조, 백자, 풍속화 같은 것을 예로 들 수 있다.

① 익살스러운 문체를 통해 풍자의 효과를 살리고 있다.

② 대상의 직접적인 평가를 피하며 상상력을 자극하고 있다.

③ 비유를 통해 대상의 다양한 속성을 드러내고 있다.

④ 설명하고자 하는 바를 예를 들어 설명하고 있다.

22 다음 글의 제목으로 가장 적절한 것은?

요한 제바스티안 바흐는 '경건한 종교음악가'로서 천직을 다하기 위한 이상적인 장소를 라이프치히라고 생각했고, 27년 동안 그곳에서 칸타타를 써 나갔다고 알려졌다. 그러나 실은 7년째에 라이프치히의 칸토르(교회의 음악감독)직으로는 가정을 꾸리기에 수입이 충분치 못해서 다른 일을 하기도 했고 다른 궁정에 자리를 알아보기도 했다. 그것이 계기가 되어 칸타타를 쓰지 않게 되었다는 사실이 최근의 연구에서 밝혀졌다. 또한 볼프강 아마데우스 모차르트의 경우에는 비극적으로 막을 내린 35년이라는 짧은 생애에 걸맞게 '하늘이 이 위대한 작곡가의 죽음을 비통해하듯' 천둥 치고 진눈깨비 흩날리는 가운데 장례식이 행해졌고, 그 때문에 그의 묘지는 행방을 알 수 없게 되었다고 한다. 하지만 이러한 이야기는 빈 기상대에 남아 있는 기상자료와 일치하지 않는다는 사실이 밝혀졌고, 게다가 만년에 엄습해온 빈곤에도 불구하고 다수의 걸작을 남기고 세상을 떠난 모차르트가 실제로는 그 정도로 수입이 적지 않았다는 사실 역시 드러나 최근에는 도박벽으로 인한 빈곤설을 주장하는 학자까지 등장하게 되었다.

① 음악가들의 쓸쓸한 최후
② 미화된 음악가들의 이야기와 그 진실
③ 음악가들을 괴롭힌 근거 없는 소문들
④ 음악가들의 명성에 가려진 빈곤한 생활

23 다음 글에 대한 반론으로 가장 적절한 것은?

투표는 주요 쟁점에 대해 견해를 표현하고 정치권력을 통제할 수 있는 행위로, 일반 유권자가 할 수 있는 가장 보편적인 정치 참여 방식이다. 그래서 정치학자와 선거 전문가들은 선거와 관련하여 유권자들의 투표 행위를 연구해 왔다. 이 연구는 일반적으로 유권자들의 투표 성향, 즉 투표 참여 태도나 동기 등을 조사하여 이것이 투표 결과와 어떤 상관관계가 있는가를 밝힌다.
투표 행위를 설명하는 이론 역시 다양하다. 합리적 선택 모델은 유권자 개인의 이익을 가장 중요한 요소로 보고, 이를 바탕으로 투표 행위를 설명한다. 이 모델에서는 인간을 자신의 이익을 극대화하기 위해 행동하는 존재로 보기 때문에 투표 행위를 개인의 목적을 위한 수단으로 간주한다. 따라서 유권자는 자신의 이해와 요구에 부합하는 정책을 제시하는 후보자를 선택한다고 본다.

① 사람들은 자신에게 유리한 결과를 도출하기 위해 투표를 한다.
② 유권자들은 정치 권력을 통제하기 위한 수단으로 투표를 활용한다.
③ 사람들은 자신의 이익이 커지는 쪽으로 투표를 한다.
④ 유권자들은 개인이지만 결국 사회적인 배경에서 완전히 자유로울 수 없다.

24 다음 글의 내용으로 가장 적절한 것은?

> 우리는 선인들이 남긴 훌륭한 문화유산이나 정신 자산을 언어(특히, 문자 언어)를 통해 얻는다. 언어가 시대를 넘어 문명을 전수하는 역할을 하는 것이다. 언어를 통해 전해진 선인들의 훌륭한 문화유산이나 정신 자산은 당대의 문화와 정신을 살찌우는 밑거름이 된다. 만약 언어가 없다면 선인들과 대화하는 일은 불가능할 것이다. 그렇게 되면 인류사회는 앞선 시대와 단절되어 더 이상의 발전을 기대할 수 없게 된다. 인류가 지금과 같은 고도의 문명사회를 이룩할 수 있었던 것도 언어를 통해 선인들과 끊임없이 대화하며 그들에게서 지혜를 얻고 그들의 훌륭한 정신을 이어받았기 때문이다.

① 언어는 인간의 유일한 의사소통의 도구이다.
② 과거의 문화유산은 빠짐없이 계승되어야 한다.
③ 문자 언어는 음성 언어보다 우월한 가치를 가진다.
④ 문명의 발달은 언어의 발달과 더불어 이루어져 왔다.

PART 4

25 다음 글을 읽고 추론할 수 없는 것은?

> 시민이란 민주사회의 구성원으로서 공공의 정책 결정에 주체적으로 참여하는 사람입니다. 시민이 생겨난 바탕은 고대 그리스의 도시국가와 로마에서 찾아볼 수 있습니다. 시민은 권리와 의무를 함께 행하지만, 신민(臣民)에게는 권리가 없고 의무만 있을 뿐입니다.
> 옛날에는 개인보다 공동체 중심이었습니다. 시민사회가 등장하면서 개인에게 초점이 맞추어졌습니다. 개인화되다 보니 서로 간의 이해관계가 대립하게 되고, 나아가서 다양한 집단 간의 이해관계도 대립하게 되었습니다. 우리는 집단 간의 갈등을 해소하여 통합된 사회공동체를 형성해야 합니다.

① 공동사회는 개인의 권리보다 의무를 강조한다.
② 시민사회는 개인의 의무보다 권리를 강조한다.
③ 공동사회는 개인보다 집단에 초점을 맞춘다.
④ 미래의 시민사회는 통합된 사회공동체를 형성해야 한다.

01 다음에서 설명하는 세종특별자치시교육청의 정책방향으로 옳은 것은?

> 모든 학습자에 대한 촘촘한 교육기본권 보장과 더불어 교직원에 대한 안정적인 복지 지원으로 교육의 공적 책무를 다한다.

① 학습권을 보장하는 교육복지
② 삶의 질을 높이는 교육생태계
③ 미래를 열어가는 교육환경
④ 시민과 함께하는 교육자치·교육행정

02 다음 중 학교 규칙의 제·개정 절차의 순서를 바르게 연결한 것은?

① 제·개정안 작성 → 학교장 결재 → 학교운영위원회 심의 → 학교내 협의 → 공포(공포문서시행)
② 제·개정안 작성 → 학교장 결재 → 학교내 협의 → 학교운영위원회 심의 → 공포(공포문서시행)
③ 제·개정안 작성 → 학교운영위원회 심의 → 학교장 결재 → 학교내 협의 → 공포(공포문서시행)
④ 제·개정안 작성 → 학교내 협의 → 학교장 결재 → 학교운영위원회 심의 → 공포(공포문서시행)

03 다음 중 '특기사항'란에 학적변동 사유입력과 관련하여 학교폭력예방 및 대책에 관한 법률 제17조에 규정된 가해학생에 대한 조치사항을 입력할 때, 해당하지 않는 항목은?

① 학교에서의 봉사   ② 출석정지
③ 학급 내 이성교제 횟수   ④ 퇴학처분

04 다음 중 학교생활기록부 정정대장의 작성방법으로 옳은 것은?

① 학교생활기록부 정정대장 작성은 정정 항목을 통합하여 작성한다.

② 학교생활기록부 허위사실 기재와 부당정정은 '교육공무원 징계양정 등에 관한 규칙'에 의해 시험 문제 유출이나 학생 성적을 조작하는 등 학생 성적과 관련한 비위와 동일하게 취급하고 감경대상 에서 제외된다.

③ 학교생활기록부 정정대장 작성 시 정정사항의 오류내용과 정정내용은 간략히 입력하며, 정정사 유는 구체적으로 입력한다.

④ 학교생활기록부 정정대장은 경중이 심한 경우에만 학교장의 결재를 받아야 한다.

05 다음 중 학적관리에 대한 설명으로 옳지 않은 것은?

① '유예'는 의무교육을 받을 의무를 다음 학년도로 미루는 것이다.

② 검정고시 합격자는 검정고시 합격연월일과 검정고시 합격 내용을 입력한다.

③ 초·중·고등학생의 전·편입학·배정·입학전형과 유예·면제 등 학적에 관한 세부사항은 각 학교의 지침에 의한다.

④ '면제'는 의무교육을 받을 의무를 면하는 것으로 사망, 유학, 정당한 해외 출국 등의 사유로 인해 국내에서 취학의무를 이행할 수 없는 경우에 해당한다.

06 다음 〈보기〉 중 창의적 체험활동 편성·운영의 제 변인과 하위 변인이 바르게 짝지어진 것을 모두 고르면?

> **보기**
>
> 가. 상황변인 – 학부모의 요구
> 나. 내용변인 – 자율활동
> 다. 방법변인 – 균등 배당
> 라. 내용변인 – 봉사활동

① 가, 나　　　　　　　　　　　　② 가, 다

③ 가, 나, 다　　　　　　　　　　④ 가, 나, 다, 라

07 다음 〈보기〉 중 법정휴직을 모두 고르면?

> **보기**
>
> A. 육아휴직   B. 배우자동반휴직
> C. 질병휴직   D. 가족돌봄휴직

① A, D   ② B, C
③ B, D   ④ C, D

08 다음 중 교육정보시스템인 나이스 시스템에 대한 설명으로 옳은 것은?

① 업무권한 담당자 : 사용자별 업무분장에 따라 나이스 자료를 접근·처리할 수 있는 메뉴권한(사용자그룹), 자료권한을 부여

② 사용자 : 나이스의 접근을 위해서 권한관리자로부터 정당한 권한을 부여받은 자로서 나이스를 사용하여 관련 업무를 직접 처리하는 자

③ 기관(학교)권한관리자 : 소속기관과 사용자에게 나이스 접근 권한을 관리(부여·회수)할 수 있는 기관별 최상위 권한 보유

④ 기관마스터 : 업무 분장에 따라 소속 사용자에게 나이스 접근 권한을 부여·회수하는 업무를 수행하는 자

09 기록물 폐기절차의 순서에서 A, B, C에 들어갈 내용으로 바르게 연결된 것은?

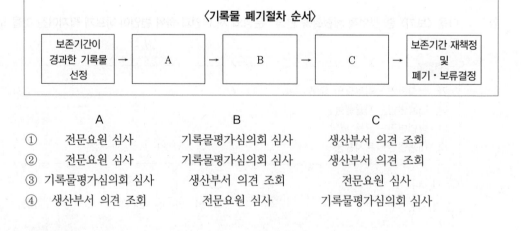

	A	B	C
①	전문요원 심사	기록물평가심의회 심사	생산부서 의견 조회
②	전문요원 심사	기록물평가심의회 심사	생산부서 의견 조회
③	기록물평가심의회 심사	생산부서 의견 조회	전문요원 심사
④	생산부서 의견 조회	전문요원 심사	기록물평가심의회 심사

10 다음은 공문서 작성의 일반원칙에 대한 내용이다. 일반원칙에 의해 작성된 내용은?

〈공문서 작성의 일반원칙 문장부호〉

1. 직접 인용문이 완결된 문장이라면 문장 끝에 마침표(.)를 찍는 것이 원칙이고, 생략을 허용한다.
2. 아라비아 숫자만으로 연월일을 표시할 경우에 온점(마침표)은 연월일 다음에 모두 사용해야 한다.
3. '연월일' 표기 시 표기 방식을 통일한다.
4. 열거된 단위, 용어가 대등하거나 밀접한 경우 '가운뎃점'을 사용한다.
5. 한 단어로 쓰이는 말은 '가운뎃점'을 찍지 않는다.

① 융·복합
② (완결문) ~가 중요하다
③ 4. 29 ~ 10. 31
④ 시·도 교육감 회의

11 다음 중 세종교육 정책 방향별 주요과제에 해당하지 않는 것은?

① 서울지역 학교에 대한 의존도 강화
② 교수·학습 중심의 새로운 학교
③ 협력으로 상생하는 지역교육공동체
④ 민주적 공동체로 성장하는 학교

12 다음 중 학교회계에 대한 설명으로 옳은 것은?

① 단위학교를 중심으로 예산편성·예산심의 등 예산과정이 이루어진다.
② 학교의 재정과 관련하여 이해관계를 가진 사람과 이해관계가 없는 사람 모두에게 합리적인 의사결정을 하는 데 정보를 제공하는 것을 목적으로 한다.
③ 예산과정에는 사업을 추진하는 교직원과 학부모·학교운영위원, 해외 지자체 등이 참여한다.
④ 사업을 추진하는데 있어서 각 단계는 별개로 수행된다.

13 다음 중 민원상담에 대한 내용으로 적절하지 않은 것은?

① 민원인의 말을 경청하면서 중요하거나 잊어버리기 쉬운 내용은 메모한다.

② 민원인이 민원해결을 위해 여러 부서를 찾아다닐 수 있도록 안내하며 돕는다.

③ 어려운 용어나 절차 등은 민원인의 입장에서 알아듣기 쉽게 설명한다.

④ 민원인의 질문과 요구에 적극적인 해결노력을 보인다.

14 학교 교육과정 편성·운영과 관련하여 실제 학교교육과정위원회 조직의 역할로 옳지 않은 것은?

① 학교교육과정 편성·운영 계획을 수립한다.

② 창의적 체험활동 프로그램을 검토한다.

③ 교과(군)별 80% 범위 내에서 시수 증감 운영 방안을 계획한다.

④ 학생의 학업 성취도 평가 운영에 대한 심의를 실시한다.

15 다음 중 창의적 체험활동 운영에 대한 설명으로 적절하지 않은 것은?

① 학교는 창의적 체험활동이 실질적 체험학습이 되도록 프로그램을 운영한다.

② 창의적 체험활동을 구성할 때는 학습장의 학습 부담이 가중되지 않도록 유의해야 한다.

③ 창의적 체험활동은 자율활동, 동아리활동, 봉사활동, 진로활동의 4개 영역으로 구성한다.

④ 학생들은 창의적 체험활동에 의무적으로 참여하도록 하며, 자신에 대한 이해를 중심으로 나눔과 배려를 실천하도록 한다.

16 다음 중 기록물 등록대상에 해당하지 않는 기록물은?

① 공공데이터를 활용한 오픈형
② 업무수행 과정에서 생산 또는 접수하여 결재된 모든 문서
③ 결재·검토 과정에서 반려 또는 수정된 원본문서
④ 교육감, 학교장 등 주요 직위자의 업무노트

PART 4

17 다음 중 학교생활기록부 관리에 대한 기재요령으로 적절하지 않은 것은?

① 언제, 어떤 역할로, 어떤 활동을, 어떻게 수행해서, 그 결과가 어떠하였는지 가급적 구체적으로 입력해야 한다.
② 원적교에서는 전입교의 자료요청을 받으면 6개월 후에 교육정보시스템으로 자료를 전송해야 한다.
③ 전입 당일 교육정보시스템으로 원적교에 전입생 자료를 요청해야 한다.
④ 학교생활기록부의 문자는 한글로 입력해야만 한다.

18 다음 중 문서의 쪽 번호 등 표시에 대한 설명으로 옳지 않은 것은?

① 쪽 번호란 2장 이상으로 이루어진 중요 문서의 앞장과 뒷장의 순서를 명백히 하기 위하여 매기는 번호를 말한다.
② 문서의 순서 또는 연결 관계를 명백히 할 필요가 있는 문서는 쪽 번호 표시 대상문서가 된다.
③ 사실관계나 법률관계의 증명에 관계되는 문서는 쪽 번호 표시 대상문서가 된다.
④ 쪽 번호는 각종 증명 발급 문서 외의 문서에 왼쪽 하단에 표시한다.

19 세종교육 5대 목표별 중점과제 중 '다 함께 성장하는 맞춤형 교육'에 해당하지 않는 것은?

① 세종창의적교육과정　　　　　　　　② 책임교육
③ 창의·진로 교육　　　　　　　　　　④ 교육균형발전

20 학교회계의 결산에 대한 〈보기〉 중 옳지 않은 것을 고르면?

> **보기**
> • 회계연도 종료 : 당해 회계연도의 징수행위 및 지출원인행위 종료
> A. 결산 심의결과 통보 : 회계연도 종료 후 1개월 이내에 결산심의 결과를 학부모총회에 통보
> B. 결산서 작성 : 제 장부 마감 및 세입·세출 결산서 작성
> C. 결산 심의 : 학교운영위원들에게 회의개최 7일 전까지 개별 통지
> D. 출납폐쇄정리 : 해당 회계연도에 징수행위 및 지출원인행위가 된 사항의 세입금 수납 및 세출금
> 　　지출 마감

① A　　　　　　　　　　　　　　　　② B
③ C　　　　　　　　　　　　　　　　④ D

21 다음 〈보기〉에서 설명하고 있는 학교회계 운영의 일반원칙은?

> **보기**
> 학교장은 학교회계의 모든 수입을 지정된 수납기관에 납부하여야 하며, 예산에 편성하지 아니하고
> 직접 사용하여서는 안 됨

① 예산총계주의 원칙　　　　　　　　② 공개의 원칙
③ 회계연도 독립의 원칙　　　　　　　④ 수입의 직접 사용 금지의 원칙

22 다음 〈보기〉 중 K-에듀파인의 주요 단위업무를 모두 고르면?

> **보기**
> A. 예산관리　　　　　　　　B. 통합자산관리
> C. 메모관리　　　　　　　　D. 인사관리
> E. 교무 / 학사　　　　　　　F. 학교회계

① A, C, D　　　　　　　　　　　　　② A, B, F
③ B, D, E　　　　　　　　　　　　　④ B, E, F

23 다음 〈보기〉 중 단위과제카드 담당자별 절차에서 빈칸의 내용이 순서대로 이어진 것은?

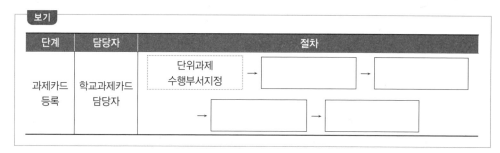

① 과제담당자 지정 → 단위과제 카드 기본정보입력 → 단위과제 선택 → 단위과제카드등록 완료
② 단위과제 카드 기본정보입력 → 단위과제 선택 → 과제담당자 지정 → 단위과제카드등록 완료
③ 단위과제 선택 → 과제담당자 지정 → 단위과제 카드 기본정보입력 → 단위과제카드등록 완료
④ 단위과제 선택 → 단위과제 카드 기본정보입력 → 과제담당자 지정 → 단위과제카드등록 완료

24 다음 〈보기〉 중 청탁금지법 적용대상자가 아닌 사례는?

보기

㉮ 사립초등학교 교사인 A가 자신의 반 학생의 학부모 B로부터 '숙제를 못했다는 이유로 혼내지 말고 칭찬해 달라. 생활기록부에 좋게 기재해 달라'는 부탁을 받고 460만 원 상당의 현금과 상품권 등을 받은 경우
㉯ 공립초등학교 교장 A가 원어민 기간제교사인 외국인 B로부터 내년에도 계속 근무할 수 있게 해 달라는 청탁과 함께 50만 원 상당의 양주를 선물로 받은 경우
㉰ 지방자치단체장 B가 평정대상 공무원 A의 부탁을 받고 관련 법령에서 정한 절차에 따라 평정대상 공무원에 대한 평정단위별 서열명부 및 평정순위가 정해졌는데도 평정권자 C에게 공무원 A에 대한 평정순위의 변경을 지시하며 서열명부를 새로 작성하도록 한 경우
㉱ 지방자치단체장(시장) A의 초등학교 동창인 건설업자 B가 현재 ○○지방자치단체가 추진 중인 체육관 건립공사 입찰에 참여한 상태에서, 사회복지시설을 운영하고 있는 시장 A의 배우자 C가 주최하는 사회복지시설 후원인의 밤 행사에 참여하여 300만 원의 후원금을 낸 경우(단, 시장 A의 배우자 C가 건설업자 B로부터 후원금 300만 원을 받은 사실을 시장 A가 알지 못한 경우)

① ㉮

② ㉯

③ ㉰

④ ㉱

25 아래와 같은 내용을 공문서 작성법에 따라 작성하려고 할 때, 표시위치 및 띄어쓰기가 옳은 것은?(단, ∨은 띄어쓰기 표시이다)

수신○○○장관(○○○과장)
(경유)
제목○○○○○

1.○○○○○○○○○
가.○○○○○○○○○
1)○○○○○○○○○
가)○○○○○○○○○
(1)○○○○○○○○○
(가)○○○○○○○○○
2.○○○○○○○○○

---

①

수신∨∨○○○장관(○○○과장)
(경유)
제목∨∨○○○○○

1.○○○○○○○○○
∨∨가.○○○○○○○○○
∨∨∨∨1)○○○○○○○○○
∨∨∨∨∨∨가)○○○○○○○○○
∨∨∨∨∨∨∨∨(1)○○○○○○○○○
∨∨∨∨∨∨∨∨∨∨(가)○○○○○○○○○
2.○○○○○○○○○

---

②

수신∨∨○○○장관(○○○과장)
(경유)
제목∨∨○○○○○

1.∨○○○○○○○○○
∨∨가.∨○○○○○○○○○
∨∨∨∨1)∨○○○○○○○○○
∨∨∨∨∨∨가)∨○○○○○○○○○
∨∨∨∨∨∨∨∨(1)∨○○○○○○○○○
∨∨∨∨∨∨∨∨∨∨(가)∨○○○○○○○○○
2.∨○○○○○○○○○

③

수신○○○장관(○○○과장)

(경유)

제목○○○○○

1.∨○○○○○○○○○

가.∨○○○○○○○○○

1)∨○○○○○○○○○

가)∨○○○○○○○○○

(1)∨○○○○○○○○○

가)∨○○○○○○○○○

2.∨○○○○○○○○○

④

수신○○○장관(○○○과장)

(경유)

제목○○○○○

1.∨○○○○○○○○○

∨∨가.○○○○○○○○○

∨∨1)○○○○○○○○○

∨∨가)○○○○○○○○○

∨∨(1)○○○○○○○○○

∨∨(가)○○○○○○○○○

2.∨○○○○○○○○○

제4회 최종점검 모의고사

☑ 응시시간 : 80분　　☑ 문항 수 : 50문항

정답 및 해설 p.071

공통영역 ▶ 일반상식(사회, 한국사)

01 최근 MZ세대를 중심으로 자리잡은 일상에 활력을 불어넣는 규칙적인 습관을 뜻하는 용어는?

① FIVVE
② 소셜버블
③ 미라클 모닝
④ 리추얼 라이프

02 다음 글에서 설명하는 것은 무엇인가?

> 협상 테이블에서 처음 언급된 조건에 얽매여 크게 벗어나지 못하는 것을 의미한다. 다시 말해서,
> 최초 습득한 정보에 몰입하여 새로운 정보를 수용하지 않거나, 이를 부분적으로만 수정하는 행동
> 특성을 말한다.

① 프레이밍 효과
② 피그말리온 효과
③ 앵커링 효과
④ 후광 효과

03 다음 기사의 밑줄 친 ㉠에 공통으로 들어갈 내용으로 적절한 것은?

> 일본 정부가 한국에 대한 반도체・디스플레이의 핵심 소재 수출을 규제하기 시작했고, 한국 정부는
> ＿＿㉠＿＿ 경제를 펠리컨 경제로 바꾸겠다고 공언했다. ＿＿㉠＿＿ 경제는 한국 기업이 부품과 소재
> 를 일본에서 수입해 제품 생산 후 수출하는 구조상 한국 수출이 많을수록 일본이 차지하는 이익이
> 늘어나는 구조를 가리킨다. 그러나 일본의 대한(對韓) 수출 규제는 한국이 국내에서 생산하거나 수
> 입선을 다변화하는 등 대일(對日) 의존도를 낮추고 소재・부품・장비(소부장) 경쟁력을 강화하는
> 전화위복의 계기가 되었다는 평가가 지배적이다.

① 무중량
② 가마우지
③ 마냐나
④ 포틀래치

04 다음 중 공직선거에 대한 설명으로 옳지 않은 것은?

① 지방의회의원과 국회의원에 출마할 수 있는 연령은 만 25세 이상이다.

② 후보자는 공개장소에서는 오후 11시부터 다음날 오전 7시까지 연설·대담을 할 수 없다.

③ 읍·면·동 관할구역에 감염병의심자 격리시설이 있는 경우에는 그 지역에 사전투표소가 추가로 설치될 수 있다.

④ 대통령선거 후보자가 장기 7년 이상의 징역에 해당하는 죄를 범한 경우에는 개표가 종료되기 전이라도 체포 또는 구속될 수 있다.

05 우주에서 가장 밝은 초신성 중 하나가 폭발해 마치 태양이 두 개 떠 있는 듯한 현상이 1～2주일 정도 지속될 가능성이 있다고 알려진 초신성이 있다. 약 640광년 떨어진 이 초신성은?

① 스피카(Spica)

② 베텔기우스(Betelgeuse)

③ 아크투르스(Arcturus)

④ 데네브(Deneb)

06 새로운 소비 세대에 대한 다음 기사의 밑줄 친 ㉠에 들어갈 용어로 가장 적절한 것은?

'디지털 원주민'을 넘어 '인공지능 원주민(AI Native)'인 ___㉠___ 의 등장 이후 새로운 시장에 대한 연구는 양적·질적으로 급성장하고 있다. ___㉠___ 는 Z세대의 다음 세대이자 2010년 이후에 태어난 세대이다. 또한 이들은 1980년대 초반～2000년대 초반 출생한 밀레니얼 세대의 자녀 세대이기도 하다.

이전에는 겪어보지 못한 완전히 다른 세상을 사는 디지털·모바일 호모 사피엔스의 시작, ___㉠___ 가 새로운 트렌드를 써내려가기 시작했다. ___㉠___ 는 저출산의 흐름 속에 태어났고 아직 미성년자이기 때문에 시장에서 큰 관심을 끌지 못했지만, 이들은 부모, 친가·외가 조부모, 삼촌, 외삼촌, 이모, 고모라는 '10포켓'을 차고 있다. 특히 이들의 부모는 자녀에 대한 지출을 아끼지 않기 때문에 실제로는 교육 등 이들을 둘러싼 시장의 숨은 주역이다.

① 림보 세대

② 알파 세대

③ 미어캣 세대

④ 에코붐 세대

07 다음 중 대한민국 헌법 개정에 대한 설명으로 옳은 것은?

① 개헌안 제안권을 가진 주체는 대통령과 국회의원이다.

② 국회의원이 개헌안을 제안할 경우에는 국무회의의 심의를 거쳐야 한다.

③ 헌법 개정안은 반드시 국민에게 15일 이상의 기간 동안 공고해야 한다.

④ 헌법 개정안이 확정되려면 국회의원 선거권자 과반수의 투표와 투표자 3분의 2 이상의 찬성을 얻어야 한다.

08 비대면 온라인 문화에 대한 다음 기사의 밑줄 친 ㉠에 들어갈 용어로 가장 적절한 것은?

> 비대면(Untact) 문화가 보편화되면서 ____㉠____ 시대가 우리 앞으로 성큼 다가왔다. 유튜브 등 온라인에서 개인들이 자신의 능력을 콘텐츠화해 수익을 창출하는 시대가 도래한 것이다. 여기에 필요에 따라 일을 맡기거나 일감을 구하는 형태의 긱 이코노미(Gig Economy) 트렌드가 더해지며 최근에는 유튜브, SNS의 온라인 공간에서 활동하는 프리랜서가 급증했고, 이들이 마음껏 활약할 수 있는 O2O(Online to Online) 플랫폼도 인기를 끌고 있다. 인스타그램 또한 ____㉠____ (이)가 활발히 이루어지는 플랫폼이다. 어느 정도의 팔로워를 보유한 인플루언서들은 제품 협찬이나 제품 공동 구매 제의를 자주 받는다. 이는 인플루언서 마케팅을 주력으로 하는 신생기업이 증가하면서 생긴 새로운 형태의 경제 활동이다.
>
> 그러나 콘텐츠의 수익화를 위해 가짜뉴스, 폭력적·선정적 콘텐츠를 확산시키는 등 과열 경쟁을 우려하는 이들 또한 많아지고 있다. 이들은 "자극적인 제목으로 관심을 끌어놓고 막상 클릭해 보면 생각했던 것과 아주 다른 영상이 많다"며 "뒷광고 같은 것도 ____㉠____ (으)로 생겨난 부정적인 현상일 것"이라고 지적한다.

① 셀프홀릭   ② 폴리시 믹스
③ 셀피노믹스   ④ 에르고노믹스

09 환경 보호에 대한 다음 기사의 밑줄 친 ㉠에 들어갈 용어로 가장 적절한 것은?

> '고용 창출'과 '환경 보호' 중에 무엇이 더 중요하다고 생각하는가? 고용 창출이 당장 눈앞에 닥친 현실적인 문제라면, '환경 보호'는 먼 미래 인류의 생존 문제처럼 느껴진다. 둘 다 생존에 직접적인 영향을 끼치는 문제이지만, 우리 사회는 대체로 '환경 보호'가 우세한 것처럼 보인다. 그리고 고용 창출이 어려워진다는 재계의 주장을 그저 귓등으로 흘려보내는 것처럼 보인다. 이쯤에서 ____㉠____ 이 되살아나는 것은 아닌지 몹시 우려스럽다. 미래의 인류, 후손을 위해 환경을 보호하자는 데 이의를 제기하면 인류를 저버리는 사람으로 매도되는 것이다. 과거 독일 나치주의가 유대인을 학살할 때도 이러한 논리를 앞세웠다. 선이 아니라면 악일뿐이라는 이분법으로 나누고 폭력을 합리화했다. 언뜻 보기에 '고용 창출'과 '환경 보호'는 양립하기 어려운 것 같지만. 이 두 가치 모두 인류의 생존을 위해 반드시 추구해야 한다. 환경 보호를 위해 탄소는 줄이면서도 생산량은 증대할 수 있는 '환경 기술'이 거론된다. 그러나 현재 인류의 기술 수준을 신뢰하지 못하는 이들도 많다. 재활용 소재를 생산하는 과정에서 오히려 탄소가 더 배출되기도 하는 것이다. 이와 관련해 국내 대기업들의 리더격인 S그룹의 A회장은 기자들과 만난 자리에서 "기업들의 경영 활동을 제재하는 것보다는 탄소 배출량을 획기적으로 줄일 수 있는 혁신적인 아이디어를 독려하는 방식이 훨씬 건설적인 탄소중립을 실현하는 대안"이라며 현 정부의 저탄소 시책에 대한 불만을 에둘러 드러냈다. A회장의 말처럼 탄소 감축은 획기적인 발명을 통해 돌파구를 찾을 수 있을 것이다. 무턱대고 줄이라며 제재하는 것은 '억박'에 불과하며, 현실적인 해결책이 되지 못한다. ____㉠____ 보다 '환경 아이디어 경연'이 열려야 한다는 말이다.

① 에코 버블   ② 에코보보스
③ 에코폴리스   ④ 에코파시즘

10 필수 영양성분을 함유하면서도 나트륨, 설탕 등의 특정 성분의 함량을 줄이거나 뺀 식품을 뜻하는 단어는?

① 로푸드(Low Food)　　　　　② 푸드뱅크(Food Bank)

③ 푸드 리퍼브(Food Refurb)　　④ 프랑켄푸드(Franken-Food)

11 다음 중 반려동물에 대한 설명으로 옳지 않은 것은?

① 국내 현행 법령에 따라 보호하는 반려동물의 범위에는 개, 고양이, 토끼, 페럿, 기니피그, 햄스터 등이 있다.

② 중성화하여 포획장소에 방사된 길고양이는 법적으로 구조·보호조치의 대상에서 제외된다.

③ 우리나라는 국가 차원에서 반려동물 운동·휴식 등 복지를 보장할 수 있는 동물복지종합계획을 5년마다 수립하고 있다.

④ 강아지의 소유주는 강아지가 태어난 지 7일 안에 등록대상동물로 관할 지방자치단체에 등록해야 한다.

12 미국 우주항공국(NASA)는 2024년까지 유인 우주선을 달에 보낸다는 달 탐사 프로젝트를 추진 중이며, 이 프로젝트의 명칭에는 그리스 신화에 등장하는 여신의 이름이 포함되어 있다. 이 여신에 해당하는 로마 신화의 신은?

① 헤라(Hera)　　　　　② 디아나(Diana)

③ 아테나(Athena)　　　④ 데메테르(Demeter)

13 다음 중 삼한에 대한 설명으로 옳지 않은 것은?

① 마한은 강성해진 백제에 통합되었다.

② 진한은 대구, 경주 지역을 중심으로 발전하였다.

③ 변한은 철이 풍부하여 왜와 낙랑에 철을 수출하였다.

④ 지배세력으로 읍차·부례 등의 대족장이 있었다.

14 다음은 시대별 교육기관을 나타낸 것이다. 빈칸에 들어갈 교육기관으로 가장 적절한 것은?

고구려	통일신라	고려	조선
태학	_____	국자감	성균관

① 주자감　　　　　　　　　② 서당
③ 국학　　　　　　　　　　④ 서원

15 다음 중 청동기 시대에 대한 설명으로 옳지 않은 것은?

① 벼농사를 지었다.
② 계급이 없는 평등사회였다.
③ 반달돌칼, 미송리식 토기 등을 만들었다.
④ 바위에 암각화를 그렸다.

16 밑줄 친 '평량'과 '평량의 처'에 대한 설명으로 옳은 것을 〈보기〉에서 골라 바르게 짝지은 것은?

평량은 평장사 김영관의 사노비로 경기도 양주에 살면서 농사에 힘써 부유하게 되었다. 평량의 처는 소감 왕원지의 사노비인데, 왕원지는 집안이 가난하여 가족을 데리고 와서 의탁하고 있었다. 평량이 후하게 위로하여 서울로 돌아가기를 권하고는 길에서 몰래 처남과 함께 왕원지 부부와 아들을 죽이고, 스스로 그 주인이 없어졌음을 다행으로 여겼다.

－「고려사」－

보기
ㄱ. 평량은 자신의 토지를 소유할 수 있었다.
ㄴ. 평량은 주인집에 살면서 잡일을 돌보았다.
ㄷ. 평량의 처는 국가에 일정량의 신공을 바쳤다.
ㄹ. 평량의 처는 매매·증여·상속의 대상이 되었다.

① ㄱ, ㄴ　　　　　　　　　② ㄱ, ㄹ
③ ㄴ, ㄷ　　　　　　　　　④ ㄷ, ㄹ

17 다음 밑줄 친 왕의 시기에 대한 설명으로 옳은 것은?

> 왕이 변발(辮髮)을 하고 호복(胡服)을 입고 전상에 앉아 있었다. 이연종이 간하려고 문 밖에서 기다리고 있었더니, 왕이 사람을 시켜 물었다. 이연종이 말하기를 …… "변발과 호복은 선왕(先王)의 제도가 아니오니, 원컨대 전하는 본받지 마소서."

① 성균관을 순수 유교 교육기관으로 개편하였다.
② 최충의 문헌공도를 비롯한 사학 12도가 융성하였다.
③ 독창적 기법인 상감법이 개발되어 상감청자가 유행하였다.
④ 민중의 미적 감각과 소박한 정서를 반영한 그림이 유행하였다.

18 다음 중 조선 시대의 신분 제도에 대한 설명으로 옳지 않은 것은?

① 이분법적인 양천 제도를 따랐다.
② 서얼은 관직 진출에 제한이 있어 무반직에 등용되지 않았다.
③ 신량역천은 신분은 양인이나 천역을 담당하였다.
④ 조선 후기의 양반은 문·무반의 관료와 가족을 의미한다.

19 다음 빈칸에 들어갈 정부기관에 대한 설명으로 옳지 않은 것은?

> 대사성 김익희가 상소하였다. "…(중략)… 그런데, 오늘에 와서는 큰일이건 작은 일이건 중요한 것으로 취급되지 않는 것이 없는데, 정부는 한갓 헛이름만 지니고 육조는 모두 그 직임을 상실하였습니다. 명칭은 '변방의 방비를 담당하는 것'이라고 하면서 과거에 대한 판하나 비빈을 간택하는 등의 일까지도 모두 여기를 경유하여 나옵니다.
> 명분이 바르지 못하고 말이 순하지 않음이 이보다 심할 수가 없습니다. 신의 어리석은 소견으로는 _____을/를 혁파하여 정당으로 개칭하는 것이 상책이라 생각합니다."

① 명종 때 을묘왜변을 계기로 처음 설치되었다.
② 19세기에는 세도 정치의 중심 기구가 되었다.
③ 의정부와 6조의 기능을 약화시켰다.
④ 흥선대원군에 의해 사실상 폐지되었다.

20 다음 밑줄 친 '이곳'에서 일어난 사건으로 적절한 것은?

> 이곳은 대한민국 경기도 광주시, 성남시, 하남시에 걸친 남한산을 중심으로 위치해 있다. 1950년대에 이승만 대통령에 의해 공원화된 이후 현재 도립공원으로 지정되어 많은 시민들이 즐겨 찾는 명소가 되었으며, 2014년에는 세계문화유산에 등재되기도 하였다.

① 동학농민군이 우금치에서 관군 및 일본군과 전투를 치렀다.
② 병자호란이 벌어졌을 당시 인조는 이곳에서 항전하였으나 결국 항복하였다.
③ 3·1운동 당시 제암리 교회에서 일본군에 의한 학살이 벌어졌다.
④ 1980년 군사 독재를 반대하는 민주화 운동이 벌어진 곳이다.

21 다음 밑줄 친 정책이 시행된 시기에 있었던 일제의 식민통치 모습으로 옳은 것은?

> 더 많은 쌀을 일본으로 가져가기 위해 추진된 정책으로 말미암아 소작농들은 수리 조합비나 비료 대금을 비롯한 각종 비용 부담이 늘어나자 소작농 가운데 토지를 잃고 소작농이나 화전민으로 전락하는 농민들이 많아졌다.

① 조선어 교육을 폐지하였다.
② 징병과 징용을 실시하였다.
③ 조선어학회를 강제로 해산시켰다.
④ 회사령이 폐지되어 일본 자본의 침투가 증가했다.

22 다음과 같은 상황이 발생하게 된 원인으로 옳은 것은?

> 1920년 봉오동 전투 청산리 전투 등에서 독립군에게 참패를 당한 일본은 한국 독립군 토벌 작전을 대대적으로 전개하였다. 따라서 한국 독립군은 러시아 영토로 이동하였는데, 이동 중 독립군을 통합·재편성하여 대한 독립군단을 조직하였다. 이에 1921년 1월 중순부터 3월 중순에 걸쳐 독립군이 자유시에 집결하였다.

① 일제가 독립군 색출을 위해 간도 주민을 학살하였다.
② 일제가 만주 사변을 일으켜 만주 지역을 점령하였다.
③ 일제가 만주 군벌과 미쓰야 협정을 체결하였다.
④ 사회주의 확산으로 독립군 내부에 노선 대립이 발생하였다.

23 다음과 같은 내용이 발표된 배경으로 가장 적절한 것은?

> 옛날에는 군대를 가지고 나라를 멸망시켰으나 지금은 빚으로 나라를 멸망시킨다. 옛날에 나라를 멸망케 하면 그 명호를 지우고 그 종사와 정부를 폐지하고, 나아가 그 인민으로 하여금 새로운 변화를 받아들여 복종케 할 따름이다. 지금 나라를 멸망케 하면 그 종교를 없애고 그 종족을 끊어버린다. 옛날에 나라를 잃은 백성들은 나라가 없을 뿐이었으나, 지금 나라를 잃은 백성은 아울러 그 집안도 잃게 된다. … 국채는 나라를 멸망케 하는 근원이며, 그 결과 망국에 이르게 되어 모든 사람이 화를 입지 않을 수 없게 된다.

① 일제는 황무지 개간권을 요구하여 막대한 면적의 황무지를 차지하였다.
② 우리나라 최초의 은행인 조선은행이 설립되면서 자금 조달이 어려워졌다.
③ 외국 상인의 활동 범위가 넓어지면서 서울을 비롯한 전국의 상권을 차지하였다.
④ 일제는 화폐 정리와 시설 개선 등의 명목으로 거액의 차관을 대한제국에 제공하였다.

24 다음은 같은 해에 벌어졌던 사건들이다. 이러한 사건들로 인해 발생한 사실로 옳은 것은?

> • 박종철 사건
> • 6·10 국민 대회 개최
> • 4·13 호헌 조치
> • 민주헌법쟁취 국민운동본부 결성

① 국가보위비상대책위원회가 구성되었다.
② 5년 단임의 대통령 직선제 개헌이 이루어졌다.
③ 전국에 계엄령을 선포하고, 모든 정치활동을 정지시켰다.
④ 대통령의 중임 제한을 없애고 간선제를 골자로 하는 헌법을 제정하였다.

25 다음 〈보기〉의 ㄱ, ㄴ, ㄷ에 대한 설명으로 옳은 것은?

> **보기**
> ㄱ. 6·15 공동선언
> ㄴ. 7·4 남북공동성명
> ㄷ. 남북 간의 화해와 불가침 및 교류 협력에 관한 합의서

① ㄱ : 한반도 비핵화를 선언하였다.
② ㄱ : 남북한 동시에 유엔 가입에 합의하였다.
③ ㄴ : 통일의 3대 원칙을 천명하였다.
④ ㄷ : 남북정상회담의 성과였다.

01 다음 중 맞춤법이 옳은 문장은?

① 바닥을 <u>쓱싹쓱싹</u> 열심히 닦는다.

② 오늘이 몇 월 <u>몇일</u>인가요?

③ 부디 건강하기를 <u>바래</u>.

④ 감기를 예방하려면 손을 <u>깨끗이</u> 씻어야 한다.

02 다음 중 밑줄 친 부분의 띄어쓰기가 잘못된 문장은?

① <u>지금보다</u> 나은 미래를 위해서 책을 읽어야 해.

② <u>공부하려고</u> 책을 펴자 잠이 쏟아졌다.

③ 쉽게 <u>잃어버릴 수 있는</u> 물건은 따로 챙겨야 해.

④ 대답을 <u>하기는 커녕</u> 땅만 쳐다봤다.

03 다음 중 맞춤법이 옳도록 고친 것은?

① <u>번번히</u> 지기만 하다 보니 게임이 재미없어졌다. → 번번이

② 방문 <u>횟수</u>가 늘어날수록 얼굴에 생기가 돌기 시작했다. → 회수

③ <u>널따란</u> 마당에 낙엽이 수북이 쌓여있다. → 넓다란

④ <u>웬지</u> 예감이 좋지 않아 발길음을 재세 놓렸다. → 웬지

04 다음 중 띄어쓰기가 옳지 않은 문장은?

① 강아지가 집을 나간지 사흘 만에 돌아왔다.
② 북어 한 쾌는 북어 스무 마리를 이른다.
③ 박승후 씨는 국회의원 출마 의사를 밝혔다.
④ 나는 주로 삼학년을 맡아 미술을 지도했다.

PART 4

05 다음 밑줄 친 부분과 반대의 의미를 가진 단어는?

경서는 생긴 것과 다르게 <u>호들갑을</u> 떤다.

① 관람   ② 관찰
③ 관상   ④ 관조

06 다음 제시된 단어와 같거나 유사한 의미를 가진 단어는?

찬동하다

① 절용하다   ② 전취하다
③ 동조하다   ④ 향상하다

※ 다음 글의 빈칸에 들어갈 내용으로 가장 적절한 것을 고르시오. [7~9]

07

우리의 생각과 판단은 언어에 의해 결정되는가 아니면 경험에 의해 결정되는가? 언어결정론자들은 우리의 생각과 판단이 언어를 반영하고 있으며 실제로 언어에 의해 결정된다고 주장한다. 언어결정론자들의 주장에 따르면 에스키모인들은 눈에 관한 다양한 언어 표현을 갖고 있어서 눈이 올 때 우리가 미처 파악하지 못한 미묘한 차이점을 찾아낼 수 있다. 또 언어결정론자들은 '노랗다', '샛노랗다', '누르스름하다' 등 노랑에 대한 다양한 우리말 표현들이 있어서 노란색들의 미묘한 차이가 구분되고, 그 덕분에 색에 관한 우리의 인지 능력이 다른 언어 사용자들보다 뛰어나다고 본다. 이렇듯 언어결정론자들은 사용하는 언어에 의해서 우리의 사고 능력이 결정된다고 판단한다.

정말 그럴까? 모든 색은 명도와 채도에 따라 구성된 스펙트럼 속에 놓이고, 각각의 색은 여러 언어로 표현될 수 있다. 이러한 사실에 비추어보면 우리말이 다른 언어에 비해 보다 풍부한 표현을 갖고 있다고 볼 수 없다. 나아가 _____

따라서 우리의 생각과 판단은 언어가 아닌 경험에 의해 결정된다고 보는 쪽이 더 설득력이 있다.

① 개개인의 언어습득능력과 속도는 모두 다르기 때문에 인지능력에 대한 언어의 영향도 제각기 다르다.

② 경험이 언어에 미치는 영향과 경험이 언어에 미치는 영향을 계량화하여 비교하기는 곤란한 일이다.

③ 어떤 것을 가리키는 단어가 있을 때에만 우리는 그 단어에 대하여 사고할 수 있다.

④ 더 풍부한 표현을 가진 언어를 사용함에도 불구하고 인지능력이 뛰어나지 못한 경우도 있다.

08

만약 어떤 사람에게 다가온 신비적 경험이 그가 살아갈 수 있는 힘으로 밝혀진다면, 그가 다른 방식으로 살아야 한다고 다수인 우리가 주장할 근거는 어디에도 없다. 사실상 신비적 경험은 우리의 모든 노력을 조롱할 뿐 아니라 논리라는 관점에서 볼 때 우리의 관할구역을 절대적으로 벗어나 있다. 우리 자신의 더 합리적인 신념은 신비주의자가 자신의 신념을 위해서 제시하는 증거와 그 본성에 있어서 유사한 증거에 기초해 있다. 우리의 감각이 우리의 신념에 강력한 증거가 되는 것과 마찬가지로 신비적 경험도 그것을 겪은 사람의 신념의 강력한 증거가 된다. 우리가 지닌 합리적 신념의 증거와 유사한 증거에 해당하는 경험은 그러한 경험을 한 사람에게 살아갈 힘을 제공해 줄 것이다. 신비적 경험은 신비주의자들에게는 살아갈 힘이 되는 것이다. 따라서 _____
_____

① 신비주의가 가져다주는 긍정적인 면에 대한 심도 있는 연구가 필요하다.

② 신비주의자들의 삶의 방식이 수정되어야 할 불합리한 것이라고 주장할 수는 없다.

③ 논리적 사고와 신비주의적 사고를 상반된 개념으로 보는 견해는 수정되어야 한다.

④ 신비주의자들은 그렇지 않은 사람들보다 더 나은 삶을 살아간다고 할 수 있다.

09

조선 왕조에서 최고의 지위를 갖고 있던 왕들의 모습은 현재의 거울처럼 더욱더 생생하게 다가오고 있다. 조선 왕들에 대한 관심은 서적이나 영화, 드라마 등을 통해서도 상당히 표출되었지만, 영화나 드라마보다 더 극적인 상황 전개가 이루어진 정치 현실과 맞물리면서 조선 시대 왕의 리더십에 대해 더욱 통찰력 있는 분석이 요구되고 있다.

조선 왕조는 500년 이상 장수한 왕조였고, 27명의 왕이 재위하였다. 각기 다른 개성을 가진 왕들은 체제의 정비가 요구되던 시기를 살기도 했고, 강력한 개혁이 요구되던 시기를 살기도 했다. 태종이나 세조처럼 자신의 집권 정당성을 위해서 강력한 왕권을 확립해야 했던 왕, 세종이나 성종처럼 체제와 문물의 정비에 총력을 쏟았던 왕이 있었고, 광해군이나 선조처럼 개혁이 시대적 요구가 되던 시대를 살아간 왕도 있었다. 선조와 같이 전란을 겪고 수습해야 했던 왕, 인조처럼 적장에게 항복할 수밖에 없었던 왕, 원인은 달랐지만 부왕의 복수와 명예 회복을 위해 살아간 효종과 정조도 있었다. 시대의 요구가 달랐고 각기 다른 배경 속에서 즉위한 조선의 왕이었지만, 이들은 모두 성리학 이념으로 무장한 신하들과 학자, 왕의 통치력을 믿고 따르는 백성들과 함께 국가를 합리적으로 이끌어갈 임무를 부여받았다. 왕들은 때로는 과감한 개혁 정책을 선보였고, 때로는 왕권에 맞서는 신권에 대응하기도 했으며 조정자의 역할도 하였다. 모두 백성을 위한 정책을 추진한다고 했지만, 대동법과 균역법처럼 시대의 요청에 부응하는 것들도 있었던 반면, 무리한 토목 공사와 천도처럼 실패한 정책들도 있었다. 체제의 안정, 변화와 개혁의 중심에도 왕의 리더십이 있었고, 왕의 리더십은 국가의 성패를 가늠하는 주요한 기준이었기에 왕으로 산다는 것이 그렇게 쉬운 일은 아니었다. 역사는 현재를 비추는 거울이라고 한다. 왕조 시대가 끝나고 국민이 주인이 되는 민주사회가 도래했다. 그러나 적절한 정책의 추진, 여론의 존중, 도덕과 청렴성, 소통과 포용의 리더십, 언론의 존중 등 전통 사회의 왕들에게 요구되었던 덕목들은 오늘날 여전히 유효하다. _____

PART 4

① 조선의 왕은 고대나 고려의 왕들에 비해 절대적인 권력을 누리지는 못하였다.
② 왕을 견제하는 세력을 두어 왕권과 신권의 적절한 조화가 중요하다.
③ 조선의 왕들은 자신의 정치 역량을 최대한 발휘하는 위치에 서 있었다.
④ 조선의 왕이 보인 리더십을 본받아 현재의 리더가 갖추어야 할 덕목들을 생각해 보아야 한다.

10 다음 글을 읽고 추론한 내용으로 가장 적절한 것은?

> 한 연구원이 어떤 실험을 계획하고 참가자들에게 이렇게 설명했다.
> "여러분은 지금부터 둘씩 조를 지어 함께 일을 하게 됩니다. 여러분의 파트너는 다른 작업장에서 여러분과 똑같은 일을, 똑같은 노력을 기울여 할 것입니다. 이번 실험에 대한 보수는 각 조당 5만 원입니다."
> 실험 참가자들이 작업을 마치자 연구원은 참가자들을 세 부류로 나누어 각각 2만 원, 2만 5천 원, 3만 원의 보수를 차등 지급하면서, 그들이 다른 작업장에서 파트너가 받은 액수를 제외한 나머지 보수를 받은 것으로 믿게 하였다.
> 그 후 연구원은 실험 참가자들에게 몇 가지 설문을 했다. '보수를 받고 난 후에 어떤 기분이 들었는지, 나누어 받은 돈이 공정하다고 생각하는지'를 묻는 것이었다. 연구원은 설문을 하기 전에 3만 원을 받은 참가자가 가장 행복할 것이라고 예상했다. 그런데 결과는 예상과 달랐다. 3만 원을 받은 사람은 2만 5천 원을 받은 사람보다 덜 행복해 했다. 자신이 과도하게 보상을 받아 부담을 느꼈기 때문이다. 2만 원을 받은 사람도 덜 행복해 한 것은 마찬가지였다. 받아야 할 만큼 충분히 받지 못했다고 생각했기 때문이다.

① 인간은 공평한 대우를 받을 때 더 행복해 한다.
② 인간은 남보다 능력을 더 인정받을 때 더 행복해 한다.
③ 인간은 타인과 협력할 때 더 행복해 한다.
④ 인간은 상대를 위해 자신의 몫을 양보했을 때 더 행복해 한다.

11 다음 글의 내용으로 적절하지 않은 것은?

> 사람에게서는 인슐린이라는 호르몬이 나온다. 이 호르몬은 당뇨병에 걸리지 않게 하는 호르몬이다. 따라서 이 호르몬이 제대로 생기지 않는 사람은 당뇨병에 걸리게 된다. 이런 사람에게는 인슐린을 주사하여 당뇨병을 치료할 수 있다. 문제는 인슐린을 구하기가 어렵다는 것이다. 돼지의 인슐린을 뽑아서 이용하기도 했지만, 한 마리의 돼지로부터 얻을 수 있는 인슐린이 너무 적어서 인슐린은 아주 값이 비쌀 수밖에 없었다.
> 사람에게는 인슐린을 만들도록 하는 DNA가 있다. 이 DNA를 찾아 잘라낸다. 그리고 이 DNA를 대장균의 DNA에 연결한다. 그러면 대장균은 인슐린을 만들어 낸다.

① 인슐린을 만드는 DNA를 가공할 수 있다.
② 대장균의 DNA와 인간의 DNA가 결합할 수 있다.
③ 돼지의 인슐린이 인간의 인슐린을 대체할 수 있다.
④ 인슐린은 당뇨병을 예방할 수 있게 해 주는 약이다.

※ 다음 글을 읽고 이어지는 질문에 답하시오. [12~13]

4차 산업혁명이 현대인의 라이프스타일에 많은 영향을 미치고 있다. 인공지능(AI), 사물인터넷, 로봇 등 첨단과학기술의 급속한 발달이 현대인의 일상생활을 디지털 라이프스타일로 바꿔놓고 있다. 물리적·시간적 제약을 뛰어넘어 대량의 지식과 정보가 쏟아지는 홍수 속에서 디지털 라이프스타일은 사람들의 가치를 변화시키고 직업의 변화를 촉진한다.

(가) 개방성·다양성·역동성의 가치도 강조되는 분야 중 하나이다. 첨단과학기술은 세계를 하나의 촌(村)으로 만들고 있다. 미래사회로 갈수록 다양성과 역동성의 가치가 직업 선택에서 주요 기준이 될 것이다. 조직에서 개인의 출신과 국적은 더 이상 주된 문제가 아니다. 앞으로는 이질적 문화를 이해하는 지식을 갖추고 이에 빠르게 적응할 수 있는 인력만이 직업세계에서 생존할 수 있을 것이다.

(나) 성공에 대한 가치가 변화함에 따라 과거 사회적으로 인정받는 좋은 직장과 직업은 더 이상 성공의 잣대가 되지 않는다. 오히려 개인의 보람 혹은 성취감이 성공을 평가하는 주요 가치로 작용한다. 많은 수입은 얻지 못하더라도 자신이 하고 싶은 분야에서 일과 여가를 함께 누리며 전문성과 보람을 갖는 것이 인생의 성공이라고 생각한다.

(다) 여가와 성공의 가치도 변화하고 있다. 과거 여가가 '일로부터의 탈출'이라면, 미래 사회는 여가를 '일과 함께 즐기는 형태'로 바라본다. 지능형 로봇, 사물인터넷, 드론, 웨어러블 스마트기기 등의 기술이 직무구조를 변화시키고 직장 공간을 개인의 삶 전체로 확장시킴에 따라 일과 여가를 위한 물리적 공간의 구분이 모호해진 것이다.

(라) 먼저 최근 등장한 '친환경일자리(Green Jobs)'가 사회의 지속가능한 발전을 위한 필수 요소로 주목받으면서 타인에 대한 나눔·봉사의 가치가 개인의 직업선택에 중요한 기준으로 부상하였다. 이에 따라 사람들은 나눔을 실천하는 착한 기업에 보다 우호적이며 높은 충성심을 갖는다.

이처럼 4차 산업혁명 시대의 디지털 라이프스타일은 새로운 가치 변화를 가져온다. 따라서 향후 역동적인 직업세계의 구조에서는 자신의 진로 가치를 명확히 이해하여 직업을 찾는 개인의 진로개발이 더욱 강조될 것이다.

12 다음 중 (가) ~ (라) 문단을 논리적 순서대로 바르게 나열한 것은?

① (가) – (나) – (다) – (라) ② (나) – (가) – (라) – (다)
③ (다) – (나) – (가) – (라) ④ (라) – (다) – (나) – (가)

13 윗글의 제목으로 가장 적절한 것은?

① 현대인의 디지털 라이프스타일 ② 4차 산업혁명 시대의 직업세계
③ 나에게 맞는 직업 찾기의 중요성 ④ 진정한 성공이란 무엇인가?

14

(가) 동아시아의 문명 형성에 가장 큰 영향력을 끼친 책을 꼽을 때『논어』가 빠질 수 없다.『논어』는 공자(B.C 551 ~ 479)가 제자와 정치인 등을 만나서 나눈 이야기를 담고 있다. 공자의 활동기간으로 따져보면『논어』는 지금으로부터 대략 2,500년 전에 쓰인 것이다. 지금의 우리는 한나절에 지구 반대편으로 날아다니고, 여름에 겨울 과일을 먹는 그야말로 공자는 상상할 수도 없는 세상에 살고 있다.

(나) 2,500년 전의 공자와 그가 대화한 사람 역시 우리와 마찬가지로 '호모 사피엔스'이기 때문이다. 2,500년 전의 사람도 배고프면 먹고, 졸리면 자고, 좋은 일이 있으면 기뻐하고, 나쁜 일이 있으면 화를 내는 오늘날의 사람과 다름없었다. 불의를 보면 공분하고, 전쟁보다 평화가 지속되기를 바라고, 예술을 보고 들으며 즐거워했는데, 이것은 오늘날의 사람도 마찬가지이다.

(다) 물론 2,500년의 시간으로 인해 달라진 점도 많고 시대와 문화에 따라 '사람다움이 무엇인가?'에 대한 답은 다를 수 있다. 하지만 사람은 돌도 아니고 개도 아니고 사자도 아니라 여전히 사람일 뿐이다. 즉, 현재의 인간이 과거보다 자연의 힘에 두려워하지 않고 자연을 합리적으로 설명할 수는 있지만, 인간적 약점을 극복하고 신적인 존재가 될 수는 없는 것이다.

(라)『논어』의 일부는 여성과 아동, 이민족에 대한 당시의 편견을 드러내고 있어 이처럼 달라진 시대의 흐름에 따라 폐기될 수밖에 없지만, 이를 제외한 부분은 '오래된 미래'로써 읽을 가치가 있다.

(마) 이론의 생명 주기가 짧은 학문의 경우, 2,500년 전의 책은 역사적 가치가 있을지언정 이론으로서는 처분이 당연시된다. 그런데 왜 21세기의 우리가 2,500년 전의『논어』를 지금까지도 읽고, 또 읽어야 할 책으로 간주하고 있는 것일까?

① (가) – (마) – (나) – (라) – (다)
② (가) – (마) – (나) – (다) – (라)
③ (가) – (마) – (다) – (나) – (라)
④ (나) – (다) – (가) – (마) – (라)

15

(가) 가령 해당 주민을 다른 지역으로 일시 대피시키는 조치의 경우 주민의 불안감 증대, 조치 과정 혼란 등의 부작용이 예상되기 때문입니다.

(나) 이러한 조치를 취하게 되면 방사능 피폭량을 줄일 수는 있지만 그 부작용도 고려해야 합니다.

(다) 방사능 비상사태 시 영향 지역 내 주민의 방사능 피폭을 줄이기 위해 취하는 조치로써 옥내 대피, 갑상선 보호제 투여, 이주 등이 있습니다.

(라) 따라서 보호 조치의 기본 원칙은 그 조치로 인한 이로움이 동반되는 해로움보다 커야 한다는 것입니다.

① (다) – (가) – (나) – (라)　　　　② (다) – (가) – (라) – (나)
③ (다) – (나) – (가) – (라)　　　　④ (다) – (라) – (가) – (나)

16 다음 글의 주장에 대한 반박으로 가장 적절한 것은?

> 비타민D 결핍은 우리 몸에 심각한 건강 문제를 일으킬 수 있다. 비타민D는 칼슘이 체내에 흡수되어 뼈와 치아에 축적되는 것을 돕고 가슴뼈 뒤쪽에 위치한 흉선에서 면역세포를 생산하는 작용에 관여하는데, 비타민D가 부족할 경우 칼슘과 인의 흡수량이 줄어들고 면역력이 약해져 뼈가 약해지거나 신체 불균형이 일어날 수 있다.
>
> 비타민D는 주로 피부가 중파장 자외선에 노출될 때 형성된다. 중파장 자외선은 피부와 혈류에 포함된 7-디하이드로콜레스테롤을 비타민D로 전환시키는데, 이렇게 전환된 비타민D는 간과 신장을 통해 칼시트리올(Calcitriol)이라는 호르몬으로 활성화된다. 바로 이 칼시트리올을 통해 우리는 혈액과 뼈에 흡수될 칼슘과 인의 흡수를 조절하는 것이다.
>
> 이러한 기능을 담당하는 비타민D를 함유하고 있는 식품은 자연에서 매우 적기 때문에, 우리의 몸은 충분한 비타민D를 생성하기 위해 주기적으로 태양빛에 노출될 필요가 있다.

① 비타민D 보충제만으로는 체내에 필요한 비타민D를 얻을 수 없다.

② 태양빛에 노출될 경우 피부암 등의 질환이 발생하여 도리어 건강이 더 악화될 수 있다.

③ 비타민D 결핍으로 인해 생기는 부작용은 주기적인 칼슘과 인의 섭취를 통해 해결할 수 있다.

④ 태양빛에 직접 노출되지 않거나 자외선 차단제를 사용했음에도 체내 비타민D 수치가 정상을 유지한다는 연구결과가 있다.

PART 4

※ 다음 글의 주제로 가장 적절한 것을 고르시오. [17~18]

17

1920년대 세계 대공황의 발생으로 '보이지 않는 손'에 대한 신뢰가 무너지자 경제를 보는 새로운 시각이 요구되었다. 당시 고전학파 경제학자들은 국가의 개입을 철저히 배제하고 '공급이 수요를 창출한다.'라는 세이의 법칙을 믿고 있었다. 그러나 이러한 믿음으로는 세계 대공황을 설명할 수 없었다. 이때 새롭게 등장한 것이 케인스의 '유효수요이론'이다. 유효수요이론이란 공급이 수요를 창출하는 것이 아니라 유효수요, 즉 물건을 살 수 있는 확실한 구매력이 뒷받침되는 수요가 공급 및 고용을 결정한다는 이론이다. 케인스는 세계 대공황의 원인이 이 유효수요의 부족에 있다고 보았다. 유효수요가 부족해지면 기업은 생산량을 줄이고, 이것은 노동자의 감원으로 이어지며 구매력을 감소시켜 경제의 악순환을 발생시킨다는 것이다. 케인스는 불황을 해결하기 위해서는 가계와 기업이 소비 및 투자를 충분히 해야 한다고 주장했다. 그는 소비가 없는 생산은 공급 과다 및 실업을 일으키며 궁극적으로는 경기 침체와 공황을 가져온다고 하였다. 절약은 분명 권장되어야 할 미덕이지만 소비가 위축되어 경기 침체와 공황을 불러올 경우, 절약은 오히려 악이 될 수도 있다는 것이다.

① 고전학파 경제학자들이 주장한 '보이지 않는 손'
② 세계 대공황의 원인과 해결책
③ '유효수요이론'의 영향
④ '유효수요이론'의 정의

18

허파는 들이마신 공기를 허파모세혈관 속의 정맥혈액(Venous Blood)에 전달하여 혈액을 산소화하는 기능을 한다. 허파 주위에 있는 가슴막공간은 밀폐되어 있지만, 허파 속은 외부 대기와 자유롭게 통하고 있어서 허파의 압력이 유지된다.

가슴막공간이 가로막, 갈비사이근육 및 다른 근육들의 수축에 의해서 확장되면 허파 내압이 떨어져 허파가 확장되고, 따라서 외부공기가 안으로 빨려 들어오는 흡기작용(Inspiration)을 한다. 반대로 호흡근육들이 이완될 때는 가슴막공간이 작아지고, 허파의 탄력조직이 오므라들면서 공기가 밖으로 나가는 호기작용(Expiration)을 한다.

사람이 편안한 상태에서 교환되는 공기의 양인 호흡용적(Tidal Volume)은 약 500ml이며, 폐활량(Viral Lung Volume)은 심호흡 시 교환되는 양으로 3,700ml 이상이 된다. 최대호기작용 후에도 잔류용적(Residual Capacity) 약 1,200ml의 공기가 허파에 남아있다. 성인의 경우 편안한 상태에서의 정상 호흡횟수는 1분에 12 ~ 20회이며, 어린이는 1분에 20 ~ 25회이다.

① 허파의 기능   ② 허파의 구조
③ 허파의 위치   ④ 허파의 정의

19 다음 글에서 밑줄 친 ㉠ ~ ㉣의 수정 방안으로 적절하지 않은 것은?

한글날이 공휴일에서 ㉠ 제외된지 22년 만에 공휴일로 ㉡ 다시 재지정되었다. 그동안 학계와 관련 단체는 물론 다수의 국민들이 한글날 공휴일 재지정을 끊임없이 요구해 온 결과이다. 우리도 한글이 세계에서 가장 우수한 문자라는 사실을 자주 들어 왔다. ㉢ 따라서 우리는 한글의 고유한 특성을 이해할 필요가 있다. 이러한 한글의 우수성을 인정하여 유네스코에서는 '훈민정음'을 세계기록유산으로 등재하였다. 그렇지만 정작 우리나라에서는 한글날을 국경일로만 지정하고 공휴일에서는 제외하고 있었다. ㉣ 그래서 한글날 제정의 의미와 한글의 가치를 되새길 수 있는 기회가 많이 제한되었던 것이 사실이다.

① ㉠ : 띄어쓰기가 올바르지 않으므로 '제외된 지'로 고친다.
② ㉡ : 의미가 중복되므로 '다시'를 삭제한다.
③ ㉢ : 글의 흐름에 어긋나는 내용이므로 삭제한다.
④ ㉣ : 앞 문장과의 관계를 고려하여 '하지만'으로 고친다.

20 다음 글의 내용으로 가장 적절한 것은?

> 대나무는 전 세계에 500여 종이 있으며 한국, 중국, 일본 등 아시아의 전 지역에 고루 분포하는 대상이다. 우리나라에선 신라의 만파식적과 관련한 설화에서 알 수 있듯이, 예로부터 주변에서 쉽게 볼 수 있지만 영험함이 있는, 비범한 대상으로 여겨졌다. 이러한 전통은 계속 이어져서 붓, 책, 부채, 죽부인, 악기, 약용, 식용, 죽공예품 등 생활용품으로 사용됨과 동시에 세한삼우, 사군자에 꼽히며 여러 문학작품과 미술작품에서 문인들의 찬미의 대상이 되기도 한다. 나아가 냉전시대에 서방에서는 중국을 '죽의 장막(Bamboo Curtain)'이라고 불렀을 만큼 동아시아권 문화에서 빼놓을 수 없는 존재이며 그것이 상징하는 바가 크다. 예로부터 문인들에게 사랑받던 대나무는 유교를 정치철학으로 하는 조선에 들어오면서 그 위상이 더욱 높아졌다. "대쪽 같은 기상"이란 표현에서도 알 수 있듯이 대나무는 의연한 선비의 기상을 나타낸다. 늙어도 시들지 않고, 차가운 서리가 내리고 폭설이 와도 대나무는 의젓이 홀로 일어난 모습을 유지한다. 눈서리를 이겨내고 사계절을 올곧게 서서 굽히지 않는 모습은 선비가 지향하는 모습과 매우 닮았기에, 문학작품과 미술작품에서 대나무를 쉽게 찾아 볼 수 있다.

① 조선은 대나무의 위상을 높게 여겨 '죽의 장막'이라는 별명을 얻었다.
② 대나무는 약재로 쓰이기도 한다.
③ 우리나라는 대나무의 원산지이다.
④ 우리 조상들은 대나무의 청초한 자태와 은은한 향기를 사랑했다.

21 다음 글의 특징으로 적절하지 않은 것은?

> 나는 나룻배,
> 당신은 행인.
>
> 당신은 나를 흙발로 짓밟습니다.
> 나는 당신을 안고 물을 건너갑니다.
> 나는 당신을 안으면 깊으나 얕으나 급한 여울이나 건너갑니다.
>
> 만일 당신이 아니 오시면 나는 바람을 쐬고 눈비를
> 맞으며 밤에서 낮까지 당신을 기다리고 있습니다.
> 당신은 물만 건너면 나를 돌아보지도 않고 가십니다 그려.
>
> 그러나 당신이 언제든지 오실 줄만은 알아요.
> 나는 당신을 기다리면서 날마다 날마다 낡아갑니다.
>
> 나는 나룻배,
> 당신은 행인.
>
> — 한용운, 『나룻배와 행인』

① 높임법을 활용하여 주제 의식을 강화하고 있다.
② 공감각적 비유로 정서적 분위기를 조성하고 있다.
③ 수미상관의 방식으로 구조적 완결성을 높이고 있다.
④ 두 제재의 속성과 관계를 통해 주제를 형상화하고 있다.

22 다음 글에 대한 이해로 적절하지 않은 것은?

봄은
남해에서도 북녘에서도
오지 않는다.
너그럽고
빛나는
봄의 그 눈짓은,
제주에서 두만까지
우리가 디딘
아름다운 논밭에서 움튼다.
겨울은,
바다와 대륙 밖에서
그 매운 눈보라 몰고 왔지만
이제 올
너그러운 봄은, 삼천리 마을마다
우리들 가슴속에서
움트리라.
움터서,
강산을 덮은 그 미움의 쇠붙이들
눈 녹이듯 흐물흐물
녹여버리겠지.

— 신동엽, 『봄은』

① 현실을 초월한 순수 자연의 세계를 노래하고 있다.
② 희망과 신념을 드러내는 단정적 어조로 표현하고 있다.
③ 시어들의 상징적인 의미를 통해 주제를 형성하고 있다.
④ '봄'과 '겨울'의 이원적 대립으로 시상을 전개하고 있다.

23 다음 글에 대한 설명으로 적절하지 않은 것은?

> 소장은 혼자서 빙긋 웃었다. 감독조를 짐짓 3공사장으로 보내길 잘했다고 그는 생각했다. 사실은 그들이 없으면 인부들을 통솔하기가 매우 어려운 실정이었다. 원하는 대로 모두 수걱수걱 들어주고 나면 길 잘못 들인 강아지 새끼처럼 또 무엇을 달라고 보챌지 몰라 불안할수록, 더욱 감독조는 필요했다. 그래서 잠잠해질 때까지 당분간 보냈다가 인부들과는 낯선 다른 패들로 교대시킬 뿐이었다. 현재 노임도 올렸고 시간노동제도 실시하고 있는 척할 수밖에 없지만, 우선 내일의 행사를 위해 숨 좀 돌려보자는 게 그의 속셈이었다. 그 다음엔 주동자들을 먼저 아무도 모르게 경찰에 데려다가 책임을 물어 따끔하게 본때를 보인 후, 여비나 두둑이 주어 구슬리며 딴 지방으로 쫓아 보낼 작정이었다. 그의 손에는 쟁의에 참가했던 인부들의 명단이 저절로 들어와 있는 셈이었다. 그들 불평분자의 절반쯤은 3공사장 인부들과 교대시키고, 나머지는 남겨두되 각 함바에 뿔뿔이 흩어지게 배당할 거였다. 점차로 시간을 보내면서 하나둘씩 해고해 나갈 것이었다. 차츰차츰 작업량을 늘리고 작업장을 줄여 가면 남는 인부가 많게 될테니 열흘도 못 가서 감원할 구실이 생길 거였다. 따라서 인상되었던 노임을 차츰 낮추며 도급을 계속시키면서 인부들이 모르는 사이에 전과같이 나가면 어항에 물 갈아 넣는 것처럼 인부들은 모두 새 사람으로 바뀔 것이었다. 소장은 이 모든 일들을 열흘 안으로 해치우고 원상 복구를 해 놓을 자신이 있었다.
>
> – 황석영, 『객지』

① 소장은 내일의 행사를 원만하게 치르려고 한다.
② 소장은 쟁의를 해결할 수 있다는 강한 자신감을 갖고 있다.
③ 소장은 쟁의의 주동자들을 해고할 생각을 갖고 있다.
④ 소장은 감독조를 해체하여 상황을 원상 복구할 계획이다.

PART 4

※ 다음 글을 읽고 추론한 내용으로 적절하지 않은 것을 고르시오. [24~25]

24

공장 굴뚝에서 방출된 연기나 자동차의 배기가스 등 대기 오염 물질은 기상·지형 조건에 의해 다른 지역으로 확산되거나 한 지역에 농축된다. 대기권 중 가장 아래층인 대류권 안에서 기온의 일반적인 연직 분포는 위쪽이 차갑고 아래쪽이 따뜻한 불안정한 상태를 보인다. 이러한 상황에서 따뜻한 공기는 위로, 차가운 공기는 아래로 이동하는 대류 운동이 일어나게 되고, 이 대류 운동에 의해 대기 오염 물질이 대류권에 확산된다.

반면, 아래쪽이 차갑고 위쪽이 따뜻한 경우에는 공기층이 매우 안정되기 때문에 대류 운동이 일어나지 않는다. 이와 같이 대류권의 정상적인 기온과 그 분포가 다른 현상을 '기온 역전 현상'이라고 하며, 이로 인해 형성된 공기층을 역전층이라고 한다. 기온 역전 현상은 일교차가 큰 계절이나 지표가 눈으로 덮이는 겨울, 호수나 댐 주변에서 많이 발생한다. 또한 역전층 상황에서는 지표의 기온이 낮기 때문에 공기 중의 수증기가 응결하여 안개가 형성된다. 여기에 오염 물질이 많이 포함되어 있으면 스모그가 되는 것이다. 안개는 해가 뜨면 태양의 복사열로 지표가 데워지면서 곧 사라지지만, 스모그는 오염 물질이 포함되어 있어 오래 지속되기도 한다.

① 다른 조건이 동일한 상태에서 같은 부피라면 따뜻한 공기가 차가운 공기에 비해 가벼울 것이다.
② 겨울철 방바닥에 난방을 하면 실내에서도 대류현상이 일어날 것이다.
③ 대류권에서 역전층 현상이 발생했다면 위로 상승할수록 기온이 낮아질 것이다.
④ 대기 중의 오염 물질의 농도가 같다면 스모그 현상은 공기층이 매우 안정된 상태에서 잘 발생할 것이다.

25

리플리 증후군이란 허구의 세계를 진실이라고 믿고 거짓말과 거짓된 행동을 상습적으로 반복하는 반사회적 인격장애를 뜻한다. 리플리 증후군은 극단적인 감정의 기복을 보이는 등 불안정한 정신상태를 갖고 있는 사람에게서 잘 나타나는 것으로 알려져 있다. 자신의 욕구를 충족시킬 수 없어 열등감과 피해의식에 시달리다가 상습적이고 반복적인 거짓말을 일삼으면서 이를 진실로 믿고 행동하게 되는 것이다. 거짓말을 반복하다가 본인이 한 거짓말을 스스로 믿어 버리는 증후군으로 현재 자신의 상황에 만족하지 못하는 경우에 발생한다. 이는 '만족'이라는 상대적인 개념을 개인이 어떻게 받아들이고 느끼느냐에 따라 달라진다고 할 수 있다.

① 상대적으로 자신에게 만족감을 갖지 못한 사람에게 리플리 증후군이 나타난다.
② 리플리 증후군 환자는 거짓말을 통해 만족감을 얻고자 한다.
③ 자신의 상황에 불만족하는 사람은 불안정한 정신 상태를 갖게 된다.
④ 리플리 증후군 환자는 자신의 거짓말을 거짓말로 인식하지 못한다.

01 다음은 세종특별자치시교육청의 세종교육 5대 목표별 중점과제에 대한 설명의 일부이다. 빈칸에 공통으로 들어갈 내용으로 가장 적절한 것은?

> 5. 시민과 함께하는 _____ · 교육행정
> 교육 수도로 나아가는 _____
> 교육주체가 일궈가는 세종학교자치
> 소통과 공감으로 신뢰받는 교육행정

① 교육환경　　　　　　　　　　② 교육복지

③ 교육자치　　　　　　　　　　④ 교육생태계

02 다음 중 세종특별자치시교육청 조직에 대한 설명으로 옳지 않은 것은?

① 보조기관은 세종특별자치시교육청의 교육 · 학예에 관한 사무를 분장하기 위하여 기획조정국, 교육정책국, 교육행정국을 둔다.

② 부교육감은 당해 시 · 도의 교육감이 추천한 자를 교육부장관의 제청으로 국무총리를 거쳐 대통령이 임명한다.

③ 본청기구로는 보좌기관, 보조기관, 직속기관이 존재한다.

④ 교육감의 임기는 5년으로 하며, 교육감의 계속 재임은 4기에 한한다.

03 다음 〈보기〉 중 아포스티유 협약국이 아닌 귀국학생이 재취학 · 편입학 시, 해당학교에 제출할 서류에 해당하는 것은?

> **보기**
> ㄱ. 성적증명서
> ㄴ. 전염병 감염여부
> ㄷ. 주민등록등본(귀국일자 이전 발행된 것)
> ㄹ. 재학증명서
> ㅁ. 출입국사실증명서

① ㄱ, ㄴ, ㅁ　　　　　　　　　② ㄱ, ㄷ, ㄹ

③ ㄴ, ㄷ, ㄹ　　　　　　　　　④ ㄴ, ㄹ, ㅁ

04 다음 중 교육기본법에서 규정하고 있는 교육 당사자에 대한 내용으로 옳지 않은 것은?

① 교원은 법률로 정하는 바에 따라 다른 공직에 취임할 수 없다.

② 학교와 사회교육시설의 교육내용은 학습자에게 미리 공개되어야 한다.

③ 교원은 교육자로서 갖추어야 할 품성과 자질을 향상시키기 위하여 노력하여야 한다.

④ 학생은 학습자로서의 윤리의식을 확립하고, 학교의 규칙을 준수하여야 하며, 교원의 교육·연구 활동을 방해하거나 학내의 질서를 문란하게 하여서는 아니 된다.

05 다음 중 전입생과 관련하여 전입 당일 교육정보시스템으로 원적교에서 전송받을 수 있는 전입생 자료에 해당하지 않는 것은?

① 기본학적   ② 건강기록부

③ 출결내역   ④ 학부모 금융소득 내역

06 다음 중 인적 사항 관리(학교생활기록 작성 및 관리지침 제6조)에 따른 내용으로 옳은 것은?

① '학생'란에는 성명, 성별, 주민등록번호와 입학 당시의 주소로 입력한다.

② '특기사항'란에는 부모의 성명, 생년월일을 입력한다.

③ 학생의 성명, 성별, 주민등록번호는 학생 본인의 기본증명서와, 주소는 주민등록등(초)본과 다를 수 있다.

④ 부모의 인적사항은 선택적으로 입력해야 할 사항이다.

07 다음 중 정보보안과 관련한 유형별 보안관리에 대한 설명으로 옳지 않은 것은?

① 휴대용 저장매체 : 업무용으로 사용하는 휴대용 저장매체는 대장에 사전 등록 후 사용

② 홈페이지 게시자료 : 홈페이지의 모든 게시판에 대하여 담당자 지정하고, '사이버보안진단의 날' 및 수시로 게시물 점검

③ 전자우편 : 공직자 통합메일이나 업무관리 메일을 사용하며, 출처가 불분명한 메일은 절대 열람 금지 및 삭제

④ 무선인터넷 : 무선망과 교사망(업무망)을 통합하여 무선망에서 교사망으로 접속 가능하도록 구성

08 다음 중 문서작성과 관련한 본문 작성법으로 옳은 것은?

① 첨부물의 표시의 경우 본문이 끝난 줄 다음에 "붙임"의 표시를 하고 첨부물의 명칭과 수량을 쓴다.

② 제목은 그 문서의 내용을 자세히 알 수 있도록 길고 명확하게 기재한다.

③ 문서의 "끝" 표시는 본문 내용의 마지막 글자에서 두 글자(4타) 띄우고 "끝" 표시를 한다.

④ 첨부물이 있을 경우 문서의 "끝" 표시는 붙임 표시문 다음에 세 글자(6타) 띄우고 "끝" 표시를 한다.

09 다음 중 기록물 폐기에 대한 설명으로 옳은 것은?

① 기록물 폐기란 기록물에 책정된 보존기간이 경과하지 않은 기록물에 대한 행정적·역사적·증빙적·학술적 미래가치를 평가하여, 기록물의 보존 및 활용가치가 종료되지 않은 기록물을 처리하는 것을 말한다.

② '폐기'란 보존기간이 경과한 기록물을 대상으로 행정적·사회적·역사적 가치를 검토하여 보존여부를 판단하는 업무절차이다.

③ 기록물 폐기절차는 2심에 걸친 심사를 통하여 보존기간 재책정, 폐기 및 보류결정이 이루어진다.

④ 기록물평가심의회의 심의를 거치지 않고 각급 학교 등에서 기록물을 폐기할 경우, 법률에 의한 무단파기에 해당하는 것으로 간주될 수 있다.

10 다음 〈보기〉 중 학교 교육과정 편성·운영의 실제와 관련하여 편성 단계에서 이루어져야할 사항에 해당하지 않는 것을 모두 고르면?

> **보기**
>
> ㄱ. 편성 계획　　　　　　　　　　ㄴ. 심의 확정
> ㄷ. 학교교육과정 확정안 작성　　　ㄹ. 시안 검토
> ㅁ. 세부방향 설정

① ㄱ, ㄷ　　　　　　　　　　　② ㄴ, ㄷ
③ ㄴ, ㄹ　　　　　　　　　　　④ ㄷ, ㅁ

11 다음 중 수준별 수업의 시행방법으로 적절하지 않은 것은?

① 학생의 능력과 적성을 고려하여 교육 내용과 방법 다양화한다.
② 수준별 수업을 적용하는 교과의 추가 시간이 필요할 경우, 교과(군)시수를 감소시켜 실시한다.
③ 수준별 수업을 효율적으로 운영하는데 필요한 행정을 지원한다.
④ 수준별 수업 운영을 위한 학습 집단은 학교의 여건이나 학생의 특성에 따라 편성 가능하다.

12 다음 중 근무성적평정에 대한 내용으로 옳지 않은 것은?

① 근무성적평정이란 조직구성원의 근무실적이나 직무수행 능력, 직무수행태도 등을 체계적, 객관적, 정기적으로 평가하여 공정한 인사관리의 기초자료를 제공하는 인사 행정활동을 말한다.
② 학교의 경우 근무성적평정은 매년 2월 말과 8월 말 실시한다.
③ 근무기관에서는 평소 관찰결과를 참고하여, 객관적이고 공정하게 근무성적평정 실시 후 평가결과를 교육부에 제출한다.
④ 교육청의 경우 근무성적평정 매년 6월 말과 12월 말 실시하며, 직속기관의 경우에도 동일하다.

13 다음 중 직종별 주요업무와 직종의 연결이 옳지 않은 것은?

① 조리사 : 급식시설 및 기구의 세척

② 영양사 : 식단 작성, 식재료의 선정 및 검수

③ 교무행정사 : 영유아 건강검진 관리

④ 교육복지사 : 교육복지사업대상학생의 학교생활 적응 지원

14 다음 중 약정휴일에 해당하는 것은?

① 근로자의 날　　　　　　　　　② 배우자 출산 휴가

③ 생리 휴가　　　　　　　　　　④ 개교기념일

15 다음 〈보기〉 중 수당과 관련된 비월정임금에 해당하는 것을 모두 고르면?

> **보기**
>
> ㄱ. 가족수당　　　　　　　　　ㄴ. 기술정보수당
> ㄷ. 상여금　　　　　　　　　　ㄹ. 명절휴가보전금
> ㅁ. 특수지원수당

① ㄱ, ㄴ　　　　　　　　　　　② ㄴ, ㄷ

③ ㄷ, ㄹ　　　　　　　　　　　④ ㄹ, ㅁ

16 다음은 교육정보시스템의 업무포털 이용 절차와 관련된 내용이다. 밑줄 친 ㉠, ㉡에 들어갈 내용으로 옳은 것은?

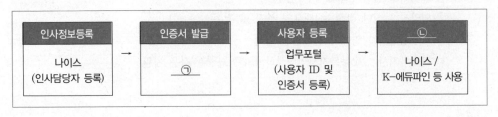

	㉠	㉡
①	사용승인신청서 작성	업무포털 사용
②	교육행정전자서명(사용자가 인증서 신청 및 발급)	인증서 발급
③	업무포털사용	인증서 발급
④	교육행정전자서명(사용자가 인증서 신청 및 발급)	업무포털 사용

17 다음 중 기록관리 원칙의 특성에 해당하지 않은 것은?

① 진본성 ② 이해가능성

③ 신뢰성 ④ 무결성

18 다음은 문서접수 업무담당자별 역할에 대한 내용이다. 밑줄 친 ㉠, ㉡에 들어갈 말이 바르게 짝지어 진 것은?

㉡	• 문서를 접수하여 업무 담당자 혹은 ___㉠___ 지정 • 처리과 문서 담당자 권한 부여 받아야 함
업무담당자	업무담당자는 해당 문서의 업무담당자로 주로 처리과 문서 담당자가 지정하며 1명만 지정가능(___㉠___도 지정 및 변경 가능, 업무담당자 변경 가능)
㉠	• 접수된 문서관리카드의 문서처리 수행 • 문서 경로에 ___㉠___ 혹은 업무담당자로 지정된 사용자가 경로에 지정된 순서대로 문서처리
공람자	업무담당자 또는 ___㉠___가 수신문서를 1명 이상 공람자를 지정하여 동시 공람 가능

	㉠	㉡
①	업무관리자	사용자
②	인사담당자	학교문서담당자
③	업무관리자	인사담당자
④	업무관리자	학교문서담당자

19 다음 〈보기〉에서 설명하는 공문서의 결재 개념은?

> **보기**
>
> 행정기관의 장으로부터 업무의 내용에 따라 결재권을 위임받은 자(보조기관·보좌기관·업무담당 공무원)가 행하는 결재를 말하며, 그 위임 전결사항은 해당 기관의 장이 훈령(위임전결규정) 등으로 정한다.

① 전결   ② 결재

③ 대결   ④ 후결

20 다음 중 학교회계에 대한 설명으로 옳은 것은?

① 학교회계의 회계 연도는 매년 3월 1일에 시작하여 다음연도 2월 말일에 종료한다.

② 추가경정예산은 한 회계연도에 있어서 단위학교의 교육과정과 학교운영에 소요되는 수요를 파악 및 편성하고, 학교운영위원회의 심의를 거쳐 확정된 매 회계연도 최초의 예산을 의미한다.

③ 성립전예산이란 예산의 성립 후에 생긴 사유로 이미 성립된 예산에 추가나 변경을 가한 예산이다.

④ 학교회계는 국·공립 유치원과 초·중·고 및 특수학교에 시·군별로 설치한다.

21 다음 〈보기〉 중 개인정보 유형 가운데 특성이 같은 것을 모두 고르면?

보기

A. 건강상태   B. 진료기록
C. 신체장애   D. 신용카드번호
E. 주민등록번호   F. 병력

① A, B, C   ② A, C, F
③ A, B, C, F   ④ B, C, D, E

22 다음 중 세종특별자치시교육청에서 학교교육·행정 업무의 일환으로 참고자료를 업로드 하는 곳은?

① 교원 매뉴얼   ② 교사 길잡이
③ 교원업무길라잡이   ④ 교사 매뉴얼

23 다음 중 세종특별자치시교육청에서 발급된 지침·공문서의 발생 효력은?

① 지침·공문서가 보내진 후 다음날부터 효력이 발생한다.

② 지침·공문서가 발효된 그 즉시 효력이 발생한다.

③ 지침·공문서에 적힌 날짜를 기준으로 효력이 발생한다.

④ 지침·공문서가 도착 후 3일부터 효력이 발생한다.

24 다음 중 세종특별자치시교육청 교육재정공시(결산)을 하는 법적 근거는?

① 「지방감찰법」 제60조

② 「지방예산법」 제60조

③ 「지방회계법」 제60조

④ 「지방재정법」 제60조

25 공공데이터 제공을 책임지고 있는 담당자의 지위로 올바르게 짝지어진 것은?

① 정보공개 제공 책임관 – 운영지원과 주무관

② 공공데이터 제공 책임관 – 교육협력과 주무관

③ 공공데이터 제공 책임관 – 기획조정국장

④ 정보공개 제공 책임관 – 교육행정국장

합 격 의
공 식
시대에듀

S D E D U

용기 있는 자로 살아라. 운이 따라주지 않는다면 용기 있는
가슴으로 불행에 맞서라.

– 키케로 –

01 | 면접 소개

01 ▶ 면접 주요사항

면접의 사전적 정의는 면접관이 지원자를 직접 만나보고 인품(人品)이나 언행(言行) 따위를 시험하는 일로, 흔히 필기시험 후에 최종적으로 심사하는 방법이다.

최근 주요 기관의 인사담당자들을 대상으로 한 설문조사에서 채용 시 면접이 차지하는 비중이 50 ~ 80% 이상이라고 답한 사람은 전체 응답자의 80%를 넘었다. 이와 대조적으로 지원자들을 대상으로 취업 시험에서 면접을 준비하는 기간을 물었을 때, 대부분의 응답자가 2 ~ 3일 정도라고 대답했다.

지원자는 서류전형과 직무적성검사를 통과해야만 면접을 볼 수 있기 때문에 자연스럽게 면접은 그 비중이 작아질 수밖에 없다. 하지만 아이러니하게도 실제 채용 과정에서 면접이 차지하는 비중은 절대적이라고 해도 과언이 아니다.

기관들은 채용 과정에서 토론 면접, 인성 면접, 프레젠테이션 면접, 역량 면접 등의 다양한 면접을 실시한다. 1차 커트라인이라고 할 수 있는 서류전형을 통과한 지원자들의 스펙이나 능력은 서로 엇비슷하다고 판단하기 때문에 지원자의 인성을 파악하기 위해 면접을 더욱 강화하는 것이다.

면접의 기본은 자기 자신을 면접관에게 알기 쉽게 표현하는 것이다. 이러한 표현을 바탕으로 자신의 단점을 극복할 수 있는 연습을 한다면 좋은 결과를 얻을 수 있을 것이다.

1. 자기소개

자기소개를 시키는 이유는 면접자가 지원자의 자기소개서를 압축해서 듣고, 지원자의 첫인상을 평가할 시간을 가질 수 있기 때문이다. 면접을 위한 워밍업이라고 할 수 있으며, 첫인상을 결정하는 과정이므로 매우 중요한 순간이다. 자신을 잘 소개할 수 있는 문구의 1분 자기소개를 미리 준비해서 연습해야 한다.

2. 1분 자기소개 시 주의사항

면접에서 바른 자세가 중요하다는 것은 익히 알고 있다. 하지만 문제는 무의식적으로 나오는 흐트러진 자세 때문에 나쁜 인상을 줄 수 있다는 것이다. 이러한 습관을 고칠 수 있는 가장 좋은 방법은 캠코더로 녹화하거나 스터디를 통해 모의 면접을 해 보면서 끊임없이 피드백을 받는 것이다.

3. 대화법

전문가들이 말하는 대화법의 핵심은 '상대방을 배려하면서 이야기하라.'는 것이다. 대화는 나와 다른 사람의 소통이다. 내용에 대한 공감이나 이해가 없다면 대화는 더 이상 진전되지 않는다.

4. 첫인상

취업을 위해 성형수술을 받는 지원자들에 대한 이야기는 더 이상 뉴스거리가 되지 않는다. 그만큼 많은 사람이 좁은 취업문을 뚫기 위해 이미지 향상에 신경을 쓰고 있다. 하지만 외모와 첫인상을 절대적인 관계로 이해하는 것은 잘못된 판단이다. 외모가 첫인상에서 많은 부분을 차지하지만, 외모 외에 다른 결점이 발견된다면 그로 인해 장점들이 가려질 수도 있다. 첫인상은 말 그대로 한 번밖에 기회가 주어지지 않으며 몇 초 안에 결정된다. 첫인상을 결정짓는 요소 중 시각적인 요소가 80% 이상을 차지한다. 첫눈에 들어오는 생김새나 복장, 표정 등에 의해서 결정되는 것이다. 면접을 시작할 때 자기소개를 시키는 것도 지원자별로 첫인상을 평가하기 위해서이다. 첫인상이 중요한 이유는 만약 첫인상이 부정적으로 인지될 경우, 지원자의 다른 좋은 면까지 거부당하기 때문이다. 이러한 현상을 심리학에서는 초두효과(Primacy Effect)라고 한다.

이는 먼저 제시된 정보가 추후 알게 된 정보보다 더 강력한 영향을 미치는 현상으로, 앞서 제시된 정보가 나중의 것보다 기억이 더 잘 되고, 인출도 더 잘 된다는 것이다. 예를 들어 첫인상이 착하게 기억되면 나중에 나쁜 행동을 하더라도 순간의 실수로 생각되는 반면, 첫인상이 나쁘다면 착한 행동을 하더라도 그 진위에 의심을 사게 되는 것이다. 이처럼 한 번 형성된 첫인상은 여간해서 바꾸기 힘들다. 따라서 평소에 첫인상을 좋게 만들기 위한 노력을 꾸준히 해야만 한다.

깔끔한 옷차림과 부드러운 표정 그리고 말과 행동 등에 의해 전반적인 이미지가 만들어진다. 누구나 한두 가지 단점은 가지고 있지만 이미지 컨설팅을 통해서 자신의 단점들을 보완하는 지원자도 있다. 특히, 표정이 밝지 않은 지원자는 평소 웃는 연습을 의식적으로 하여 면접을 받는 동안 계속해서 여유 있는 표정을 짓는 것이 중요하다. 성공한 사람들은 인상이 좋다는 것을 명심하자.

02 ▶ 면접의 유형 및 실전 대책

1. 면접의 유형

과거 천편일률적인 일대일 면접과 달리 현재는 면접에 다양한 유형이 도입되어 "면접은 이렇게 보는 것이다."라고 말할 수 있는 정해진 유형이 없어졌다. 그러나 대부분의 기관에서 현재까지는 집단 면접과 다대일 면접이 진행되고 있으므로 어느 정도 유형을 파악하여 사전에 대비가 가능하다. 면접의 기본인 단독 면접부터 다대일 면접, 집단 면접, PT면접 유형과 그 대책에 대해 알아보자.

(1) 단독 면접

단독 면접이란 응시자와 면접관이 일대일로 마주하는 형식을 말한다. 면접위원 한 사람과 응시자 한사람이 마주 앉아 자유로운 화제를 가지고 질의응답을 되풀이하는 방식이다. 이 방식은 면접의 가장 기본적인 방법으로 소요시간은 10 ~ 20분 정도가 일반적이다.

① 단독 면접의 장점

필기시험 등으로 판단할 수 없는 성품이나 능력을 알아내는 데 가장 적합하다고 평가받아 온 면접방식으로 응시자 한 사람 한 사람에 대해 여러 면에서 비교적 폭넓게 파악할 수 있다. 응시자의 입장에서는 한 사람의 면접관만을 대하는 것이므로 상대방에게 집중할 수 있으며, 긴장감도 다른 면접방식에 비해서는 적은 편이다.

② 단독 면접의 단점

면접관의 주관이 강하게 작용해 객관성을 저해할 소지가 있으며, 면접 평가표를 활용한다 하더라도 일면적인 평가에 그칠 가능성을 배제할 수 없다. 또한 시간이 많이 소요되는 것도 단점이다.

단독 면접 준비 Point

단독 면접에 대비하기 위해서는 평소 일대일로 논리 정연하게 대화를 나눌 수 있는 능력을 기르는 것이 중요하다. 그리고 면접장에서는 면접관을 선배나 선생님 혹은 아버지를 대하는 기분으로 면접에 임하는 것이 부담도 훨씬 적고 실력을 발휘할 수 있는 방법이 될 것이다.

(2) 다대일 면접

다대일 면접은 일반적으로 가장 많이 사용되는 면접방법으로 보통 2~5명의 면접관이 1명의 응시자에게 질문하는 형태의 면접방법이다. 면접관이 여러 명이므로 다각도에서 질문을 하여 응시자에 대한 정보를 많이 알아낼 수 있다는 점 때문에 선호하는 면접방법이다.

하지만 응시자의 입장에서는 면접관에 따라 질문도 각양각색이고 동료 응시자가 없으므로 숨 돌릴 틈도 없게 느껴진다. 또한 관찰하는 눈도 많아서 조그만 실수라도 지나치는 법이 없기 때문에 정신적 압박과 긴장감이 높은 면접방법이다. 따라서 응시자는 긴장을 풀고 한 명의 면접관이 질문하더라도 면접관 전원을 향해 대답한다는 기분으로 또박또박 대답하는 자세가 필요하다.

① 다대일 면접의 장점

면접관이 집중적인 질문과 다양한 관찰을 통해 응시자가 과연 조직에 필요한 인물인가를 완벽히 검증할 수 있다.

② 다대일 면접의 단점

면접시간이 보통 10~30분 정도로 긴 편이고 응시자에게 지나친 긴장감을 조성하는 면접방법이다.

다대일 면접 준비 Point

질문을 들을 때 시선은 면접위원을 향하고 다른 데로 돌리지 말아야 하며, 대답할 때에도 고개를 숙이거나 입속에서 우물거리는 소극적인 태도는 피하도록 한다. 면접위원과 대등하다는 마음가짐으로 편안한 태도를 유지하면 대답도 자연스러운 상태에서 좀 더 충실히 할 수 있고, 이에 따라 면접위원이 받는 인상도 달라진다.

(3) 집단 면접

집단 면접은 다수의 면접관이 여러 명의 응시자를 한꺼번에 평가하는 방식으로 짧은 시간에 능률적으로 면접을 진행할 수 있다. 각 응시자에 대한 질문 내용, 질문 횟수, 시간 배분이 똑같지는 않으며, 모두에게 같은 질문이 주어지기도 하고, 각각 다른 질문을 받기도 한다.

또 어떤 응시자가 한 대답에 대한 의견을 묻는 등 그때그때의 분위기나 면접관의 의향에 따라 변수가 많다. 집단 면접의 경우 응시자의 입장에서는 개별 면접에 비해 긴장감은 다소 덜한 반면에 다른 응시자들과 확실하게 비교되므로 응시자는 몸가짐이나 표현력·논리성 등이 결여되지 않도록 자신의 생각이나 의견을 솔직하게 발표하여 집단 속에 묻히거나 밀려나지 않도록 주의해야 한다.

① 집단 면접의 장점

집단 면접의 장점은 면접관이 응시자 한 사람에 대한 관찰시간이 상대적으로 길고, 비교 평가가 가능하기 때문에 결과적으로 평가의 객관성과 신뢰성을 높일 수 있다는 점이며, 응시자는 동료들과 함께 면접을 받기 때문에 긴장감이 다소 덜하다는 것을 들 수 있다. 또한 동료가 답변하는 것을 들으며, 자신의 답변 방식이나 자세를 조정할 수 있다는 것도 큰 이점이다.

② 집단 면접의 단점

응답하는 순서에 따라 응시자마다 유리하고 불리한 점이 있고, 면접위원의 입장에서는 각각의 개인적인 문제를 깊게 다루기가 곤란하다는 것이 단점이다.

집단 면접 준비 Point

너무 자기 과시를 하지 않는 것이 좋다. 대답은 자신이 말하고 싶은 내용을 간단명료하게 말해야 한다. 내용이 없는 발언을 한다거나 대답을 질질 끄는 태도는 좋지 않다. 또 말하는 중에 내용이 주제에서 벗어나거나 자기중심적으로만 말하는 것도 피해야 한다. 집단 면접에 대비하기 위해서는 평소에 설득력을 지닌 자신의 논리력을 계발하는 데 힘써야 하며, 다른 사람 앞에서 자신의 의견을 조리 있게 개진할 수 있는 발표력을 갖추는 데에도 많은 노력을 기울여야 한다.
- 실력에는 큰 차이가 없다는 것을 기억하라.
- 동료 응시자들과 서로 협조하라.
- 답변하지 않을 때의 자세가 중요하다.
- 개성 표현은 좋지만 튀는 것은 위험하다.

---

(4) 집단 토론식 면접

집단 토론식 면접은 집단 면접과 형태는 유사하지만 질의응답이 아니라 응시자들끼리의 토론이 중심이 되는 면접방법으로 최근 들어 급증세를 보이고 있다.

이는 공통의 주제에 대해 다양한 견해들이 개진되고 결론을 도출하는 과정, 즉 토론을 통해 응시자의 다양한 면에 대한 평가가 가능하다는 집단 토론식 면접의 장점이 널리 확산된 데 따른 것으로 보인다. 사실 집단 토론식 면접을 활용하면 주제와 관련된 지식 정도와 이해력, 판단력, 설득력, 협동성은 물론 리더십, 조직 적응력, 적극성과 대인관계 능력 등을 파악하는 것이 용이하다고 한다. 토론식 면접에서는 자신의 의견을 명확히 제시하면서도 상대방의 의견을 경청하는 토론의 기본자세가 필수적이며, 지나친 경쟁심이나 자기 과시욕은 접어두는 것이 좋다.

또한 집단 토론의 목적이 결론을 도출해 나가는 과정에 있다는 것을 감안하여 무리하게 자신의 주장을 관철시키기보다 오히려 토론의 질을 높이는 데 기여하는 것이 좋은 인상을 줄 수 있다는 점을 알아야 한다. 취업 희망자들은 토론식 면접이 급속도로 확산되는 추세임을 감안해 특히 철저한 준비를 해야 한다.

평소에 신문의 사설이나 매스컴 등의 토론 프로그램을 주의 깊게 보면서 논리 전개 방식을 비롯한 토론 과정을 익히도록 하고, 친구들과 함께 간단한 주제를 놓고 토론을 진행해 볼 필요가 있다. 또한 사회·시사문제에 대해 자기 나름대로의 관점을 정립해두는 것도 꼭 필요하다.

집단 토론식 면접 준비 Point

- 토론은 정답이 없다는 것을 명심한다.
- 내 주장을 강조하지 않는다.
- 남이 말할 때 끼어들지 않는다.
- 필기구를 준비하여 메모하면서 면접에 임한다.
- 주제에 자신이 없다면 첫 번째 발언자가 되지 않는다.
- 자신의 입장을 먼저 밝힌다.
- 상대측의 사소한 발언에 집착하지 않고 전체적인 의미에 초점을 놓치지 않아야 한다.
- 남의 의견을 경청한다.
- 예상 밖의 반론에 당황스럽다 하더라도 유연함을 잃지 않아야 한다.

(5) PT 면접

PT 면접, 즉 프레젠테이션 면접은 최근 들어 집단 토론 면접과 더불어 그 활용도가 점차 커지고 있다. PT 면접은 기관마다 특성이 다르고 인재상이 다른 만큼 인성 면접만으로는 알 수 없는 지원자의 문제해결능력, 전문성, 창의성, 기본 실무능력, 논리성 등을 관찰하는 데 중점을 두는 면접으로, 지원자 간의 변별력이 높아 대부분의 기관에서 적용하고 있으며, 확산되는 추세이다.

면접 시간은 기관별로 차이가 있지만, 전문지식, 시사성 관련 주제를 제시한 다음 보통 20 ~ 50분 정도 준비하여 5분가량 발표할 시간을 준다. 단순히 질의응답으로 이루어지는 것이 아니라 면접관은 주제에 대해 일정 시간 동안 지원자의 발언과 발표하는 모습 등을 관찰하게 된다. 정확한 답이나 지식보다는 논리적 사고와 의사표현력이 더 중시되기 때문에 자신의 생각을 어떻게 설명하느냐가 매우 중요하다. PT 면접에서 같은 주제라도 직무별로 평가요소가 달리 나타난다. 예를 들어, 영업직은 설득력과 의사소통능력에 중점을 둘 수 있겠고, 관리직은 신뢰성과 창의성 등을 더 중요하게 평가한다.

PT 면접 준비 Point

- 면접관의 관심과 주의를 집중시키고, 발표 태도에 유의한다.
- 모의 면접이나 거울 면접으로 미리 점검한다.
- PT 내용은 세 가지 정도로 정리해서 말한다.
- PT 내용에는 자신의 생각이 담겨 있어야 한다.
- PT 중간에 자문자답 방식을 활용한다.
- 평소 지원하는 분야의 동향이나 직무에 대한 전문지식을 쌓아둔다.
- 부적절한 용어 사용이나 무리한 주장 등은 하지 않는다.

2. 면접의 실전 대책

(1) 면접 대비사항

① 지원한 기관에 대한 사전지식을 충분히 갖는다.

필기시험 또는 서류전형의 합격통지가 온 후 면접시험 날짜가 정해지는 것이 보통이다. 이때 지원자는 면접시험을 대비해 사전에 본인이 지원한 기관 또는 부서에 대해 폭넓은 지식을 가질 필요가 있다.

> **지원 기관에 대해 알아두어야 할 사항**
>
> • 지원 기관의 연혁
> • 지원 기관의 장
> • 지원 기관의 경영목표와 방침
> • 지원 분야의 업무 내용
> • 지원 기관의 인재상
> • 지원 기관의 비전

② 충분한 수면을 취한다.

충분한 수면으로 안정감을 유지하고 첫 출발의 신선한 마음가짐을 갖는다.

③ 면접 당일 아침에 인터넷으로 신문을 읽는다.

그날의 뉴스가 질문 대상에 오를 수가 있다. 특히 경제면, 정치면, 문화면 등을 유의해서 봐둘 필요가 있다.

> **출발 전 확인할 사항**
>
> 스케줄표, 지갑, 신분증(주민등록증), 손수건, 휴지, 필기도구, 예비스타킹(여성의 경우) 등을 준비하자.

(2) 면접 시 옷차림

면접에서 옷차림은 간결하고 단정한 느낌을 주는 것이 가장 중요하다. 색상과 디자인 면에서 지나치게 화려한 색상이나, 노출이 심한 디자인은 자칫 면접관의 눈살을 찌푸리게 할 수 있다. 단정한 차림을 유지하면서 자신만의 독특한 멋을 연출하는 것, 지원 기관의 분위기를 파악했다는 센스를 보여주는 것 등이 면접 복장의 포인트다.

> **복장 점검**
>
> • 구두는 잘 닦여 있는가?
> • 옷은 깨끗이 다려져 있으며 스커트 길이는 적당한가?
> • 손톱은 길지 않고 깨끗한가?
> • 머리는 흐트러짐 없이 단정한가?

(3) 면접요령

① 첫인상을 중요시한다.

상대에게 인상을 좋게 주지 않으면 어떠한 얘기를 해도 충분히 전달되지 않을 수 있다. 예를 들면 '저 친구는 표정이 없고 무엇을 생각하고 있는지 전혀 알 길이 없다.'라고 생각하게 만들면 최악의 상태다. 청결한 복장과 바른 자세로 면접장에 침착하게 들어가 건강하고 신선한 이미지를 주도록 한다.

② 좋은 표정을 짓는다.

얘기할 때의 표정은 중요한 사항 중 하나다. 거울 앞에서 웃는 연습을 해본다. 웃는 얼굴은 상대를 편안하게 만들고 특히 면접 등 긴박한 분위기에서는 큰 효과를 나타낼 것이다. 그렇다고 하여 항상 웃고만 있어서는 안 된다. 본인이 할 얘기를 진정으로 전하고 싶을 때는 진지한 표정으로 상대의 눈을 바라보며 얘기한다.

③ 결론부터 이야기한다.

본인의 의사나 생각을 상대에게 정확하게 전달하기 위해서는 먼저 무엇을 말하고자 하는가를 명확히 결정해 두어야 한다. 대답을 할 경우에는 결론을 먼저 이야기하고 나서 그에 따르는 설명과 이유를 나중에 덧붙이면 논지(論旨)가 명확해지고 이야기가 깔끔하게 정리된다. 보통 한 가지 사실을 이야기하거나 설명하는 데는 3분이면 충분하다. 복잡한 이야기도 어느 정도의 길이로 요약해서 이야기하면 상대도 이해하기 쉽고 자기도 정리할 수 있다. 긴 이야기는 오히려 상대를 불쾌하게 할 수가 있다.

④ 질문의 요지를 파악한다.

면접 때의 이야기는 간결성만으로 부족하다. 상대의 질문이나 이야기에 대해 적절하고 필요한 대답을 하지 않으면 대화는 끊어지고 자기의 생각도 제대로 표현하지 못한다. 이는 면접관이 지원자의 인품이나 사고방식 등을 명확히 파악할 수 없도록 만들게 된다. 면접에서는 면접관이 무엇을 묻고 있는지, 무슨 이야기를 하고 있는지 그 요점을 정확히 알아내야 한다.

(4) 면접 시 주의사항

① 지각은 있을 수 없다.

면접 당일에 시간을 맞추지 못하여 지각하는 것은 있을 수 없는 일이다. 약속을 못 지키는 사람은 좋은 평가를 받을 수 없다. 면접 당일에는 지정시간 10 ~ 20분쯤 전에 미리 면접장에 도착해 마음을 가라앉히고 준비해야 한다.

② 손가락을 움직이지 마라.

면접 시에 손가락을 까딱거리거나 만지작거리는 행동은 유난히 눈에 띌 뿐만 아니라 면접관의 눈에 거슬리기 마련이다. 다리를 떠는 행동은 말할 것도 없다. 불안정하거나 산만하다는 느낌을 줄 수 있으므로 주의할 필요가 있다.

③ 옷매무새를 자주 고치지 마라.

여성의 경우 외모에 너무 신경 쓴 나머지 머리를 계속 쓸어 올리거나, 깃과 치마 끝을 만지작거리는 경우가 많다. 짧은 미니스커트를 입고 와서 면접시간 내내 치마 끝을 내리는 행위는 면접관으로 하여금 인상을 찌푸리게 만든다. 인사담당자의 말에 의하면 이런 사람이 의외로 많다고 한다.

④ 적당한 목소리 톤으로 말해라.

면접관과의 거리가 어느 정도 떨어져 있기 때문에 작은 소리로 웅얼거리는 것은 좋지 않다. 그러나 너무 크게 소리를 질러가며 말하는 사람은 오히려 거북하게 느껴진다.

⑤ 성의 있는 응답 자세를 보여라.

질문에 대해 너무 '예, 아니요'로만 답변하면 성의 없다는 인상을 심어주게 된다. 따라서 설명을 덧붙일 수 있는 질문에 대해서는 지루하지 않을 만큼의 설명을 붙인다.

⑥ 구두를 깨끗이 닦는다.

앉아있는 사람의 구두는 면접관의 위치에서 보면 눈에 잘 띈다. 그러나 의외로 구두에 대해 신경써서 미리 깨끗이 닦아둔 사람은 드물다. 면접 전날 반드시 구두를 깨끗이 닦아준다.

⑦ 지나친 화장은 피한다.

여성의 경우 지나치게 화장을 짙게 하면 거부감을 불러일으킬 수 있다. 또한 머리도 단정히 정리해서 이마가 가급적이면 드러나 보이게 하는 것이 좋다. 여기저기 흘러나온 머리는 지저분하고 답답한 느낌을 준다. 지나친 액세서리도 금물이다.

⑧ 기타 사항

㉠ 앉으라고 할 때까지 앉지 마라. 의자로 재빠르게 다가와 앉으면 무례한 사람처럼 보이기 쉽다.

㉡ 응답 시 너무 말을 꾸미지 마라.

㉢ 질문이 떨어지자마자 답변을 외운 것처럼 바쁘게 대답하지 마라.

㉣ 혹시 잘못 대답하였다고 해서 혀를 내밀거나 머리를 긁지 마라.

㉤ 머리카락에 손대지 마라. 정서불안으로 보이기 쉽다.

㉥ 면접실에 다른 지원자가 들어올 때 절대로 일어서지 마라.

㉦ 동종업계나 라이벌 회사에 대해 비난하지 마라.

㉧ 면접관 책상에 있는 서류를 보지 마라.

㉨ 농담을 하지 마라. 쾌활한 것은 좋지만 지나치게 경망스러운 태도는 의지가 부족해 보인다.

㉩ 질문에 대해 대답할 말이 생각나지 않는다고 천장을 쳐다보거나 고개를 푹 숙이고 바닥을 내려다 보지 마라.

㉪ 면접관이 서류를 검토하는 동안 말하지 마라.

㉫ 과장이나 허세로 면접관을 압도하려 하지 마라.

㉬ 은연중에 연고를 과시하지 마라.

면접 전 마지막 체크 사항

- 지원 기관의 소재지(본사·지사·공장 등)를 정확히 알고 있다.
- 지원 기관의 정식 명칭(Full Name)을 알고 있다.
- 약속된 면접시간 10분 전에 도착하도록 스케줄을 짤 수 있다.
- 면접실에 들어가서 공손히 인사한 후 또렷한 목소리로 자기 수험번호와 성명을 말할 수 있다.
- 앉으라고 할 때까지는 의자에 앉지 않는다는 것을 알고 있다.
- 자신에 대해 3분간 이야기할 수 있는 준비가 되어 있다.
- 자신의 긍정적인 면을 상대방에게 바르게 전달할 수 있다.

- 1분 동안 자신을 소개해 보시오.
- 교육공무직에 지원하게 된 동기를 말해 보시오.
- 부정청탁 및 금품 등 수수의 금지에 관한 법률이 필요한 이유는 무엇인가?
- 부정청탁 및 금품 등 수수의 금지에 관한 법률에서 음식물, 경조사비, 선물은 각각 한도가 얼마까지인가?
- 상사의 지시에 따라야 하는 이유는?
- 상사의 어떤 지시까지 따를 수 있겠는가?
- 본인의 업무역량을 어떤 방법으로 강화할 것인가?
- 코로나 의심환자가 나타났다. 본인이 할 수 있는 일 5가지를 말해 보시오.
- 아동학대 의심 아이가 있다. 아동학대 신고를 하고, 아동을 보호할 수 있는 5가지 단계에 대해 설명해 보시오.
- 세종교육청의 교육지표 및 교육비전에 대해 말해 보시오.
- 김영란법의 목적과 상한가를 예를 들어 설명해 보시오.
- 2월에 해야 할 일을 4가지 이상 말해 보시오.
- 합격 후 역량강화를 위해 해야할 일은 무엇인가?
- 상사의 부당한 지시에 공무직으로서 어떻게 대처할 것인가?
- 신속하게 업무를 해결할 수 있는 방법에는 무엇이 있는가?
- 교육공무직에 필요한 덕목은 무엇인가?
- 교내에서 아이가 다쳤는데 보건교사가 없는 상황이다. 어떻게 대처할 것인가?
- 폭언을 하는 민원인의 민원을 어떻게 해결할 것인지 4가지 방안을 말해 보시오.
- 학교에서 공문서의 기능은 무엇인지 3가지를 말해 보시오.
- 지인이나 친구들에게 어떤 친구로 기억되고 싶은지 말해 보시오.
- 직장 내 동료와 갈등이 발생한다면 어떻게 해결하겠는지 말해 보시오.
- 학교 행사와 개인적인 중요한 일이 겹쳤을 때 어떻게 할 것인지 말해 보시오.
- 교육공무직원이 갖추어야 할 자질 3개를 말해 보시오.
- 행사 운영을 대비하여 안전사고 예방을 위한 전략을 제시하시오.
- 교육공무직원으로서 자신의 강점을 2개 이상 제시하시오.
- 업무와 관련된 인력을 관리하기 위한 자신만의 전략을 4개 이상 제시하시오.

합격의 공식 **시대에듀**

교육공무직 합격!

시대에듀에서 제안하는

교육공무직
합격 로드맵

교육공무직 어떻게 준비하세요? 핵심만 짚어주는 교재! 시대에듀의 교육공무직 교재로 합격을 준비하세요.

더 이상의
교육청 시리즈는 없다!

알 차다!
꼭 알아야 할
내용을 담고 있으니까

친 절하다!
핵심 내용을 쉽게
설명하고 있으니까

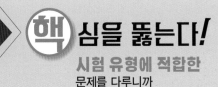

핵 심을 뚫는다!
시험 유형에 적합한
문제를 다루니까

명 쾌하다!
상세한 풀이로
완벽하게 익힐 수 있으니까

시대에듀가 신뢰와 책임의 마음으로 수험생 여러분에게 다가갑니다.

2025 최신판 시대에듀

세종특별자치시 교육청

교육공무직원 필기시험

정답 및 해설

편저 | SDC(Sidae Data Center)

SDC는 시대에듀 데이터 센터의 약자로 약 30만 개의 NCS · 적성 문제 데이터를
바탕으로 최신 출제경향을 반영하여 문제를 출제합니다.

[모바일] OMR 답안채점/
성적분석 서비스

[합격시대] 온라인
모의고사 무료쿠폰

시대에듀

▲ 합격의 모든 것!

PART

2

직무능력검사

끝까지 책임진다! 시대에듀!

QR코드를 통해 도서 출간 이후 발견된 오류나 개정법령, 변경된 시험 정보, 최신기출문제, 도서 업데이트 자료 등이 있는지 확인해 보세요! **시대에듀 합격 스마트 앱**을 통해서도 알려 드리고 있으니 구글 플레이나 앱 스토어에서 다운받아 사용하세요. 또한, 파본 도서인 경우에는 구입하신 곳에서 교환해 드립니다.

01 │ 국어 기출예상문제

01 ▶ 어휘력

01	02	03	04	05	06	07	08	09	10
④	③	①	④	④	③	④	①	①	④
11	12	13	14	15	16	17	18	19	20
④	③	②	④	②	④	③	①	②	②
21	22	23	24	25	26	27	28	29	30
④	①	②	④	②	②	④	③	①	②

01 　　　　　 정답 ④

• 반제 : 빌렸던 돈을 모두 다 갚음
• 차용 : 돈이나 물건 따위를 빌려서 씀

오답분석
① 원료 : 본디 받고 있던 녹봉
② 봉건 : 천자가 나라의 토지를 나누어 주고 제후를 봉하여 나라를 세우게 하던 일
③ 가공 : 원자재나 반제품을 인공적으로 처리하여 새로운 제품을 만들거나 제품의 질을 높임

02 　　　　　 정답 ③

능동사와 능동사에 접사가 결합하여 남에 의해 그 동작을 당하게 되는 피동사의 관계이다.

오답분석
①・②・④ 주동사와 주동사에 접사가 결합하여 그 동작을 하도록 시키는 것을 나타내는 사동사의 관계이다.

03 　　　　　 정답 ①

제시문과 ①의 '가지다'는 '직업, 자격증 따위를 소유하다.'를 뜻한다.

오답분석
② 모임을 치르다.
③ 아이나 새끼, 알을 배 속에 지니다.
④ 생각, 태도, 사상 따위를 마음에 품다.

04 　　　　　 정답 ④

제시문의 '보다'는 '눈으로 대상의 존재나 형태적 특징을 알다.'라는 의미로 쓰였으나, ④에서는 '음식 맛이나 간을 알기 위하여 시험 삼아 조금 먹다.'라는 의미로 사용되었다.

05 　　　　　 정답 ④

나머지 단어들은 모두 맡은 일 또는 맡겨진 일이라는 임무의 의미를 나타내지만, 직책은 직무상의 책임을 의미한다.

오답분석
① 적임 : 어떤 임무나 일에 알맞음. 또는 그 임무
② 소임 : 맡은 바 직책이나 임무
③ 업무 : 직장 같은 곳에서 맡아서 하는 일

06 　　　　　 정답 ③

'영절스럽다'는 '아주 그럴듯하다.'를 뜻한다.

07 　　　　　 정답 ④

보조 용언이 거듭 나타나는 경우 앞의 보조 용언만을 붙여 쓸 수 있다. 즉, '가다'와 '듯하다'는 본용언 '되다'의 보조 용언이므로 앞의 보조 용언인 '가다'만 본용언과 붙여 쓸 수 있다. 따라서 '일이 그럭저럭 되어가는 듯하다.'가 옳은 표기이다.

오답분석
①・② 보조 용언은 띄어 씀을 원칙으로 하되, 경우에 따라 붙여 씀도 허용한다. 따라서 보조 용언인 '듯하다'는 ①과 같이 앞말과 띄어 쓰는 것이 원칙이나, ②와 같이 붙여 쓰는 것도 허용한다.
③ '돌아오다'는 합성 용언으로 앞말이 합성 용언인 경우 보조 용언 '듯하다'는 띄어 써야 한다.

08 　　　　　 정답 ①

단어의 맞춤법이 옳은 것은 ①이다.

오답분석
② 으쓱 → 으쓱
③ 치루고 → 치르고
④ 잠겼다 → 잠갔다

09   정답 ①

오답분석

② 오래된 거울에는 할머니의 흔적이 묻어(남아)있었다.
③ 퇴근 후 지친 몸을 소파에 묻었다(기대었다).
④ 그 비밀은 평생 묻어(감추어)두기로 친구와 약속했다.

10   정답 ④

오답분석

① 할아버지는 벼루에 먹을 천천히 가는(문지르는) 시간이 제일 편안하다고 했다.
② 컴퓨터가 고장이 나 많은 부품을 갈아야(바꿔야) 했다.
③ 소는 묵묵하게 밭을 갈고(파고) 있었다.

11   정답 ④

④는 도와주어 고맙다는 감사의 표현을 하고 있다.

12   정답 ③

③에서는 관용 표현이 사용된 부분을 찾을 수 없다.

오답분석

① '교통수단이 두절되어 몸을 움직이지 못할 형편이 되다.'라는 의미의 관용 표현 '발이 묶이다'가 사용되었다.
② '너무 좋아 싱글벙글할 때를 이르는 말'이라는 의미의 관용 표현 '입이 귀에 걸리다'가 사용되었다.
④ '함께 일을 하는 데 마음이나 의견, 행동 방식 등이 서로 맞다.'라는 의미의 관용 표현 '손발이 맞다'가 사용되었다.

13   정답 ②

'드러나다'가 '드러났다'로 활용된 것은 바른 표현이다.

오답분석

① '깍두기'가 바른 표현이다.
③ '김치찌개'가 바른 표현이다.
④ '며칠'이 바른 표현이다.

14   정답 ④

순우리말과 한자어로 된 합성어로서 앞말이 모음으로 끝난 경우 중 뒷말의 첫소리 'ㄴ, ㅁ' 앞에서 'ㄴ' 소리가 덧나는 것의 예로는 '제삿날'이 적절하다.

오답분석

①·②·③ 순우리말로 된 합성어로서 앞말이 모음으로 끝난 경우 중 뒷말의 첫소리 'ㄴ, ㅁ' 앞에서 'ㄴ' 소리가 덧나는 것의 예에 해당된다.

15   정답 ②

'바지를 다리다.'는 옳은 표현이다.

오답분석

① '재산을 늘리다.'가 옳은 표현이다.
③ '규모를 줄이다.'가 옳은 표현이다.
④ '흥정을 붙이다.'가 옳은 표현이다.

16   정답 ③

표준 발음법 제10항에 따라 겹받침 'ㄾ'은 어말 또는 자음 앞에서 'ㄹ'로 발음한다. '훑다' 역시 겹받침 'ㄾ'이 자음 'ㄷ' 앞에 있으므로 'ㄹ'로 발음하여 [훌따]가 되어야 한다.

17   정답 ③

오답분석

① 꾸며주는 말과 꾸밈을 받는 서술어의 호응이 자연스럽지 않다. '도무지'는 주로 부정을 나타내는 말과 함께 쓰인다. 따라서 '나는 도무지 그 일을 할 수 없다.'로 고쳐야 한다.
② 주어와 서술어의 호응이 자연스럽지 않다. '비'는 '불다'가 아닌 '내리다'와 어울린다. 따라서 '어제는 비가 내리고 바람이 심하게 불었다.'로 고쳐야 한다.
④ 시간을 나타내는 말과 서술어의 호응이 자연스럽지 않다. '어제'는 '-았/었-', '던' 등과 '내일'은 '-겠-', '-ㄹ 것' 등과 어울린다. 따라서 '동생은 어제 작은아버지 댁에 갔다.'나 '동생은 내일 작은아버지 댁에 갈 것이다.'로 고쳐야 한다.

18   정답 ①

예부터 우리 사회가 독서를 중요하게 여김에도 불구하고 요즘 청소년들은 책을 읽지 않는다는 내용이 이어지고 있다. 따라서 역접의 접속 부사인 '그런데'나 '그러나'로 수정하는 것이 적절하다.

19   정답 ②

'배'와 '길'의 합성어로 발음은 [밷낄]이 된다. 즉, 뒷말의 첫소리 'ㄱ'이 [ㄲ]으로 발음되는 것을 확인할 수 있다.

오답분석

① (3)에 해당하는 단어이다.
③·④ (2)에 해당하는 단어이다.

20   정답 ②

겸양의 격률이란 겸손한 태도로 말하는 것이다. 제시된 사례에서 선배의 칭찬에 겸손한 태도로 말하는 것은 ②이다.

21
정답 ④

'시청율'의 '율'은 한글 맞춤법 제11항에서 말하는 단어의 첫머리에 오는 경우에 해당하지 않으므로 '시청률'로 표기하는 것이 옳다.

오답분석
① 모음 뒤에 이어지는 '률'이므로 '율'로 적는다.
②·③ 'ㄴ' 받침 뒤에 이어지는 '률'이므로 '율'로 적는다.

22
정답 ①

진정성이란 참되고 올바른 성질이나 특성이다. B의 태도를 보면 '기분 나쁜 표정으로' 사과를 하고 있어 진정성이 느껴지지 않음을 알 수 있다.

23
정답 ①

오답분석
②는 순음, ③은 치음, ④는 후음에 해당한다.

24
정답 ②

'나오다'라는 행위의 주체인 '음료'는 높일 필요가 없는 대상이므로 ②는 잘못된 높임 표현이다.

25
정답 ①

영호는 선생님의 칭찬에 자신을 부족하다고 낮추면서 겸양의 격률을 사용하여 겸손한 태도로 말하고 있다.

26
정답 ②

(가)는 과거 시제를 설명하고 있다. (나)에서 과거 시제에 해당하는 것은 ㉠, ㉢이다.

오답분석
㉡ 현재 시제이다.
㉣ 미래 시제이다.

27
정답 ④

제시된 말하기는 '공손성의 원리' 중 '관용의 격률'에 대한 설명이다. ④에서 못 들은 책임을 자신에게로 돌려 자신의 부담을 최대화하며 정중하게 말한 것이 이에 해당한다.

28
정답 ③

제시된 문장에서 주어인 '나의 바람은'과 서술어인 '좋겠어'가 서로 호응하지 않는다. 이와 동일한 오류가 드러나는 문장은 ③으로, 주어와 서술어의 호응을 고려하여 서술어를 '곱다는 것이다.'로 바꾸는 것이 적절하다.

29
정답 ①

대화를 할 때는 대화의 맥락에 맞는 정보, 즉 대화의 목적이나 주제와 관련된 정보를 제공해야 한다. 형은 동생이 물어본 배구 경기에 대한 내용이 아닌 축구 경기에 대한 이야기를 하여 대화의 맥락에 어긋난 정보를 제공하고 있다.

30
정답 ②

단모음은 발음하는 동안 혀의 위치나 입술 모양이 달라지지 않으나, 'ㅙ'는 이중 모음이므로 혀의 위치나 입술 모양이 달라진다.

오답분석
① 'ㅓ'는 중모음, 'ㅏ'는 저모음이므로 '너'와 '나'를 발음할 때는 혀의 높낮이가 서로 다르다.
③ 'ㅂ'과 'ㅃ'은 모두 입술 소리로 조음 위치가 같다.
④ 먹는 '밤[栗]'은 어두운 '밤[夜]'보다 길게 발음한다.

02 ▶ 빈칸추론

01	02	03	04	05	06	07	08	09	10
③	①	①	②	②	②	①	③	②	③
11	12	13	14	15	16	17	18	19	20
④	③	④	③	②	④	②	④	③	①

01 　　　　　정답 ③

'정상적인 기능을 할 수 없는 상태'와 대조를 이루는 표현이면서, 마지막 문장의 '자기 조절과 방어 시스템이 작동하는 과정인 것'이라는 내용에 어울리는 표현인 ③이 빈칸에 들어갈 내용으로 가장 적절하다.

02 　　　　　정답 ①

제시문은 소비자들이 같은 가격의 제품일 경우 이왕이면 겉모습이 더 아름다운 것을 추구한다는 내용이다. 따라서 '같은 조건이라면 좀 더 낫고 편리한 것을 택한다.'라는 의미의 '같은 값이면 다홍치마'가 빈칸에 들어갈 내용으로 가장 적절하다.

03 　　　　　정답 ①

제시문은 글로벌 시대에는 남의 것을 모방하는 것이 아닌 창의적인 개발이 중요하다고 설명하고 있다. 따라서 빈칸에는 ①이 들어가는 것이 가장 적절하다.

04 　　　　　정답 ②

제시문은 땅집에서 모든 것이 자기 나름의 두께와 깊이를 가지며, 집 자체가 인간과 같은 두께와 깊이를 가진다고 설명한다. 따라서 땅집이 아름다운 이유로는 인간을 닮았기 때문이라는 내용이 가장 적절하다.

05 　　　　　정답 ②

'그러나 인간의 이성으로 얻은 ~' 이하는 그 앞의 진술에 대한 반론으로, 이를 통해 인간에게 한계가 있는 이상 인간에 의해 얻어진 과학적 지식 역시 완벽하다고는 할 수는 없음을 알 수 있다. 따라서 빈칸에는 ②가 들어가는 것이 적절하다.

06 　　　　　정답 ②

제시문에서는 주나라의 무왕이 태서를 통해 '비록 상나라에 억조에 달하는 백성이 있지만 서로 마음과 덕이 따로 놀기 때문'에 이길 수 있다고 하였다. 따라서 빈칸에는 이와 반대되는 의미의 '서로 같은 마음으로 덕을 함께함'이라는 뜻의 '동심동덕'이 적절하다.

[오답분석]
① 이심전심 : 마음과 마음이 서로 뜻이 통함
③ 동두철신 : 성질이 모질고 완강하여 거만한 사람을 비유적으로 이름
④ 동고동락 : 괴로움도 즐거움도 함께 함

07 　　　　　정답 ①

'갑돌'의 성품이 탁월하다고 볼 수 있는 것은 그의 성품이 곧고 자신감이 충만하며, 다수의 옳지 않은 행동에 대하여 비판의 목소리 내고, 그렇게 하는 데에 별 어려움을 느끼지 않을 것이기 때문이다. 또한, 세 번째 문단에 따르면 탁월한 성품은 올바른 훈련을 통해 올바른 일을 즐겁게 그리고 어려워하지 않으며 처리할 수 있는 능력을 뜻한다. 따라서 아리스토텔레스의 입장에서는 '엄청난 의지를 발휘'하고 자신과의 '힘든 싸움'을 해야 했던 '병식'보다는 잘못된 일에 '별 어려움' 없이 '비판의 목소리'를 내는 '갑돌'의 성품을 탁월하다고 여길 것이다.

08 　　　　　정답 ③

두 번째 문단에서 전통의 유지와 변화에 대한 견해 차이는 보수주의와 진보주의의 차이로 이해될 성질의 것이 아니며, 한국 사회의 근대화는 앞으로도 계속되어야 할 광범하고 심대한 '사회 구조적 변동'이라고 하였다. 또한 마지막 문단에서 '근대화라고 하는 사회 구조적 변동이 문화 변화를 결정지을 것이기 때문'이라고 하였으므로 전통문화의 변화 문제를 사회 변동의 시각에서 다룬다는 내용이 적절하다.

09 　　　　　정답 ②

빈칸에는 앞서 제시된 '공공미술이 아무리 난해해도 대중과의 소통 가능성은 늘 열려있다.'라는 내용을 근거로 하여 추론할 수 있는 결론이 와야 자연스럽다. 따라서 공공미술에서 예술의 자율성이 소통의 가능성과 대립되지 않는다는 내용의 ②가 들어가는 것이 가장 적절하다.

10 　　　　　정답 ③

빈칸 뒤에서는 최근 선진국에서 스마트팩토리로 인해 해외로 나간 자국 기업들이 다시 본국으로 돌아오는 '리쇼어링' 현상이 가속화되고 있다는 내용을 설명한다. 즉, 스마트팩토리의 발전이 공장의 위치를 해외에서 본국으로 변화시키고 있으므로 빈칸에 들어갈 내용으로는 ③이 가장 적절하다.

11
정답 ④

제시문을 통해 4세대 신냉매는 온실가스를 많이 배출하는 기존 3세대 냉매의 대체 물질로 사용되어 지구 온난화 문제를 해결하는 열쇠가 될 것임을 알 수 있다. 따라서 빈칸에는 ④가 들어가는 것이 가장 적절하다.

12
정답 ③

제시문은 절차의 정당성을 근거로 한 과도한 권력, 즉 무제한적 민주주의에 대해 비판적인 논조를 취하고 있다. 따라서 빈칸에는 무제한적 민주주의의 문제점을 보완할 수 있는 해결책이 제시되는 것이 가장 적절하다.

오답분석
① 다수의 의견을 그대로 수용하는 것은 필자의 견해가 아니다.
② 사회적 불안의 해소는 언급되지 않았다.
④ 무제한적 민주주의를 제한적으로 수용하자는 것은 필자의 견해가 아니다.

13
정답 ④

제시문은 미국 대통령 후보 선거제도 중 하나인 '코커스'에 대한 설명과 코커스 개최시기가 변경된 아이오와주, 아이오와주 선거 운영 방식의 변화에 대해 서술하고 있다. 빈칸 앞에서는 개최시기를 1월로 옮긴 아이오와주 공화당의 이야기를, 빈칸 뒤에서는 아이오와주 선거 운영 방식의 변화 등의 다른 주제에 대해서 다루고 있으므로 빈칸 앞과 이어지는 '아이오와주는 미국의 대선후보 선출 과정에서 민주당과 공화당 모두 가장 먼저 코커스를 실시하는 주가 되었다.'가 빈칸에 들어가는 것이 가장 적절하다.

오답분석
① 선거 운영 방식이 달라진 것이 아니라 코커스를 실시하는 시기가 달라진 것이다.
② 제시문에서 민주당과 공화당 사이가 악화될 계기는 언급되어 있지 않다.
③ 제시문에서는 아이오와주에서 코커스의 개정을 요구했다는 근거를 찾을 수 없다.

14
정답 ③

기분조정 이론은 현재 시점에만 초점을 맞추고 있는 기분관리 이론을 보완한 것으로, 기분조정 이론을 검증하기 위한 실험에서 피실험자들은 한 시간 후의 상황을 생각하여 미리 다른 음악을 선택하였다. 즉 기분조정 이론은 사람들이 현재 시점뿐만 아니라 다음에 올 상황을 고려하여 현재의 기분을 조정한다는 내용이다. 따라서 빈칸에 들어갈 내용으로 가장 적절한 것은 ③이다.

오답분석
① · ④ 현재의 기분에 초점을 맞추고 있는 진술이므로 적절하지 않다.
② 기분조정 이론에 따르면 사람들은 다음에 올 상황을 고려하여 흥분을 유발하는 음악 또는 흥분을 가라앉히는 음악을 선택하여 기분을 조정한다. 따라서 흥분을 유발할 수 있는 음악을 선택한다는 진술은 적절하지 않다.

15
정답 ②

제시문을 통해 조선 시대 금속활자는 왕실의 위엄과 권위를 상징하는 것임을 알 수 있다. 특히 정조는 왕실의 위엄을 나타내기 위해 을묘원행을 기념하는 의궤를 정리자로 인쇄하고, 화성 행차의 의미를 부각하기 위해 그 해의 방목만을 정리자로 간행했다. 이를 통해 정리자는 정조가 가장 중시한 금속활자였다는 것을 알 수 있으므로 빈칸에 들어갈 내용으로 가장 적절한 것은 ②이다.

16
정답 ④

첫 번째 문단에서 대중들이 욕망하는 현실 감정이 직접적으로 누드에 반영된다고 하였고, 마지막 문단에서 민중의 현실 속으로 파고들지 못한 누드화는 위화감을 불러일으킨다고 하였다. 따라서 남녀 간의 애정이나 성적 욕망에 대해 경직되어 있었던 조선 사회에서 신윤복의 그림이 큰 호응을 얻을 수 있었던 이유는 '보편적인 감정의 진실'을 잘 드러내었기 때문이라고 할 수 있다.

17
정답 ②

'도서관 이용의 문제점'으로 '어두운 내부, 비효율적인 공간 활용, 도서 부족'을 들고 있다. 따라서 도서관의 개방 시간을 연장한다는 내용은 해결 방안으로 적절하지 않다.

18
정답 ④

'도서관'을 '보물 창고'에 비유하고, 청유형 어미를 사용하여 비유법과 청유형이 모두 나타난다.

19
정답 ③

'과소비 현상에 대한 비판'은 기부 문화의 확산을 위한 방안으로 적절하지 않으며 '본론 1'에서 제시한 '기부 참여도가 낮은 원인'과도 관련이 없다.

20
정답 ①

'기부'를 '행복 물결'에 빗대어 표현하였고, 대구법을 사용하였으며, 기부를 실천하자는 주제를 강조한다.

오답분석

②·③·④ 비유법을 활용하여 주제를 강조하였으나, 대구법이 사용되지 않았다.

03 ▶ 독해

01	02	03	04	05	06	07	08	09	10
①	①	②	①	③	②	②	①	④	④
11	12	13	14	15	16	17	18	19	20
③	②	②	③	③	②	④	①	③	①
21	22	23	24	25	26	27	28	29	30
④	③	②	①	①	③	②	④	③	①
31	32	33	34	35	36	37	38	39	40
①	④	④	②	③	①	②	③	③	①
41	42	43	44	45	46	47	48	49	50
②	④	③	①	③	④	④	②	③	②

01
정답 ①

시에서는 시적 의미의 강조 방법으로 '눈은 살아 있다', '기침을 하자'라는 시구를 반복적으로 사용하고 있다.

02
정답 ①

눈은 때묻지 않은 하얀색이 가장 큰 특징이라고 할 수 있다. 순수하고 참된 가치로 시적 화자가 추구하는 대상이다.

오답분석

② 일상적 언어이다.
③ 눈이 지니고 있는 강인한 생명력과 대비되어 새벽이 지나도록 살아있는 눈을 강조한다.
④ 불순하고 속물적인 것을 뜻한다.

03
정답 ②

화자는 눈의 순수한 생명력이 강인하게 살아남는 것을 보며 '기침'을 통해 몸속의 불순한 것들을 밖으로 꺼내는 행위를 촉구하고 있다. 정의롭고 순수한 생명력을 무력하고 부정한 세계와 대립시켜 나타냄으로써 시인이 현실을 비판하고 불의에 저항하는 삶을 추구했음을 알 수 있다.

04
정답 ①

삼포로 떠나기 직전 기차역에서 세 사람의 대화로 이야기를 전개하고 있다.

오답분석

② 영웅적 인물은 드러나지 않는다.
③ 대부분 일반적인 소재들을 사용하였고 현실 극복 의지는 나타나지 않는다.
④ 전지적 작가 시점이며 서로를 불신하는 현실 비판은 드러나지 않는다.

05
정답 ③

ⓒ은 영달이 한 말이다.

06
정답 ②

백화는 헤어짐이 아쉬워 눈이 젖은 채로 두 사람에게 본명을 밝혔다. 마음을 열고 이름을 알려주는 장면을 통해 세 사람 사이의 신뢰와 유대감을 느낄 수 있으며, 백화는 이러한 관계가 끊어지는 것을 아쉬워하고 있다.

07
정답 ②

고전 수필 양식 중 '기(記)'에 해당하는 작품으로, 어떤 사건이나 경험에 대한 자초지종을 기록하는 형식이다. 다산의 큰형님인 정약현이 그의 서재에 써서 붙인 '수오재'라는 이름에 대하여 깨달은 바를 기록한 것이다.

08
정답 ①

[가]는 자신을 지키는 것이 얼마나 중요한지를 강조하고 있는 내용으로, ㉠과 달리 ㉡, ㉢, ㉣은 꼭 지킬 필요가 없는 물질적인 것들이다.

09
정답 ④

화자는 과거 시험을 통해 관직에 오른 뒤 자신을 돌보지 못하다 어느 새 본질적인 '나'는 사라지고 귀양을 가는 처지에 이르렀음을 깨닫는다. 그리고 귀양살이를 하면서 '나'를 붙잡아서 간직하고 지키는 것이 어려운 일임을 알게 된다. '나'를 지킨다는 것은 본질적인 나의 본성을 온전히 유지하는 것을 의미한다.

10
정답 ④

제시문은 미세 플라스틱이 해양 생태계에 큰 영향을 끼친다는 연구들의 출처를 소개하며 미세 플라스틱의 증가와 그에 따른 위험성에 대해 이야기하고 있다.

11
정답 ③

세 번째 문단을 통해 나노 입자의 미세 플라스틱은 뇌 속까지 침투하기에, 수산물에 남아있는 미세 플라스틱을 인간이 섭취할 경우 위험함을 알 수 있다.

12
정답 ②

㉠과 ②의 '끌다'는 '남의 관심 따위를 쏠리게 하다.'의 의미로 쓰였다.

오답분석
① '바닥에 댄 채로 잡아당기다.'의 의미이다.
③ '바퀴 달린 것을 움직이게 하다.'의 의미이다.
④ '시간이나 일을 늦추거나 미루다.'의 의미이다.

13
정답 ②

"어떻게 살 것인가?"에 대한 답을 심리학자들의 연구를 바탕으로 '신나게 살기', '의미 있게 살기', '몰두하며 살기'의 세 가지로 정리하여 제시하고 있다.

14
정답 ③

㉢의 '접근하기'는 '가까이 다가감, 친밀하고 밀접한 관계를 가짐'의 의미를 지니고 있다.

15
정답 ③

제시문에서 제시하는 삶은 '신나게 살기', '의미 있게 살기', '몰두하며 살기'이다. 감각적인 즐거움은 첫 번째로 제시한 '신나게 살기'에 해당한다. 하지만 두 번째와 세 번째 답을 차례대로 제시하였으므로 감각적인 즐거움만을 추구하는 삶이 의미 있다고는 할 수 없다.

16
정답 ②

청유형 문장은 화자가 청자에게 같이 행동할 것을 요청하는 종결 어미 '-자', '-자꾸나', '-세', '-읍시다' 등으로 끝나는 문장이다. 작품에서는 이러한 종결 어미를 찾아볼 수 없다.

17
정답 ④

㉣은 눈이 한순간에 녹아 사라지는 속성을 표현한 것이다.

오답분석
①·②·③ 눈이 나뭇가지에 쌓이기 위한 노력을 표현한 것이다.

18
정답 ①

'상처'는 시련을 겪고 난 후의 성숙한 사랑을 의미한다. ⓐ는 '아름다운'과 '상처'라는 모순되는 단어를 대비시켜 역설법을 사용하고 있다.

19
정답 ③

'나'라는 단어를 통해 작품 속 인물의 시점으로 소설이 서술되는 것을 알 수 있다.

20
정답 ①

칼을 되돌려준 행동을 보면 '나'는 '강도'를 두려워하지 않고 있다.

오답분석
② 강도의 행동을 보고 터지려는 웃음을 참는 '나'의 태도로 미루어 볼 때 '나'는 '강도'에 대해 분노와 적대감을 느끼지 않음을 알 수 있다. 오히려 연민을 느끼고 있다.
③ '나'는 이미 '강도'가 아내의 수술비 마련을 위해 자신의 집에 들어온 것을 알고 있다.
④ '나'는 '강도'를 안심시켜 편안한 맘으로 돌아가게 하려 했지만, 오히려 낭패하도록 했음을 깨달았다.

21
정답 ④

㉠에서 '강도'는 분개하고 있으며, ㉠ 이후의 '갈기갈기 찢어진 한 줌의 자존심'이란 표현을 통해 분개한 이유를 알 수 있다.

22
정답 ③

'최척의 퉁소 소리에 바다와 하늘이 애처로운 빛을 띠고 구름과 안개도 수심에 잠긴 듯했다.'를 통해 최척의 감정을 자연물에 이입하여 서술하고 있음을 알 수 있다.

23
정답 ②

[A]는 옥영이 지은 시로 최척과 옥영이 다시 만나는 결정적인 계기가 된다.

24
정답 ①

최척은 자신의 신세를 생각하며 퉁소를 불어 슬픔과 원망을 풀어 보려 하였다.

오답분석
② 옥영은 퉁소 소리를 듣고 최척이 다른 배에 타고 있는 것을 확인하기 위해 시를 읊었다.
③ 일본 배에 타고 있는 것은 최척이 아닌 옥영이다.
④ 최척은 자신의 일가가 왜적에게 당했던 일들을 배 안의 사람들에게 이야기해 주었다.

25
정답 ①

인간은 본질적으로는 홀로 존재하면서 동시에 좋아하는 사람과 함께 있고 싶어 한다는 역설에 초점을 맞추고 있다. 따라서 서로를 들여다보려는 시선을 같은 방향으로 돌려, 혼자 있으면서 또한 함께 있는 상태를 지향할 필요가 있음을 충고하고 있다.

26
정답 ③

수필이라는 장르적 특성으로 살펴볼 때 자신이 경험한 이야기를 서술한다는 설명은 적절하다. 하지만 필자는 '주제의식의 간접화'를 통해 수필의 문학성을 형상화하였다. 따라서 직접적인 서술방식을 취하고 있다는 설명은 적절하지 않다.

27
정답 ②

제시문에서 전문가의 이론을 시대순으로 설명하는 부분은 찾아볼 수 없다.

오답분석
④ '누이 좋고 매부 좋다.'라는 속담을 활용하고 있다.

28
정답 ④

죄악세는 국민 건강과 복지에 나쁜 영향을 끼치는 특정 품목의 소비를 억제하기 위해 물리는 세금이다.

오답분석
① 피구세는 외부 불경제를 유발한 당사자에게 물리는 세금이다.
② 낡은 트럭에서 내뿜는 매연은 사람들에게 불편을 초래하므로 외부 불경제에 해당한다.
③ 외부 불경제는 늘 사회적 관심사이기 때문에 법으로 규제하거나 세금을 부과해 시정할 수 있다.

29
정답 ③

• 고안 : 연구하여 새로운 안을 생각해 냄
• 참조 : 둘 이상인 대상의 내용을 맞대어 같고 다름을 검토함

30
정답 ①

'땅끝'이 바다와 인접하여 위태로운 곳일 수 있지만 '늘 젖어 있는 생성의 공간'이라는 역설적 인식을 통해 절망 속에서 발견한 아름다움과 희망을 드러내고 있다.

31
정답 ①

1연에서 화자는 '노을'을 보려고 노력했지만 결국 삐걱거리는 그네 소리만 남았던 경험을 회상하고 있다.

오답분석
② 1연에서는 '노을'에 대한 동경이 좌절되었으므로 이상향에 정착하였다고 볼 수 없다.
③ '나비'는 꿈과 이상을 상징하는 시어이다.
④ '그런데' 이후 '땅끝'에 대한 긍정적 인식이 드러난다.

32
정답 ④

'땅끝'은 화자가 위태로움 속에 희망이 있음을 발견하는 계기를 마련하고, 다시 살아갈 힘을 주는 공간이다.

33
정답 ④

소년은 전차에 한번 올라타 보았으면 했으나, "아, 바루 저긴데, 전찬 뭣하러 타니?"라는 아버지의 말을 듣고 전차를 타지 못한 것에 대해 불만을 가졌다.

34
정답 ②

[A]는 작품 밖 서술자가 서울의 모습을 신기하게 여기는 소년의 심리를 직접 드러낸 부분이다.

오답분석
① 인물 간의 대화는 나타나 있지 않다.
③ 어떤 대상을 다른 것으로 돌려서 나타내는 우의적 표현은 쓰이지 않았다.
④ 구체적인 시간은 드러나 있지 않다.

35
정답 ②

⊙과 ⓔ은 '소년'을 가리키지만, ⓛ과 ⓒ은 소년이 서울을 구경하면서 본 인물들을 가리킨다.

36
정답 ①

제시문은 언어의 일반적인 특성인 '언어 습득의 균등성, 언어 판단의 직관성, 언어의 개방성' 등을 구체적인 사례를 들어 설명함으로써 독자의 이해를 돕고 있다.

37
정답 ②

'너는 냉면 먹어라. 나는 냉면 먹을게.'에서 조사 '는'은 '차이 보조사'로서 차이나 대조의 의미를 지니고 있다. 그러므로 같은 냉면을 먹으려면 '우리 냉면 먹자.'라고 해야 하고, '는'을 사용하려면 '너는 냉면 먹어라. 나는 쫄면 먹을게.'와 같이 다른 대상을 말해야 한다.

38
정답 ③

부모와 긍정적인 관계를 형성하고 자란 성인이 개인의 삶에 긍정적인 영향을 주었음을 소개한 (나) 문단이 첫 번째 문단으로 오는 것이 적절하다. (나) 문단에서 소개하는 연구팀의 실험을 설명하는 (라) 문단이 두 번째 문단으로 올 수 있다. (라) 문단의 실험 참가자들에 대한 실험 결과를 설명하는 (가) 문단이 세 번째 문단으로, (가) 문단과 상반된 내용을 설명하는 (다) 문단이 마지막 문단으로 이어져야 적절하다.

39
정답 ③

기사는 청소년기에 부모와의 긍정적인 관계가 성인기의 원만한 인간관계로 이어져 개인의 삶에 영향을 미친다는 사실을 설명하고 있다. 따라서 기사의 제목으로 가장 적절한 것은 ③이다.

40
정답 ①

첫 번째 문단에 '우리 조상은 화재를 귀신이 장난치는 일이거나 땅에 불의 기운이 넘쳐서라고 여겼다.'라고 하면서 안녕을 기원하기 위해 조상들이 시도했던 여러 가지 노력을 제시하고 있다.

41
정답 ②

화재 예방을 위한 주술적 의미로 쓰인 것은 지붕 용마루 끝에 장식 기와로 사용하는 '치미'이다. 물의 기운을 지닌 수호신인 해치는 화기를 잠재운다는 의미로 동상이 세워졌다.

오답분석
① 첫 번째 문단에서 농경사회였던 조선시대 백성들의 삶을 힘들게 했던 재난·재해 특히 화재는 즉각적인 재앙이었고 공포였다고 하였다.
③ 세 번째 문단에서 '잡상은 건물의 지붕 내림마루에 『서유기』에 등장하는 기린, 용, 원숭이 등 다양한 종류의 신화적 형상으로 장식한 기와'라고 하였다.
④ 네 번째 문단에서 '실제 1997년 경회루 공사 중 오조룡이 발견되면서 화제가 됐었다.'라고 하였다.

42
정답 ④

네 번째 문단에서는 토마토 퓌레, 토마토 소스, 토마토 케첩을 소개하며 토마토의 조리방법을 소개하고 있다. 따라서 ④는 문단의 제목으로 적절하지 않다.

43
정답 ③

토마토와 같이 산(酸)이 많은 식품을 조리할 때는 단시간에 조리하거나 스테인리스 스틸 재질의 조리 기구를 사용해야 한다. 알루미늄제 조리 기구를 사용하게 되면 알루미늄 성분이 녹아 나올 수 있기 때문이다.

오답분석
① 라이코펜이 많은 빨간 토마토를 그냥 먹을 경우 라이코펜의 체내 흡수율이 떨어지므로 열을 가해 조리해서 먹는 것이 좋다.
② 우리나라에는 19세기 초 일본을 거쳐서 들어온 것으로 추정된다.
④ 토마토의 라이코펜과 지용성 비타민은 기름에 익힐 때 흡수가 잘 되므로 기름에 볶아 푹 익혀서 퓌레 상태로 만들면 편리하다.

44
정답 ①

첫 문단에서 묻고 답하는 형식으로 심폐 소생술에 대한 화제를 제시하고 있다.

45
정답 ③

심폐 소생술 교육은 실제 응급 상황에서 당황하지 않고 심폐 소생술을 실행하도록 하기 위함이다. 따라서 심정지의 발생 원인을 제거하는 것과는 관련이 없다.

46
정답 ④

'어떠한 상태나 태도 따위를 그대로 계속 유지하다.'의 의미로 ㉠의 의미와 가장 유사하다.

오답분석
① '재산, 이익, 안전 따위를 잃거나 침해당하지 아니하도록 보호하거나 감시하여 막다.'의 의미이다.
② '길목이나 통과 지점 따위를 주의를 기울여 살피다.'의 의미이다.
③ '규정, 약속, 법, 예의 따위를 어기지 아니하고 그대로 실행하다.'의 의미이다.

47
정답 ④

상투는 관례나 결혼 후 머리카락을 틀어 높이 세우는 성인 남자의 대표적인 머리모양으로, 전통사회에서는 나이가 어리더라도 장가를 들면 상투를 틀고 존대를 받았다. 따라서 '상투를 틀었다.'는 뜻에 '성인이 되었다.', 혹은 '장가를 들었다.'라는 의미가 내포되어 있음을 유추할 수 있다.

48
정답 ②

글쓴이는 사람은 선천적인 것을 고칠 수 없다고 생각한다. ②를 제외한 나머지는 선천적인 이유 때문에 할 수 없다는 내용이지만, 몸무게는 선천적인 이유가 될 수 없으므로 글쓴이의 생각으로 적절하지 않다.

49
정답 ③

제시문에서 몰랐으면 아무 문제되지 않았을 텐데 알아서 문제가 발생하는 경우도 있음을 말하며 노이로제에 대해 설명하고 있다. 따라서 글의 제목으로 가장 적절한 것은 ③이다.

50
정답 ②

제시문에서 옵트인 방식은 수신 동의 과정에서 발송자와 수신자 양자에게 모두 비용이 발생한다고 했으므로 수신자의 경제적 손실을 막을 수 있다는 ②의 내용은 적절하지 않다.

02 | 일반상식(사회, 한국사) 기출예상문제

01 ▶ 사회

01	02	03	04	05	06	07	08	09	10
③	②	①	①	①	②	④	①	③	②
11	12	13	14	15	16	17	18	19	20
③	①	①	②	①	③	④	②	④	④
21	22	23	24	25	26	27	28	29	30
④	②	③	④	④	①	①	①	③	①
31	32	33	34	35	36	37	38	39	40
①	②	②	③	②	④	②	③	①	②
41	42	43	44	45	46	47	48	49	50
①	④	②	④	④	①	③	②	④	③

01   정답 ③

알파세대는 2010년 이후에 출생한 세대로, 일반적으로 2010 ~ 2024년에 출생해 어려서부터 인공지능 등 진보된 첨단기술을 경험하며 자란 세대를 뜻하는 신조어이다. 전자기기 등 첨단기술을 이용하는 데는 익숙하나, 실제 사람과 대면하여 의사소통하는 것에는 어려움을 겪을 우려가 있다.

02   정답 ②

오답분석
① 창구 효과 : 문화산업에서 산업 연관 효과가 매우 큰 것을 일컫는 문화 경제학적 용어이다.
③ 컴튼 효과 : 광자와 물질 내의 전자가 충돌하는 현상이다.
④ 프라이밍 효과 : 시간적으로 먼저 떠오른 개념이 이후에 제시되는 자극의 지각과 해석에 영향을 미치는 현상이다.

03   정답 ①

하우스디바이드란 주택의 유무 또는 집값의 차이에 따라 계층이 갈리는 현상을 의미한다.

오답분석
② 디지털디바이드 : 정보화 격차에 따라 계층 격차가 멀어지는 현상이다.
③ 트리핀딜레마 : 미국이 달러 공급을 중단하면 세계 경제가 위축되고, 그렇다고 달러 공급을 지속하면 달러 가치의 폭락 위험성이 나타나는 진퇴양난의 상황을 의미한다.
④ 투키디데스 함정 : 아테네와 스파르타의 펠로폰네시스 전쟁에서 유래한 말로, 기존 지배세력과 새로 부상하는 세력 간의 세력 교체는 전쟁을 포함한 직접적인 충돌이 불가피한 상황을 의미한다.

04   정답 ①

위약 효과라고도 하며, 의사가 환자에게 가짜 약을 투여하면서 진짜 약이라고 하면 환자가 좋아질 것이라고 생각하는 믿음 때문에 병이 낫는 현상을 말한다.

오답분석
② 피그말리온 효과 : 교육심리학에서 심리적 행동의 하나로 교사의 기대에 따라 학습자의 성적이 향상되는 것을 말한다.
③ 노시보 효과 : 플라시보 효과와 반대되는 현상으로, 가짜 약을 투여한 환자가 진짜 약이 아닌 것을 알아차렸을 경우 증세가 악화되는 요인으로 작용할 수 있다는 이론이다.
④ 나비 효과 : 혼돈 이론에서 초기 값의 미세한 차이에 의해 결과가 완전히 달라지는 현상을 뜻한다.

05   정답 ①

2009년 10월 13일 이어도에 이은 두 번째 해양과학기지인 가거초 해양과학기지가 준공됐다. 전남 가거도 서쪽에 있는 가거초의 수심 15m 아래에 건설된 해양과학기지로, 기상・해양・대기환경 등을 관측하는 임무를 수행하고 있다.

06   정답 ②

헤이트 스피치는 특정 집단에 대한 공개적 차별, 혐오 발언을 말하며, 증오의 감정을 담고 있기 때문에 '증오 언설(憎惡言說)'이라고도 한다. 한국에는 일본의 극우 세력이 재일한국인을 대상으로 헤이트 스피치를 자행하면서 알려졌다.

오답분석
① 캔슬 컬처 : SNS 등 가상의 공간에서 생각이 자신과 다른 사람에 대한 팔로잉을 취소한다는 뜻으로, 특히 유명 인사가 논쟁을 빚을 수 있는 언행을 했을 경우에 팔로잉을 취소하고 외면하는 행동 방식을 가리킨다.
③ 딥 백그라운드 : 기록에 남기지 않는 비공식 발언으로서, 취재원이나 기사의 출처는 절대 밝히지 않는 선에서 보도할 수 있다.
④ 엘리베이터 스피치 : 엘리베이터를 타서 내릴 때까지의 짧은 시간(약 60초) 안에 투자자의 마음을 사로잡을 수 있어야 함을 가리키는 말로 할리우드 영화감독들 사이에서 비롯됐다.

07　　　　　　　　　　　　　정답　④

거주·이전의 자유를 제한한다는 점에서 스탠드 스틸은 함부로 발동할 수 없으며, 2012년 2월 「가축전염병예방법」에 스탠드 스틸 조항이 포함됐다. 농림축산식품부장관, 시·도지사 또는 특별자치시장은 구제역, 병원성조류인플루엔자, 아프리카돼지열병, 그 밖에 농림축산식품부장관이 정하여 고시하는 가축전염병이 발생한 경우에 가축전염병의 전파 가능성이 있는 가축, 시설출입차량, 수의사·가축방역사·가축인공수정사 등 축산 관련 종사자에 대하여 일시적으로 이동을 중지하도록 명할 수 있다(가축전염병예방법 제19조의2 제1항). 이때 일시 이동중지는 48시간을 초과할 수 없고, 일시 이동중지 기간의 연장이 필요한 경우 1회 48시간의 범위에서 그 기간을 연장할 수 있다(동조 제2항).

오답분석
① 셉테드(CPTED) : 범죄가 물리적 환경에 따라 더 자주 발생할 수 있다는 생각에서 유래한 것으로, 도시 환경을 설계하여 범죄를 예방하는 기법이다. 예컨대 인적이 드문 공공장소에 CCTV를 설치하는 방법이 있다.
② 세틀먼트(Settlement) : 복지 시설이 낙후된 일정 지역에 종교 단체나 공공 단체가 들어와 보건, 위생, 의료, 교육 따위의 다양한 활동을 통하여 주민들의 복지 향상을 돕는 사회사업을 뜻한다.
③ 애프터케어(Aftercare) : 결핵 등의 중증 환자가 병원에서 치료를 받고 사회에 복귀한 이후의 건강 관리나 사회 복지를 위한 지도, 또는 그런 시설을 말한다.

08　　　　　　　　　　　　　정답　①

어떤 일을 공동으로 받아들이지 않고 물리치는 일을 뜻하는 보이콧은 사람의 이름에서 유래했다. 19세기 말엽에 아일랜드 마요 지방의 대지주의 재산관리인이었던 찰스 보이콧이 소작료를 체납한 소작인들을 그 토지에서 추방하려고 하자 농민들은 그의 토지를 경작하는 것을, 상인들은 상품을 파는 것을, 우편 집배원과 마부들은 봉사하는 것을 거부하는 것으로부터 시작되어, 점차 대중 운동으로 진행되면서 귀족들의 장원 방화, 암살, 토지 문서 소각 투쟁 등으로 확산되었다.

09　　　　　　　　　　　　　정답　③

'Tapering'은 '끝이 가늘어지는, 점점 감소하는'이라는 뜻으로, 경제 부문에서는 시장에 공급하는 자금의 규모, 즉 유동성의 양을 차츰 줄인다는 뜻으로 쓰인다. 테이퍼링은 경기 침체기에 경기 회복을 위해 실시했던 각종 완화 정책과 과잉 공급된 유동성을 경제에 큰 부작용이 생기지 않도록 서서히 거두어들이는 전략, 즉 단계적·점진적인 양적 긴축 전략을 뜻한다.

10　　　　　　　　　　　　　정답　②

프레너미는 'Friend'와 'Enemy'의 조합어로, 친구처럼 보이지만 실제로는 친구인지 적인지 모호한 상대라는 뜻으로, 경제나 사회 부문에서는 한편으로는 협력하며 다른 한편으로는 경쟁하는 관계, 서로 대립하면서도 상대에게 영향을 끼침으로써 성장을 촉진하는 관계를 의미한다. 즉, 이해관계가 얽혀 전략적으로 협력하는 동시에 경쟁하는 상대방 또는 그러한 관계를 가리킨다. 예컨대 삼성과 애플, 미국과 중국의 관계처럼 서로 의존하면서 경쟁도 하는 관계를 프레너미로 이해할 수 있다.

오답분석
① 프리카스 : 경찰청이 개발해 운용하는 범죄 위험도 예측 및 분석 시스템을 가리킨다.
③ 프리보드 : 비상장 주식 장외 매매 시장이며, 이를 개편한 것이 금융투자협회가 운영하는 K-OTC이다.
④ 프리젠티즘 : 건강이 좋지 않은데도 출근했으나 정신적·신체적 컨디션이 나빠서 생산성이 낮아지는 현상을 가리킨다.

11　　　　　　　　　　　　　정답　③

인권이란 인간이 가지는 기본적이며 자연적인 권리이며 모든 인간이 인간다운 삶을 살기 위해 당연히 누려야 할 자유와 권리이다. 인권의 특성으로 기본성, 보편성, 불가침성, 항구성이 있다. 따라서 현대 사회에서는 과거보다 다양한 영역으로 인권이 확대되었다.

12　　　　　　　　　　　　　정답　①

열대 기후에서는 통풍이 잘 되는 얇은 옷을 입고 다니며 뜨거운 열기와 습기를 피하기 위해 고상 가옥에서 생활한다. 또한, 토양이 척박하여 주기적으로 이동하면서 불을 질러 농사를 짓는 이동식 화전 농업을 한다.

13
정답 ①

열섬 현상은 인공 건축물의 증가와 냉난방 시설, 자동차 공해 등으로 인한 열기로 도심의 기온이 주변 지역보다 높게 나타나는 현상이다. 따라서 녹지 면적의 증가는 열섬 현상을 완화시킨다.

14
정답 ②

제시된 내용은 인간 소외에 대한 설명이다.

오답분석
① 연고주의 : 혈연, 학연, 지연 따위로 맺어진 관계를 중요하게 여기는 사고방식이다.
③ 공간 불평등 : 지역 간에 사회·경제·문화적으로 격차가 발생하는 현상이다.
④ 계층의 양극화 : 사회 불평등이 심화되어 사회 계층 내의 중간 계층이 줄고 상층과 하층의 비중이 늘어나는 현상이다.

15
정답 ①

세계 도시는 정치·경제·정보 등의 중심지 역할을 수행하는 도시로 다국적 기업의 본사가 위치하고 국제 금융 업무 기능 등 경제 활동 조절 및 통제 기능을 한다. 또한, 상품의 생산, 유통에 필요한 생산자 서비스 기능과 물적·인적 교류 기능도 하고 있다.
플랜테이션 농장은 열대·아열대에서 이루어지는 대규모 상업적 농업 농장을 말한다.

16
정답 ③

석유는 자동차 보급이 확산되면서 수요가 급증하여 세계적으로 사용 비중이 가장 높은 에너지 자원이다. 또한, 자원의 편재성이 커서 국제 이동량이 많다.

17
정답 ④

정보화로 인해 인터넷 중독, 사생활 침해, 개인 정보 유출, 정보 격차 등의 문제점이 발생하였다. 따라서 공간적 제약의 완화는 정보화의 장점이다.

18
정답 ②

생태 중심주의 관점은 인간을 자연의 일부로 인식하여 생태계의 균형과 안정을 중시하는 관점이다. 레오폴드는 대지윤리를 주장하면서 자연이나 환경을 인간을 위한 도구로 이용하는 것에 반대하고, 모든 생태계가 동등하게 존중받아야 한다고 보았다.

오답분석
① 물질 만능주의 : 돈을 가장 소중한 것으로 여겨 지나치게 돈에 집착하는 사고방식이나 태도이다.
③ 수정 자본주의 : 자본주의의 모순을 국가의 개입으로 완화하려는 개념·정책이다.
④ 인간 중심주의 : 자연을 인간의 이익이나 필요에 의해 평가·고려하는 관점이다.

19
정답 ④

제시된 내용은 파리 기후 협약에 대한 설명이다.

오답분석
① 런던 협약 : 폐기물이나 다른 물질의 투기를 규제하는 해양 오염 방지 조약이다.
② 바젤 협약 : 유해 폐기물의 국가 간 이동 및 처리에 관한 국제 협약이다.
③ 람사르 협약 : 중요 습지를 보전하기 위한 국제 환경 협약이다.

20
정답 ④

세계 시민은 지구촌에서 발생하는 문제에 관심을 갖고 더불어 사는 공동체 구성을 위해 노력하는 세계 시민 의식을 가져야 한다. 이를 위해 인류의 보편적 가치 중시, 세계의 공존과 공익 추구, 문화의 다양성 존중 등을 지켜야 한다. 따라서 이산화탄소 배출 증가는 세계 시민 의식으로 적절하지 않다.

21
정답 ④

헌법 제10조는 행복 추구권이 기본권에 해당한다고 보았으며, 아리스토텔레스는 행복을 인간이 사는 목적으로 정의하고 단순히 행복을 편안히 누리는 게 아니라 열심히 노력해서 도달해야 할 가치라고 보았다. 따라서 ㉠에는 행복이 들어가야 한다.

22
정답 ①

발생 시기는 (가) 영국의 권리 장전 승인(1689) − (나) 독일의 바이마르 헌법 제정(1919) − (다) 국제 연합[UN]의 세계 인권 선언 채택(1948) 순이다.

23
정답 ③

담합은 생산품이 비슷한 회사끼리 서로 짜고 생산량과 물건의 가격을 미리 결정하여 소비 시장에서 막대한 이익을 챙기는 행위이다. 이는 시장의 자유로운 경쟁을 제한하고 소비자의 선택권을 침해하는 불공정 거래 행위이다.

PART 2

오답분석

① 신용 : 나중에 그 대가를 지불하기로 약속하고, 재화나 서비스를 제공받거나 돈을 빌릴 수 있는 능력을 말한다.

② 예금 : 일정 기간을 정해 은행에 돈을 맡겨 놓고 만기일에 이자와 원금을 받는 금융 상품이다.

④ 채권 : 정부, 공공 기관, 금융 회사 등이 돈을 빌리면서 원금과 이자를 언제까지 갚을 것인지 표시하여 발행하는 증서이다.

24 ⟨정답⟩ ①

1933년 미국의 루스벨트 대통령이 경제 공황에 대처하기 위하여 시행한 경제 부흥 정책을 뉴딜 정책이라고 부른다. 이는 기존의 경제적 자유주의를 수정하여 정부가 경제 활동에 적극적으로 개입해서 경기를 조정하여야 한다는 방침 아래 시행되었다.

오답분석

② 석유 파동 : 1973년 아랍 산유국의 석유 무기화 정책과 1978년 이란 혁명 때 두 차례에 걸친 석유 공급 부족과 석유 가격 폭등으로 세계 경제가 큰 혼란과 어려움을 겪은 일이다.

③ 시민 불복종 : 잘못된 법률이나 정책을 바로 잡기 위한 목적을 위해 의도적으로 법을 위반하는 행위를 말한다.

④ 보이지 않는 손 : 영국의 경제학자 애덤 스미스가 주장한 것으로 개인이 오직 자신만의 이익을 위해 경쟁하는 과정에서 누가 의도하거나 계획하지 않아도 사회 구성원 모두에게 유익한 결과를 가져오게 된다는 시장 경제의 암묵적인 자율 작동 원리이다.

25 ⟨정답⟩ ④

특화란 특정 상품을 전문적으로 생산하여 경쟁력을 갖추는 것으로 경쟁력이 없는 상품은 포기하고 비교 우위를 가진 상품을 생산하는 것을 말한다.

오답분석

② 펀드 : 투자 전문 기관이 일반인들로부터 돈을 모아 증권 투자를 하고 여기서 올린 수익을 다시 투자자에게 나눠주는 것이다.

③ 편익 : 자신이 지불한 비용으로 얻게 되는 만족감 또는 보상을 말한다.

26 ⟨정답⟩ ④

국회는 입법부의 역할을 수행하며, 국민의 대표 기관으로서 법률을 제정한다. 정부는 행정부의 역할을 수행하며, 제정된 법률을 집행하고, 정책을 마련하는 등 행정권을 행사한다.

27 ⟨정답⟩ ①

생애 주기별 금융 설계는 주기별 과업을 정해 재무 목표를 설정하고 생애 주기 전체를 고려하여 체계적으로 설계해야 한다.

오답분석

ㄷ. 중·장년기에는 소득이 증가하나 자녀 교육, 주택 마련 등으로 소비도 증가하는 시기이기 때문에 소비를 줄이고 저축을 해야 한다.

ㄹ. 미래 소득도 포함하여 현재 소득과 함께 고려해야 한다.

28 ⟨정답⟩ ①

연등회는 석가모니의 탄생일(정월 대보름)에 연등을 밝혀 석가모니에게 복을 비는 불교 행사이다. 통일신라 때 중국에서 들어와 고려시대에 국가의례로 정착되었고, 현대까지 이어지고 있다. 2012년 4월 국가무형문화재로 지정되었으며, 2020년 12월 유네스코 무형문화유산으로 등재됐다.

29 ⟨정답⟩ ③

오답분석

① 청화백자 : 흰 바탕에 푸른 빛깔을 내는 것으로 동·식물 무늬를 그려서 만든 백자이다.

② 백자 : 순백색의 바탕흙 위에 투명한 유약을 씌워서 번조한 자기로 고려 초기부터 청자와 함께 일부가 만들어졌으며, 그 수법은 계속 이어져 조선시대 자기의 주류를 이루었다.

④ 분청사기 : 청자에 백토를 분장한 다음 유약을 입혀서 구워낸 자기로 조선시대에 만들어졌다.

30 ⟨정답⟩ ①

외부 효과는 개인, 기업 등 어떤 경제 주체의 행위가 다른 경제 주체들에게 기대되지 않은 혜택이나 손해를 발생시키는 효과를 말한다.

오답분석

② 공정 무역 : 저개발 국가에서 경제 발전의 혜택으로부터 소외된 생산자와 노동자들에게 더 나은 거래 조건을 제공하고 그들의 권리를 보호하는 것을 말한다.

③ 규모의 경제 : 재화를 대량으로 생산할 때의 한 단위당 생산 비용이 하락하는 것으로 이로 인해 기업은 더 큰 이익을 얻을 수 있다.

④ 윤리적 소비 : 사회적 책임을 다하지 않는 기업에 대한 불매 운동, 친환경적 제품·공정 무역 제품 등의 구입으로 보다 나은 공동체를 위한 소비 활동을 말한다.

31

정답 ①

용광로 정책은 여러 민족의 고유한 문화들이 그 사회의 지배적인 문화 안에 녹아들며 동화되는 것이다.

오답분석

② 셧다운제 정책 : 만 16세 미만 청소년은 밤 12시부터 다음 날 오전 6시까지 온라인 게임에 접속할 수 없도록 규제하는 정책이다.

③ 고용 보험 정책 : 근로자가 실직할 경우 일정기간 동안 실업 수당을 지급하고 원하면 전직 훈련은 물론 취업도 알선해 주는 고용 안정 제도이다.

④ 샐러드 볼 정책 : 국가라는 큰 그릇 안에서 샐러드같이 각자의 문화 정체성을 유지하며 조화를 이루는 것을 말한다.

32

정답 ②

자유주의적 정의관이란 개인의 자유와 권리를 최대로 보장하여 개인적인 가치와 목표를 추구하는 것이 정의라는 관점이다.

오답분석

① · ③ · ④ 공동체주의적 정의관에 대한 설명이다.

33

정답 ②

건조 기후 지역은 강수량이 적고 일교차가 크며, 유목 · 오아시스 농업 · 관개 농업이 발달하였다. 또한, 전통적으로 흙벽돌집과 이동식 가옥에서 생활한다.

오답분석

① 열대 기후 지역 : 연중 고온 다습한 기후로 벼농사가 발달하였으며, 전통적으로 고상 가옥에서 생활한다.

③ 온대 기후 지역 : 계절이 뚜렷하고 온난한 기후로 온대 계절풍 지역과 지중해 지역이 해당한다.

④ 한대 기후 지역 : 1년 내내 기온이 낮고 눈과 얼음으로 덮여 있으며, 이끼와 풀 등이 분포하며, 전통적으로 통나무집과 이글루에서 생활한다.

34

정답 ③

태풍은 저위도의 열대 해상에서 발생하여 여름철 우리나라에 영향을 미치는 열대 저기압에 해당한다. 강풍으로 인한 차량 · 가옥 파괴, 집중 호우로 인한 홍수와 산사태 등 재산 · 인명 피해를 유발한다.

35

정답 ②

도시는 인공 건축물의 증가와 냉난방 시설, 자동차 공해 등으로 인한 열기로 도심의 기온이 주변 지역보다 높게 나타나는 열섬 현상이 나타난다. 또한, 아스팔트와 콘크리트 등의 포장 면적도 증가하여 녹지 면적이 감소하면서 빗물이 토양에 잘 흡수되지 않는다. 따라서 포장 면적의 증가는 농경지 확보를 어렵게 만든다.

36

정답 ④

천연가스는 일반적으로 석유와 함께 매장되어 있는 화석 연료로, 석탄 · 석유에 비해 대기 오염 물질 배출이 거의 없는 청정에너지이다. 또한, 냉동 액화 기술의 발달과 수송선이 개발되면서 관리가 용이해 소비량도 증가하였다.

오답분석

① 석유 : 세계적으로 사용 비중이 가장 높은 에너지 자원으로 자원의 편재성이 커서 국제 이동량이 많다.

② 석탄 : 석유에 비해 비교적 고르게 매장되어 있고 국제 이동량이 적은 에너지 자원이다.

③ 원자력 : 적은 양의 우라늄으로 많은 전기를 생산할 수 있는 에너지 자원이다. 석유나 석탄보다 저렴하고 매연이나 이산화탄소가 나오지 않는 장점이 있으나 방사능 폐기물 처리 문제 등 단점이 존재한다.

37

정답 ②

누리 소통망(SNS)은 온라인상에서 인맥의 구축과 정보를 주고받기 위해 제공되는 서비스이다. 전 세계 사람들과 관계를 맺을 수 있어 좀 더 다양한 인간관계를 만들고, 국민들의 직접적인 정치 참여 기회를 확대시켜 준다.

오답분석

① 브렉시트 : 영국의 유럽 연합(EU) 탈퇴를 뜻하는 용어이다.

③ 인플레이션 : 통화량의 증가로 화폐 가치가 하락하고, 모든 상품의 물가가 전반적으로 꾸준히 오르는 경제 현상이다.

④ 배리어 프리 : 고령자나 장애인과 같이 사회적 약자들이 살기 좋은 사회를 만들기 위하여 물리적 · 제도적 장벽을 허물자는 운동이다.

38
정답 ③

세계 도시란 전 세계의 정치, 경제, 정보 등의 중심지 역할을 수행하는 도시이다. 뉴욕, 런던, 도쿄가 대표적이며 경제 활동 조절 및 통제 기능, 생산자 서비스 기능, 물적·인적 교류 기능 등을 수행한다.

오답분석
① 공업 도시 : 공업을 주요 기능으로 하는 도시이며 일반적으로 제조업 종사자가 60% 이상인 도시를 의미한다.
② 생태 도시 : 인간과 자연환경이 조화를 이루며 지속적으로 공생할 수 있는 체계를 갖춘 도시이다.
④ 슬로 시티 : 자연·환경·인간이 조화를 이루며 느림의 철학으로 전통문화와 자연을 잘 보호하려는 국제 운동이다.

39
정답 ①

저출산은 여성의 사회 진출 증가, 결혼·출산에 대한 가치관 변화 등으로 인해 출산율이 감소하는 현상이다. 향후 경제 활동 가능 인구의 감소로 국가 경쟁력 약화, 노동력 부족, 노인을 부양하는 청년층의 부담 증가 등이 문제로 나타난다.

40
정답 ②

국제기구는 주권을 가진 국가들 중 2개 이상의 국가들이 합의에 의해 만든 국제 협력체로 국가 연합(UN), 유럽 연합(EU), 국제 통화 기금(IMF) 등이 포함된다.

오답분석
① 정당 : 정치적인 견해를 같이하는 사람들이 정권 획득을 목적으로 결성한 단체이다.
③ 이익 집단 : 이해관계를 같이 하는 사람들이 그들의 특수한 이익을 실현하고 정치 과정에 영향력을 행사하기 위하여 만든 집단이다.
④ 비정부 기구 : 정부 간의 협정에 의하지 않고 민간의 국제 협력으로 설립된 비영리 조직으로 국경없는 의사회, 그린피스, 옥스팜 등이 해당한다.

41
정답 ①

제시된 내용은 사회권에 대한 설명이다.

오답분석
② 자유권 : 국민이 국가 권력의 간섭이나 침해를 받지 않을 권리를 뜻한다.
③ 참정권 : 국민이 국가의 정치 과정에 능동적으로 참여할 수 있는 권리를 뜻한다.
④ 청구권 : 국민이 국가에 대하여 일정 행위를 적극적으로 청구할 수 있는 권리를 뜻한다.

42
정답 ④

협동은 공동의 목표를 달성하기 위해 여러 사람들이 일을 분담하거나 서로 돕는 것이고, 경쟁은 목표가 제한되어 있을 때 그것을 먼저 차지하려고 하는 것이다.

오답분석
• 갈등 : 당사자들의 목표나 이해관계가 충돌하여 서로 적대시하거나 상대방을 제거하려는 상태
• 교환 : 보수나 보답을 받으려는 목적으로 이루어지는 행위

43
정답 ②

밴드왜건 효과는 유행에 따라 다른 사람들의 소비를 무조건 따라 하는 소비 현상이다.

44
정답 ④

자문화 중심주의(자민족 중심주의)는 자기 문화만을 우수한 것으로 믿고, 다른 문화를 부정적으로 평가하는 태도이다.

오답분석
② 자신이 속한 문화보다 다른 문화가 더 우월하다고 믿는 태도는 문화 사대주의이다.

45
정답 ④

적극적 우대 조치는 사회적 차별을 줄이고 과거의 잘못을 고치고자 적극적으로 가산점을 주거나 특혜를 주는 사회 정책이다. 장애인 고용 의무제, 지역 할당제 등이 이에 해당한다.

오답분석
① 셧다운제 : 16세 미만의 청소년에게 심야 시간의 인터넷 게임 제공을 제한하는 제도이다.
② 부당 노동 행위 : 사용자에 의한 근로자의 근로 3권 침해 행위를 말한다.
③ 환경 영향 평가제 : 환경에 영향을 미치는 건설, 개발 등의 사업 계획을 수립할 때 그 영향을 미리 조사·예측·평가하는 제도이다.

46

정답 ①

근로 기준법은 근로자의 기본 생활을 보장하고 국민 경제를 균형 있게 발전시키기 위하여 근로 조건(업무 내용, 임금, 근로 시간, 휴일, 유급 휴가, 취업 장소 등)의 최저 기준을 명시한 것이다.

오답분석

② 노인 복지법 : 노인의 건강 유지와 생활 안정을 위하여 보건과 복지에 관한 사항을 규정한 법률이다.

③ 다문화 가족 지원법 : 다문화 가족 구성원이 안정적인 가족생활을 영위하고 사회 구성원으로서 역할과 책임을 다할 수 있도록 지원하는 법률이다.

④ 독점 규제 및 공정 거래에 관한 법 : 불공정 거래 행위를 규제하기 위해 제정한 법률이다.

47

정답 ③

자아는 다른 사람과 구별되는 자신의 독특한 모습이다. '나는 누구인가?', '나의 역할은 무엇인가?'에 대답하면서 발견하는 개인적 '나'와 사회적 존재로서의 '나'를 명확히 인식할 수 있어야 한다.

오답분석

④ 유비쿼터스 : 시간과 장소에 구애받지 않고 원하면 언제든지 정보 통신망에 접속하여 활용할 수 있는 정보 통신 환경을 의미한다.

48

정답 ②

사실 판단은 ②와 같이 객관적 사실의 진위 여부로 증명되는 판단이다.

오답분석

①·③·④ 어떤 대상의 의의나 중요성, 값어치에 대한 판단이므로 가치 판단에 해당한다.

49

정답 ④

부채는 재화나 용역의 차입을 전제로 부담한 금전상의 상환 의무를 의미한다.

오답분석

③ 예금 : 정해진 이자를 기대하고 은행 등 금융 기관에 돈을 맡기는 것이다.

50

정답 ③

환율은 서로 다른 두 나라 화폐 간의 교환 비율을 의미하는 것으로 외환의 수요와 공급의 변화에 따라 변동된다.

---

02 ▶ 한국사

01	02	03	04	05	06	07	08	09	10
④	①	③	③	①	③	①	①	③	④
11	12	13	14	15	16	17	18	19	20
④	①	④	①	②	①	①	①	②	④
21	22	23	24	25	26	27	28	29	30
①	④	②	④	②	②	②	②	③	②
31	32	33	34	35	36	37	38	39	40
②	①	③	②	①	②	①	①	②	①
41	42	43	44	45	46	47	48	49	50
④	②	④	①	③	④	③	③	④	③

01

정답 ④

계급은 청동기 시대에 발생하였다.

02

정답 ①

제시된 사료는 신라 하대 진성여왕 시기의 정치 상황에 관한 내용이다. 이때 일어난 도적들은 초적이라고도 불리면서 왕경(수도)을 협박할 정도로 대규모화하였다. 당시 신라는 진골 귀족의 왕권 다툼으로 정치기강이 문란하고, 농민들에 대한 수탈이 극대화된 시기였다. 세력이 커진 초적들은 지방 호족으로 성장하였으며, 궁예가 대표적인 경우이다.

03

정답 ③

고구려 광개토대왕은 신라의 요청을 받고 군대를 보내 신라에 침입한 왜를 격퇴하였다(400). 이 과정에서 금관가야가 고구려군에 공격받아 맹주의 지위를 잃고 가야 연맹은 대가야 중심으로 재편된다.

오답분석

① 고구려 태조왕은 옥저를 정복하여 영토를 확장하였다.

② 백제 근초고왕이 고구려의 평양성을 공격하여 고국원왕이 전사하였다.

④ 신라의 지배자 칭호가 초대 박혁거세 거서간에서 2대에는 남해 차차웅으로 바뀌었다.

04

정답 ③

제시문에서 설명하고 있는 유물은 비파형 동검으로 청동기 시대의 대표적인 유물이다. 청동기 시대에는 조, 보리, 콩 등을 재배하였으며, 일부 지역에는 벼농사가 시작되었다.

[오답분석]
① · ② · ④ 신석기 시대의 특징이다.

05

정답 ①

반구대 암각화는 1971년 발견된 한반도 신석기 시대에서 청동기 시대의 암각화이다. 다양한 해양동물과 육상 동물, 그것들의 수렵 방법을 대략적으로 묘사한 그림들이 바위에 그려져 있다. 1965년 지어진 사연댐 안에 자리 잡고 있어 발견되기 전까지 훼손이 진행되었고 이후 사연댐의 처리에 대한 논란이 계속되었다.

06

정답 ③

고인돌은 청동기 시대의 대표적인 무덤이자 기념물이다. 큰 바위를 사용하여 만든 고인돌은 축조 시 많은 노동력이 필요로 하고 비파형 동검 등 지배계급의 부장품이 발견되므로 청동기 시대가 계급사회임을 알 수 있다. 한반도에는 약 3만 여기가 존재하며 세계에서 가장 많은 수의 고인돌을 보유하고 있다.

07

정답 ①

부여의 제천행사 영고에 대한 설명이다.

[오답분석]
② 동맹 : 고구려의 제천행사
③ 무천 : 동예의 제천행사
④ 계절제 : 삼한의 제천행사

08

정답 ①

제시문은 부여의 4조목에 대한 내용이다.

09

정답 ③

빗살무늬 토기는 신석기 시대에 처음으로 제작되어 음식을 조리하고 보관하는 데 사용되었다. 또한, 이 시대에 조·피·수수 등 원시 농경과 목축이 시작되었다.

[오답분석]
① 조선 후기에 대한 설명이다.
② 삼국 시대에 대한 설명이다.
④ 철기 시대에 대한 설명이다.

10

정답 ④

우리 민족 최초의 국가 고조선은 사회 질서를 유지하기 위해 8개의 조항으로 구성된 8조법을 만들었으며, 현재는 3개 조항만 남아 전해진다.

11

정답 ④

㉠은 살수 대첩으로, 수 양제가 113만 대군을 이끌고 고구려 평양성을 침략하자 을지문덕이 살수에서 맞서 싸워 승리한 전투이다.

[오답분석]
① 기묘사화 : 조선 중종 14년에 일어난 사화로 훈구파가 신진파를 죽이거나 귀양 보냈다.
② 신미양요 : 조선 고종 8년에 미국 군함이 강화도 해협에 침입한 사건이다.
③ 무신 정변 : 고려 의종 24년에 무신들에 의해 일어난 정변이다.

12

정답 ①

발해는 대조영이 고구려 계승 의식을 내세워 건국한 국가이며, 전성기인 선왕 때에는 주변 국가로부터 해동성국이라 불리기도 하였다.

13

정답 ④

우리 민족 최초의 국가인 고조선은 사회 질서를 유지하기 위해 8개의 조항으로 이루어진 8조법을 만들었으며, 비파형 동검, 탁자식 고인돌, 미송리식 토기의 출토지를 통해 고조선의 세력 범위를 추정할 수 있다.

14

정답 ①

고구려 장수왕은 수도를 평양으로 옮겨 남진 정책을 추진하였다. 이후 백제의 수도 한성을 공격하여 백제 개로왕을 죽이고 한강 유역을 장악하였다.

15

정답 ②

고구려 고국천왕은 국상 을파소의 건의에 따라 진대법을 실시하여 먹을거리가 부족한 봄에 곡식을 빌려주고 가을에 갚게 하였다.

16 　　　　　　　　　　　　　정답 ②

고려 공민왕은 반원 정책의 일환으로 쌍성총관부를 공격하여 원에 빼앗긴 철령 이북의 영토를 수복하였다. 또한, 권문세족을 견제하기 위해 신돈을 등용하고, 전민변정도감을 설치하여 이들이 빼앗은 토지를 농민들에게 돌려주고 노비가 된 자를 풀어 주는 등 개혁을 추진하였다.

17 　　　　　　　　　　　　　정답 ①

고려의 토지 제도 중 하나인 전시과는 관리의 관품과 인품 등을 기준으로 곡물을 수취할 수 있는 전지와 땔감을 얻을 수 있는 시지를 지급하였다. 또한, 5품 이상 고위 관리에게 주는 공음전과 군역 복무의 대가로 주는 군인전 등 세습이 가능한 토지 제도도 운영되었다.

18 　　　　　　　　　　　　　정답 ①

고려의 대표적 공예품인 청자는 귀족 사회의 전성기인 11세기에 발달하였고, 12세기에는 상감법 개발로 발전하다가 원 간섭기 이후 쇠퇴하였다.

오답분석
② 활구 : 고려 숙종 6년에 은으로 만든 화폐를 달리 이르던 말이다.
④ 신기전 : 조선 세종 30년에 제작된 로켓 추진 화살이다.

19 　　　　　　　　　　　　　정답 ②

고려 승려 지눌은 깨달음을 위한 노력과 함께 꾸준한 수행을 강조하는 정혜쌍수와 돈오점수를 주장하였다. 또한, 타락한 고려의 불교를 바로잡고자 송광사를 중심으로 수선사 결사를 조직하였다.

20 　　　　　　　　　　　　　정답 ④

사건을 발생한 순서대로 나열하면 다음과 같다.
ㄷ. 옥저 복속(태조왕, 56)
ㄱ. 낙랑 축출(미천왕, 313)
ㄴ. 불교 공인(372), 율령 반포(소수림왕, 373)
ㄹ. 평양 천도(장수왕, 427)

21 　　　　　　　　　　　　　정답 ①

원효(617 ~ 686)는 일심 사상을 바탕으로 화쟁 사상을 주장하며 불교의 통합을 위해 노력했다. 정토종을 보급하여 불교 대중화에 기여하고자 했으며, 무애가를 만들어 부르며 누구나 나무아미타불하면 극락정토로 갈 수 있다는 아미타 신앙을 바탕으로 했다. 대표적인 저서로는 『십문화쟁론』, 『금강삼매경론』, 『화엄경소』 등이 있다.

22 　　　　　　　　　　　　　정답 ④

신진사대부(신흥사대부)는 고려 말, 조선 초의 변혁을 이끌었던 세력이다. 고려 시대 지방 향리로 머물던 중소 지주들이 성리학을 바탕으로 과거에 급제하여 중앙 관리화 되었으며, 원 간섭기 공민왕 대에 반원 개혁정치를 통해 정치세력으로 성장하였다. 신진사대부는 위화도 회군을 기점으로 이성계를 중심으로 결집한 급진적 세력과 이색을 중심으로 결집한 온건적 세력으로 나누어 졌으며, 급진적 세력이 우위를 장악한 결과, 새롭게 조선이 탄생하게 된다.

오답분석
① 호족 : 통일신라 말기에서 고려 초기의 유력한 지방 세력이다.
② 권문세족 : 원 간섭기에 완성된 지배세력으로 원과 적극적으로 결탁하여 대농장과 음서제도를 기반으로 귀족화하였다.
③ 문벌귀족 : 고려 건국 이후 지방 호족 출신들이 중앙 관료로 진출하고 과거와 음서제도를 통해 중앙 정치를 장악하였다.

23 　　　　　　　　　　　　　정답 ③

고려 원 간섭기에 승려 일연이 쓴 『삼국유사』는 불교사를 중심으로 왕력과 함께 고대의 민간 설화나 전래 기록을 수록하였다. 특히 단군을 우리 민족의 시조로 여겨 단군왕검의 건국 설화를 수록하였다.

24 　　　　　　　　　　　　　정답 ①

고려 시대 어사대의 관원은 중서문하성의 낭사와 함께 대간이라 불렸으며, 관리의 비리 감찰 및 간쟁의 임무를 맡았다.

25 　　　　　　　　　　　　　정답 ②

신라 말에는 중앙 귀족들 사이의 왕위 쟁탈전이 심화되어 지방에 대한 통제력이 약화되었고, 이때 지방에서는 행정, 군사, 경제권을 장악한 호족 세력이 새롭게 성장하였다.

26 　　　　　　　　　　　　　정답 ②

대조영이 건국한 발해는 선왕 때 영토를 크게 확장하였으며, 이후 전성기를 누리면서 주변 국가로부터 해동성국으로 불렸다.

오답분석
①·③ 고려 시대에 해당하는 설명이다.
④ 조선 시대에 해당하는 설명이다.

27

정답 ②

이익의 『곽우록』은 『성호사설』에 수록되어 있다. 이익은 『곽우록』에서 국가 제도 전반에 대하여 여러 가지 의견을 제시하였다. 그중 토지제도 개혁안에서 한전론을 제시하였다.

오답분석

① 유형원의 『반계수록』은 백과사전적 성격이 아니라 국가 개혁안에 대하여 체계적으로 정리되어 있다. 하지만 학자들에 따라 백과사전류로 보기도 하여 논란의 여지가 있다.
③ 『연기』는 박지원의 기행문이 아니라 홍대용의 청나라 기행문이다. 박지원의 청나라 기행문은 『열하일기』이다.
④ 안정복의 『동사강목』은 단군 시대부터 고려 말까지 다루고 있다.

28

정답 ②

공납의 폐단으로 인한 농민 부담이 증가하여 광해군은 그 부담을 줄이고자 대동법을 실시하였다. 처음에는 지배층의 반발로 경기도에 시범적으로 실시하였으나 점차 전국으로 확대되었다. 대동법은 공물 납부 방식을 기존의 특산물에서 쌀·삼베나 무명·동전 등으로 납부하게 하였고, 토지 면적을 기준으로 세금을 부과하였기 때문에 농민 생활은 안정될 수 있었다. 균역법은 군포 납부와 관련이 있다.

29

정답 ③

조선 후기의 대표적인 화가 겸재 정선에 대한 설명이다.

오답분석

① 담징 : 고구려 화가, 호사금당벽화
② 안견 : 조선 전기 화가, 몽유도원도
④ 강희안 : 조선 전기 문신이자 화가, 고사관수도

30

정답 ②

'가산의 토적', '청천강 이북'이라는 키워드를 통해 '변란'은 홍경래의 난(1811)임을 알 수 있다. 이 시기 재위한 왕은 순조이며, 순조는 양인확보책으로 내수사 등 중앙 관서에 소속된 공노비 6만 6천여 명을 해방시켰다.

오답분석

① 동학은 조선 철종 때 창도되었다(1860).
③ 제너럴셔먼호 사건은 조선 고종 때의 일이다(1866).
④ 삼정이정청은 조선 철종 때 설치되었다(1862).

31

정답 ②

제시문은 조선 후기 전국으로 확대된 모내기법(이앙법)에 대한 내용이다. 수리시설의 확충과 이앙법으로 인해 노동력이 절감되고, 광작이 가능해져 지대를 납부하는 방식이 정액지대인 도조법으로 바뀌었으며, 수공업 또한 대량 생산을 위해 선대제가 활발해졌다.
해동통보, 삼한통보 등의 화폐는 고려 숙종 때 발행된 것으로, 조선 후기에 유통된 화폐는 상평통보이다.

32

정답 ①

『경국대전』은 조선의 기본 법전으로서 세조 때 편찬을 시작하여 성종 때 완성·반포되었다. 국가 행정과 통치 규범을 체계화하고 유교 질서를 확립하기 위해 편찬되었다.

오답분석

② 농사직설 : 조선 세종 11년에 정초 등이 지은 현존하는 가장 오래된 농서이다.
③ 목민심서 : 조선 순조 때 정약용이 지은 계몽 도서이다.
④ 삼국사기 : 고려 인종 23년에 김부식이 왕명에 따라 펴낸 역사책이다.

33

정답 ③

정조는 수원 화성을 건설하여 사도 세자의 묘를 수원으로 옮기고 국왕 친위 부대인 장용영의 외영을 수원 화성에 설치하는 등 정치적·군사적 기능을 부여하였다.

오답분석

① 신라 진흥왕 시기의 내용이다.
② 조선 세종 시기의 내용이다.
④ 고려 광종 시기의 내용이다.

34

정답 ②

제시된 자료는 조선 인조 때 청의 군신 관계 요구를 거절하여 발생한 병자호란이다. 인조는 남한산성으로 피신하여 청에 항전하였으나 세자와 신하들이 볼모로 잡히자 삼전도에서 항복하며 청과 군신 관계를 맺게 되었다.

오답분석

① 방곡령 : 조선 고종 26년에 함경 감사 조병식이 일본에 대한 곡물 수출을 금지한 명령이다.
③ 을미사변 : 조선 고종 32년에 일본의 자객들이 경복궁을 습격하여 명성 황후를 죽인 사건이다.
④ 홍경래의 난 : 조선 순조 11년에 홍경래가 지방 차별과 조정의 부패에 항거하여 일으킨 농민 항쟁이다.

35

정답 ①

이순신 장군은 옥포대첩, 사천포해전, 당포해전, 1차 당항포
해전, 안골포해전, 부산포해전, 명량대첩, 노량해전 등에서
승리했다.

> **행주대첩**
> 임진왜란 때 행주산성에서 권율이 지휘하는 조선군과
> 백성들이 일본군과 싸워 크게 이긴 전투이다. 행주대첩
> 은 진주대첩, 한산대첩과 함께 임진왜란 3대 대첩(크게
> 이긴 전투)으로 불린다.

36

정답 ②

조선 영조는 군역으로 인한 농민들의 부담을 줄여 주기 위해
균역법을 실시하였다.

오답분석

① 과전법 : 고려 말 ~ 조선의 토지 제도
③ 진대법 : 고구려의 빈민 구휼 제도
④ 호패법 : 조선 태종 때 신분증인 호패를 지니고 다니게
　　한 제도

37

정답 ①

오답분석

② 국초의 조례, 교서를 모아 정리한 조선 초기의 기본 법전
　　인 『경국대전』이 있었다.
③ 지방의 수령은 재판 업무까지 담당하였다.
④ 관찰사나 다른 지방의 수령 등 항소가 가능하였다.

38

정답 ①

제시된 사건은 갑신정변에 대한 설명이다. 김옥균 등을 중심
으로 한 급진 개화파는 우정총국 개국 축하연 자리에서 변란
을 일으켰다. 정권을 잡은 이들은 청과의 사대 관계 폐지, 입
헌 군주제, 능력에 따른 인재 등용 등을 주장하며 근대 국가
건설을 추구하였으나 청군의 개입으로 3일 만에 실패하였다.

오답분석

② 묘청의 난 : 고려 인종 13년에 묘청이 서경에서 일으킨
　　반란이다.
③ 삼별초 항쟁 : 고려 시대에, 고려가 몽고에 항복하고 삼별
　　초의 해산을 명령하자, 이에 반대하여 삼별초가 일으킨 반
　　란이다.
④ 위화도 회군 : 고려 우왕 14년, 명나라를 공략하기 위하여
　　출정하였던 이성계 등이 위화도에서 회군하여 왕을 내쫓
　　고 최영을 유배한 뒤 정권을 장악한 사건이다.

39

정답 ②

경주의 몰락 양반 최제우는 인간의 존엄성과 평등을 강조하는
인내천 사상을 내세워 동학을 창시하였다. 세도 정치로 인해
고통 받던 백성들에게 지지를 얻어 교세를 확장하였고, 1894
년에는 전봉준, 손화중, 김개남 등의 동학교도들이 동학 농민
운동을 주도하였다.

40

정답 ①

흥선대원군은 왕실의 권위를 회복하기 위해 임진왜란 때 소실
된 경복궁을 중건하였다. 이에 필요한 경비를 마련하기 위해
당백전을 발행하고 원납전을 징수하였다.

오답분석

② 신라 지증왕과 관련된 내용이다.
③ 고려 승려 일연과 관련된 내용이다.
④ 통일 신라 원성왕과 관련된 내용이다.

41

정답 ④

㉠은 안창호, 양기탁 등이 국권 회복과 공화 정체 근대 국가
건설을 목표로 조직한 신민회이다. 신민회는 민족 교육 육성
을 위해 평양과 정주에 각각 대성 학교와 오산 학교를 설립하
였다.

42

정답 ②

갑신정변 이후 미국에서 돌아온 서재필이 독립 협회를 설립하
였다. 이후 만민 공동회를 개최하고 국권·민권 신장 운동을
전개하였다.

오답분석

① 의열단 : 1919년 중국 만주 지린성에서 조직한 항일 무장
　　독립운동 단체이다.
③ 북로 군정서 : 1919년 중국 만주 지린성에서 서일, 김좌
　　진을 중심으로 조직한 무장 독립운동 단체이다.
④ 미·소 공동 위원회 : 1946년 1월에 미국과 소련의 대표
　　가 한국의 신탁 통치와 완전 독립 문제를 토의하기 위해
　　조직한 위원회이다.

43

정답 ④

3·1 운동을 계기로 우리 민족의 주체성을 확인하였고 국내
외의 여러 독립운동 단체가 통합되어 상하이에서 대한민국
임시정부가 수립되었다.

PART 2

오답분석
① 삼정이정청 : 조선 철종 13년에 삼정의 문란으로 민란이 일어나자 이를 바로잡기 위하여 설치한 임시 관아이다.
② 통리기무아문 : 조선 고종 17년에 정치·군사에 관한 사무를 총괄하기 위해 설치한 관아이다.
③ 문맹 퇴치 운동 : 일제 강점기에 민중이 글을 읽고 쓸 줄 알도록 가르쳤던 계몽 운동이다.

44 정답 ①

일제는 1930년대 이후 민족 말살 통치기에 대륙 침략을 위해 중일 전쟁과 태평양 전쟁을 일으켰다. 1938년에는 국가 총동원법을 실시하여 우리 민족을 전쟁에 강제로 동원하였으며, 물적 수탈을 위해 미곡 공출 제도를 실시하기도 하였다.

오답분석
② 고려 최씨 무신 정권 – 최충헌(1198) 시기의 상황이다.
③ 조선 고종(1876) 시기의 상황이다.
④ 조선 흥선대원군(1871) 시기의 상황이다.

45 정답 ③

김구는 대한민국 임시 정부 활동의 침체를 극복하기 위해 한인 애국단을 조직하고 적극적인 항일 투쟁을 전개하였다. 단원인 윤봉길은 훙커우 공원에서 일왕에게 폭탄을 투척하였고, 이봉창은 도쿄에서 일왕 마차 행렬에 폭탄을 투척하는 등 의거 활동을 벌였다.

오답분석
① 별기군 : 조선 후기에 편성한 군대이다.
② 교정도감 : 고려 희종 때 최충헌이 설치한 무신 독재 정치 기관이다.
④ 조선어 학회 : 국어의 연구·발전을 목적으로 한 민간 학술 단체로, 일제의 탄압 아래 꾸준히 우리말을 연구·보급해 왔으며, 뒤에 한글 학회로 이름을 고쳤다.

46 정답 ④

신채호는 일제 강점기의 역사가이자 독립운동가로, 민족을 역사 서술의 중심에 둔 『독사신론』을 발표하며 민족주의 사학의 기초를 마련하였다.

오답분석
① 허준과 관련된 내용이다.
② 조선 구식 군대와 관련된 내용이다.
③ 의천과 관련된 내용이다.

47 정답 ③

박정희 정부 시기 미국의 요청으로 베트남에 국군을 파병하였고 이에 대한 보상으로 한국군 현대화, 장비 및 차관 제공을 약속한 브라운 각서를 체결하였다.

오답분석
① 흥선대원군 시기의 사건이다.
② 일제 강점기의 사건이다.
④ 조선 정조 시기의 사건이다.

48 정답 ③

조만식 등이 회사령 철폐 이후 민족 기업을 육성하여 경제적 자립을 이루기 위해 물산 장려 운동을 전개하였다. '조선 사람 조선 것, 내 살림 내 것으로' 등의 구호를 내걸고 평양에서 시작되었으며 전국으로 확산되었다.

49 정답 ④

제시된 사건은 1980년 신군부 세력에 저항하여 일어난 5·18 민주화 운동에 대한 설명이다.

오답분석
① 병인박해 : 조선 고종 3년에 일어난, 우리나라 최대 규모의 가톨릭 박해 사건이다.
② YH 무역 사건 : 박정희 정부 시기 부당한 폐업을 공고하자 YH 무역 회사 노동조합원들이 1979년 8월 신민당 당사에서 농성을 벌인 사건이다.
③ 교조 신원 운동 : 동학의 교조인 최제우의 억울함을 풀고 탄압을 중지해 달라는 동학 교도들이 벌인 운동이다.

50 정답 ③

김대중 정부 때 평양에서 최초로 남북 정상 회담을 개최하고 6·15 남북 공동 선언을 발표하였다. 이를 통해 개성 공단 건설 등 남북 교류 협력 사업에 합의하였다.

오답분석
① 홍범 14조 : 조선 고종 32조에 갑오개혁 이후 정치 혁신을 위해 국문·국한문·한문의 세 가지로 반포한 14개 조의 강령이다.
② 교육입국 조서 : 조선 고종 32년에 발표한 교육에 관한 특별 조서이다.
④ 조·청 상민 수륙 무역 장정 : 조선 고종 19년에 조선과 청나라가 맺은 두 나라 상인의 수륙 양면에 걸친 통상에 관한 규정이다.

합 격 의
공 식
시대에듀
S D E D U

계속 갈망하라. 언제나 우직하게.

– 스티브 잡스 –

3

학교업무 이해하기

01	02	03	04	05	06	07	08	09	10
①	①	④	②	③	①	③	③	④	③
11	12	13	14	15	16	17	18	19	20
②	③	④	④	①	③	③	③	④	④

창의적 체험활동	238	204	204
학년군별 총 수업시간 수	1,744	1,972	2,176

01　　　　정답 ①

세종특별자치시교육청의 중장기 교육 비전은 모두가 특별해지는 세종교육이고, 지표는 생각하는 사람 참여하는 시민이다.

02　　　　정답 ①

강사수당은 「세종특별자치시 학교회계 예산편성 및 집행지침」에서 정한 금액 기준으로 지급하되, 원고료, 교통비, 식비, 숙박비는 예산의 범위 내에서 별도로 지급할 수 있다.

03　　　　정답 ④

교무 / 학사, 급식, 인사 등은 K-에듀파인이 아닌 나이스 시스템이다.

04　　　　정답 ②

5 ~ 6학년 학년군별 총 수업시간 수는 2,176시간이고 그중 교과(군) 소계시간은 1,972시간이다. 따라서 창의적 체험활동은 204시간이므로 A에 들어갈 숫자는 204이다.

(단위 : 시간)

구분		1 ~ 2학년	3 ~ 4학년	5 ~ 6학년
교과(군)	국어	국어(482)	408	408
	사회 / 도덕	수학(256)	272	272
	수학	바른 생활 (144)	272	272
	과학 / 실과		204	340
	체육	슬기로운 생활(224)	204	204
	예술 (음악 / 미술)	즐거운 생활 (400)	272	272
	영어		136	204
	소계	1,506	1,768	1,972

05　　　　정답 ③

취업지원관은 경우 무기계약 제외 대상 근로자에 해당한다.

구분	직종	비교
무기계약 대상 근로자	사무행정실무원	
	사무행정실무원 (호봉제)	구) 학부모회 직원
	청소원	
	특수교육실무사	
	사서	
	교무행정사	
	학부모지원컨설턴트	
	영양사	3식학교 영양사 포함
	조리사	
	조리실무사	
	간호사	유치원
	취업지원실무사	
	원어민코디네이터	
	방과후학교운영실무원	
	초등돌봄전담사	
	수학여행코디네이터	
	전문상담사	
	전문상담사(임상심리사, 사회복지사 포함)	
	학습상담사	
	교육복지프로젝트 조정자	
	교육복지사	

	언어치료사	
무기계약 제외 대상 근로자 (1주 15시간 미만 등)	학습도우미	
	희망일자리인력 (장애인 일자리사업)	
	취업지원관	
	방과후학교운영실무원	
	초등돌봄강사	
	통학차량안전요원	
	사서보조	

06   정답 ①

제시된 설명에 해당하는 외부전문가는 경찰공무원이다.

초중등교육법 시행령 제25조의2 제2항
의무교육관리위원회에는 아동학대가 의심 될 시 아동학대 여부를 판단할 수 있는 외부전문가가 1명을 포함하여 취학의무유예 및 면제 여부를 심의할 수 있다.
1) 관할 경찰서에 소속된 경찰공무원
2) 관할 읍면동사무소에 소속된 사회복지전담공무원
3) 지역의 아동보호 전문기관 관계자

07   정답 ③

근로시간의 종류로는 법정근로시간, 소정근로시간, 연장근로시간, 야간근로시간, 휴일근로시간이 있다. 근로시간이란 교육공무직원이 사용자의 지휘·감독하에서 근무를 제공하는 시간을 의미하며, 휴게시간은 근무시간에 포함되지 않는다. 또한 근로시간은 1일 8시간을 원칙으로 하되, 해당 업무 및 기관의 특성에 따라 조정할 수 있다.

08   정답 ③

집행품의란 세출예산에 편성된 예산의 목적을 달성하기 위하여 사업부서에서 실시하고 집행의사를 결정하는 행위를 의미하며, 예산지출을 확정하는 행위이다. 예산의 집행품의는 학교장의 결재를 받아 집행하지만, 집행내용과 집행액의 규모에 따라 각 기관별 위임전결규정에 따른 결재권자의 결재를 받음으로써 완료된다.

오답분석
① 본예산 : 회계연도간의 단위학교 활동을 반영하여 편성된 회계연도 최초의 예산을 말한다.
② 성립전예산 : 국가 또는 지방자치단체 등으로부터 그 용도가 지정되어 전액 교부된 경비 혹은 수익자부담경비로서 사전에 운영위원회의 심의를 거친 경비에 한하여, 성립 전 예산 집행 요건에 부합하고 예산집행 시일이 촉박한 경우에는 추가경정예산의 운영위원회예산 승인 성립 전에 이를 집행한 후 차기 추경예산에 반영하여 승인절차를 거치는 것을 말한다.

④ 검사 / 검수 : 집행품의 이후 해당 물품 등에 대하여 계약이행을 끝내면, 이를 확인하기 위하여 물건의 성질, 외관 등을 구체적인 항목에 의하여 규격과 요건을 확인하는 검사와 계약서 등에 명시되어 있는 규격과 수량을 확인하는 검수과정을 말한다.

09   정답 ④

교육법규는 '조장성', '수단성', '윤리성'의 특징을 지닌다. 수단성은 교육법은 고정불변의 것이 아니며 사회의 요구에 따라 변해간다.

10   정답 ③

공문서는 의사를 오랫동안 보존하는 기능을 갖는다. 이는 의사표시를 시간적으로 확산시키는 역할을 한다.

공문서의 기능
가) 의사의 기록·구체화 : 문서는 사람의 의사를 구체적으로 표현하는 기능을 갖는다. 이는 문서의 기안부터 결재까지 문서가 성립하는 과정에서 나타나는 것이다.
나) 의사의 전달 : 문서는 자기의 의사를 타인에게 전달하는 기능을 갖는다. 이는 의사를 공간적으로 확산하는 기능으로서 문서의 발송·도달 등 유통과정에서 나타난다.
다) 의사의 보존 : 문서는 의사를 오랫동안 보존하는 기능을 갖는다. 이는 의사표시를 시간적으로 확산시키는 역할을 한다.
라) 자료 제공 : 보관·보존된 문서는 필요한 경우 언제든 참고자료 내지 증거자료로 제공되어 행정활동을 지원·촉진시킨다.
마) 업무의 연결·조정 : 문서의 기안·결재 및 협조 과정 등을 통해 조직 내외의 업무처리 및 정보 순환이 이루어져 업무의 연결·조정 기능을 수행하게 된다.

11   정답 ②

정기전보 시기는 3월 1일과 9월 1일에 실시한다.

12   정답 ③

인사관리란 조직 내의 인적자원을 최대한 개발 활용함으로써, 행정의 능률과 질적 향상을 도모하고 조직의 목표를 효율적으로 달성코자 이를 계획·조직·지휘·조정·통제하는 운영수단으로 조직원 개인의 만족과 조직의 목표를 함께 실현하는 것이라고 할 수 있다.

오답분석
① 각급 교육기관에서 임금을 주고 근로관계를 맺는 모든 행위는 '채용'이다.
② 부정이나 부당한 행위에 대하여 사용자로서의 지위에서 제재를 가하는 일은 '징계'이다.
④ 같은 직종 내에서 근무기관 및 부서 등에 지정된 직무를 변경하는 것은 '전보'이다.

13 　　정답 ④

근로계약이란 근로자가 사용자에게 근로를 제공하고 사용자는 이에 대하여 임금을 지급하는 것을 목적으로 체결하는 계약으로 교육감과 체결한 근로계약서의 근로조건은 기관(학교) 임의로 변경할 수 없다. 신체조건은 근로계약서에 명시해야하는 근로조건이 아니다. 근로계약서에 명시해야 하는 것은 근로조건 임금의 구성항목, 계산방법, 지급방법(기본급, 기타수당 등 표시, 연봉제 및 임금의 지급시기 등을 명시), 소정근로시간, 연차휴가, 휴일 등이다.

14 　　정답 ④

육아휴직 기간 만료 후 즉시 원직에 복직시켜야하며, 육아휴직을 이유로 해고, 기타 불리한 처우를 해서는 안 되며, 육아휴직 기간에는 해고할 수 없다.

오답분석
① 만 8세 이하의 자녀를 가진 남녀 근로자를 대상으로 한다.
② 자녀당 최대 3년 이내(방학기간 포함)의 휴직기간을 가진다.
③ 육아휴직은 자유롭게 분할사용이 가능하다.

15 　　정답 ①

'결재할 문서를 검토 후 문서처리 시' 문서처리 클릭 → 처리구분 선택 → 공문게시 선택 → 확인 버튼의 순으로 진행하며, '처리구분 선택' 시 기본값은 결재로 선택되어 있으며, 결재 / 반려 / 보류 / 중단 중 선택해야 한다.

오답분석
ㄷ. 보류 : 현재 문서를 잠시 보류 처리함
ㄹ. 중단 : 현재 문서 진행을 중단함. 해당문서가 더 이상 진행되지 않음

16 　　정답 ③

순서대로 바르게 나열하면 Ⅰ → Ⅲ → Ⅳ → Ⅱ이다.

종이기록물 편철방법
Ⅰ. 진행 문서 파일에서 기록물 분리 → Ⅲ. 표지, 색인목록, 기록물의 순서대로 놓고 보존용 표지로 교체 → Ⅳ. 기록물의 양에 따라 다양한 크기의 보존용 클립으로 고정 → Ⅱ. 단위 과제별로 보존상자에 넣고 표지를 부착하여 관리한다.

17 　　정답 ③

공문서가 작성된 후 검토자는 형식적인 측면과 내용적인 측면을 검토해야 한다.
형식적인 측면으로는 '(가) 소관사항 여부, 업무절차, 법령의 형식 요건구비가 맞는가?, (나) 결재권자의 표시, 수·발신자의 표시가 맞는가, (다) 협조부서의 합의는 거쳤는가' 등을 검토해야 하며, 내용적인 측면으로는 '(가) 법률적 검토 : 법정요건을 충족하고 있는가?, 의결사항은 아닌가?, 법령·예규·지시 등에 위배되지 않는가?, 법정 경유기관을 거쳤는가?, (나) 행정적 검토 : 재량의 범위가 적합한가?, 관례나 선례는 어떻게 되는가?, 여론에 대한 영향은 어떤가?, 필요한 사항이 빠져 있지 않은가?, (다) 경제적 검토 : 예산상의 조치가 필요한가?, 과다한 경비투입을 요하는 사항인가?, 경비 절약 대안은 없는가'를 검토해야 한다. 따라서 협조부서에 일방적인 통보가 아닌 협조부서의 합의가 거쳐졌는 지를 확인해야 한다.

18 　　정답 ③

주민등록번호는 반드시 법률 등 근거가 있어야 하며, 동의 절차만으로는 수집이 불가능하다.

19 　　정답 ④

부재중 안내는 담당자가 부재중일 경우 부재사유와 통화 가능 시간 등을 알려 주고, 전화해 주겠다고 제의한다.

오답분석

	상황	응대법
①	전화벨이 울릴 때	전화벨이 4번 울리기 전 또는 3초 이내에 받음
②	최초 수신인사	경어를 사용한 공손하고 정중한 언어 사용
③	연결안내 (담당자가 아닐 경우)	민원에 응대할 수 없는 경우에는 그 상황을 고객에게 알린 후 담당부서 (담당자)에게 인계함

20

정답 ④

학교 교육 목표는 지역 사회의 실태와 학교의 전통 및 실정 등을 반영하되, 사회 변화에 대응할 수 있도록 해야 한다.

오답분석

① 학교 교육 목표는 학교구성원들이 쉽게 이해할 수 있어야 한다.
② 학교 교육 목표는 학교 교육 활동의 기본 방향을 제시하고, 기대와 소망을 나타냄으로 신중하게 생각해야 한다.
③ 학교 교육 목표는 일관성과 지속성을 갖고 추진되면서 자연스럽게 적응할 수 있어야 한다.

합 격 의
공   식
시대에듀
SDEDU

우리의 모든 꿈은 실현된다.
그 꿈을 밀고 나갈 용기만 있다면.

– 월트 디즈니 –

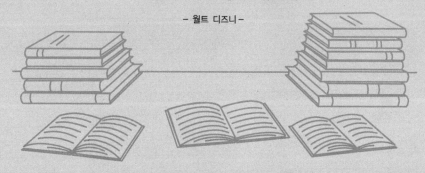

4

최종점검 모의고사

제1회 최종점검 모의고사

01	02	03	04	05	06	07	08	09	10	11	12	13	14	15	16	17	18	19	20
④	③	③	④	③	②	①	②	③	③	①	④	②	③	③	①	④	③	①	②
21	22	23	24	25															
①	②	③	②	②															

01
정답 ④

노블레스 오블리주가 지도자층의 책임감을 요구하는 것이라면, 리세스 오블리주는 부자들의 부의 독식을 부정적으로 보며 사회적 책임을 강조하는 것을 말한다.

[오답분석]
① 노비즘 : 이웃이나 사회에 피해가 가더라도 자신에게 손해가 되지 않는 일에는 무관심한 현상이다.
③ 뉴리치현상 : 실제로는 중하류층인 서민이 스스로 중류층이라고 생각하는 현상이다.

02
정답 ③

세계 3대 인명사전은 미국의 마르퀴즈 후즈후, 미국 인명정보기관, 영국 케임브리지 국제인명센터에서 발행하는 인명사전을 말한다.

03
정답 ③

스마트로그는 '일상의 기록'을 뜻하는 용어로 인터넷상이나 스마트폰, 태블릿PC에 자신의 일상을 기록, 저장하는 것을 의미한다. 개인의 삶을 디지털화하는 것이라고 할 수 있으며, 현재 우리의 주변에서 흔히 일어나는 현상이다. 소셜네트워크서비스(SNS) 활동이 스마트로그의 대표적인 사례라고 할 수 있다.

04
정답 ④

레드존(Red Zone)은 유해환경으로부터 청소년을 보호하기 위해 청소년의 통행을 제한한 구역을 말한다. 따라서 놀이공원은 레드존에 포함된다고 볼 수 없다.

05
정답 ③

노동 경시와 결과를 중요시하는 것은 입신출세론으로 인한 현상이다.

06
정답 ②

미국의 과학철학자 토마스 쿤은 과학혁명을 설명하기 위해 '패러다임'이라는 새로운 개념을 고안해냈다. 패러다임이란 특정 시대 사람들의 견해나 사고를 지배하는 이론적 틀이나 개념의 집합체를 말하며, 그는 과학의 발전이 패러다임의 교체에 의해 혁명적으로 이루어진다고 주장했다. 주요 저서로 『과학혁명의 구조(1962)』가 있다.

07

정답 ①

젊고 생산적인 인구는 인구보너스, 인구고령화로 인해 인구가 경제성장에 부담으로 작용하는 인구는 인구오너스라고 부른다. 따라서 인구오너스기가 적절하다.

08

정답 ②

65세 이상의 인구가 총인구에서 차지하는 비율이 7% 이상일 때 고령화사회, 14% 이상일 때 고령사회라고 하고, 20% 이상을 후기고령사회 혹은 초고령사회라고 한다.

09

정답 ③

휘슬블로어(Whistle-blower)는 부정행위를 봐주지 않고 호루라기를 불어 지적한다는 것에서 유래한 것으로 '내부고발자'를 의미한다. 우리나라는 휘슬블로어를 보호하기 위한 법률로 2011년 공익신고자보호법을 제정한 바 있다.

10

정답 ③

유리(Glass)는 눈에 보이지 않는 뚫을 수 없는 벽을 뜻한다. 하류층이 상류층으로 신분 상승하는 것을 막는 것이 유리천장이라면, 상류층이 하류층으로 신분 하락하는 것을 막는 것은 유리바닥이다.

11

정답 ①

전가의 보도는 원래는 집안 대대로 내려오는 보검을 뜻하는 말로, 전가지보(傳家之寶) 또는 더 줄여서 가보(家寶)로 사용되는 말이다. 요즘에는 부정적인 뜻으로 상투적인 해결책, 핑곗거리 등 다양한 의미로 사용된다.

12

정답 ④

도박사의 오류는 서로 영향을 끼치지 않는 일련의 확률적 사건들에서 상관 관계를 찾아내려 하는 사고의 오류를 말한다.

13

정답 ②

제시문은 서옥제에 관한 사료로 고구려의 혼인 풍습이며, 4조목의 법은 부여의 법이다.

14

정답 ③

중국에서 당나라가 멸망 후 5대 10국의 혼란을 틈타 거란족이 성장하였고, 거란족은 중원으로 진출하기 위해 발해를 공격하였다. 발해는 거란의 공격에 대처하지 못하고 926년에 멸망하였다.

[오답분석]
① 지배층은 주로 고구려인이었다.
② 일본과 국교를 맺고 사신을 보내는 등 왕래가 비교적 활발하였다.
④ 선왕 때 융성하여 해동성국이라 불렸다.

15

정답 ③

고려 광종 7년(956년) 실시된 법제로서, 원래 노비가 아니었는데 전쟁에서 포로로 잡혔거나, 빚을 갚지 못하여 강제로 노비가 된 자를 이전의 상태로 돌아가게 하는 법이다. 이것은 당시 호족(귀족)의 세력 기반을 억제하면서 왕권을 강화하고 국가 수입 기반을 확대하기 위한 정책이었다.

16

정답 ①

고려 성종 때 모든 주·군·현에 지방관이 파견된 것은 아니어서 파견되지 않은 곳은 주현을 통해 중앙의 지배를 받았다.

17

정답 ④

제시된 설명은 고려 시대의 '활구'에 대한 설명이다.

오답분석

① 상평통보 : 1633년(인조 11) 김신국·김육 등의 건의에 따라 상평청(常平廳)을 설치하고 주조하여 유통을 시도하였으나, 결과가 나빠 중지하였다. 이후 1678년(숙종 4) 정월에 영의정 허적, 좌의정 권대운 등의 주장에 따라 다시 주조하여 유통을 시작하였다.
② 건원중보 : 고려 성종 때 주조한 우리 역사 최초의 화폐이다. 외형은 둥글고 가운데에 사각의 구멍이 있다.
③ 삼한통보 : 고려 시대의 동전으로 문헌에는 나타나지 않지만, 실물이 남아 있어 주조 사실이 확인된다. 삼한중보와 더불어 고려 숙종 때 주조되었을 것으로 추정된다.

18

정답 ③

사천해전은 1592년 사천에서 일어난 해전으로, 최초로 거북선이 실전에 투입되었다.

충무공 이순신의 주요 해전 일지
- 옥포해전 : 이순신의 첫 해전
- 사천해전 : 최초로 거북선을 사용한 해전
- 명량해전 : 13척의 배로 133척의 배를 이긴 해전
- 한산도해전 : 학익진 전법을 사용한 해전
- 노량해전 : 이순신이 전사한 해전

19

정답 ①

조선 세종 때 4군 6진을 개척하여 현재와 같은 국경선을 가지게 되었다.

오답분석

② 토지와 인구에 따라 합리적으로 군현제를 정비하고, 면리제 등을 시행하였다.
③ 6조 판서가 왕에게 업무를 직접 보고하는 6조 직계제를 시행하였다.
④ 전·현직 관료에게 모두 지급하는 과전법에서 현직에게만 토지를 지급하는 직전법으로 바꾸었다.

20

정답 ②

제시문에서 설명하고 있는 기관은 성균관으로 조선 시대 최고의 교육기관이다. 성균관은 생원시와 진사시에 합격하면 입학자격이 부여되었다.

오답분석

① 고려의 국자감은 유학교육과 기술교육을 모두 담당하였지만, 조선의 성균관은 유학교육만 담당하였다.
③ 고려의 7재는 사학인 최충의 9재를 모방하여 국학안에 설치한 전문강좌이다.
④ 고려의 동서학당은 수도의 동쪽과 서쪽에 설치한 중등 교육기관이다.

21

정답 ①

갑오개혁(甲午改革)은 1894년부터 1896년까지 추진되었던 일련의 개혁운동이다. 일본의 정치적 개입에 의한 타율적 개혁으로 보는 견해와 비록 일본세력이 배후에서 작용하였으나 궁극적으로는 조선의 개화파 관료들이 주도한 제한된 의미에서의 자율적 개혁으로 보는 두 견해가 있다.

오답분석
② 임오군란 : 일본식 군제 도입과 민씨 정권에 대한 반항으로 일어난 구식군대의 군변
③ 갑신정변 : 김옥균을 비롯한 급진개화파가 개화사상을 바탕으로 조선의 자주독립과 근대화를 목표로 일으킨 정변
④ 동학농민운동 : 전봉준이 이끄는 1천여 농민군이 고부 군수 조병갑의 횡포와 착취에 항거하여 발발

22
정답 ②

정군 운동과 군비 축소 계획에 불만을 품은 일부 군인들이 5·16 군사 정변을 일으켜 정권을 잡았다.

23
정답 ③

보기에서 설명하는 인물은 독립운동가인 이상설이다. 이상설은 1904년에 일본인의 황무지 개척권 요구의 침략성과 부당성을 폭로하고 고종에게 상소를 올려 이를 막았다. 1906년에는 간도 연길현 용정촌에 서전서숙을 설립하여 국권 회복을 위한 교육 운동을 주도하였고, 1907년에는 고종의 밀명을 받아 이준, 이위종과 함께 헤이그 만국평화회의에 참석하였다. 이후 1909년에는 북만주 지역 밀산부에 국외 독립운동기지인 한흥동을 건설하였고, 이듬해 1910년 유인석, 이범윤, 이남기 등과 연해주 지역의 의병을 규합해 13도의군을 편성하였다. 이처럼 이상설은 대한제국 말기부터 일제강점기 초반까지 1917년 사망할 때까지 국권 회복을 위해 노력하였다. 반면 대한민국 임시정부의 한국광복군 설립은 1940년 충칭 임시정부시기에 설립되었으므로 이상설의 활동 시기와 가장 거리가 먼 사건이다.

오답분석
① 국·영문 일간신문인 대한매일신보는 영국인 기자 베델을 발행인 겸 편집인으로 하고, 양기탁을 총무로 하여 1904년 창간되었다.
② 한일신협약(정미7조약)은 고종의 헤이그특사 사건 이후 입법, 사법, 고등관리 임면권 등 내정 전반을 장악하기 위해 1907년 체결되었다. 이 조약 이후 고종이 강제 퇴위되었고, 대한제국의 군대가 강제 해산되었다.
④ 한일신협약 직후 고종의 강제 퇴위와 대한제국 군대의 강제 해산 등을 계기로 정미의병이 발생하였다. 정미의병은 해산 군인, 상·공인, 노동자, 농민 등 전 계층이 의병항쟁에 참여하여 거국적인 대일항전으로 확산되었다. 특히 1908년 이인영을 중심으로 13도창의군이 결성되어 서울진공작전을 수립하였으나 실패하고, 이후 의병들은 분산되어 독자적인 항일전을 수행해갔다.

24
정답 ②

제시문은 개인, 민족, 국가 간 균등과 정치, 경제, 교육의 균등을 주장하는 조소앙의 삼균주의를 바탕으로 1931년 대한민국 임시정부가 발표한 대한민국 건국강령이다. 3·1운동의 독립선언을 계기로 창설된 대한민국 임시정부는 1940년 휘하 군사조직으로 한국광복군을 조직하였다.

25
정답 ②

(가)는 물산장려운동, (나)는 민립대학설립운동이다. 물산장려운동은 1923년 일제의 관세 제도 폐지에 따른 일본 상품의 수출 증가에 대항하여 전개되었다.

오답분석
① 물산장려운동과 민립대학설립운동은 민족주의계의 실력 양성운동이었다.
③ 민립대학설립운동은 1922 ~ 1924년까지 전개되었고, 신간회는 1927년에 창립되었다. 신간회는 전국에 지부를 두고 광주학생운동, 원산총파업, 단천농민투쟁 등 학생, 노동, 청년운동을 후원하였다.
④ 조선학생과학연구회는 1925년 서울에서 창립된 사회주의 계통의 학생단체로, 조선민립대학 기성 준비회와 연관이 없다. 또한 6·10 만세 운동은 1926년에 전개되었다.

01	02	03	04	05	06	07	08	09	10	11	12	13	14	15	16	17	18	19	20
①	①	④	②	③	②	③	②	④	③	④	③	③	②	①	①	②	③	④	③

21	22	23	24	25															
③	④	④	③	①															

01 　　　　　　　　　　　　　　　　　　　정답 ①

• 정세 : 일이 되어 가는 형편
• 상황 : 일이 되어 가는 과정이나 형편

오답분석

② 정취 : 깊은 정서를 자아내는 흥취
③ 정양 : 몸과 마음을 안정하여 휴양함
④ 정설 : 일정한 결론에 도달하여 이미 확정하거나 인정한 설

02 　　　　　　　　　　　　　　　　　　　정답 ①

• 관용 : 남의 잘못을 너그럽게 받아들이거나 용서함
• 아량 : 너그럽고 속이 깊은 마음씨

오답분석

② 교훈 : 앞으로의 행동이나 생활에 지침이 될 만한 것을 가르침. 또는 그런 가르침
③ 희비 : 기쁨과 슬픔을 아울러 이름
④ 번성 : 한창 성하게 일어나 퍼짐

03 　　　　　　　　　　　　　　　　　　　정답 ④

• 미개 : 어떤 사회가 발전되지 않고 문화 수준이 낮은 상태
• 야만 : 미개하여 문화 수준이 낮은 상태. 또는 그런 종족

오답분석

① 해이 : 긴장이나 규율 따위가 풀려 마음이 느슨함
② 냉대 : 정성을 들이지 않고 아무렇게나 하는 대접
③ 밀집 : 빈틈없이 빽빽하게 모임

04 　　　　　　　　　　　　　　　　　　　정답 ②

제시문과 ②의 '나서다'는 '어떠한 일을 적극적으로 또는 직업적으로 시작하다.'라는 의미이다.

오답분석

① 앞이나 밖으로 나와 서다.
③ 어떠한 일을 가로맡거나 간섭하다.
④ 어디를 가기 위하여 있던 곳을 나오거나 떠나다.

05

• 말미 : 일정한 직업이나 일 따위에 매인 사람이 다른 일로 말미암아 얻는 겨를
• 알음 : 사람끼리 서로 아는 일

오답분석

① 휴가 : 직장・학교・군대 따위의 단체에서 일정한 기간 동안 쉬는 일. 또는 그런 겨를
② 여유 : 물질적・공간적・시간적으로 넉넉하여 남음이 있는 상태
④ 겨를 : 어떤 일을 하다가 생각 따위를 다른 데로 돌릴 수 있는 시간적인 여유

06

'Ⅱ-2'의 '일반 건강검진 관련 문제점'을 바탕으로 일반 건강검진 관련 문제 해결 및 개선 방안을 찾아볼 수 있다. ②는 'Ⅱ-2'에서 제시한 문제점들과는 관련이 없으므로 빈칸에 들어갈 내용으로 적절하지 않다.

오답분석

①은 'Ⅱ-2-나', ③은 'Ⅱ-2-라', ④는 'Ⅱ-2-가'와 관련이 있다.

07

• (가) : 빈칸 다음 문장에서 사회의 기본 구조를 통해 이것을 공정하게 분배해야 된다고 했으므로 ⓒ이 가장 적절하다.
• (나) : '원초적 상황'에서 합의 당사자들은 인간의 심리, 본성에 대한 지식 등 사회의 일반적인 지식은 알고 있지만, 이것에 대한 정보를 모르는 무지의 베일 상태에 놓인다고 했으므로 사회의 일반적인 지식과 반대되는 개념, 즉 개인적 측면의 정보인 ㉠이 가장 적절하다.
• (다) : 빈칸에 관하여 사회에 대한 일반적인 지식이라고 하였으므로 ⓒ이 가장 적절하다.

08

합통과 추통은 참도 있지만 오류도 있다고 말하고 있다. 그리고 다음 문장에서 더욱 많으면 맞지 않는 경우가 있기 때문이라는 이유를 제시하고 있으므로, 앞 문장에는 합통 또는 추통으로 분별, 유추하는 것이 위험하다고 말하는 ②가 빈칸에 들어갈 내용으로 가장 적절하다.

09

탄소배출권거래제는 의무감축량을 초과 달성했을 경우 초과분을 거래할 수 있는 제도이다. 따라서 온실가스의 초과 달성분을 구입 혹은 매매할 수 있음을 알 수 있다. 또한 빈칸 이후 문단에서도 탄소배출권을 일종의 현금화가 가능한 자산으로 언급함으로써 이러한 추측의 근거가 되고 있다. 따라서 빈칸에 들어갈 내용으로 ④가 가장 적절하다.

10

제시문은 태양의 온도를 일정하게 유지해 주는 에너지원에 대한 글이다. 태양의 온도가 일정하게 유지되는 이유는 태양 중심부의 온도가 올라가 핵융합 에너지가 늘어나면 에너지의 압력으로 수소를 밖으로 밀어내어 중심부의 밀도와 온도를 낮춰주기 때문이다. 즉, 태양 내부에서 중력과 핵융합 반응의 평형상태가 유지되기 때문에 태양은 50억 년간 빛을 낼 수 있었고, 앞으로도 50억 년 이상 더 빛날 수 있는 것이다. 따라서 빈칸에 들어갈 내용으로 '태양이 오랫동안 안정적으로 빛을 낼 수 있다.'가 가장 적절하다.

11

정답 ④

다섯 번째 문단의 '특히 임신과 출산을 경험하는 경우 따가운 시선을 감수해야 한다.'라는 내용으로 볼 때, 임신으로 인한 노동 공백 문제 등이 발생하지 않도록 법적으로 공백 기간을 규제하는 것이 아니라 적절한 공백 기간을 제공하고, 해당 직원이 임신과 출산으로 인해 퇴직하는 등 경력이 단절되지 않도록 규제하여야 함을 알 수 있다.

[오답분석]

① 세 번째 문단의 '결혼과 출산, 임신을 한 여성 노동자는 조직 전체에 부정적인 영향을 준다고 인식하는 경향이 강하기 때문에'라는 내용으로 볼 때 결혼과 출산, 임신과 같은 가족 계획을 지지하는 환경으로 만들어 여성 노동자에 대한 인식을 개선하여야 함을 알 수 있다.
② 네 번째 문단의 '여성 노동자가 비교적 많이 근무하는 서비스업 등의 직업군은 임금 자체가 상당히 낮게 책정되어 있어 남성에 비하여 많은 임금을 받지 못하는 구조'라는 내용으로 볼 때, 여성 노동자가 주로 종사하는 직업군의 임금체계를 합리적으로 변화시켜야 함을 알 수 있다.
③ 네 번째 문단의 '여성 노동자를 차별한 결과 여성들은 남성 노동자들보다 저임금을 받아야 하고, 비교적 질이 좋지 않은 일자리에서 일해야 하며 고위직으로 올라가는 것 역시 힘들다.'라는 내용으로 볼 때, 여성들 또한 남성과 마찬가지의 권리를 가질 수 있도록 양질의 정규직 일자리를 만들어야 함을 알 수 있다.

12

정답 ③

첫 번째 문단에서는 하천의 과도한 영양분이 플랑크톤을 증식시켜 물고기의 생존을 위협한다고 이야기하며, 두 번째 문단에서는 이러한 녹조 현상이 우리가 먹는 물의 안전까지도 위협한다고 이야기한다. 또한 마지막 문단에서는 생활 속 작은 실천을 통해 생태계와 인간의 안전을 위협하는 녹조를 예방해야 한다고 이야기한다. 따라서 글의 제목으로 가장 적절한 것은 ③이다.

13

정답 ③

제시문은 혈관 건강에 좋지 않은 LDL 콜레스테롤을 높이는 포화지방과 LDL 콜레스테롤의 분해를 돕고 HDL 콜레스테롤을 상승하게 하는 불포화지방에 대해 설명하고 있다. 따라서 글의 제목으로 가장 적절한 것은 ③이다.

14

정답 ②

세 번째 문단의 첫 문장에서 전자 감시는 파놉티콘의 감시 능력을 전 사회로 확장했다고 말하고 있으므로 정보 파놉티콘은 발전된 감시 체계라고 할 수 있다. 따라서 감시 체계 자체를 소멸시킬 것이라는 추론은 적절하지 않다.

15

정답 ①

정의는 절대적인 실질성을 가지고 있지 않기에 인간은 그 실질성을 위하여 노력해야 한다. 정의의 상징인 자유와 평등 또한 극대화했을 때 불평등, 부자유가 나오는 등 모순이 있음을 지적하며 이 모순을 조화시켜 실질적인 자유와 평등을 실현하는 것이 법이 풀어야 할 문제임을 말하고 있다.

하지만 이러한 모순이 존재함에도 정의는 자의(恣意)를 배척한다. 이를 일반화적 정의라고 부른다. 일반화적 정의는 구체적 사안에 적용했을 때에는 각각에 부딪혀 부정의(不正意)의 결과를 야기할 수 있다. 따라서 개개의 사안에 대응할 수 있는 개별화적 정의가 등장한다. '악법도 법이다.'라는 유명한 말을 남기며 독배를 마시고 죽은 소크라테스의 죽음을 수동적인 정의 실현의 예라고 들며 이 또한 완전하지 않은 정의의 예임을 유추할 수 있다.

제시문의 내용을 정리하면 정의는 절대적인 실질성을 가지고 있지 않으며, 실질적 정의를 이루기 위해서는 구체적 사안에서 어떻게 작용하는지가 중요하다는 것을 알 수 있다. 이에 일반화적 정의를 적용하면 나타날 수 있는 결함에 대해 이야기하고 있으므로 개별화적 정의로 보완해야 함을 추론할 수 있다.

16

제시문의 논지는 '자유로부터의 도피'이며, 크게 '사회적 제약으로부터 거리를 확보하면 새로운 도전에 노출된다.'는 원인과 '따라서 도전에서 벗어나기 위해서는 자유로부터의 도피를 감행하게 된다.'는 결과로 구성되어 있다.

17

정답 ②

제시문에서는 파레토 법칙의 개념과 적용 사례를 설명한 후, 파레토 법칙이 잘못 적용된 사례를 통해 함부로 다양한 사례에 적용하는 것이 잘못된 해석을 낳을 수 있음을 지적하고 있다. 따라서 중심 내용으로 가장 적절한 것은 ②이다.

18

정답 ③

기사의 첫 문단에서 비만을 질병으로 분류하고 각종 암을 유발하는 주요 요인으로 제시하여 비만의 문제점을 드러내고 있으며, 이에 대한 해결방안으로 고열량·저열량·고카페인 함유 식품의 판매 제한 모니터링 강화, 과음과 폭식 등 비만을 조장·유발하는 문화와 환경 개선, 운동 권장과 같은 방안들을 제시하고 있음을 알 수 있다.

19

정답 ④

제시문은 유명인을 내세운 광고는 효과가 있을 것이라는 일반적인 믿음(통념)에 대해 의문을 제기하고 있다. 또한 근거를 들어 유명인이 여러 상품 광고에 중복 출연하면 광고 효과가 제대로 나타나지 않는다고 주장하고 있다.

20

정답 ③

제시된 시는 신라시대의 6두품 출신 문인인 최치원이 지은 『촉규화』이다. 최치원은 자신을 향기를 날리는 탐스런 꽃에 비유하여 뛰어난 학식과 재능을 뽐내고 있지만, 수레와 말 탄 사람에 비유한 높은 지위의 사람들이 자신을 외면하는 현실을 한탄하고 있다. 따라서 화자가 느끼는 감정으로 가장 적절한 것은 ③이다.

21

정답 ③

신영복의 『당신이 나무를 더 사랑하는 까닭』은 글쓴이가 소나무 숲의 장엄한 모습을 보고 그에 대한 감상과 깨달음을 적은 수필이다. 글쓴이는 가상의 청자인 '당신'을 설정하여 엽서의 형식으로 서술하고 있으며, 이를 통해 독자들은 '당신'의 입장에서 글쓴이의 메시지를 전달받는 것 같은 효과와 친근함을 느낄 수 있다. 즉, '당신'은 소나무를 사랑하는 사람이자 나무의 가치를 이해할 수 있는 독자를 의미하며, 글쓴이는 그러한 '당신'과 뜻을 같이하고 있음을 알 수 있다. 따라서 소나무에 대한 독자의 의견을 비판한다는 ③은 글의 표현상 특징으로 적절하지 않다.

오답분석

①·②·④ 이기적이고 소비적인 인간과 대조적인 존재로 소나무를 설정하여 무차별적인 소비와 무한 경쟁의 논리가 지배하는 현대 사회를 비판하고, 소나무처럼 살아가는 바람직한 삶의 태도를 제시한다.

22

정답 ④

고전주의 범죄학에서는 인간의 모든 행위는 자유 의지에 입각한 합리적 판단에 따라 이루어지므로 범죄에 비례해 형벌을 부과할 경우 범죄가 억제될 수 있다고 주장한다. 따라서 이러한 주장에 대한 반박으로는 사회적 요인의 영향 등을 고려할 때 범죄는 개인의 자유 의지로 통제할 수 없다는 내용의 ④가 가장 적절하다.

오답분석

②·③ 고전주의 범죄학의 입장에 해당한다.

제1회 최종점검 모의고사 • 39

23

정답 ④

제시문은 소음의 규제에 대한 이야기를 하고 있다. 따라서 소리가 시공간적 다양성을 담아내는 문화 구성 요소라는 주장을 통해 단순 소음 규제에 반박할 수 있다.

오답분석

① 관현악단 연주 사례를 통해 알 수 있는 사실이다.
②·③ 지문의 내용과 일치하는 주장이다.

24

정답 ③

빈칸 앞 문장에서 변혁적 리더는 구성원의 욕구 수준을 상위 수준으로 끌어올린다고 하였으므로 구성원에게서 기대되었던 성과만을 얻어내는 거래적 리더십과 달리, 변혁적 리더십은 구성원에게서 보다 높은 성과를 얻어낼 수 있음을 추론할 수 있다. 따라서 빈칸에 들어갈 내용으로는 '기대 이상의 성과를 얻어낼 수 있다.'는 ③이 가장 적절하다.

25

정답 ①

합리적 사고와 이성에 호소하는 거래적 리더십과 달리 변혁적 리더십은 감정과 정서에 호소하는 측면이 크다. 따라서 변혁적 리더는 구성원의 합리적 사고와 이성이 아닌 감정과 정서에 호소한다.

개별영역 2 ▶ 학교업무 이해하기

01	02	03	04	05	06	07	08	09	10	11	12	13	14	15	16	17	18	19	20
④	①	④	③	②	④	③	③	③	②	③	②	④	③	②	④	①	③	②	④
21	22	23	24	25															
①	④	③	③	①															

01

정답 ④

교육부 개인정보 보호지침에 따라 보호해야 하는 개인정보의 종류로는 바이오정보, 민감정보, 고유식별정보가 있다.

02

정답 ①

부패방지권익위법 제1장 총칙 제9조(공직자의 생활보장)에 따르면 국가 및 지방자치단체는 공직자가 공직에 헌신할 수 있도록 공직자의 생활보장을 위하여 노력하여야 하고 그 보수와 처우의 향상에 필요한 조치를 취하여야 한다고 명시하고 있다.

03

정답 ④

부패방지권익위법 제1장 총칙 제6조(국민의 의무)는 모든 국민은 공공기관의 부패방지시책에 적극 협력하여야 한다고 명시하고 있다.

04

정답 ③

부패방지권익위법 제1장 총칙 제11조(기능)는 공공기관의 부패방지를 위한 시책 및 제도개선사항의 수립·권고와 이를 위한 공공기관에 대한 실태조사를 명시하고 있다.

05

정답 ②

위원장과 상임위원은 각각 임시직으로 임명하는 것이 아닌 정무직으로 보한다.

06

정답 ④

「교육기본법」 제6조는 교육은 교육 본래의 목적에 따라 그 기능을 다하도록 운영되어야 하며, 정치적, 파당적 또는 개인적 편견의 선전을 위한 방편으로 이용되어서는 아니 되며, 국가와 지방자치단체가 설립한 학교에서는 특정한 종교를 위한 종교교육을 하여서는 아니 된다고 명시되어 있다.

07

정답 ③

세종특별자치시교육청의 민원·참여 사무과정 중 유기한 민원 처리는 '민원접수 → 해당부서 송부 → 검토처리 → 처리결과 통보' 순으로 처리된다.

08

정답 ③

세종특별자치시교육청의 주민참여예산제는 예산 편성, 집행, 결산 등 예산 과정에 주민이 직접 참여하여 주민 의견이 예산에 반영되도록 하며, 예산 과정에 주민의 실질적인 참여 보장과 기회 확대로 교육 재정 운영의 투명성과 민주성 증대되는 제도이다.

09

정답 ③

학생 소재·안전이 확인되지 않은 경우 부모가 아닌 경찰에 즉시 협조 요청을 하는 것이 바람직하다.

10

정답 ②

세종교육정책 모니터단은 세종특별자치시에 거주하며, 교육정책에 관심이 많은 시민이나 학부모가 신청 가능하다. 또한 세종교육정책 모니터링으로 교육공동체와의 소통창구 역할을 담당한다.

11

정답 ③

세종특별자치시교육청에서 운영하는 산업안전보건 제안은 모두 함께 만들어 가는 안전하고 행복한 교육 현장이 되기 위해 교직원(종사자)의 안전·보건에 대한 의견을 수렴한다.

12

정답 ②

부패·공익신고센터에 신고할 수 있는 항목은 공익신고, 부패신고(부패, 청탁, 복지·보조금, 행동강령, 이해충돌, 공공재정 부정청구)이다.

13

정답 ④

교육행정서비스 실천 노력에 대하여 상위기관의 평가가 아닌 고객의 평가 및 의견을 받는다.

> **교육행정서비스헌장**
> 하나. 우리는 "교육가족의 입장에서", "교육가족을 위하는 마음으로" 모든 고객에게 최고의 교육행정 서비스를 제공하겠습니다.
> 둘. 우리는 항상 웃는 얼굴과 상냥한 말씨로 고객을 맞이하며, 모든 서비스를 신속, 정확, 공정하게 처리하겠습니다.
> 셋. 우리는 잘못된 서비스에 대하여 정중한 사과와 함께 즉시 시정하고 보상을 하겠습니다.
> 넷. 우리의 교육행정서비스 실천 노력에 대하여 고객의 평가 및 의견을 제시받아 서비스 개선에 반영하겠습니다.

14

정답 ③

세종특별자치시교육청에서 시행되고 있는 전자 공청회는 교육 법규 정비를 위해 지역주민들에게 참여 기회를 주는 한편 행정절차법에 규정된 공청회에 준하여 인터넷 등을 통해 제도·정책안 등에 대해 이해관계자, 지식과 경험이 있는 전문가, 일반국민으로부터 널리 의견을 수렴하는 것을 말한다.

15

정답 ②

세종특별자치시교육청에서 시민, 학부모, 학생들에게 정책을 위해 소통과 협력 의견을 듣고 설문조사를 하는 제도는 국민생각함이다.

16

정답 ④

세종특별자치시교육청은 대한민국의 17번째 시도교육청이면서 최초의 단층형 교육청이다.

17

정답 ①

세종특별자치시교육청은 협력·돌봄·나눔의 지역교육 공동체로서 시민·지역사회·지자체의 참여와 협력을 통한 교육 생태계 조성과 현장 중심 교육 행정체제를 통한 학교혁신을 이루고자한다.

18

정답 ③

오답분석

① 대언론 브리핑을 통한 세종교육 정책을 널리 알린다.
② 교육관련 미담사례를 적극 발굴·홍보하여 세종교육에 대한 이미지를 높인다.
④ 언론의 교육관련 취재 활동을 적극 지원한다.

> **교육공보 서비스 이행기준**
> • 교육정책 및 주요 교육현장 소식을 언론에 적극적으로 홍보하여 시민들이 관심을 가지고 함께하는 교육 공동체가 되도록 한다.
> • 교육관련 미담사례를 적극 발굴·홍보하여 세종교육에 대한 이미지를 높인다.
> • 언론의 교육관련 취재 활동을 적극 지원한다.
> • 대언론 브리핑을 통한 세종교육 정책을 널리 알린다.

19

정답 ②

학생중심이 아닌 교육공동체가 참여한 주간교육뉴스를 제작한다.

> **교육홍보 서비스 이행기준**
> • 세종교육 현장의 다양한 교육 활동을 담은 「세종교육온소식」 소식지를 발간·배포한다.
> • 주요 교육정책 및 현장소식을 수시로 누리집에 탑재한다.
> • 세종교육 정보를 쉽고 빠르게 접할 수 있도록 사회관계망 서비스(SNS)를 통하여 다양한 콘텐츠를 제공한다.
> • 교육공동체가 참여한 주간교육뉴스를 제작하여 온·오프라인 홍보매체에 게시한다.

20

담당 학생과 상담 시 학생이 혼자 힘으로 해결할 수 있도록 독촉하는 것은 잘못된 상담 방식이다.

> **담당 학생과 상담 시 주의할 점**
> • 학생 상담 및 지도에 있어서 무엇보다 우선시되는 것은 관계 형성이다.
> • 학생과 이야기를 나눌 때에는 가급적 조용하고 안정된 환경을 만들어 주는 것이 좋다.
> • 학생이 긴장하거나 불편하지 않도록 편안하고 허용적인 분위기에서 상담을 진행하는 것이 좋다.
> • 교사는 학생이 스스로 문제를 해결할 수 있도록 도와줌으로써 학생의 성장을 촉진해 주어야 한다.

21

정답 ①

담당 교사가 담당 학생의 학부모와 상담 시 ㄱ - ㄴ - ㄷ - ㄹ - ㅁ 순으로 이루어지는 것이 적절하다.

22

정답 ④

친구관계에 어려움이 있는 학생들의 유형 중 위축형의 특징은 다음과 같다.
• 자기 의사를 표현하지 못하고 자신감이 없음
• 자기의 권리를 지키지 못함
• 조그만 일에도 혼날까봐 불안해하고 겁을 냄
• 친구들을 피해 다니고 다른 사람과 말할 때 쳐다보지 못함
• 말을 잘 하지 않음

오답분석
① 상호무관심형, ② 미숙형, ③ 문제 행동형에 대한 설명이다.

23

정답 ③

담당 교사는 문제 행동형 학생의 행동을 다음과 같이 지도 및 개입하여야 한다.
• 충동적이고 공격적인 행동으로 친구관계에서 겪게 되는 어려움에 대해 상담하고 문제 행동을 줄여나갈 수 있도록 지도한다.
• 학생이 자신에 대해 비난하는 것으로 받아들여지지 않도록 주의하며 자신의 문제 행동으로 인해 스스로가 고립되고 힘들어지므로 변화의 필요성을 느낄 수 있도록 도움을 준다.

24

정답 ③

담당 교사가 따돌림을 받는 학생의 학부모에게 사실 그대로 전달하며, 교육적 도움으로 해결되지 않는 심각한 어려움이 있는 경우 전문기관의 도움을 받도록 한다.

25

정답 ①

세종특별자치시교육청에서 진행하는 세종 미래교육 추진 내용 중 학생인권 강화는 없다.

오답분석
②·③·④ 세종특별자치시교육청에서 진행하는 세종 미래교육 추진 내용에는 세종미래교육 기반조성, 미래교육 환경 구축, 생태 전환교육 강화가 포함된다.

제2회 최종점검 모의고사

공통영역 ▶ 일반상식(사회, 한국사)

01	02	03	04	05	06	07	08	09	10	11	12	13	14	15	16	17	18	19	20
②	③	③	④	①	①	④	③	①	④	④	③	③	④	④	②	①	④	③	③

21	22	23	24	25
②	③	④	③	④

01
정답 ②

노동3권은 헌법에서 보장하는 노동자의 권리로, 단결권, 단체교섭권, 단체행동권이 있다.

02
정답 ③

③은 사회보험에 대한 설명이다.

> **사회보험**
> 국민에게 발생하는 사회적 위험을 보험방식에 의해 대처함으로써 국민건강과 소득을 보장하는 제도이며, 국민연금·건강보험·고용보험·산업재해보험 등을 실시하고 있다.

03
정답 ③

핌피(PIMFY) 현상은 행정기관이나 교통로 등 지역에 이익이 되는 시설이나 기능을 유치하고자 하는 현상이다.

[오답분석]
① 열섬 현상 : 인구 증가, 각종 인공 시설물의 증가, 고층 건물의 바람 순환 방해, 자동차 통행의 증가, 온실 효과 등의 영향으로 도시 중심부의 기온이 주변 지역보다 높게 나타나는 현상
② 님비(NIMBY) 현상 : 쓰레기 매립장이나 하수 종말 처리장 등 지역에 피해를 줄 수 있는 특정 시설의 유치를 기피하는 현상
④ 바나나(BANANA) 현상 : 각종 환경오염 시설을 자기가 사는 지역권에 설치하는 것을 반대하는 현상

04
정답 ④

위치 정보 시스템(GPS)은 인공위성을 이용하여 위치를 알려 주는 시스템으로 비행기, 선박, 자동차의 자동 항법 장치를 개발하거나 분실물, 사람의 위치를 추적하는 데 이용된다.

05

정답 ①

업사이클링(Up-Cycling)은 단순히 쓸모없어진 것을 재사용하는 리사이클링의 상위 개념으로 디자인 또는 활용도를 더해 전혀 다른 제품으로 생산하는 것을 말한다.

[오답분석]

② 리사이클링(Recycling) : 자원의 재이용을 의미한다.
③ 리뉴얼(Renewal) : 손님의 요청에 맞춰 매장을 재구성하려는 업계 용어이다.
④ 리자인(Resign) : 기존에 사용되다 버려진 물건에 디자인적 요소를 가미해 재탄생시키는 것이다.

06

정답 ①

제시된 설명에 해당하는 인구 이동의 요인은 경제적 요인이다.

인구 이동 요인
• 경제적 요인 : 보다 나은 일자리를 찾아서 이동
• 정치적 요인 : 정치적 억압이나 전쟁으로 인한 이동
• 종교적 요인 : 종교적 박해를 피해 이동

07

정답 ④

제시된 내용은 자연에게 예의를 갖추며 함께 살아간 선조들의 이야기이다.

[오답분석]

①·②·③ 벌목, 화전, 간척 등은 자연을 인간의 이윤을 위해 이용하는 사례에 해당한다.

08

정답 ③

세계화란 삶의 공간이 국경을 넘어 전 지구로 확대되면서 국가 간 상호 의존성이 증가하는 현상을 말한다. 긍정적 영향으로는 시장의 확대, 국가 간 문화적 교류의 확대를 들 수 있고, 부정적 영향으로는 국가 간 빈부 격차의 심화, 문화의 획일화를 들 수 있다.

09

정답 ①

주민 모두가 힘을 합쳐 마을회관 청소를 하는 것과 같이 공동의 목표를 달성하기 위해 여러 사람이 일을 분담하거나 서로 돕는 행위, 그리고 행복한 가정을 만들고자 가족이 함께 노력하는 것과 같이 사회 공동체의 질서를 안정적으로 유지하고자 노력하는 행위는 협동이다.

10

정답 ④

사회권은 모든 국민이 국가로부터 인간다운 생활을 보장받을 권리로 현대 복지국가에서 강조하고 있다.

11

정답 ④

다문화 사회는 인종이나 국적에 따른 차별 없이 모든 사람이 평등한 기회를 가질 수 있도록 보장하는 정책을 실시하는 사회를 말한다. 따라서 한국어 기초 강좌 개설, 외국인 상담 및 취업 알선 사업, 결혼 이주 여성을 위한 법률 정보 제공은 다문화 사회 정책이 다양하게 실시되고 있는 것을 사례로 보여 주는 것이다.

12

사회 보험에는 건강 보험, 고용 보험, 국민연금, 산재 보험(산업 재해 보상 보험)이 있다.

13

오답분석

① 중추원 : 왕명 출납을 담당했다.
② 어사대 : 풍속을 바로 잡고 관리들의 잘못을 규탄하는 일을 담당했다.
④ 삼사 : 국가 회계 업무를 담당했다.

14

신분적 제약으로 인한 고위직 진출의 한계가 있었다.

> **6두품**
> • 신라 초기 : 지방대족장 출신, 골품제로 인해 정치적 출세에 제한 → 학문과 종교분야에서 활동
> • 신라 중대 : 왕권과 결탁, 국왕의 조언자, 행정실무를 총괄 → 왕권 강화에 도움
> • 신라 하대 : 무열계 왕권의 붕괴로 정치 활동에서 배제 → 도당 유학생이 되거나 선종 9산 개창 → 정치·사회의 개혁을 주장 → 점차 반 신라적 경향, 지방의 호족과 연결

15

진흥왕은 당시 고구려 영토였던 적성을 공략하여 남한강 유역을 차지하고 단양적성비를 세웠으며, 이 전쟁에서 공을 세운 야이차와 가족 등에게 상을 주었다는 내용이 적혀있다.

오답분석

①·②·③ 진흥왕이 영토를 확장하고 이를 기념하며 세운 진흥왕 순수비이다.

16

미륵사지석탑은 전라북도 익산시 금마면 미륵사지에는 백제 시대 석탑이다. 현존하는 석탑 중 가장 규모가 크고 오래된 백제 석탑이다. 백제 무왕 때에 건립되었으며, 1962년에는 국보로 지정됐다. 2001년부터 보수 작업이 진행되어 2018년 6월 복원된 석탑이 일반에 공개됐다.

17

사건을 일어난 시기 순으로 바르게 나열하면 다음과 같다.
(가) 고려 목종 12년(1009)에 강조가 목종을 폐위시킨 뒤 살해하고 현종을 옹립하였다.
(나) 12세기 초 계속되는 여진의 침입으로 윤관은 숙종에게 별무반을 편성할 것을 건의하였고, 숙종은 윤관의 건의를 받아들여 별무반을 조직하였다(1104). 윤관은 별무반을 이끌고 여진족을 물리친 후 함경도 지역에 동북 9성을 축조하였다(1107, 예종).
(다) 1170년 정중부를 중심으로 한 무신들이 무(武)를 천시하는 시대적 상황에 불만을 품고 의종의 이궁(離宮)인 보현원에서 문신들을 살해한 사건이 일어났다. 이 사건을 계기로 무신 정변이 시작되었다.
(라) 무신정권의 군사적 기반이었던 삼별초는 배중손을 중심으로 강화도에서 진도로, 진도에서 제주도로 근거지를 옮겨가면서 1273년 여·몽 연합군에 의해 전멸될 때까지 항쟁을 계속하였다(1270 ~ 1273).

18

수공업 제품을 생산하는 특수 행정 구역인 '소'와 전시과 제도를 통해 고려 시대임을 추론할 수 있다. 고려 시대에는 소를 이용한 깊이갈이(심경)가 일반화되어 농업 생산량이 증가하였고, 시비법의 발달로 묵은 땅이 줄어들어 계속 경작할 수 있는 토지가 늘어났다. 또한 밭농사에서는 2년 3작 윤작법이 점차 보급되면서 2년 동안 보리, 조, 콩의 돌려짓기가 이루어졌으며, 논농사도 발전하여 모내기법(이앙법)이 남부 지방 일부에 보급되었다.

ㄴ. 예성강 하구의 벽란도는 고려의 국제 무역항으로 이슬람 상인이 왕래하는 등 산업의 중심지였다.

ㄹ. 고려 성종 때 건원중보, 숙종 때 삼한통보 등 동전을 만들었으나 널리 유통되지 못하였고, 쌀이나 베 등이 주요 거래 수단으로 이용되었다.

19

정답 ③

발해의 군사제도는 10위(중앙군)와 지방군(지방관이 지휘)으로 구성되었다. 중앙군에는 위마다 대장군과 장군을 두어 통솔하였으며, 지방군은 농병일치제를 바탕으로 촌락 단위로 조직되었으며 지방관이 통솔하였다.

20

정답 ③

(가)는 이황, (나)는 이이에 대한 설명이다. 이황의 학문은 일본 성리학 발전에 영향을 주었다.

오답분석

① 이황과 조식의 문인들이 영남학파를 형성하였다.

② 이황의 주리론에 대한 설명이다.

④ 군주 스스로가 성학을 따를 것을 주장한 것은 『성학십도』를 저술한 이황이다.

21

정답 ②

일본 자객이 명성 황후를 시해한 을미사변과 을미개혁으로 추진된 단발령에 대한 반발로 을미의병이 일어나게 되었다.

22

정답 ③

조만식 등을 중심으로 평양에서 민족 자본 육성을 통한 경제 자립을 위해 물산 장려 운동이 전개되었다.

23

정답 ④

김구는 대한민국 임시정부 조직에 참여하고 한인 애국단을 조직하여 항일 활동을 전개하였다.

24

정답 ③

묘청의 난은 고려 중기 서경 천도를 주장한 세력들이 일으킨 반란이다(1135).

오답분석

①·②·④ 병인양요와 신미양요, 오페르트 도굴 사건 등을 극복한 흥선대원군은 외세의 침입을 경계하고 서양과의 통상 수교 반대 의지를 알리기 위해 전국 각지에 척화비를 세웠다(1871).

25

정답 ④

일제는 1930년대 이후 우리 민족의 정체성을 말살하기 위해 황국 신민화 정책을 실시하였다.

제2회 최종점검 모의고사 • 47

01	02	03	04	05	06	07	08	09	10	11	12	13	14	15	16	17	18	19	20
③	④	④	②	③	①	④	②	③	③	①	①	②	①	③	④	④	③	①	③

21	22	23	24	25															
②	③	④	③	③															

01

정답 ③

자는 호랑이에게 코침 주기(숙호충비, 宿虎衝鼻)는 가만히 있는 사람을 건드려서 화를 스스로 불러들이는 일을 뜻한다.
평지풍파(平地風波)는 고요한 땅에 바람과 물결을 일으킨다는 뜻으로, 공연한 일을 만들어서 뜻밖에 분쟁을 일으키거나 사태를
어렵고 시끄럽게 만드는 경우를 뜻한다.

오답분석

① 전전반측(輾轉反側) : 걱정거리로 마음이 괴로워 잠을 이루지 못함
② 각골통한(刻骨痛恨) : 뼈에 사무치도록 마음속 깊이 맺힌 원한
④ 백아절현(伯牙絕絃) : 자기를 알아주는 절친한 벗의 죽음을 슬퍼함

02

정답 ④

제시문과 ④는 '기회, 운 따위가 긍정적인 범위에 도달하다.'라는 의미로 쓰였다.

오답분석

① 어떤 물체가 다른 물체에 맞붙어 사이에 빈틈이 없게 되다.
② 소식 따위가 전달되다.
③ 서로 관련이 맺어지다.

03

정답 ④

• 지난 일을 나타내는 어미는 '-더라, -던'으로 적는다.
  예 깊던 물이 얕아졌다. / 그 사람 말 잘하던데!
• '(-)든지'는 물건이나 일의 내용을 가리지 아니하는 뜻을 나타내는 말이다.
  예 배든지 사과든지 마음대로 먹어라. / 가든지 오든지 마음대로 해라.

04

정답 ②

㉠의 뒤에 있는 '그러나'를 볼 때 ㉠에는 '학생 1'이 주장한 내용이 일리가 있음을 인정하는 내용이 들어가는 것이 적절하다.

05

정답 ③

'삭제의 원칙'은 필요 없는 내용은 삭제하는 것이다. 기존의 내용을 더 나은 내용으로 바꾸는 것은 '대치의 원칙'이다.

06

정답 ①

'단디 해라.'는 '똑바로 해라.'라는 의미의 경상도 방언이다. 지역 방언은 한 언어에서 지역적으로 분화되어 지역에 따라 다르게
쓰는 말로, 같은 언어를 사용하는 사람들끼리는 친밀감과 동질감을 느낄 수 있지만, 그렇지 않은 사람들과는 언어 소통에 문제가
생길 수 있다.

07

정답 ④

게송, 게시판, 휴게실 등과 같은 말은 본음대로 적는다.

08

정답 ②

[오답분석]
① 진행상 : 발화시를 기준으로 그 동작이 진행되고 있음을 표현
③ 미래 시제 : 사건이 말하는 시점 이후에 일어나는 시간을 표현
④ 과거 시제 : 사건이 말하는 시점 이전에 일어나는 시간을 표현

09

정답 ③

제시문은 오브제의 정의와 변화 과정에 대한 글이다. 네 번째 문단의 빈칸 앞에서는 예술가의 선택에 의해 기성품 그 본연의 모습으로 예술작품이 되는 오브제를, 빈칸 이후에는 나아가 진정성과 상징성이 제거된 팝아트에서의 오브제 기법에 대하여 서술하고 있다. 따라서 빈칸에는 예술가의 선택에 의해 기성품 본연의 모습으로 오브제가 되는 ③의 사례가 들어가는 것이 가장 적절하다.

10

정답 ③

제시문은 자동차 에어컨 필터의 역할, 교체 주기, 교체 방법, 주행 환경에 따른 필터의 선택 등 자동차 에어컨 필터를 관리하는 방법에 대해 포괄적으로 설명하고 있는 글이다. 따라서 가장 적절한 제목은 '자동차 에어컨 필터의 관리 방법'이다.

[오답분석]
①・② 일부 문단의 중심 내용이지만 글 전체를 포함하는 제목은 아니다.
④ 여름철 자동차 에어컨 사용 시 필터를 주기적으로 교체해 주어야 한다고 설명하지만, 자동차 에어컨 취급 유의사항에 대한 내용은 없다.

11

정답 ①

ㄴ은 혀가 윗잇몸에 붙는 모양을 본떠서 만든 기본 글자로, 획을 더한 글자가 아니다.

12

정답 ①

혀뿌리가 목구멍을 닫는 모양을 본떠 만든 기본자 'ㄱ'에 획을 더해 'ㅋ'을 만들었다.

13

정답 ②

제시문은 서양의 일점투시법에 비하여 우리 옛 산수화의 삼원법이 사물의 본질을 드러내는 데 더 적합함을 설명하는 글이다. 일점투시의 역사적 변화에 대한 진술은 찾아볼 수 없다.

14

정답 ①

일점투시는 자연의 살아 있는 모습을 따라잡는 데 많은 어려움을 드러낸다고 하였다.

15

정답 ③

• 산물 : 어떤 것에 의하여 생겨나는 사물이나 현상을 비유적으로 이르는 말

16

정답 ④

제시된 글은 두 여인의 대화 형식으로 시상이 전개된다. 즉, '히 다 뎌 져믄 날의 눌을 보라 가시는고(해 다 져서 저문 날에 누구를 보러 가시는고?)'하고 보조 화자가 묻자, 중심 화자가 '어와 네여이고 이내 스셜 드러 보오(아, 너로구나. 내 사정 이야기를 들어 보오)'라며 자신의 신세를 한탄하는 것이다.

오답분석
①·② 이 글은 4음보 연속체의 가사 작품이다.
③ 후렴구가 발달한 갈래로는 고려 가요, 민요 등이 있다.

17

정답 ④

ⓔ은 화자의 분신으로서 임에게 조금 더 가까이 가기를 권하는 보조 화자(갑녀)의 적극적인 태도를 보여준다.

18

정답 ③

(다)는 '기초 과학과 기초 연구가 왜 중요한가?'라는 물음을 던지고, 뒤이어 스스로 그에 답하는 방식으로 중심 내용을 전달하고 있다.

19

정답 ①

(나)는 학생들이 창의적인 연구 결과를 내고 새롭고 혁신적인 것을 만들 수 있게 하는 것은 교육이며 그 교육은 기초 과학 연구가 제공할 수 있다는 내용이다. 즉, 기초 연구는 '교육'의 바탕이 되기 때문에 중요하다는 것이다.

20

정답 ③

ⓑ의 앞뒤 문장을 바로잡으면 '기초 과학과 기초 연구가 중요한 이유는 창의적 기술, 문화, 교육이 그 위에 굳건한 집을 지을 수 있는 토대이기 때문이다.'가 된다. '그'는 앞에서 이미 이야기한 것을 가리키는 지시 대명사이므로 ⓑ가 의미하는 것은 문맥상 앞에 나온 'ⓒ 기초 과학과 기초 연구'가 된다.

21

정답 ②

고대 중국인들은 하늘을 인간의 개별적 또는 공통적 운명을 지배하는 신비하고 절대적인 존재로 보았다. 따라서 이러한 고대 중국인들의 주장에 대한 반박으로는 사람이 받게 되는 재앙과 복의 원인은 모두 자신에게 있다는 내용의 ②가 가장 적절하다.

22

정답 ③

'시점의 해방'은 인물이나 사건의 변화에 따른 시점의 변화를 의미하는 것이다. 에베레스트산을 항공 촬영한 것은 시점의 변화로 보기 어렵다.

23

정답 ④

제시문은 '쓰기(Writing)'의 문화사적 의의를 기술한 글이다. '복잡한 구조나 지시 체계'는 이미 '소리 속에서' 발전해왔는데 그러한 복잡한 개념들을 시각적인 코드 체계인 '쓰기'를 통해 기록할 수 있게 되었다. 또한 그러한 '쓰기'를 통해 인간의 문명과 사고가 더욱 발전하게 되었다. ④는 '쓰기'가 '복잡한 구조나 지시 체계'를 이루는 시초가 되었다고 보고 있으므로 잘못된 해석이다.

24

정답 ③

제시문의 마지막 문장에서 '언어 변화의 여러 면을 이해할 수 있다.'라고 언급했으므로 맨 앞에 나오는 문장으로는 '접촉의 형식도 언어 변화에 영향을 미치는 요소로 지적되고 있다.'가 가장 적절함을 알 수 있다.

25

정답 ③

제시문은 인류의 발전과 미래에 인류에게 닥칠 문제를 해결하기 위해 우주 개발이 필요하다는 우주 개발의 정당성에 대해 논의하고 있다.

개별영역 2 ▶ 학교업무 이해하기

01	02	03	04	05	06	07	08	09	10	11	12	13	14	15	16	17	18	19	20
③	④	④	②	③	①	④	①	②	④	①	①	②	①	③	④	④	③	①	③

21	22	23	24	25
②	③	④	③	①

01

정답 ③

청탁금지법은 공직자 등의 공정한 직무수행을 저해하는 부정청탁 관행을 근절하고, 공직자 등의 금품 등의 수수행위를 직무관련성 또는 대가성이 없는 경우에도 제재가 가능하도록 하여 공정한 직무수행을 보장하고 공공기관에 대한 국민의 신뢰 확보를 위하여 제정되었다.

02

정답 ④

기록물 보존을 위해 문서고 관리책임자를 지정하고, 제한구역 표지판을 부착하여 보존기록물의 관리를 철저히 해야 한다.

[오답분석]
① 기록물 보존이란 기록물을 원래의 모습 그대로 단기간이 아닌 장기간 유지하기 위한 것이므로, 최적의 보존환경 속에서 보관하는 것을 말한다.
② 각급 학교에서는 소장하고 있는 기록물을 독립된 공간의 서고에 직사광선이 차단되어 있는 곳에 비치하고, 보유현황 점검 등을 정기적으로 실시해야 한다.
③ 문서고에 입고되는 기록물은 형태별·보존기간별로 구분하여 보존상자에 넣어 독립된 서가에 배치하여 기록물보유대장을 작성하여 관리한다.

03

정답 ④

복잡한 기안의 경우에는 초안을 작성하여 논리의 일관성을 해치는 내용 등을 검토한 다음 작성한다.

04

정답 ②

고등교육법 제17조에 따른 겸임교원, 명예교수, 초빙교원은 청탁금지법 비적용대상에 해당한다.

청탁금지법의 각급 학교 적용대상자 판단기준

법 제2조 제2항 다목

「초·중등교육법」, 「고등교육법」, 「유아교육법」 및 그 밖에 다른 법령에 따라 설치된 각급 학교의 장과 교직원 및 사립학교법에 따른 학교법인의 임직원

• 가) (임원) 사립학교법에 따른 이사 및 감사 등 상임·비상임을 모두 포함

• 나) (교원) 「초·중등교육법」, 「고등교육법」, 「유아교육법」 및 그 밖에 다른 법령에 따른 교원

　※ 초·중등교육법, 유아교육법에 따라 교원으로 인정되는 기간제교원 포함

• 다) (직원) 학교 운영에 필요한 행정직원 및 조교 등 학교법인과 직접 근로계약을 체결하고 근로를 제공하는 자

　※ 예 교육공무직, 행정실무원, 학교운동부코치, 급식보조 등

[비적용대상]

• 「고등교육법」에서 교원으로 인정되지 않는 자

　※ 예 「고등교육법」 제17조에 따른 명예교수, 겸임교원, 초빙교원 등

• 학교·학교법인과 용역(도급)계약 등을 체결한 법인·단체 및 개인

　※ 예 건물관리(경비, 환경미화, 시설관리, 당직 등) 또는 구내식당(매점, 카페 등) 운영업체 종사자, 위탁계약에 의한 방과 후 과정 담당자

• 학교·학교법인과 근로계약을 체결하지 않은 학생조교, 근로장학생, 자원봉사자(명예교사, 학교보안관) 등

05　　　　　정답 ③

퇴직금은 평균임금을 적용함이 원칙이며, 근로기준법 제2조 2항에 의거하여 평균임금이 그 근로자의 통상임금보다 적으면 그 통상임금액을 평균임금으로 한다.

오답분석

① 구육성회 직원은 호봉제 교육공무직원이다.

② '근로자에게 정기적, 일률적 소정근로 시간 또는 총 근로시간에 대해 지급하기로 정해진 시급·일급·주급·월급 또는 도급금액'은 통상임금을 말한다.

④ 연차유급휴가의 경우 근로기준법 제60조와 단체협약서 제63조에 의거하여 통상임금을 적용한다.

06　　　　　정답 ①

창의적 체험활동 편성계획 중 운영시기에 따른 방법은 정일제와 집중 이수제이다.

창의적 체험활동 편성계획 중 운영체제 유형

• 운영시기에 따른 유형 : 정일제, 전일제, 집중 이수제, 혼합형

• 활동집단에 따른 유형 : 학급별 운영제, 학년별 운영제, 학년군별 운영제

• 지도교사에 따른 유형 : 담임 교사제, 담당 교사제, 자원 인사제

07　　　　　정답 ④

병역법에 따른 휴직의 경우 경력(계속근로)으로 인정하지 않는다.

병역법에 따른 휴직

구분	약정
대상	병역법에 의해 징집된 근로자
휴직기간	복무기간
경력(계속근로)인정	인정하지 않음
임금	무급
기타	입대증명서나 군복무 확인서 등 휴직사유 입증서류 제출

08

정답 ①

재취학이란 의무교육 대상자로서 면제, 유예, 정원 외 학적관리 중인 자가 다시 의무교육을 받고자 의무교육에 해당하는 학교에 다니게 되는 것을 말한다.

[오답분석]

② 재입학 : 고등학교에서 학업을 중단한 자가 중단 이전의 학교에 재학 당시 학년 이하의 학년으로 다시 입학함(의무교육에 해당하는 학교 및 특수교육대상학생은 불가)

③ 편입학 : 의무교육 대상이 아닌 자로서 학업을 중단한 자가 중단 이전의 학교에 재학 당시 학년의 차상급 학년으로 다시 입학하거나, 다른 학교로 다시 입학함

④ 조기진급 : 학칙에 의거 상급 학년의 교육과정을 조기 이수하여 차상급 학년으로 진급함

09

정답 ②

교육자 채용의 결정은 편성단계에서의 결정사항이 아니다.

편성 시 결정사항
① 학교 교육 목표의 결정
② 각 교과(군)별 학년군 목표의 결정
③ 학년군 및 교과(군)별 교육 내용의 결정
④ 교육 내용별 소재의 결정
⑤ 교육 방법의 결정
⑥ 수업 시수의 결정 : 교육중점 활동을 위해 교과(군) 시수 20% 증감 운영
⑦ 학습 시기의 결정
⑧ 학습 형태, 학습 조직의 결정
⑨ 학습 매체의 결정
⑩ 평가 계획의 결정

10

정답 ④

전체회의 → TF팀 → 전체회의 → 업무분장 조정 → 업무분장 확정 순으로 진행된다.

단계	절차	담당	본교 추진 내용
1	전체회의	교감	• 학교업무 재구조화 안내 및 방향성 논의 • 3월 1일 업무 배정 결과의 최소 수정 목표로 학교업무 재구조화 TF 구성(업무 자체 분석
2	TF팀	TF팀	• TF팀은 업무 자체분석 내용 수합하여 정리(교감, 부장 2, 교무행정사 1)
3	전체회의	교감	• TF팀 정리자료 전체회의 안내 및 진행 • 재조정이 필요한 업무 조정 과정 거침
4	업무분장 조정	교감	• 교감 : 교무업무지원팀 업무분장 • 부장 및 해당교사 : 학년 및 담임업무 분장
5	업무분장 확정	교감	• 재조정이 필요한 업무 배정 교장 결재 후 안내

11

정답 ①

물적자원의 유지 활용은 인사관리의 주요 기능에 해당하지 않는다.

인사관리의 주요 기능
• 인적자원의 확보
• 인적자원 개발, 인적자원의 유지 활용
• 인적자원에 대한 평가
• 인적자원에 대한 보상

12

정답 ①

근무성적평정은 조직구성원의 근무실적이나 직무수행 능력, 직무수행태도 등을 체계적, 객관적, 정기적으로 평가하여 공정한 인사관리의 기초자료를 제공하는 인사행정활동이다. 평정시기는 학교는 매월 2월말, 8월말이며 교육청 및 직속기관은 매년 6월말, 12월말에 실시한다.

구분	교육청	직속기관	학교
평가자	부서의 장학관 / 사무관	부서장	교감 / 행정실장
확인자	부서장	기관장	학교장

13

정답 ②

오답분석

① 견책은 과실에 대하여 서면으로 경고하는 징계방법이다.
③ 해고는 사용자의 일방적인 의사표시로 근로계약관계를 해지하는 것을 말한다.
④ 정직은 교육공무직원으로서의 신분은 유지하나 1개월 이상 3개월 이하의 기간 동안 출근을 정지하고, 직무에 종사하지 못하며, 임금을 지급하지 않는다.

14

정답 ①

근로관계의 종료로는 당연퇴직, 사직, 해고의 사유로 나눠진다.
당연퇴직은 다음의 사유에 의해 종료된다.
가) 교육공무직원 정년 : 만 60세
 – 정년에 이른 날이 3월~8월 사이 : 8월 말일 퇴직
 – 정년에 이른 날이 9월~다음해 2월 사이 : 2월 말일 퇴직
나) 교육공무직원이 사망한 경우
다) 계약기간을 정하여 임용된 근로자가 기간 만료 후 재임용되지 아니한 때
라) 채용 후 채용 결격사유가 발견되었을 때

오답분석

② 교육공무직원이 사망한 경우 당연퇴직으로 근로관계가 종료된다.
③ 교육공무직원의 정년은 만 60세이다.
④ 사직의 경우 퇴직하고자 하는 날의 30일 전까지 채용권자에게 사직원을 제출하고, 승인을 받아야 한다.

15

정답 ③

나이스 시스템 권한과 관련된 그림은 다음과 같다.

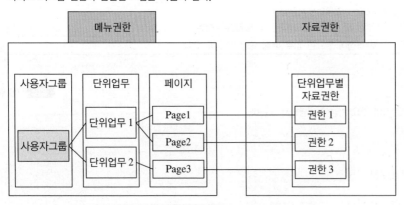

16

오답분석

ㄱ. 296억달러 → 296억 달러

　단위를 나타내는 명사는 앞말과 띄어 쓴다.

ㄹ. 제 1부문 → 제1 부문

　단위를 나타내는 명사는 띄어 쓴다(단, 순서를 나타내는 경우나 아라비아 숫자와 함께 쓰이는 경우는 붙여 쓸 수 있다).

17

정답 ④

퇴직급여제도는 사용자가 퇴직하는 근로자에게 급여를 지급하기 위하여 재원을 적립하는 제도로 퇴직연금제도는 확정급여형 퇴직금연금제와 확정기여형 퇴직연금제로 구분된다.

오답분석

① 퇴직급여제도는 퇴직금제도와 퇴직연금제도로 구분되며, 둘 중 하나 이상의 제도를 설정하여야 한다.

② 퇴직금제도는 계속근로기간 1년에 대하여 30일분 이상의 평균임금을 퇴직금으로 퇴직하는 근로자에게 지급할 수 있는 제도이다.

③ 확정급여형 퇴직연금제는 근로자가 퇴직 시 지급받을 급여의 수준과 내용이 사전에 확정되며, 사용자의 적립부담은 적립금 운영결과에 따라 변동될 수 있는 연금제도이다.

18

정답 ③

공문서가 성립되기 위해서는 행정기관의 적법한 권한 범위 내에서 작성되어야 하며 위법·부당하지 시행 불가능한 내용이 아니어야 한다. 또한 법령에 규정된 절차 및 형식을 갖추어야 한다.

19

정답 ①

근로시간이 4시간인 경우에는 30분 이상의 휴게시간을 근로시간 도중에 주어야 한다.

오답분석

② 반복되는 무단결근은 징계사유를 구성할 수 있다.

③ 질병 및 부득이한 사유로 지각, 조퇴를 하고자 할 때에는 사전에 승인을 받아야 한다.

④ 직원이 근로를 제공하기로 정한 소정 근로일에 근로를 제공하지 않는 것은 결근이다.

20

정답 ③

D. 예산과목 및 내용 등 학교예산운영에 관하여 필요한 제반내용(회계연도 개시 3개월 전까지 시달)

F. 교육과정 운영 및 학교운영을 위하여 필요한 사업에 대하여 개인별 또는 부서별로 예산요구

C. 학교회계로 전출되는 금액의 총 규모 및 분기별 자금 교부계획(회계연도 개시 50일 전까지 통보)

G. 예산조정회의를 거쳐 예산안 확정

A. 회계연도 개시 30일전까지 학교운영위원회에 제출

B. 학교운영위원장은 회의개최 7일 전까지 학교운영위원들에게 예산안 통지. 회계연도 개시 5일 전까지 심의종료 후 학교장에게 예산안 심의결과 송부

E. 학교장은 학교회계 세입·세출예산 확정

H. 가정통신문, 학부모 총회, 홈페이지 탑재 등, 교육청 홈페이지 행정마당에 공개

따라서 D → F → C → G → A → B → E → H 순으로 진행된다.

21

성문법은 제정권자, 제정절차, 문서에 의한 공포행위가 있으며, 성문법의 위계는 제정권자에 따라 다음과 같은 상하의 위계가 있다.
헌법>법률>대통령령>총리령≥부령>조례>규칙, 교육규칙

22

금액을 표시할 때에는 아라비아 숫자로 쓰되, 숫자 다음에 괄호를 하고 한글로 기재한다.
예 금113,560원(금일십일만삼천오백육십원)

오답분석

① 숫자는 아라비아 숫자로 쓴다.
②·④ 날짜는 숫자로 표기하되 연, 월, 일의 글자는 생략하고, 그 자리에 온점을 찍어 표시한다.
　　예 2017. 8. 15. (○) / 2017. 08. 15. (×) / 2017. 8. 15 (×)

23

종이기록물 편철방법은 다음과 같다.
1. 진행문서파일에서 기록물 분리 → 2. 표지, 색인목록, 기록물의 순서대로 놓고 보존용 표지로 교체 → 3. 기록물의 양에 맞는
보존용 클립으로 고정 → 4. 단위 과제별로 보존상자에 넣고 표지부착

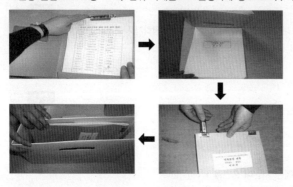

24

결재올림 버튼 클릭 후 결재완료 시 문서 수정, 삭제가 불가능하다.

25

표의 마지막 칸까지 작성되는 경우, 표 아래 왼쪽 한계선에서 한 글자(2타) 띄우고 "끝." 표시를 한다.

응시번호	성명	생년월일	주소
10	김○○	1980.3.8	세종시 조치원읍 ○○○로 12
21	박○○	1982.5.1	세종시 ○○○○로 2154
∨∨끝.			

제3회 최종점검 모의고사

01	02	03	04	05	06	07	08	09	10	11	12	13	14	15	16	17	18	19	20
①	④	④	③	①	①	①	①	③	①	④	②	④	③	①	④	④	②	④	④

21	22	23	24	25															
①	④	①	④	③															

01
정답 ①

메기 효과는 치열한 경쟁 환경이 오히려 개인과 조직 전체의 발전에 도움이 되는 것을 말한다. 정어리들이 천적인 메기를 보면 더 활발히 움직인다는 사실에서 유래한다. 정어리를 운반할 때 수족관에 천적인 메기를 넣으면 정어리가 잡아먹힐 것 같지만, 오히려 정어리가 생존을 위해 꾸준히 움직여 항구에 도착할 때까지 살아남는다는 것이다. 조직 내에 적절한 자극이 있어야 기업의 경쟁력을 높일 수 있다는 의미로 해석된다.

02
정답 ④

포노 사피엔스(Phono Sapiens)는 영국의 경제주간지 〈이코노미스트〉에서 사용한 신조어로, 지혜가 있는 인간이라는 뜻의 '호모 사피엔스'를 변형하여 만든 용어다. 스마트폰을 비롯한 첨단 디지털 기기를 마치 신체의 일부처럼 사용하며, 스마트폰 없이는 생활할 수 없는 세대 또는 사람들을 의미한다.

03
정답 ④

가치 판단이란 사실 판단에 대한 규범적 판단으로, ㄷ의 '아름답다', ㄹ의 '더 중요하다'를 통해 가치 판단임을 알 수 있다.

오답분석
ㄱ·ㄴ. 단순 사실만을 나열하고 있다.

04
정답 ③

1,100원이면 1달러로 교환이 가능했다가 1,300원이어야 1달러로 교환이 가능해진 것이므로 원화의 가치가 떨어진 것이다. 또한 2달러와 교환하려면 2,600원이 있어야 한다.

05

정답 ①

근로 3권은 사회권에 속하며, 단결권, 단체 교섭권, 단체 행동권이 있다.

[오답분석]

②·③ 선거권, 공무 담임권은 참정권에 속한다.

④ 재판 청구권은 청구권에 속한다.

06

정답 ①

일정한 계약에 의해 은행 등의 금융 기관에 돈을 맡기는 일을 예금이라고 한다.

[오답분석]

② 신용 : 채권·채무 관계를 내용으로 하는 인간관계

③ 직업 : 생계를 유지하기 위해 적성과 능력에 따라 일정한 기간 동안 계속하여 종사하는 일

④ 채무 : 채무자가 채권자에 대하여 일정한 급부를 이행해야만 하는 의무

07

정답 ①

각 문화가 해당 사회의 맥락에서 갖는 고유한 의미를 존중하는 태도는 문화 상대주의이다.

08

정답 ①

투자 수익의 극대화를 위한 분산 투자법인 분산 투자는 여러 가지 자산, 즉 포트폴리오를 구성하여 투자할 것을 권고한다.

09

정답 ③

개인의 권리와 국가 정책 간의 갈등을 해결하기 위해서는 정책을 시행하기 전에 충분한 협의 절차를 거치고, 서로 다른 이해관계를 조정하려는 타협의 자세를 가져야 한다. 또한, 국가는 개인의 권리를 최대한 보장할 수 있도록 하여 정책 시행으로 손해를 입게 된 개인에게는 적절한 보상 대책을 제시할 수 있어야 한다.

10

정답 ①

고용 안정, 복지 제도, 깨끗한 환경 등의 보장으로 높일 수 있고, 일상에서 정신적, 신체적, 경제적, 사회적으로 느끼는 행복한 정도를 삶의 질이라고 한다.

[오답분석]

② 역할 갈등 : 두 가지 이상의 상황에서 상응하는 역할 사이의 갈등

③ 하우스 푸어 : 무리하게 대출을 받아 주택을 구입했다가 이자 부담 때문에 빈곤하게 사는 사람들

④ 상대적 박탈감 : 다른 대상과 비교하였을 때 실제로 잃은 것은 없지만, 다른 대상보다 자신이 적게 가지고 있을 때 상대적으로 느끼는 무엇을 잃은 듯한 기분

11

정답 ④

농업·목축업·임업·어업 등 직접 자연에 작용하는 산업이 1차 산업이므로, 교통과 통신의 발달에 의해 산업 구조 중심이 1차에서 2차, 즉 공업·광업·건설업 등으로 바뀌었다고 보는 것이 적절하다.

12

정답 ②

산업 혁명 시기 증기 기관의 연료로서 대량으로 이용되었으며, 제철 공업용·발전용·가정용으로 이용되고 있는 것은 석탄이다. 석유에 비해 비교적 고르게 매장되어 있으며, 국제 이동량이 적은 편이다.

오답분석

① 구리 : 철광석보다 녹는 온도가 낮아 먼저 사용하였고, 전기·전자 산업, 동전 주조에 사용함에 따라 생산량과 소비량이 증가하였다. 칠레, 미국, 캐나다, 인도네시아 등에 주로 매장되어 있다.
③ 희토류 : 첨단 산업의 필수 희귀 원소로 열을 잘 전달하는 성질이 있어 특수 합금과 액정 디스플레이 등에 사용한다. 중국이 전 세계 매장량의 35%, 생산량의 97%를 차지하고 있다.
④ 천연가스 : 냉동 액화 기술의 발달로 수요가 증가하였으며, 가정용으로 주로 사용되는 높은 에너지 효율을 가진 청정에너지이다.

13

정답 ④

세계 무역 기구(WTO)는 무역 자유화를 통한 전 세계적인 경제 발전을 목적으로 하는 국제기구로, 관세 인하 요구 및 통상 분쟁 조정 등의 법적인 구속력을 가지고 있다.

오답분석

① 소호(SOHO) : 소규모 사무실, 가정 사무실이라는 의미의 Small Office Home Office의 머리글자를 따서 만든 신조어
② 비정부 기구(NGO) : 지역적·국가적·국제적으로 조직된 자발적인 비영리 시민 단체
③ 유네스코(UNESCO) : 교육·과학·문화를 통하여 국가 간의 협력 증진을 목적으로 설립된 국제 연합 전문 기구

14

정답 ③

비파형 동검을 제작하였던 청동기 시대에는 벼농사가 시작되면서 사유 재산에 따른 빈부 격차와 계급이 발생하게 되었다.

15

정답 ①

신라의 고유한 신분 제도인 골품제는 관료의 관직이나 관복뿐만 아니라 개인의 주거 규모, 복색 등 일상생활까지도 제한하는 제도였다.

16

정답 ④

고려 공민왕은 반원 자주 정책의 일환으로 쌍성총관부를 공격하여 원에 빼앗긴 철령 이북 지역의 영토를 수복하였다. 또한, 왕권 강화를 위해 신돈을 등용하고 전민변정도감을 설치하여 권문세족이 빼앗은 토지를 농민들에게 돌려주고 억울하게 노비가 된 자를 풀어주었다.

17

정답 ④

ㄷ. 해동 천태종을 창시하여 불교계를 통합하고, 폐단을 없애려 했던 의천이 죽은 뒤 교단은 다시 분열되어 귀족 중심의 불교가 지속되게 되었다.
ㄹ. 요세는 백련사 결사운동을 통해 자신의 행동을 진정으로 참회하는 법화사상, 정토신앙을 강조하였다.

오답분석

ㄱ. 지눌은 조계종을 창시한 승려이다. 선종 중심으로 교종을 포용하는 선교일치를 주장한 것은 옳다.
ㄴ. 유·불일치설을 주장한 승려는 지눌의 제자인 혜심이다.

18
정답 ②

고대 연맹 왕국 중 하나인 부여의 사회 모습에 대한 설명이다.

19
정답 ④

고구려 광개토대왕은 신라의 요청을 받고 군대를 보내 신라에 침입한 왜를 격퇴하였으며, 선비족과 부여, 말갈을 정벌하여 고구려의 영토를 요동 지방까지 크게 확대하였다.

20
정답 ④

통일 신라의 승려 혜초는 인도와 중앙아시아 지역을 순례하고 돌아와 『왕오천축국전』을 저술하였다.

21
정답 ①

카이로 회담에서 미국, 영국, 중국의 3국 수뇌는 적당한 시기에 한국을 해방·독립시킬 것을 선언하였다.

22
정답 ④

사간원(司諫院)은 국왕에 대한 간쟁과 논박을 주요 기능으로 하는 관서이다.

오답분석

① 춘추관 : 시정(時政)을 기록하는 기관
② 의금부 : 왕명을 받아 중죄인을 심문하는 일을 맡아 하는 기관
③ 승정원 : 국왕 비서기관(왕명 출납)

23
정답 ①

북한의 불법 남침으로 인해 발발한 6·25 전쟁에서 낙동강 방어선까지 밀렸던 국군은 유엔군 파병과 인천 상륙 작전의 성공으로 서울을 수복하였다.

24
정답 ④

1905년 을사늑약이 체결되어 대한 제국의 외교권이 박탈되었다. 이에 대한 항거로 민영환, 조병세 등이 자결하였고 을사의병이 전개되기도 하였다.

25
정답 ③

고려의 신분 계급 중 양민에 해당하는 설명이다.

01	02	03	04	05	06	07	08	09	10	11	12	13	14	15	16	17	18	19	20
②	④	②	③	①	②	④	①	①	③	①	①	②	③	④	①	②	④	④	①

21	22	23	24	25															
④	②	④	④	②															

01
정답 ②

오답분석
① 낙동강 – Nakdonggang
③ 독립 – dongnip
④ 오죽헌 – Ojukheon

02
정답 ④

제시된 단어는 유의어이다. ①·②·③은 유의 관계이고, ④는 반의 관계이다.

03
정답 ②

다른 사람의 말이나 글을 직접 또는 간접적으로 자신의 말이나 글 속에 끌어 쓰는 표현을 '인용 표현'이라고 한다. 다른 사람의 말을 내용만 끌어다 쓰는 것은 '간접 인용'이고, 내용과 형식 그대로 인용하는 것은 '직접 인용'이다.

04
정답 ③

미래 시제는 사건이 말하는 시점 이후에 일어나는 시간 표현으로, 선어말 어미 '-겠-'에 의해 실현된다.

05
정답 ①

주장을 뒷받침할 타당한 논거를 제시하는 것은 정보 전달이 아닌 설득을 목적으로 하는 글을 쓸 때 유의할 사항이다.

06
정답 ②

오답분석
① 자유 연상 : 꼬리를 물고 떠오르는 생각의 흐름을 따라가며 내용을 떠올리는 방법
③ 자유롭게 쓰기 : 떠오르는 내용을 자유롭게 종이에 옮기는 방법
④ 배경지식 활용 : 자신이 알고 있는 지식을 활용하는 방법

07
정답 ④

'같은 종류의 책'이라는 뜻의 '유서(類書)'는 장음 [유:서]로 발음한다. 예로부터 전하여 내려오는 까닭과 내력이라는 뜻의 유서(由緒), 유언을 적은 글을 뜻하는 유서(遺書), 너그럽게 용서함을 뜻하는 유서(宥恕) 등은 모두 단음으로 발음한다.

오답분석
① 사과(沙果, 사과나무의 열매), ② 부자(父子, 아버지와 아들), ③ 성인(成人, 자라서 어른이 된 사람)은 단음으로 발음한다.

PART 4

08

오답분석

② 겸양 어법 : 상대방을 높이고 자신을 낮추는 말하기 방식

③ 관용 표현 : 두 개 이상의 낱말이 합쳐져 새로운 말로 굳어져 사용되는 표현

④ 시제 표현 : 과거·현재·미래를 나타내는 표현

09

정답 ①

서론에서는 교내에서 발생하는 안전사고의 현황을 제시하고, 본론에서는 이러한 교내 안전사고의 주요 유형을 형태별, 상황별로 분석하여 주요 상황에 따라 지켜야 할 안전 수칙을 제시하고 있다. 따라서 결론에는 교내에서 발생하는 주요 안전사고에 대해 이해하고, 그에 따른 안전 수칙을 지키자는 내용의 ①이 가장 적절하다.

10

정답 ③

개별존재로서 생명의 권리를 갖기 위해서는 개별존재로서 생존을 지속시키고자 하는 욕망을 가질 수 있어야 하며, 이를 위해서 자신을 일정한 시기에 걸쳐 존재하는 개별존재로 파악해야 한다. '자신을 일정한 시기에 걸쳐 존재하는 개별존재로서 파악할 수 있는 존재만이 생명에 대한 권리를 가질 수 있다.'라는 빈칸 앞의 결론을 도출하기 위해서는 개별존재로서 생존을 지속시키고자 하는 욕망이 개별존재로서의 인식을 가능하게 한다는 내용이 있어야 한다. 따라서 빈칸에 들어갈 말로 가장 적절한 것은 ③이다.

11

정답 ①

『용비어천가』의 갈래는 '악장'이다. '악장'은 조선 건국의 정당성을 밝히고, 국가의 영원한 발전을 기원하는 목적으로 지어졌다.

> 현대어 풀이 2장 : 조선 왕조의 번성과 무궁한 발전 기원
> 뿌리가 깊은 나무는 바람에 흔들리지 아니하므로, 꽃이 좋고 열매가 많이 열리니.
> 샘이 깊은 물은 가뭄에 그치지 아니하므로, 내가 이루어져 바다에 가나니.

12

정답 ①

'종성부용초성'이란 초성의 글자가 종성에도 사용되는 표기법으로, '곶'이 그 예이다.

13

정답 ②

공연에 몰입한 '민 노인'의 시각에서 사건을 서술하여 그의 내면에 공감하도록 유도하고 있다.

오답분석

① [A]의 사건이 일어난 이후 있었던 민 노인과 며느리의 대화를 통해 갈등을 제시하고 있다.

③·④ [A]는 민 노인이 북을 치는 것을 통해 그의 예술혼을 보여 주는 장면이다.

14

정답 ③

'굳어 있는 표정', '한숨 섞인 물음' 등에서 며느리가 민 노인이 북을 친 것을 달갑지 않게 생각하고 있음을 알 수 있다.

15

정답 ④

제시문에서는 학생들이 습관적으로 욕설을 사용하는 모습과 일상생활에서 자주 쓰이는 차별적 표현들을 구체적으로 제시하여 언어 폭력이 일상화된 문제 상황을 드러내고 있다.

16

정답 ①

제시문에는 상대방에 대한 배려와 존중을 바탕으로 바람직한 의사소통 문화를 형성해야 한다는 글쓴이의 주장이 나타나 있다.

17

정답 ②

보기의 '여류 소설가'와 '처녀작'은 모두 여성을 나타내는 표현을 사용한 성차별적 표현에 해당한다.

18

정답 ④

화자는 청자를 따로 설정하지 않고 독백적 어조로 고향에 대한 추억과 그리움을 노래하고 있다.

오답분석
① 각 연마다 후렴구 '그곳이 차마 꿈엔들 잊힐 리야.'를 반복하여 운율을 형성하고 있다.
② 후렴구의 설의법을 통해 꿈에서도 잊을 수 없는 고향에 대한 그리움을 강조하고 있다.
③ '실개천, 얼룩백이 황소, 질화로, 짚베개, 서리 까마귀, 초라한 지붕' 등 향토적 정감을 주는 소재를 활용하여 고향의 모습을 정겹게 표현하고 있다.

19

정답 ④

㉮의 '금빛 게으른 울음'과 ㉯의 '푸른 휘파람 소리'는 모두 청각적 이미지가 시각적 이미지로 전이된 공감각적 표현이다.

20

정답 ①

보기는 '의인법'에 대한 설명이다. ㉠은 의인법을 사용하여 사람이 아닌 실개천이 사람처럼 지줄대는(낮은 목소리로 이야기하는) 행동을 하는 것으로 표현하고 있다.

21

정답 ④

전통의 본질을 설명하면서 연암의 문학, 신라의 향가, 고려의 가요, 조선 시대의 사설시조, 백자, 풍속화를 예로 들고 있다.

22

정답 ②

제시문에서는 유명 음악가 바흐와 모차르트에 대해 알려진 이야기들과 이와 다르게 밝혀진 사실을 대비하여 이야기하고 있다. 또한 사실이 아닌 이야기가 바흐와 모차르트의 삶을 미화하는 경향이 있으므로 제목으로는 '미화된 음악가들의 이야기와 그 진실'이 가장 적절하다.

PART 4

23

제시문은 투표 이론 중 합리적 선택 모델에 대해 말하고 있다. 합리적 선택 모델은 유권자들이 개인의 목적을 위해 투표를 한다고 본다. 따라서 투표 행위가 사회적인 배경을 무시할 수 없다는 반박을 제시할 수 있다.

오답분석

①・②・③ 제시문의 내용과 일치하는 주장이다.

24

제시문을 통해 언어가 시대를 넘어 문명을 전수하는 역할을 한다는 걸 알 수 있다. 언어를 통해 전해진 선인들의 훌륭한 문화유산이나 정신 자산은 당대의 문화와 정신을 살찌우는 밑거름이 되었으며, 이러한 언어가 없었다면 인류 사회는 앞선 시대와 단절되어서 이상의 발전을 기대할 수 없었을 것이다. 이는 문명의 발달이 언어의 발달과 더불어 이루어져 왔음을 의미한다.

25

시민은 민주사회의 구성원으로서 공공의 정책 결정에 주체적으로 참여하여 권리와 의무를 함께 행해야 한다.

개별영역 2 ▶ 학교업무 이해하기

01	02	03	04	05	06	07	08	09	10	11	12	13	14	15	16	17	18	19	20
①	④	③	②	③	④	①	②	④	①	①	①	②	③	④	①	②	④	④	①

21	22	23	24	25															
④	②	④	④	②															

01
정답 ①

'모두가 특별해지는 세종교육'이라는 비전을 지닌 세종교육의 5대 정책방향에는 '다같이 성장하는 맞춤형 교육', '미래를 열어가는 교육환경', '학습권을 보장하는 교육복지', '삶의 질을 높이는 교육생태계', '시민과 함께하는 교육자치·교육행정'이 있다. 설명에 해당하는 정책방향은 '학습권을 보장하는 교육복지'이다.

02
정답 ④

학교 규칙의 제·개정 절차는 다음과 같다.

학교 규칙의 제·개정 절차
제·개정안 작성 → 학교내 협의 → 학교장 결재 → 학교운영위원회 심의 → 공포(공포문서시행)

03
정답 ③

'특기사항' 란에는 학적변동의 사유를 입력한다. 특기사항 중 학교폭력과 관련된 사항은 「학교폭력예방 및 대책에 관한 법률」 제17조에 따른 가해학생에 대한 조치사항을 입력한다.

> **학습폭력예방 및 대책에 관한 법률 제17조(가해학생에 대한 조치)**
> ① 자치위원회는 피해학생의 보호와 가해학생의 선도·교육을 위하여 가해학생에 대하여 다음 각 호의 어느 하나에 해당하는 조치(수 개의 조치를 병과 하는 경우를 포함함)를 할 것을 학교의 장에게 요청하여야 하며, 각 조치별 적용 기준은 대통령령으로 정한다. 다만, 퇴학처분은 의무교육과정에 있는 가해학생에 대하여는 적용하지 아니한다.
> 1. 피해학생에 대한 서면사과
> 2. 피해학생 및 신고·고발 학생에 대한 접촉, 협박 및 보복행위의 금지
> 3. 학교에서의 봉사
> 4. 사회봉사
> 5. 학내외 전문가에 의한 특별 교육이수 또는 심리치료
> 6. 출석정지
> 7. 학급교체
> 8. 전학
> 9. 퇴학처분

PART 4

04

학교생활기록부 정정대장 작성방법은 다음과 같다.

학교생활기록부 정정대장 작성방법

1. 학교생활기록부 정정대장 작성은 정정 항목별로 구분하여 작성한다.
2. 학교생활기록부 정정대장 작성 시 정정사항의 오류내용, 정정내용, 정정사유는 구체적으로 입력하여 정정한 내용을 쉽게 파악할 수 있도록 한다.
3. 학교생활기록부 정정대장은 반드시 학교장의 결재를 받아야 한다.
   - 학교생활기록부 정정대장 결재는 담임(담당), 담당부장, 교감, 교장의 4단 결재 과정을 거치며 대결 또는 전결로 처리하지 않으며, 결재 시 정정사항을 반드시 확인함
   - '담당부장'은 학교생활기록부 업무를 관리하는 부서장임
4. 학교생활기록부 정정대장은 전출·입시나 입학전형을 실시하는 상급학교에 온라인으로 별지 제10호의 1의 서식으로 전송된다. 다만, 인적사항의 정정 내용은 온라인으로 전송되지 않는다.
5. 학교생활기록부 허위사실 기재와 부당정정(이전학년도 학교생활기록부를 객관적인 증빙자료 없이 정정하는 것(학생 본인 및 가족의 질병명 정정은 예외))은 '교육공무원 징계양정 등에 관한 규칙'에 의해 시험문제 유출이나 학생 성적을 조작하는 등 학생 성적과 관련한 비위와 동일하게 취급하며 감경대상에서 제외된다.

05

초·중·고등학생의 전·편입학·배정·입학전형과 유예·면제 등 학적에 관한 세부사항은 시·도교육청의 지침에 의한다.

06

가~라 모두 제 변인과 하위 변인 간 연결이 옳다.

변인		하위 변인
상황변인	여건	지역 사회 및 학교의 실정과 여건
	요구	교원, 학생, 학부모의 요구
내용변인	창의적 체험활동	자율활동, 동아리활동, 봉사활동, 진로활동
방법변인	시간배당	균등 배당, 불균등 배당
	활동내용	학생, 학습, 학년, 학교 및 지역사회의 특성에 맞게 학교에서 선택하여 융통성 있게 운영
	집단편성	개인, 소집단, 학습, 학년, 학년 통합
	장소설정	교내, 교외
	사용교재	학교 자체 제작, 교육부·교육청 주관 개발 자료, 기존의 교육 프로그램
	지도교사	교과 담당 교사, 담임교사, 외부강사

창의적 체험활동의 영역별 활동 내용은 예시적인 성격을 지니고 있으므로, 필요한 경우에 지역의 특수성, 계절 및 학교의 실정과 학생의 요구, 교사의 필요에 따라 각 교과목의 학년별 목표에 대한 지도 내용의 순서와 비중, 방법 등을 조정하여 운영할 수 있다.

07

육아휴직과 가족돌봄휴직은 법정휴직에 해당하고, 배우자동반휴직, 질병휴직은 약정휴직에 해당한다.

구분	법정	약정
휴직	• 육아휴직 • 가족돌봄휴직 • 산재로 인한 휴직 • 병역법에 따른 휴직	• 질병휴직 • 공(公)의 직무수행에 따른 휴직 • 노조전임자휴직 • 배우자동반휴직

08

사용자는 나이스의 접근을 위해서 권한관리자로부터 정당한 권한을 부여받은 자로서 나이스를 사용하여 관련 업무를 직접 처리하는 자를 말한다.

오답분석

① 사용자별 업무분장에 따라 나이스 자료를 접근·처리할 수 있는 메뉴권한(사용자그룹), 자료권한을 부여하는 것은 권한이다.
③ 소속기관과 사용자에게 나이스 접근 권한을 관리(부여·회수)할 수 있는 기관별 최상위 권한 보유한 것은 기관마스터이다.
④ 업무 분장에 따라 소속 사용자에게 나이스 접근 권한을 부여·회수하는 업무를 수행하는 자는 기관(학교)권한·관리자이다.

09

기록물 폐기절차를 나열하면 다음과 같다.

```
┌─────────────────────────────────┐
│     보존기간이 경과한 기록물 선정      │
└─────────────────────────────────┘
                ↓
┌─────────────────────────────────┐
│         생산부서 의견 조회           │
└─────────────────────────────────┘
                ↓
┌─────────────────────────────────┐
│          전문요원 심사              │
└─────────────────────────────────┘
                ↓
┌─────────────────────────────────┐
│        기록물평가심의회 심사          │
└─────────────────────────────────┘
                ↓
┌─────────────────────────────────┐
│   보존기간 재책정 및 폐기·보류결정     │
└─────────────────────────────────┘
```

기록물 폐기절차
(1) 각급 학교 문서고에 보유하고 있는 비전자기록물 목록을 작성하여 기록관에 제출
(2) 기록관에서는 보존기간이 지난 기록물에 대해 '기록물평가심의서'를 작성
(3) 작성한 '기록물평가심의서'를 해당 학교에 의견조회 의뢰
(4) [생산부서 의견조회] 각급 학교는 '기록물평가심의서' 의견조회 회신 → 보존기간이 지난 기록물(폐기대상)에 대하여 '보존기간 재책정', '보류' 또는 '폐기' 등의 의견을 작성하여 기록관에 제출
(5) [전문요원 심사] 기록관의 기록물관리전문요원은 회신된 의견을 바탕으로 해당기록물의 보존가치 등을 평가하여 '보존기간 재책정', '보류' 또는 '폐기' 등에 대한 의견을 작성하여 기록물평가심의회 개최
(6) [기록물평가심의회 심사] 심의 결과 각 생산부서에 통보 및 폐기집행
(7) 심의회에서 '보존기간 재책정' 및 '보류'로 확정된 기록물은 재정리

10

'융·복합'은 공문서 작성의 일반원칙 문장부호 중 4번째 조건에 의해 올바르게 사용된 경우이다.

오답분석

② 직접 인용문이 완결된 문장이라면 문장 끝에 마침표(.)를 찍는 것이 원칙이고, 생략을 허용한다(~가 중요하다 → ~가 중요하다). 따라서 마침표를 찍어야 한다.
③ 아라비아 숫자만으로 연월일을 표시할 경우에 온점(마침표)은 연월일 다음에 모두 사용해야 한다(4. 29 ~ 10. 31 → 4. 29. ~ 10. 31.).
④ 한 단어로 쓰이는 말은 '가운뎃점'을 찍지 않는다(시·도 교육감 회의 → 시도 교육감 회의).

11

세종교육의 정책 방향은 교육자치가 구현되는 현장 중심 교육행정 체제를 기반으로 학교혁신을 지원하여 새로운 학교를 만들고 지역사회를 돌봄과 나눔의 가치가 숨 쉬는 교육생태계로 조성하는 것을 목표로 한다.

12

정답 ①

학교회계는 학교회계란 단위학교를 중심으로 예산편성·예산심의·예산집행·결산 등 예산과정이 이루어지고, 학교의 재정과 관련하여 이해관계를 가진 사람들에게 합리적인 의사결정을 하는데 정보를 제공하기 위한 일련의 과정이나 체계를 의미한다.

[오답분석]

② 학교의 재정과 관련하여 이해관계를 가진 사람들에게 합리적인 의사결정을 하는데 정보를 제공하는 것을 목적으로 한다. 이해관계가 없는 사람들에게까지 정보제공을 목적으로 하지 않는다.
③ 예산과정에는 사업을 추진하는 교직원과 학부모·학교운영위원 등이 참여한다. 해외 지자체 등은 거리가 멀다.
④ 사업을 추진하는데 있어서 각 단계는 별개로 수행되는 것이 아니라 상호 연계된다.

13

정답 ②

민원인이 민원해결을 위해 여러 부서를 찾아다니며 시간과 비용을 쏟지 않도록 최선을 다하여 돕는다.

14

정답 ③

교과(군)별 20% 범위 내에서 시수 증감 운영 방안을 계획한다.

학교교육과정위원회 역할
(가) 학교교육과정 편성·운영 계획을 수립한다.
(나) 학교교육과정 편성·운영에 관한 자문 역할
(다) 교과(군)별 20% 범위 내에서 시수 증감 운영 방안
(라) 학년군별 이수해야 할 학년별, 학기별 교과목 편성
(마) 창의적 체험활동 프로그램 검토
(바) 학교교육과정 편성·운영의 적합성, 타당성, 효과성에 대한 자체 평가
(사) 학교교육과정 편성·운영 지원 체제에 대한 평가 등

15

정답 ④

창의적 체험활동은 자발적으로 참여할 수 있도록 해야 하며, 자신에 대한 이해와 더불어 타인에 대한 이해를 바탕으로 나눔과 배려를 실천하도록 해야 한다.

16

정답 ①

기록물 등록대상은 다음과 같다.

기록물 등록대상
• 업무수행 과정에서 생산 또는 접수하여 결재된 모든 문서
  – 전자기록의 자동등록 : 업무관리시스템을 통해 기안한 문서는 결재(또는 접수)가 끝난 후 자동으로 등록되므로 별도의 등록절차가 필요 없음
  – 비전자기록의 수동등록 : 업무관리시스템의 비전자문서 등록 기능을 이용하여 등록(실제 기록물은 매체의 특성에 따라 별도로 관리)
• 교육감, 학교장 등 주요 직위자의 업무노트, 일정표, 방명록 및 대화록
• 결재·검토 과정에서 반려 또는 수정된 원본문서
• 학교 내 주요행사에 관한 시청각기록물

17

정답 ②

원적교에서는 전입교의 자료요청을 받은 즉시 교육정보시스템으로 자료를 전송한다. 다만, 전출 당일 모든 자료의 전송이 어려울 경우에는 전입교와 협의하여 기본학적 자료만 전출 당일 전송하고 나머지 자료는 추후에 전송한다.

18

정답 ④

쪽 번호는 각종 증명 발급 문서외의 문서에 중앙 하단에 표시한다.

19

정답 ④

세종교육 5대 목표별 중점과제 중 하나인 '다 함께 성장하는 맞춤형 교육'에는 세종창의적교육과정, 책임교육, 창의·진로 교육이 포함된다.

20

정답 ①

결산 심의결과 통보는 회계연도 종료 후 3개월 이내에 결산심의 결과를 학교장에게 통보한다.

21

정답 ④

보기에서 설명하고 있는 내용은 수입의 직접 사용 금지의 원칙에 대한 내용이다.

> **학교회계 운영의 일반원칙**
> 가) 예산총계주의 원칙
>   예산을 운영하는 학교의 모든 수입과 지출은 학교회계 세입·세출예산에 계상하여야 함
> 나) 공개의 원칙
>   학교재정 운영의 투명성과 책무성을 제고하기 위하여 학교재정운영에 관한 사항(학교회계 예·결산서, 수익자부담경비 등)은 공개하여야 함
> 다) 회계연도 독립의 원칙
>   학교회계 운영에 있어 각 회계연도에 지출하여야 할 경비의 재원은 당해 연도의 세입에서 충당하고, 당해 연도의 세출은 반드시 그해에 지출하여야 하며 다른 연도의 사업에 지출해서는 안 됨
> 라) 수입의 직접 사용 금지의 원칙
>   학교장은 학교회계의 모든 수입을 지정된 수납기관에 납부하여야 하며, 예산에 편성하지 아니하고 직접 사용하여서는 안 됨
> 마) 예산의 목적 외 사용금지 원칙
>   세출예산을 집행할 때에는 학교운영위원회의 심의 결과를 존중하고, 예산편성의 목적을 달성하기 위하여 예산에 정해진 목적 외에 사용할 수 없음

22

정답 ②

교육정보시스템은 교육행정기관과 유·초·중·고등학교(특수)의 교육행재정·교무업무를 전자적으로 연계처리하기 위하여 교육부 및 17개 시·도 교육청이 공동으로 설치·운영하는 시스템이다. 교육정보시스템의 구성은 다음과 같다.

구분	주요 단위업무
나이스 (3개 분야, 93개 단위업무)	초중등 분야, 학교수업지원 분야, 유치원 분야의 교무 / 학사, 급식, 인사, 복무, 급여, 민원 등 단위업무
K-에듀파인 (13개 분야 24개 단위업무)	예산관리, 재무회계, 자금관리, 통합자산관리, 학교회계, 예산 / 기금결산, 업무관리 등

23

단위과제카드란 업무담당자들의 모든 업무 수행을 전자적으로 기록·관리하는 파일철이다.
단위과제카드 담당자별 절차는 다음과 같다.

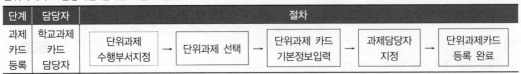

단계	담당자	절차				
과제 카드 등록	학교과제 카드 담당자	단위과제 수행부서지정 →	단위과제 선택 →	단위과제 카드 기본정보입력 →	과제담당자 지정 →	단위과제카드 등록 완료

24

㉒의 경우, 시장 A는 자신의 배우자 C가 시장 A의 직무와 관련하여 건설업자 B로부터 300만 원의 후원금을 받은 사실을 알지 못하였다. 따라서 시장 A는 신고의무가 발생하지 않으므로 신고의무 위반에 따른 제재규정이 적용될 수 없어 제재대상이 아니다.

오답분석

① 법 적용대상기관인 학교는 초·중등교육법, 고등교육법, 유아교육법 및 그 밖의 다른 법령에 따라 설치된 각급 학교를 말한다. 공공기관에 해당하는 각급 학교의 장과 그 교직원은 법 적용대상자인 공직자 등에 해당한다.
② 외국인이라도 대한민국 영역 내에서 위반행위를 한 경우 과태료 부과 대상이 될 수 있다. 교장 A는 초·중등교육법에 따른 학교의 장이므로 청탁금지법의 적용대상자인 공직자 등에 해당한다.
③ 공무원의 채용·승진 등 인사 관련 직무는 청탁금지법상 부정청탁 대상 직무에 해당한다.

25

표시위치 및 띄어쓰기의 경우 작성법은 다음과 같다.
(가) 첫째 항목기호는 왼쪽 기본선에서 시작한다.
(나) 둘째 항목부터는 바로 위 항목 위치에서 오른쪽으로 2타씩 옮겨 시작한다.
(다) 항목이 두 줄 이상인 경우에는 항목 내용의 첫 글자에 맞추어 정렬한다.
(라) 항목기호와 그 항목의 내용 사이에는 1타를 띄운다.
(마) 항목이 하나만 있는 경우에는 항목기호를 부여하지 아니한다.
따라서 적절하게 표시위치 및 띄어쓰기가 사용된 것은 ②이다.

오답분석

① 항목기호 뒤쪽 띄어쓰기가 사용되지 않았다.
③ 수신란과 제목란의 띄어쓰기가 사용되지 않았다.
④ 수신란과 제목란의 띄어쓰기가 사용되지 않았으며, 항목기호가 오른쪽으로 2타씩 옮겨 사용되지 않았다.

제4회 최종점검 모의고사

01	02	03	04	05	06	07	08	09	10	11	12	13	14	15	16	17	18	19	20
④	③	②	①	②	②	①	③	④	①	④	②	④	③	②	②	①	②	①	②

21	22	23	24	25															
④	①	④	②	③															

01

정답 ④

일상에 활력을 불어넣는 규칙적인 습관을 의미한다. 규칙적으로 행하는 의식 또는 의례를 뜻하는 '리추얼(Ritual)'과 일상을 뜻하는 '라이프(Life)'를 합친 용어이다. 자기계발을 중시하는 MZ세대 사이에 자리 잡은 하나의 트렌드로 취업난, 주택난 등에서 오는 무력감을 극복하고 심리적 만족감과 성취감을 얻으려는 욕구가 반영된 것으로 분석된다.

오답분석

① FIVVE : MZ세대에서 새롭게 나타난 소비 형태로, 재미(Fun)·비일관성(Inconsistency)·가치(Value)·바이러스 보복소비 (Virus revenge)·표현(Expression)의 약자이다.
② 소셜버블 : 사람들을 비눗방울로 싸듯 집단화해 그 안에서는 거리두기를 완화하고, 바깥은 엄격하게 거리를 두도록 이원화하는 전략을 말한다. 2020년부터 시작된 코로나19 사태에서 시행된 사회적 거리두기 전략 중 하나로, 뉴질랜드에서 해당 개념을 가장 먼저 도입한 바 있다.
③ 미라클 모닝 : 이른 아침에 일어나 독서·운동 등 자기계발을 하는 것을 뜻한다.

02

정답 ③

오답분석

① 프레이밍 효과 : 긍정적 프레임을 가지는 경우와 부정적 프레임을 가지는 경우에 의사결정과 행동이 달라지는 효과
② 피그말리온 효과 : 타인의 기대나 관심으로 인하여 능률이 오르거나 결과가 좋아지는 현상
④ 후광 효과 : 어떤 대상이나 사람에 대한 일반적인 견해가 그 대상이나 사람의 구체적인 특성을 평가하는 데 영향을 미치는 현상

03

정답 ②

'가마우지 경제'는 소재, 부품, 장비 등을 대부분 일본에서 수입하기 때문에 수출로 거두는 이익의 많은 부분을 일본이 갖게 되는 한국의 경제구조를 뜻한다. 일본·중국 등지에서 낚시꾼이 가마우지의 목에 끈을 매어 두고 가마우지가 고기를 잡으면 그 끈을 잡아당겨 삼키지 못하게 한 다음 고기를 가로채는 데서 나온 말이다.

오답분석

① 무중량 경제 : 소프트웨어, 디자인, 금융 상품 등 지적 재산 같은 눈에 보이지 않고 무게가 없는 비물질적인 생산물에 가치를 두는 경제 활동을 뜻한다. 일단 개발하고 나면 추가 생산하는 데 비용이 들지 않는다는 특징이 있다.
③ 마냐나 경제 : '내일은 내일의 태양이 뜬다'는 식으로 경제를 지나치게 낙관적으로 전망하는 것을 뜻한다. 마냐나는 에스파냐어로 '내일'을 뜻한다.
④ 포틀래치 경제 : 큰 부(富)를 쌓은 개인이나 기업이 이익의 일부를 사회에 환원함으로써 빈부 격차를 줄이는 데 기여하는 것을 뜻한다. 포틀래치는 족장이나 여유 있는 사람들이 다른 부족원에게 선물을 주는 북아메리카 인디언의 풍습이다.

04

정답 ①

공직선거법이 2022년 1월 18일 개정됨에 따라 기존 25세 이상에서 18세 이상으로 지방의회의원과 국회의원 피선거권 제한 연령이 낮아졌다(공직선거법 제16조 제2항 및 제3항).

오답분석

② 공개장소에서 연설·대담을 할 수 없는 시간은 '오후 10시 ~ 다음날 오전 7시'에서 '오후 11시부터 다음날 오전 7시'로 1시간이 감소되었다(공직선거법 제102조 제1항).

③ 구·시·군선거관리위원회는 읍·면·동마다 1개소씩 사전투표소를 설치·운영하여야 한다. 다만 읍·면·동 관할구역에 감염병의 예방 및 관리에 관한 법률에 따른 감염병관리시설 또는 감염병의심자 격리시설이 있는 경우에는 해당 지역에 사전투표소를 추가로 설치·운영할 수 있다(공직선거법 제148조 제1항 제3호).

④ 대통령선거의 후보자는 후보자의 등록이 끝난 때부터 개표 종료까지 사형·무기 또는 장기 7년 이상의 징역이나 금고에 해당하는 죄를 범한 경우를 제외하고는 현행범인이 아니면 체포 또는 구속되지 아니하며, 병역소집의 유예를 받는다(공직선거법 제11조 제1항).

05

정답 ②

지구로부터 약 640광년 떨어진 베텔기우스는 오리온자리 사변형의 왼쪽 위 꼭짓점에 위치한 적색의 거대한 별이다. 반지름은 태양의 900배 정도이며 질량은 태양의 20배 정도로, 현재 중력 붕괴 징후를 보이며 질량을 잃고 있다고 알려졌다. 대폭발을 일으키면 지구에서 2개의 태양이 떠 있는 것처럼 보일 수 있지만 폭발의 정확한 시점을 확인할 수 없다.

06

정답 ②

밀레니얼 세대(1980년대 초반 ~ 2000년대 초반 출생한 세대)의 자녀 세대인 알파 세대는 스마트폰이 보편화된 2010년 이후 태어나 인공지능(AI), 로봇 기술 등 최첨단 기술의 진보를 체험한 세대를 뜻한다. 이들은 1980년대에 태어난 밀레니얼 세대의 자녀 세대로 1995 ~ 2009년생을 일컫는 Z세대의 다음 세대이다. 또한 '알파(그리스 문자의 첫째 자모)'라는 명칭은 'X, Y, Z'라는 알파벳을 썼던 이전 세대들의 시대를 마무리하고 새로운 인류사를 열 완전히 새로운 종족의 탄생을 기대하는 은유적 표현이다. 알파 세대는 차기 소비 집단이자 인재 집단이자 사회와 환경 이슈를 선도하는 활동가로서 존재감을 드러내고 있다. 그러나 알파 세대가 사람보다는 기계와의 일방적 소통에 익숙하기 때문에 정서나 사회성 발달에 부정적인 영향을 받을 수 있다고 우려하는 학자들도 있다.

오답분석

① 림보 세대 : 높은 수준의 교육을 받았지만 경력을 쌓을 기회도 얻지 못하고 가능성 없는 일을 하는 20대 젊은이들을 뜻한다.

③ 미어캣 세대 : 극심한 취업난 속에서도 적극적인 도전과 다재다능함으로 자신의 가치를 높이고자 노력하는 오늘날의 젊은 세대를 뜻한다. 어려운 현실에 좌절하지 않고 능동적으로 극복하며 스펙을 쌓으려는 모습을 강한 생존력을 지닌 미어캣에 빗대어 이르는 말이다.

④ 에코붐 세대 : 베이비 붐 세대의 자녀 세대로서, 일반적으로 1980년대에 태어난 이들을 뜻한다. 전쟁 후의 대량 출산이 세대를 걸쳐 연속적으로 대량 출산을 이끄는 상황이 마치 메아리가 되돌아오는 것과 비슷하다고 하여 붙여진 이름이다.

07

정답 ①

헌법 개정은 국회재적의원 과반수 또는 대통령의 발의로 제안된다(대한민국 헌법 제128조 제1항).

오답분석

② 개헌안 제안자가 대통령인 경우에는 국무회의의 심의를 거쳐야 하고(대한민국 헌법 제89조 제3호), 국회의원인 경우 재적의원 과반수의 찬성을 얻어야 한다(대한민국 헌법 제128조 제1항).

③ 제안된 헌법 개정안은 대통령이 20일 이상의 기간 이를 공고하여야 한다(대한민국 헌법 제129조).

④ 헌법 개정안은 국회가 의결한 후 30일 이내에 국민투표에 붙여 국회의원 선거권자 과반수의 투표와 투표자 과반수의 찬성을 얻어야 한다(대한민국 헌법 제130조 제2항).

08

셀피노믹스(Selfinomics)는 'Self(자신)'와 'Economics(경제학)'의 조합어로, 유튜브처럼 온라인에서 활동하며 개인 콘텐츠를 만드는 인플루언서 또는 그들이 벌이는 독립적·자주적인 경제 활동을 뜻한다. 또한 기업들도 유튜브, SNS 등에서 많은 구독자를 보유한 사람들을 통해 제품 광고나 판매가 이루어지는 경우가 늘고 있어 셀피노믹스 시장은 성장 추세를 이어갈 것으로 예상된다. 그러나 조회수를 늘리기 위한 과열 경쟁, 부적절한 콘텐츠, 가짜뉴스 등의 확산 등 셀피노믹스의 부작용 또한 우려된다.

오답분석

① 셀프홀릭(Selfholic) : 'Self(자신)'와 중독자라는 뜻의 접미사 '-holic'의 조합어로, 스스로에 대해 매우 만족하며 타인에게 인정받기를 원하는 자기애적 성향이나 태도를 뜻한다.

② 폴리시 믹스(Policy Mix) : 경제 성장과 안정을 동시에 실현하기 위하여 재정 정책, 금융 정책, 외환 정책 등의 다양한 경제 정책 수단을 종합적으로 운영하는 일을 뜻한다.

④ 에르고노믹스(Ergonomics) : 인간 및 인간의 작업에 관계되는 원리를 과학적으로 연구하는 학문으로서, 인간의 에너지를 효율적으로 사용하는 데 영향을 끼치는 해부학, 생리학, 심리학 또는 역학적 원리를 연구한다. 흔히 우리말로 '인간공학'이라고 풀이하기도 한다.

09

기사는 에코파시즘에 대한 내용이다.

에코파시즘(Ecofascism)
- 좁은 의미의 에코파시즘은 생태계와 환경을 보호한다는 명분으로 전체주의를 정당화하는 사상으로서, 독일의 나치주의에서 유래되었으며, 환경 파괴의 원인을 유태인에게 돌림으로써 유태인의 학살을 정당화하는 이론적 명분을 제공했다. 이에 에코파시스트들은 환경 파괴의 원인이 다른 민족에게 있다면 다른 민족을 배척해야 한다고 주장하기도 한다.
- 넓은 의미의 에코파시즘은 환경 보호만을 최우선의 가치로 삼게 되면서 어떤 종류의 개발도 인정하지 않는 극단적인 생태 중심주의로서, 오직 생태계 보전을 위해 인간의 희생을 정당화한다.

오답분석

① 에코 버블(Echo Bubble) : 주가에 소형 거품이 형성됐다가 꺼지는 일이 반복되는 현상을 뜻한다. 큰 거품이 부풀려졌다가 한꺼번에 꺼지는 것이 아니라 작은 거품이 형성됐다가 꺼지는 양상이 메아리처럼 반복된다는 의미이다. 단기간의 금리 급락과 유동성 증가로 주식 시장이 반등한 후, 다시 증시가 폭락하는 경우가 이에 해당한다.

② 에코보보스(Eco-Bobos) : 환경을 자신의 사회적 위치를 상징하는 소비 대상으로 삼아 친환경적인 생활을 위하여 돈을 아끼지 않는 새로운 유형의 소비자 집단을 뜻한다.

③ 에코폴리스(Ecopolis) : 도시의 구조와 기능이 환경을 잘 배려하고 인간과 자연이 조화를 이루는 쾌적한 도시로서, 자원의 순환적 이용과 녹지 조성 등을 중요하게 다룬다.

10

우리말로는 '저자극식'이라고 부르기도 하는 로푸드는 설탕 대신 스테비아 등의 대체 감미료를 넣은 제품이나 곤약, 두부 등 열량이 낮은 재료를 활용한 음식처럼 자극적이지 않으며 건강 유지에 이로운 식단을 선호하는 경향을 뜻한다.

오답분석

② 푸드뱅크 : 식품제조업체나 개인으로부터 식품을 기탁받아 이를 소외계층에 지원하는 식품 지원 복지 서비스 단체

③ 푸드 리퍼브 : 맛과 영양에 문제가 없으나 외관상 상품화되지 못하고 폐기되는 농산물을 적극적으로 구매하고 새로운 식품으로 재탄생시키는 경향

④ 프랑켄푸드 : 유전자 조작으로 개발된 농산물을 비판적으로 이르는 말

11

등록대상동물이 되는 개의 나이 기준은 월령 2개월 이상이다. 등록대상동물의 소유자는 시장·군수, 자치구의 구청장, 특별자치시 장에게 등록대상동물을 등록해야 한다(동물보호법 제12조 제1항). 또한 동물의 보호, 유실·유기 방지, 질병의 관리, 공중위생 상의 위해 방지 등을 위해 동물 등록제도를 실시하고 있으며(동법 제2조 제2호), 월령 2개월 이상인 개로서 주택·준주택에서 기르는 개 또는 주택·준주택 외의 장소에서 반려 목적으로 기르는 개는 등록대상동물이 된다(동법 시행령 제3조 제1호·제2호).

[오답분석]
① "반려동물"이란 반려 목적으로 기르는 개, 고양이, 토끼, 페렛, 기니피그 및 햄스터를 말한다(동물보호법 시행규칙 제1조의2).
② 유실·유기동물 중에 도심지나 주택가에서 자연적으로 번식하여 자생적으로 살아가는 고양이로서 개체수 조절을 위해 중성화하 여 포획장소에 방사하는 등의 조치 대상이거나 조치가 된 고양이는 구조·보호조치의 대상에서 제외한다(동물보호법 시행규칙 제13조 제1항).
③ 국가는 동물의 적정한 보호·관리를 위하여 5년마다 동물학대 방지와 반려동물 운동·휴식시설 등 동물복지에 필요한 사항이 포함된 동물복지종합계획을 수립·시행하여야 하며, 지방자치단체는 국가의 계획에 적극 협조하여야 한다(동물보호법 제4조 제1항 제6호).

12

아르테미스 프로젝트는 미국 우주항공국의 주도로 미국, 일본, 한국 등 10개국이 참여하는 달 탐사 계획으로, 2025년까지 유인 우주선을 달에 보내는 것을 목표로 하고 있다. 이에 앞서 1969년 7월 아폴로 11호의 우주비행사 닐 암스트롱이 인류 최초로 달에 도착한 바 있으며, 이후 1972년 아폴로 17호를 마지막으로 인류는 달에 가지 않았다. 아르테미스는 제우스와 레토 사이에서 태어난 달의 여신이며, 아폴로(태양의 신)와 쌍둥이 남매이다. 아르테미스는 로마 신화의 디아나(Diana)에 해당한다. 또한 아르테미 스 프로젝트가 성공하면 그 명칭처럼 달에 도착한 인류 최초의 여성 우주인이 탄생하게 된다.

[오답분석]
① 헤라 : 그리스 신화에 나오는 최고의 여신이자 제우스의 아내이며, 결혼과 출산을 관장하는 가정생활의 수호신이다. 로마 신화의 유노(Juno)에 해당한다.
③ 아테나 : 그리스 신화에 나오는 지혜의 여신이다. 로마 신화의 아테네(Athene), 또는 미네르바(Minerva)에 해당한다.
④ 데메테르 : 그리스 신화에 나오는 대지의 여신으로 곡물의 성장과 농업 기술을 관장한다. 로마 신화의 케레스(Cares)에 해당한다.

13

삼한의 지배세력으로 대족장은 신지·견지, 소족장은 읍차·부례 등이 있었다.

[오답분석]
① 백제는 국력이 강해지면서 마한의 소국들을 흡수하였고, 근초고왕 때 완전히 통합되었다.
② 진한은 대구, 경주 지역을 중심으로 발전하였으며, 일부는 신라 국가의 기본세력으로 편제되었다.
③ 변한은 철자원이 풍부하여 주변국에 수출하였고, 이후 가야 연맹에 흡수되었다.

14

국학은 통일신라 신문왕 때 설립된 국립유교교육기관으로 경덕왕 때 태학감으로 개칭되었다가, 혜공왕 때 다시 국학으로 개칭되었다.

[오답분석]
① 주자감 : 발해의 교육기관
② 서당 : 조선의 사립 초등교육기관
④ 서원 : 조선의 사설 교육기관이자 향촌 자치운영기구

15

정답 ②

청동기 시대는 잉여생산물이 많아지면서 계급이 형성된 계급사회이다.

오답분석

① 청동기 시대부터 본격적으로 벼농사가 이루어졌다.
③ 청동기 시대에는 곡식을 추구하는 반달 돌칼과 저장을 하는 미송리식 토기 등을 만들었다.
④ 청동기 시대에는 반구대 암각화 등 여러 암각화가 있다.

16

정답 ②

제시문의 평량은 사노비로 외거노비였다.
ㄱ. 외거노비였으므로 토지, 노비, 가옥 등을 소유할 수 있었다.
ㄹ. 노비는 매매·증여·상속의 대상이 되었다.

오답분석

ㄴ. 주인집에서 사역에 종사한 것은 솔거노비였다.
ㄷ. 국가에 신공을 바친 것은 공노비였다.

17

정답 ①

밑줄 친 왕은 고려 말 공민왕이다.
공민왕은 성균관을 순수한 유교 교육기관으로 개편하고 유교 교육을 강화하였다.

오답분석

② 문헌공도(9재 학당)를 세운 최충이 활약한 시기는 고려 문종 때이다.
③ 상감청자는 12세기 중엽에 생산되기 시작하여 원간섭기인 13세기 후반에 퇴화하였다.
④ 민중의 미의식이 반영된 민화가 유행한 것은 조선 후기이다.

18

정답 ②

서얼은 한품서용이 적용되어 관직 진출에 제한이 있으나, 무반직에 등용되었다(문과 응시 금지).

오답분석

① 조선은 법적으로 양반과 천민으로 구분된 양천 제도를 택한 신분제 사회이나, 실제로는 양반, 중인, 상민, 천민으로 신분을 구분하였다.
③ 신량역천은 신분은 양인이나 천역을 담당하여 사회적으로 천시되었다.
④ 조선 초기의 양반은 문반과 무반을 가리켰으나, 16세기 이후 문·무반의 관료와 가족까지 의미하게 되었다.

19

정답 ①

비변사에 대한 설명이다. 비변사는 변방에 일이 발생할 때마다 임시로 설치되었으나, 명종 때부터 상설기구로 자리 잡았다. 임진왜란을 겪으면서 기능이 확대·강화되어 의정부를 대신해 국정 전반을 총괄했다. 그러나 고종 시기에 흥선대원군에 의해 폐지되었다.

20

정답 ②

'이곳'은 남한산성이다. 1636년 병자호란이 발발하자 인조는 세자와 대군을 강화도로 피신시킨 후, 자신도 강화도로 가고자 하였으나 청군에 의해 길목이 막히는 바람에 남한산성으로 피신하게 되었다. 인조는 남한산성에서 40일간 버티며 대항하였지만, 청이 강화도를 함락하고 두 왕자를 볼모로 삼아 남한산성을 공격하자 결국 항복했다.

오답분석
① 우금치 전투에 관한 설명으로 우금치는 현재 충청남도 공주시 금학동에 있는 고개이다.
③ 제암리 교회 학살사건에 관한 설명으로 제암리는 현재의 경기도 화성시 향남면의 소재지이다.
④ 군사 독재와 통치에 반발하여 민주화 운동이 벌어진 곳은 전라남도 광주이다.

21

정답 ④

제시문은 일제가 1920년 착수하여 1935년에 중단한 산미증식계획에 관한 설명이다. 일제가 일본 독점자본의 진출을 위해 회사령을 폐지한 것은 1920년이다.

오답분석

①·②·③ 1930년대 후반부터 추진한 민족말살정책에 관한 것이다.

22

정답 ①

만주 지역에서 활동하던 독립군 부대는 1920년 봉오동에서 홍범도 등의 연합부대를 이끌고 일본 군대를 기습하여 큰 승리를 거두었다. 이어 홍범도, 김좌진 등의 연합부대가 다시 청산리 전투에서도 승리를 거두었다. 이에 대한 보복으로 일제는 만주지역 주민들을 대거 학살하는 간도 참변을 일으켰고, 결국 독립군은 자유시로 피신하였다.

오답분석

② 1931년의 일이다.
③ 자유시로 피신했던 독립군이 만주로 복귀하자 1925년 일제가 만주 군벌과 체결한 협약이다.
④ 독립군의 자유시 집결은 사회주의 확산과 직접적인 관련이 없다.

23

정답 ④

제시문은 국채보상운동에 대한 내용이다. 국채보상운동은 일본이 조선에 빌려 준 국채를 갚아 경제적으로 독립하자는 운동으로 1907년 2월 서상돈 등에 의해 대구에서 시작되었다. 대한매일신보, 황성신문 등 언론기관이 자금 모집에 적극 참여했으며, 남자들은 금연운동을 하였고 부녀자들은 비녀와 가락지를 팔아서 이에 호응했다. 일제는 친일 단체인 일진회를 내세워 국채보상운동을 방해하였고, 통감부에서 국채보상회의 간사인 양기탁을 횡령이라는 누명을 씌워 구속하는 등 적극적으로 탄압했다. 결국 양기탁은 무죄로 석방되었지만 국채보상운동은 좌절되고 말았다.

24

정답 ②

제시문은 1987년 전개된 6월 민주항쟁에 대한 설명으로 국민의 직선제 개헌과 민주화 요구가 반영되어 대통령 선거제도가 간선제에서 직선제로 변화하는 개헌이 추진되었다.

25

정답 ③

7·4 남북공동성명(1972)에서는 통일의 3대 원칙인 자주·평화·민족적 대단결을 천명하였다.

오답분석

①·② 1991년 9월에 남북한이 동시에 유엔 가입을 합의하였다. 같은 해 12월 남북 간의 화해와 불가침 및 교류 협력에 관한 합의서가 채택되었고, 이어서 한반도 비핵화에 관한 공동선언이 채택되기도 하였다.
④ ㄷ은 남북 고위급 회담의 성과이며, 6·15 공동선언(2000)이 남북정상회담의 성과이다.

01	02	03	04	05	06	07	08	09	10	11	12	13	14	15	16	17	18	19	20
④	④	①	①	④	③	④	②	④	①	④	④	②	②	③	④	②	①	④	②

21	22	23	24	25															
②	①	④	③	③															

01
정답 ④

'-하다'가 붙는 어근에 '-히'나 '-이'가 붙어 부사가 되는 경우 그 어근이나 부사의 원형을 밝히어 적는다(한글맞춤법 제25항).

[오답분석]

① 쓱삭쓱삭 → 쓱싹쓱싹. 한 단어 안에서 같은 음절이나 비슷한 음절이 겹쳐 나는 부분은 같은 글자로 적는다(한글맞춤법 제13항).
② 몇일 → 며칠. 어원이 분명하지 아니한 것은 원형을 밝히어 적지 아니한다(한글맞춤법 제27항 붙임2).
③ 바래 → 바라. 기본형이 '바라다'이기 때문에 어근 '바라-'에 어/아가 붙으면 '바라'가 된다.

02
정답 ④

'-는커녕'은 앞말을 지정하여 어떤 사실을 부정하는 뜻을 강조하는 보조사로 한 단어이다. '대답을 하기는커녕'과 같이 붙여 써야 한다.

03
정답 ①

첩어, 준첩어인 명사 뒤에는 '이'로 적는다. 따라서 번번이로 고쳐야 한다.

04
정답 ①

의존 명사는 띄어 쓴다는 규정에 따라 '나간지 → 나간 지'로 띄어 써야 한다.

05
정답 ④

밑줄 친 '호들갑을 떨다.'는 '행동을 경망스럽게 자꾸 하거나, 그런 성질을 겉으로 나타내다.'라는 뜻이다. 따라서 반대의 의미를 가진 단어는 '조용한 마음으로 대상의 본질을 바라봄'의 뜻을 가진 '관조'가 적절하다.

[오답분석]

① 관람 : 연극, 영화, 경기, 미술품 따위를 구경함
② 관찬 : 관청에서 편찬함
③ 관상 : 사람의 얼굴을 보고 성질이나 운명 따위를 판단함

06
정답 ③

제시된 단어는 '어떤 행동이나 견해 따위가 옳거나 좋다고 판단하여 그에 뜻을 같이하다.'라는 뜻으로, 이와 비슷한 단어는 '동조하다'이다.
• 동조하다 : 남의 주장에 자기의 의견을 일치시키거나 보조를 맞추다.

[오답분석]

① 절용하다 : 아껴 사용하다.
② 전취하다 : 싸워서 목적한 바를 얻다.
④ 향상하다 : 실력, 수준, 기술 따위가 나아지다. 또는 나아지게 하다.

07
정답 ④

제시문은 앞부분에서 언어가 사고능력을 결정한다는 언어결정론자들의 주장을 소개하고, 이어지는 문단에서 이에 대해 반박하여 우리의 생각과 판단이 언어가 아닌 경험에 의해 결정된다고 결론짓고 있다. 그러므로 빈칸에 들어갈 문장은 언어결정론자들이 내놓은 근거에 반론을 제기하면서도 사고능력이 경험에 의해 결정된다는 주장에 위배되지 않는 내용이어야 한다. 따라서 빈칸에는 풍부한 표현을 가진 언어를 사용함에도 인지능력이 뛰어나지 못한 경우가 있다는 내용이 들어가는 것이 적절하다.

08
정답 ②

첫 번째 문장에서는 신비적 경험이 살아갈 수 있는 힘으로 밝혀진다면 그가 다른 방식으로 살아야 한다고 주장할 근거는 어디에도 없다고 하였으며, 이어지는 내용은 신비적 경험이 신비주의자들에게 살아갈 힘이 된다는 근거를 제시하고 있다. 따라서 빈칸에 들어갈 내용으로는 ②가 가장 적절하다.

09
정답 ④

제시문은 조선 왕들의 모습을 제시하고 있다. 그리고 각기 다른 시대 배경 속에서 백성들과 함께 국가를 이끌어나갈 임무를 부여받았던 전통 사회의 왕들에게 필요한 덕목들은 오늘날에도 여전히 유효하다고 설명한다. 따라서 빈칸에 들어갈 내용으로는 ④가 적절하다.

10
정답 ①

제시문의 내용에 따르면 똑같은 일을 똑같은 노력으로 했을 때, 돈을 많이 받으면 과도한 보상을 받아 부담을 느낀다. 또한 적게 받으면 충분히 받지 못했다고 느끼므로 만족하지 못한다. 따라서 공평한 대우를 받을 때 더 행복해 한다는 것을 추론할 수 있다.

11
정답 ④

당뇨병에 걸린 사람에게 인슐린을 주사하여 당뇨병을 치료할 수 있으나, 인슐린이 당뇨병을 예방하는 약은 아니다.

12
정답 ④

4차 산업혁명으로 인한 현대인의 디지털 라이프스타일이 사람들의 가치와 직업을 변화시킨다는 내용의 첫 문단 다음으로는 최근 등장한 '친환경일자리'로 인해 나눔·봉사의 가치가 직업선택에 중요한 기준으로 부상하였다는 (라) 문단이 오는 것이 적절하다. 이후로는 여가와 성공의 가치가 변화하고 있다고 언급하며 여가와 성공에 대한 가치 변화를 각각 설명하는 (다) 문단과 (나) 문단이 차례대로 오는 것이 적절하다. 마지막으로는 개방성·다양성·역동성의 가치 변화를 설명하는 (가) 문단이 오는 것이 적절하다.

13
정답 ②

제시문에서는 4차 산업혁명으로 인한 라이프스타일의 변화가 사람들의 가치를 변화시키고, 이에 따라 직업 선택에서도 변화가 나타난다고 설명하고 있다. 따라서 제시문의 제목으로는 4차 산업혁명과 직업세계의 관계를 나타내는 ②가 가장 적절하다.

14
정답 ②

제시문은 2,500년 전 인간과 현대의 인간의 공통점을 언급하며 2,500년 전에 쓰인 『논어』가 현대에서 지니는 가치에 대하여 설명하고 있다. 따라서 (가) 『논어』가 쓰인 2,500년 전 과거와 현대의 차이점 – (마) 2,500년 전의 책인 『논어』가 처분되지 않고 현대에서도 읽히는 이유에 대한 의문 – (나) 인간이라는 공통점을 지닌 2,500년 전 공자와 우리들 – (다) 2,500년의 시간이 흐르는 동안 인간의 달라진 부분과 달라지지 않은 부분에 대한 설명 – (라) 시대가 흐름에 따라 폐기될 부분을 제외하더라도 여전히 오래된 미래로써의 가치를 지니는 『논어』 순으로 나열하는 것이 적절하다.

15

정답 ③

제시문은 방사능 비상사태의 조치와 그 부작용에 대한 글이다. 따라서 방사능 비상사태의 조치를 이야기하는 (다) – '이러한 조치'로 인한 부작용을 말하는 (나) – 부작용에 대한 예를 드는 (가) – 따라서 보호 조치의 기본 원칙의 기준이 조치에 의한 '이로움'이 되어야 한다는 (라)의 순서가 되어야 한다.

16

정답 ④

제시문에서는 비타민D의 결핍으로 인해 발생하는 건강문제를 근거로 신체를 태양빛에 노출하여 건강을 유지해야 한다고 주장하고 있다. 따라서 태양빛에 노출되지 않고도 충분한 비타민D 생성이 가능하다는 근거가 있다면 제시문에 대한 반박이 되므로 ④가 가장 적절하다.

오답분석

① 태양빛에 노출될 경우 피부암 등의 질환이 발생하는 것은 사실이나, 이것이 비타민D의 결핍을 해결하는 또 다른 방법을 제시하거나 제시문에서 주장하는 내용을 반박하고 있지는 않다.
② 비타민D는 칼슘과 인의 흡수 외에도 흉선에서 면역세포를 생산하는 작용에 관여하고 있다. 따라서 칼슘과 인의 주기적인 섭취만으로는 문제를 해결할 수 없으며, 제시문에 대한 반박이 되지 못한다.
③ 제시문에서는 비타민D 보충제에 대해 언급하고 있지 않다. 따라서 비타민D 보충제가 태양빛 노출을 대체할 수 있을지 판단하기 어렵다.

17

정답 ②

제시문은 세계 대공황의 원인으로 작용한 '보이지 않는 손'과 그에 대한 해결책으로 새롭게 등장한 케인스의 '유효수요이론'을 설명하고 있다. 따라서 제시문의 주제는 세계 대공황의 원인과 해결책이다.

오답분석

① 고전학파 경제학자들이 주장한 '보이지 않는 손'은 세계 대공황의 원인에 해당하는 부분이므로 제시문 전체의 주제가 될 수 없다.
③·④ 유효수요이론은 해결책 중 하나로 언급되었으며, 일부에 지나지 않으므로 제시문 전체의 주제가 될 수 없다.

18

정답 ①

제시문은 허파의 기능에 대해 설명하고 있다. 따라서 글의 주제로 가장 적절한 것은 ①이다.

19

정답 ④

②의 앞뒤 문장에서는 한글날이 공휴일에서 제외되어 있었기 때문에 한글날 제정의 의미와 한글의 가치를 되새길 기회가 제한되어 있었다고 하였다. 따라서 ②에는 인과관계를 나타내는 접속어 '그래서'가 들어가는 것이 적절하다.

20

정답 ②

대나무는 '약용'을 비롯해 다양한 생활용품으로 사용되었다.

오답분석

① '죽의 장막'은 조선이 아닌 중국의 별명이다.
③ 대나무의 원산지에 대해서는 제시문에 드러나 있지 않다.
④ 우리 조상들은 대나무의 꼿꼿한 기상을 사랑했으며, 청초한 자태와 은은한 향기는 사군자 중 난초에 대한 설명이다.

21

정답 ②

공감각적 비유 혹은 표현이란 '감각을 전이시켜 표현하는 것'으로, 시각적인 현상을 청각적으로 표현하거나 청각적인 현상을 미각적으로 바꾸어 표현하는 것을 말한다. 제시문에는 공감각적 비유가 사용되지 않았다.

예 분수처럼 흩어지는 푸른 종소리(청각의 시각화), 즐거운 울림(시각의 청각화)

[오답분석]

① '-습니다'라는 상대높임법이 나타난다.
③ '나는 나룻배 / 당신은 행인'이라는 표현이 처음과 끝에 쓰여 수미상관의 방식이 나타난다.
④ '행인'과 '나룻배'의 속성과 관계를 통해 참된 사랑의 본질인 희생과 믿음의 실천이라는 주제를 드러내고 있다.

22

정답 ①

제시된 시는 아름다운 우리 국토의 통일이 이루어지길 바라는 마음을 표현하고 있다. 따라서 현실을 초월한 순수 자연의 세계를 노래한다고 할 수 없다.

23

정답 ④

소장에게는 감독조가 필요하므로 소장은 감독조를 해체하지 않고 3공사장으로 보내서 시간을 벌 생각을 하고 있다.

[오답분석]

① 우선 내일의 행사를 위해 숨 좀 돌려보자는 게 그(=소장)의 속셈이었다.
② 소장은 이 모든 일들(=쟁의)을 열흘 안에 해치우고 원상 복구를 해 놓을 자신이 있었다.
③ 소장은 점차 시간을 보내면서 하나둘씩 해고해 나갈 것이었다.

24

정답 ③

역전층 현상이 발생하면 대류권에서는 위쪽으로 갈수록 기온이 높아진다.

[오답분석]

① 따뜻한 공기가 더 가볍기 때문에 차가운 공기는 아래로, 따뜻한 공기는 위로 이동하는 대류 운동이 일어난다.
② 겨울철 방에서 난방을 하면 방바닥의 따뜻한 공기는 위로 올라가는 대류현상이 일어난다.
④ 공기층이 안정된다는 것은 역전층 현상이 나타난 것이므로, 안개가 발생하고 이에 따라 스모그 현상이 발생한다.

25

정답 ③

자신의 상황에 불만족하여 불안정한 정신 상태를 갖게 되는 사람에게서 리플리 증후군이 잘 나타나는 것은 사실이나, 자신의 상황에 불만족하는 모든 이가 불안정한 정신 상태를 갖는 것은 아니다.

개별영역 2 ▶ 학교업무 이해하기

01	02	03	04	05	06	07	08	09	10	11	12	13	14	15	16	17	18	19	20
③	④	①	①	④	①	④	①	④	④	②	③	③	④	③	④	②	④	①	①

21	22	23	24	25															
③	③	③	④	③															

01

정답 ③

세종교육 5대 목표별 중점과제에서 '교육자치·교육행정'에 대한 설명이다. 따라서 빈칸에 공통으로 들어갈 내용으로 가장 적절한 것은 ③이다.

02

정답 ④

교육감의 임기는 4년으로 하며, 교육감의 계속 재임은 3기에 한한다.

03

정답 ①

귀국학생 등이 재취학·편입학 시, 해당학교에 제출하는 서류와 학년 배정은 다음과 같다.
• 아포스티유 확인을 받은 재학증명서(입·퇴학연월일 및 재학 학년 명시, 학교장 서명 또는 날인), 아포스티유 협약국이 아닌 경우에는 영사관(대사관)의 공증 필요
• 성적증명서
• 국내 이전학교 학교생활기록부(해당자)
• 출입국사실증명서
• 주민등록등본(귀국일자 이후 발행된 것)
• 전염병 감염여부
• 기타 시·도교육청의 지침에 따른 서류(반드시 관할교육청의 서류 확인 필요)

오답분석
ㄷ. 주민등록등본(귀국일자 이전 발행된 것)은 귀국일자 이전에 발행된 사항으로 올바르지 않은 서류이다.
ㄹ. 재학증명서의 경우에는 아포스티유 협약국인 경우에만 해당된다.

04

정답 ①

「교육기본법」 제14조(교원)에 따르면 교원은 법률로 정하는 바에 따라 다른 공직에 취임할 수 있다.

05

정답 ④

교육정보시스템을 통하여 전송받을 수 있는 전입생의 자료는 기본학적, 학생생활 관련 누가기록자료, 성적, 건강기록부, 학교생활기록부, 출결내역, PAPS, 국가학업성취도, 학부모서비스 신청 내역, 학교생활 기록부 정정대장, 학교스포츠클럽 누가기록 자료 등이다. 학부모의 금융소득 내역은 해당하지 않는다.

06

정답 ①

'학생'란에는 성명, 성별, 주민등록번호와 입학 당시의 주소로 입력하되, 재학 중 주소가 변경된 경우에는 변경된 주소를 누가하여 입력한다.

오답분석

② 부모의 성명, 생년월일은 '가족상황'란에 입력한다.

③ 학생의 성명, 성별, 주민등록번호는 학생 본인의 기본증명서와, 주소는 주민등록등(초)본과 일치하여야 한다.

④ 부모의 인적사항은 기본적으로 입력해야 할 사항이다.

07

정답 ④

무선인터넷은 교사망(업무망)과 분리하고, 무선망에서 교사망으로 접속 불가능하도록 구성한다. 또한 업무용 PC에 무선인터넷 접속장치(USB형 등) 설치를 금지한다.

08

정답 ①

첨부물의 표시의 경우 본문이 끝난 줄 다음에 "붙임"의 표시를 하고 첨부물의 명칭과 수량을 쓰되, 첨부물이 두 가지 이상인 때에는 항목을 구분하여 표시한다.

오답분석

② 제목은 그 문서의 내용을 쉽게 알 수 있도록 간단하고 명확하게 기재한다.

③ 본문 내용의 마지막 글자에서 한 글자(2타) 띄우고 "끝" 표시를 한다.

④ 첨부물이 있으면 붙임 표시문 다음에 한 글자(2타) 띄우고 "끝" 표시를 한다.

09

정답 ④

기록물평가심의회의 심의를 거치지 않고 각급 학교 등에서 기록물을 폐기할 경우, 「공공기록물 관리에 관한 법률」 제50조 벌칙 조항의 무단파기에 해당하는 것으로 간주될 수 있다. 본청 각 처리부서 및 각급 학교에서는 일체의 기록물을 폐기할 수 없으며, 교육청의 기록관에서만 폐기집행이 가능하다.

오답분석

① 기록물 폐기란 기록물에 책정된 보존기간이 경과한 기록물에 대한 행정적·역사적·증빙적·학술적 미래가치를 평가하여, 기록물의 보존 및 활용가치가 종료된 기록물을 처리하는 것을 말한다.

② '평가'란 보존기간이 경과한 기록물을 대상으로 행정적·사회적·역사적 가치를 검토하여 보존여부를 판단하는 업무절차이다.

③ 기록물 폐기절차는 3심에 걸친 심사(생산부서의견 조회 → 전문요원 심사 → 기록물평가심의회 심사)를 통하여 보존기간 재책정, 폐기 및 보류결정이 이루어진다.

10

정답 ④

편성 단계에서 이루어져야 할 사항은 편성 계획, 기본방향 설정, 학교 교육과정 시안 작성, 시안 검토, 심의 확정 등이 있다. 따라서 ㄷ. 학교교육과정 확정안 작성과 ㅁ. 세부방향 설정은 편성 단계에서 이루어지지 않는다.

11

정답 ②

수준별 수업을 적용하는 교과의 추가 시간이 필요할 경우, 교과(군)시 수를 증배하여 활용이 가능하다.

> **수준별 수업**
> (가) 국가 수준 교육과정
>   공통교육과정에서는 학생의 능력과 적성, 지로를 고려하여 교육 내용과 방법을 다양화한다. 특히, 국어, 사회, 수학, 과학, 영어 교과에서는 수준별 수업을 권장한다.
> (나) 방법
>   ① 학생의 능력과 적성, 진로를 고려하여 교육 내용과 방법 다양화
>   ② 수중별 수업을 효율적으로 운영하는데 필요한 행·재정적 지원
>   ③ 수준별 수업을 적용하는 교과의 추가 시간이 필요할 경우, 교과(군) 시수를 증배하여 활용 가능
>   ④ 수준별 수업 운영을 위한 학습 집단은 학교의 여건이나 학생의 특성에 따라 편성 가능
>   ⑤ 수준별 수업을 적용할 경우, 학습 결손을 보충할 수 있도록 '특별 보충 수업' 운영 가능, 특별 보충 수업의 편성·운영에 관한 제반 사항은 단위학교의 자율적 결정

12

정답 ③

근무기관에서는 평소 관찰결과를 참고하여, 객관적이고 공정하게 근무성적평정 실시 후 평가결과를 교육청에 제출한다.

13

정답 ③

영유아 건강검진 관리는 간호사의 주요업무에 해당한다. 교무행정사는 교직원 연수, 방과후 및 돌봄, 알리미 서비스 지원을 한다.

[오답분석]
① 조리사 : 급식시설 및 기구의 세척, 구매식품의 검수 지원
② 영양사 : 식단 작성, 식재료의 선정 및 검수 , 조리실 종사자의 지도·감독
④ 교육복지사 : 교육복지사업대상학생의 학교생활 적응 지원, 교육복지사업과 관련한 학부모 및 교사에 대한 지원

14

정답 ④

개교기념일 휴가는 약정휴일에 해당한다.

휴일의 종류	
법정휴일	약정휴일
근로자의 날	'관공서의 공휴일에 관한 규정'에 의한 날(일요일 제외) 및 대체 휴일
연차유급 휴가	개교기념일
출산 전·후 휴가	재량휴업일
배우자 출산 휴가	토요일
생리 휴가	병가
태아검진 시간	특별 휴가(경·조사 휴가)
육아 시간	

15

상여금과 명절휴가보전금은 비월정임금에 해당한다.

구분	종류
월정임금	특수업무수당
	특수지원수당
	행정실무원수당
	영양사 면허가산수당
	기술정보수당
	위험근무수당
	자격가산수당
	근속수당
	교통 보조비
	정액 급식비
비월정임금	명절휴가보전금
	상여금
	연차유급휴가 미사용수당
기타(임금 제외)	가족수당
	자녀학비 보조수당
	맞춤형복지비

16

인사정보등록		인증서 발급		사용자 등록		업무포털 사용
나이스 (인사담당자 등록)	→	교육행정전자서명 (사용자가 인증서 신청 및 발급)	→	업무포털 (사용자 ID 및 인증서 등록)	→	나이스 / K-에듀파인 등 사용

업무포털은 전자적으로 업무수행을 위해 최초 접속하는 교육정보시스템으로 로그인 후 내부 공지사항 및 요청사항 등을 확인 할 수 있으며, 나이스, K-에듀파인 등 업무시스템을 별도의 로그인 없이 이용할 수 있는 내부포털시스템이다.

17

이해가능성은 기록관리 원칙의 특성에 해당하지 않는다.

오답분석
① 진본성 : 기록의 생산맥락, 내용, 구조의 특성이 변경되지 않고 지속되는 것이다.
③ 신뢰성 : 기록의 내용이 업무나 활동, 사실을 완전하고 정확하게 표현하고 있으며 업무의 활동과정을 증명할 수 있다는 것이다.
④ 무결성 : 기록이 인가받지 않은 변경으로부터 보호되어 완전함을 유지하는 것이다.

18

정답 ④

㉠에는 업무관리자, ㉡에는 학교문서담당자가 들어가는 것이 옳다.

문서접수 업무담당자별 역할

학교문서담당자	• 문서를 접수하여 업무 담당자 혹은 업무관리자 지정 • 처리과 문서 담당자 권한 부여 받아야 함
업무담당자	업무담당자는 해당 문서의 업무담당자로 주로 처리과 문서 담당자가 지정하며 1명만 지정가능 (업무관 리자도 지정 및 변경 가능, 업무담당자 변경 가능)
업무관리자	• 접수된 문서관리카드의 문서처리 수행 • 문서 경로에 업무관리자 혹은 업무담당자로 지정된 사용자가 경로에 지정된 순서대로 문서처리
공람자	업무담당자 또는 업무관리자가 수신문서를 1명 이상 공람자를 지정하여 동시 공람 가능

19

정답 ①

보기의 내용은 결재의 종류 중 전결에 대한 설명이다.

[오답분석]

② 결재 : 법령에 따라 소관 사항에 대한 행정기관의 의사를 결정한 권한을 가진 자(주로 행정기관의 장)가 직접 그 의사를 결정하는 행위
③ 대결 : 결재권자가 휴가, 출장, 그 밖의 사유로 결재할 수 없을 때에 그 직무를 대리하는 자가 행하는 결재
④ 후결 : 중간 결재권자가 출장, 휴가, 기타 부득이한 사유로 결재할 수 없는 경우에는 해당 중간결재란에 후결의 표시를 하고 최종 결재권자의 결재를 득하고 난 후 집행하고 사후에 결재 받는 것

20

정답 ①

[오답분석]

② 한 회계연도에 있어서 단위학교의 교육과정과 학교운영에 소요되는 수요를 파악 및 편성하고 학교운영위원회의 심의를 거쳐 확정된 매 회계연도 최초의 예산은 본예산이다.
③ 예산의 성립 후에 생긴 사유로 이미 성립된 예산에 추가나 변경을 가한 예산은 추가경정예산이다.
④ 학교회계는 국·공립 유치원과 초·중·고 및 특수학교에 학교별로 설치한다.

21

정답 ③

개인정보의 유형은 인적사항, 신체적 정보, 정신적 정보, 재산적 정보, 사회적 정보, 기타 유형이 있다. A, B, C, F는 신체적 정보에 해당한다.

[오답분석]

D는 재산적 정보 유형, E는 인적사항 유형이다.

22

정답 ③

세종특별자치시교육청에서 학교교육·행정 업무 일환으로 참고자료를 업로드하는 곳은 교원업무길라잡이라고 한다.

23

정답 ③

지침·공문서의 경우 문서 안에 적힌 날짜를 기준으로 효력이 발생한다.

PART 4

24

정답 ④

「지방재정법」 제60조에 의거하여 교육청의 교육재정 운용상황에 대한 주요사항을 주민에게 널리 알리고자 공시한다.

25

정답 ③

세종특별자치시교육청은 공공데이터 제공 시 공공데이터 제공 책임관 – 기획조정국장을 지정하여 담당하게 한다.

1퍼센트의 가능성, 그것이 나의 길이다.

- 나폴레옹 -

합격의 공식
시대에듀
SDEDU

미래는 자신이 가진 꿈의 아름다움을 믿는 사람들의 것이다.

- 엘리노어 루즈벨트 -

세종특별자치시교육청 필기시험 답안카드

※ 본 답안지는 마킹연습용 모의 답안카드입니다.

성 명

지원 분야

문제지 형별기재란

( )형 Ⓐ Ⓑ

수험번호

	⓪	①	②	③	④	⑤	⑥	⑦	⑧	⑨
	⓪	①	②	③	④	⑤	⑥	⑦	⑧	⑨
	⓪	①	②	③	④	⑤	⑥	⑦	⑧	⑨
	⓪	①	②	③	④	⑤	⑥	⑦	⑧	⑨
	⓪	①	②	③	④	⑤	⑥	⑦	⑧	⑨
	⓪	①	②	③	④	⑤	⑥	⑦	⑧	⑨
	①	②	③	④	⑤	⑥	⑦	⑧	⑨

감독위원 확인

㊞

문항	①	②	③	④	문항	①	②	③	④	문항	①	②	③	④
1	①	②	③	④	21	①	②	③	④	41	①	②	③	④
2	①	②	③	④	22	①	②	③	④	42	①	②	③	④
3	①	②	③	④	23	①	②	③	④	43	①	②	③	④
4	①	②	③	④	24	①	②	③	④	44	①	②	③	④
5	①	②	③	④	25	①	②	③	④	45	①	②	③	④
6	①	②	③	④	26	①	②	③	④	46	①	②	③	④
7	①	②	③	④	27	①	②	③	④	47	①	②	③	④
8	①	②	③	④	28	①	②	③	④	48	①	②	③	④
9	①	②	③	④	29	①	②	③	④	49	①	②	③	④
10	①	②	③	④	30	①	②	③	④	50	①	②	③	④
11	①	②	③	④	31	①	②	③	④					
12	①	②	③	④	32	①	②	③	④					
13	①	②	③	④	33	①	②	③	④					
14	①	②	③	④	34	①	②	③	④					
15	①	②	③	④	35	①	②	③	④					
16	①	②	③	④	36	①	②	③	④					
17	①	②	③	④	37	①	②	③	④					
18	①	②	③	④	38	①	②	③	④					
19	①	②	③	④	39	①	②	③	④					
20	①	②	③	④	40	①	②	③	④					

세종특별자치시교육청 필기시험 답안카드

※ 본 답안지는 마킹연습용 모의 답안카드입니다.

번호	①	②	③	④	번호	①	②	③	④	번호	①	②	③	④
1	①	②	③	④	21	①	②	③	④	41	①	②	③	④
2	①	②	③	④	22	①	②	③	④	42	①	②	③	④
3	①	②	③	④	23	①	②	③	④	43	①	②	③	④
4	①	②	③	④	24	①	②	③	④	44	①	②	③	④
5	①	②	③	④	25	①	②	③	④	45	①	②	③	④
6	①	②	③	④	26	①	②	③	④	46	①	②	③	④
7	①	②	③	④	27	①	②	③	④	47	①	②	③	④
8	①	②	③	④	28	①	②	③	④	48	①	②	③	④
9	①	②	③	④	29	①	②	③	④	49	①	②	③	④
10	①	②	③	④	30	①	②	③	④	50	①	②	③	④
11	①	②	③	④	31	①	②	③	④					
12	①	②	③	④	32	①	②	③	④					
13	①	②	③	④	33	①	②	③	④					
14	①	②	③	④	34	①	②	③	④					
15	①	②	③	④	35	①	②	③	④					
16	①	②	③	④	36	①	②	③	④					
17	①	②	③	④	37	①	②	③	④					
18	①	②	③	④	38	①	②	③	④					
19	①	②	③	④	39	①	②	③	④					
20	①	②	③	④	40	①	②	③	④					

성 명

지원 분야

문제지 형별기재란
Ⓐ
Ⓑ
( )형

수 험 번 호

⑩	①	②	③	④	⑤	⑥	⑦	⑧	⑨
⑩	①	②	③	④	⑤	⑥	⑦	⑧	⑨
⑩	①	②	③	④	⑤	⑥	⑦	⑧	⑨
⑩	①	②	③	④	⑤	⑥	⑦	⑧	⑨
⑩	①	②	③	④	⑤	⑥	⑦	⑧	⑨
⑩	①	②	③	④	⑤	⑥	⑦	⑧	⑨
⑩	①	②	③	④	⑤	⑥	⑦	⑧	⑨

감독위원 확인
(인)

세종특별자치시교육청 필기시험 답안카드

성 명

지원 분야

문제지 형별기재란

( )형

Ⓐ Ⓑ

수 험 번 호

⓪ ① ② ③ ④ ⑤ ⑥ ⑦ ⑧ ⑨
⓪ ① ② ③ ④ ⑤ ⑥ ⑦ ⑧ ⑨
⓪ ① ② ③ ④ ⑤ ⑥ ⑦ ⑧ ⑨
⓪ ① ② ③ ④ ⑤ ⑥ ⑦ ⑧ ⑨
⓪ ① ② ③ ④ ⑤ ⑥ ⑦ ⑧ ⑨
⓪ ① ② ③ ④ ⑤ ⑥ ⑦ ⑧ ⑨
⓪ ① ② ③ ④ ⑤ ⑥ ⑦ ⑧ ⑨

감독위원 확인

(인)

번호	①	②	③	④	번호	①	②	③	④	번호	①	②	③	④
1	①	②	③	④	21	①	②	③	④	41	①	②	③	④
2	①	②	③	④	22	①	②	③	④	42	①	②	③	④
3	①	②	③	④	23	①	②	③	④	43	①	②	③	④
4	①	②	③	④	24	①	②	③	④	44	①	②	③	④
5	①	②	③	④	25	①	②	③	④	45	①	②	③	④
6	①	②	③	④	26	①	②	③	④	46	①	②	③	④
7	①	②	③	④	27	①	②	③	④	47	①	②	③	④
8	①	②	③	④	28	①	②	③	④	48	①	②	③	④
9	①	②	③	④	29	①	②	③	④	49	①	②	③	④
10	①	②	③	④	30	①	②	③	④	50	①	②	③	④
11	①	②	③	④	31	①	②	③	④					
12	①	②	③	④	32	①	②	③	④					
13	①	②	③	④	33	①	②	③	④					
14	①	②	③	④	34	①	②	③	④					
15	①	②	③	④	35	①	②	③	④					
16	①	②	③	④	36	①	②	③	④					
17	①	②	③	④	37	①	②	③	④					
18	①	②	③	④	38	①	②	③	④					
19	①	②	③	④	39	①	②	③	④					
20	①	②	③	④	40	①	②	③	④					

※ 본 답안지는 마킹연습용 모의 답안카드입니다.

세종특별자치시교육청 필기시험 답안카드

1	① ② ③ ④	21	① ② ③ ④	41	① ② ③ ④
2	① ② ③ ④	22	① ② ③ ④	42	① ② ③ ④
3	① ② ③ ④	23	① ② ③ ④	43	① ② ③ ④
4	① ② ③ ④	24	① ② ③ ④	44	① ② ③ ④
5	① ② ③ ④	25	① ② ③ ④	45	① ② ③ ④
6	① ② ③ ④	26	① ② ③ ④	46	① ② ③ ④
7	① ② ③ ④	27	① ② ③ ④	47	① ② ③ ④
8	① ② ③ ④	28	① ② ③ ④	48	① ② ③ ④
9	① ② ③ ④	29	① ② ③ ④	49	① ② ③ ④
10	① ② ③ ④	30	① ② ③ ④	50	① ② ③ ④
11	① ② ③ ④	31	① ② ③ ④		
12	① ② ③ ④	32	① ② ③ ④		
13	① ② ③ ④	33	① ② ③ ④		
14	① ② ③ ④	34	① ② ③ ④		
15	① ② ③ ④	35	① ② ③ ④		
16	① ② ③ ④	36	① ② ③ ④		
17	① ② ③ ④	37	① ② ③ ④		
18	① ② ③ ④	38	① ② ③ ④		
19	① ② ③ ④	39	① ② ③ ④		
20	① ② ③ ④	40	① ② ③ ④		

※ 본 답안지는 마킹연습용 모의 답안카드입니다.

성 명

지원 분야

문제지 형별기재란
ⓐ
ⓑ
( )형

수험번호
⓪ ① ② ③ ④ ⑤ ⑥ ⑦ ⑧ ⑨
⓪ ① ② ③ ④ ⑤ ⑥ ⑦ ⑧ ⑨
⓪ ① ② ③ ④ ⑤ ⑥ ⑦ ⑧ ⑨
⓪ ① ② ③ ④ ⑤ ⑥ ⑦ ⑧ ⑨
⓪ ① ② ③ ④ ⑤ ⑥ ⑦ ⑧ ⑨
⓪ ① ② ③ ④ ⑤ ⑥ ⑦ ⑧ ⑨
⓪ ① ② ③ ④ ⑤ ⑥ ⑦ ⑧ ⑨

감독위원 확인
(인)

세종특별자치시교육청 필기시험 답안카드

※ 본 답안지는 마킹연습용 모의 답안카드입니다.

세종특별자치시교육청 필기시험 답안카드

※ 본 답안지는 마킹연습용 예비답안지입니다.

성 명	

지원 분야	

문제지 형별기재란	Ⓐ
( )형	Ⓑ

수 험 번 호

⓪	①	②	③	④	⑤	⑥	⑦	⑧	⑨
⓪	①	②	③	④	⑤	⑥	⑦	⑧	⑨
⓪	①	②	③	④	⑤	⑥	⑦	⑧	⑨
⓪	①	②	③	④	⑤	⑥	⑦	⑧	⑨
⓪	①	②	③	④	⑤	⑥	⑦	⑧	⑨
⓪	①	②	③	④	⑤	⑥	⑦	⑧	⑨
⓪	①	②	③	④	⑤	⑥	⑦	⑧	⑨

감독위원 확인	
	㊞

번호	답				번호	답				번호	답			
1	①	②	③	④	21	①	②	③	④	41	①	②	③	④
2	①	②	③	④	22	①	②	③	④	42	①	②	③	④
3	①	②	③	④	23	①	②	③	④	43	①	②	③	④
4	①	②	③	④	24	①	②	③	④	44	①	②	③	④
5	①	②	③	④	25	①	②	③	④	45	①	②	③	④
6	①	②	③	④	26	①	②	③	④	46	①	②	③	④
7	①	②	③	④	27	①	②	③	④	47	①	②	③	④
8	①	②	③	④	28	①	②	③	④	48	①	②	③	④
9	①	②	③	④	29	①	②	③	④	49	①	②	③	④
10	①	②	③	④	30	①	②	③	④	50	①	②	③	④
11	①	②	③	④	31	①	②	③	④					
12	①	②	③	④	32	①	②	③	④					
13	①	②	③	④	33	①	②	③	④					
14	①	②	③	④	34	①	②	③	④					
15	①	②	③	④	35	①	②	③	④					
16	①	②	③	④	36	①	②	③	④					
17	①	②	③	④	37	①	②	③	④					
18	①	②	③	④	38	①	②	③	④					
19	①	②	③	④	39	①	②	③	④					
20	①	②	③	④	40	①	②	③	④					

2025 최신판 시대에듀 세종특별자치시교육청 교육공무직원
필기시험 인성평가 3회 + 모의고사 6회 + 면접 + 무료공무직특강

개정3판1쇄 발행	2024년 10월 30일 (인쇄 2024년 09월 12일)
초 판 발 행	2022년 01월 10일 (인쇄 2021년 10월 15일)
발 행 인	박영일
책 임 편 집	이해욱
편 저	SDC(Sidae Data Center)
편 집 진 행	안희선 · 정수현
표지디자인	박종우
편집디자인	장하늬 · 장성복
발 행 처	(주)시대고시기획
출 판 등 록	제10-1521호
주 소	서울시 마포구 큰우물로 75 [도화동 538 성지 B/D] 9F
전 화	1600-3600
팩 스	02-701-8823
홈 페 이 지	www.sdedu.co.kr
I S B N	979-11-383-7849-9 (13320)
정 가	23,000원

※ 이 책은 저작권법의 보호를 받는 저작물이므로 동영상 제작 및 무단전재와 배포를 금합니다.
※ 잘못된 책은 구입하신 서점에서 바꾸어 드립니다.

세종특별자치시 교육청

교육공무직원 필기시험

정답 및 해설

교육공무직 ROAD MAP

※ 도서 이미지 및 세부 내용은 변경될 수 있습니다.

현재 나의 실력을 객관적으로 파악해 보자!

모바일 OMR
답안채점 / 성적분석 서비스

도서에 수록된 모의고사에 대한 객관적인 결과(정답률, 순위)를 종합적으로 분석하여 제공합니다.

OMR 입력

시간측정 가능!!

성적분석

채점결과

※OMR 답안채점 / 성적분석 서비스는 등록 후 30일간 사용가능합니다.

참여방법

도서 내 모의고사 우측 상단에 위치한 QR코드 찍기

→

LOG IN
로그인 하기

→

'시작하기' 클릭

→

'응시하기' 클릭

→

나의 답안을 모바일 OMR 카드에 입력

→

'성적분석&채점결과' 클릭

→

현재 내 실력 확인하기